戴维营三天

[美]杰弗里·E.加藤 / 著
（Jeffrey E. Garten）

潘雨晨　刘震　杨延龙　孙志强　董虹蔚　张宁宁 / 译

中国出版集团
中译出版社

图书在版编目（CIP）数据

戴维营三天 /（美）杰弗里·E. 加藤
(Jeffrey E. Garten) 著；潘雨晨等译. -- 北京：中
译出版社，2023.1
 书名原文：THREE DAYS AT CAMP DAVID How a
Secret Meeting in 1971 Transformed the Global
Economy
 ISBN 978-7-5001-7198-0

Ⅰ. ①戴… Ⅱ. ①杰… ②潘… Ⅲ. ①经济—研究—
世界 Ⅳ. ① F11

中国版本图书馆 CIP 数据核字（2022）第 194867 号

THREE DAYS AT CAMP DAVID: How a Secret Meeting in 1971 Transformed the
Global Economy by Jeffrey E. Garten
Copyright © 2021 by Jeffrey E. Garten
Simplified Chinese translation copyright © 2022
by China Translation & Publishing House
Published by arrangement with author c/o Levine Greenberg Rostan Literary Agency
through Bardon-Chinese Media Agency
All rights reserved.

著作合同登记号：图字 01-2022-4358

戴维营三天
DAIWEIYING SANTIAN

著　　者：[美]杰弗里·E. 加藤
译　　者：潘雨晨　刘　震　杨延龙　孙志强　董虹蔚　张宁宁
策划编辑：于　宇　李梦琳　薛　宇
责任编辑：于　宇
文字编辑：李梦琳　薛　宇　马　萱
营销编辑：马　萱　黄秋思　纪菁菁

出版发行：中译出版社
地　　址：北京市西城区新街口外大街 28 号 102 号楼 4 层
电　　话：（010）68002494（编辑部）
邮　　编：100088
电子邮箱：book@ctph.com.cn
网　　址：http://www.ctph.com.cn

印　　刷：北京中科印刷有限公司
经　　销：新华书店
规　　格：710 mm×1000 mm　1/16
印　　张：25.5
字　　数：310 千字
版　　次：2023 年 1 月第 1 版
印　　次：2023 年 1 月第 1 次印刷

ISBN 978-7-5001-7198-0　　　　定价：89.00 元

版权所有　侵权必究
中 译 出 版 社

致 Ina

她照亮了我生活中的每一天

* 重磅推荐 *

杰弗里·加藤阐述了一个强有力的观点，即终结美元与黄金互换对美国和全球经济产生了长久而深远的影响。他为我们这个不确定的时代提供了宝贵的精神食粮。

——罗伯特·爱德华·鲁宾　美国前财政部长

加藤讲述了一个关于黄金与承诺、秘密与惊喜、冲突与合作的故事。他回顾历史，使笔下的人物栩栩如生，清晰地解释了各种复杂事务，并揭示了美国在领导全球和自我保护之间的竞争性矛盾，而这种紧张关系至今依然存在。

——罗伯特·佐利克　世界银行前行长

1971年美元-金本位国际货币体系发生危机。本书以生动的叙事告诉人们"那三天里发生了什么，之后发生了什么，以及这一切意味着什么"。当今，世界正面临新的大变局，阅读此书，也许有助于我们"温故知新"。

——张蕴岭　中国社会科学院学部委员，山东大学讲席教授，
山东大学国际问题研究院院长

我一直觉得应该有这样一本书,来把半个世纪前发生的那件关于国际货币体系巨变的故事细节与决策过程讲清楚。今天,我终于见到了这本书。阅读此书者,恐怕多多少少都会对未来国际货币体系的演化产生某种联想,包括下一次"戴维营会议"何时何地召开?什么人参加?他们做出什么样的决定?

——张宇燕　中国社会科学院学部委员,中国社会科学院
　　　　　　世界经济与政治研究所所长

阅读本书可使人们更深刻地理解和思考货币体系的演变和信用货币的本质,这正是我推荐中译出版社翻译本书的原因,也正是我推荐给关心全球变局、对全球金融有兴趣的读者阅读本书的原因。

——乔依德　上海发展研究基金会副会长兼秘书长,中国国际金融
　　　　　　30人论坛执行理事,财政部国际财经研究专家工作室专家

如果你想身临其境地观看美国政府是如何改变世界的,那就请阅读《戴维营三天》。虽然它读起来像一本小说,但却是一部关于历史、政治和经济的作品。

——苏珊·C.施瓦布　马里兰大学名誉教授,美国前贸易代表

《戴维营三天》值得一读的原因至少有三个:一是这本书以人物为主线讲故事,情节引人入胜;二是从历史批判的角度分析了美国对世界的作用,包括实行民族主义和参与全球化进程之间的持续矛盾;三是如同加藤描述的20世纪70年代早期尼克松与基辛格所面对的局面一样,此书也揭示了拜登总统在恢复美国盟友关系方面所面临的挑战。

——沃尔特·艾萨克森　《基辛格》《史蒂夫·乔布斯传》
　　　　　　　　　　《达·芬奇传》作者

本书对当代世界经济史上最重要的事件之一进行了细致且引人入胜的描述，该事件对当前政策同样具有深远的影响。

——C. 弗雷德·伯格斯坦　彼得森国际经济研究所创始主任，
　　　　　　　　　　　　美国财政部前助理部长

这是一个扣人心弦的故事，讲述了全球金融史上的一个重要时刻，故事内容与我们当前的处境有着惊人的相似性。目前全球体系正处于转型期，但由于美国只关注其国内情况，诸多压力也就随之而来。

——梅丽特·E. 杰诺　哥伦比亚大学国际与公共事务学院院长

《戴维营三天》生动地向我们讲述了金融史上最重要的时刻之一，尽管这一时刻常常被人遗忘。此外，本书还给我们讲述了尼克松在灾难性一幕发生之前的经历，使得整个事件让人更加唏嘘不已。对于任何渴望了解当今世界面临的经济挑战的人来说，这本书是必读之作。

——威廉·D. 科汉　《最后的大亨》《纸牌屋》作者

当时，我作为国家安全顾问亨利·基辛格手下的一名高级经济工作人员，参与了书中描述的许多关键事件。杰弗里·加藤讲述了美国如何在经济、外交、人性欲望的交织中切断美元与黄金之间的联系。他不仅帮助大家理解了美国历史上的一系列关键事件，还指明了这些事件为美国和全球经济未来带来的深刻启示。

——罗伯特·D. 霍马茨　曾在五届总统任期内担任白宫和美国国务院
　　　　　　　　　　　高级官员，美国高盛（国际）前副董事长

《戴维营三天》一书作者对书中所涉及通常晦涩难懂的货币问题进行了清晰地阐述,为参与尼克松政府"新经济政策"决议的政府官员提供了栩栩如生的画像。同时,作者从政策实施 50 年后产生的影响方面、对 1971 年 8 月 15 日尼克松政府制定的政策进行了评价。

——迈克尔·曼德鲍姆　约翰斯·霍普金斯大学美国外交政策荣誉教授

在这部优秀的作品中,加藤对戴维营会议上所发生的事情描述得入木三分。该事件影响深远,对当今政策的制定具有指导意义。

——马丁·沃尔夫　《金融时报》副主编及首席经济评论员

《戴维营三天》情节描述得引人入胜。我强烈建议经济史和政治经济学爱好者阅读此书。

——艾伦·穆拉利　《财富》杂志 CEO

有人认为,《戴维营三天》应当属于每一位国际经济学家的必备书目这一说法过于老套,但我并不这么认为。我认为这是一本十分有趣、可读性很强的书,它应该是经济学家们的必备读物。它的内容也揭示了无论经济力量在社会进程中起到什么作用,最终改写历史的都将是经济政策及政策背后的操控者。

——阿蒂斯·雷克斯·戈什　国际货币基金组织历史学家

这是一部出色的作品。它聚焦于历史上一个关于政治权力平衡和货币性质变化的关键时刻。

——吉莲·邰蒂　《金融时报》编辑委员会主席

《戴维营三天》是一本很棒、情节跌宕起伏且充满悬念的著作。它清晰地解释了发生在美国经济史上一段关键时期的各种复杂事务纠缠在一起的故事。它的精彩程度如同一部好莱坞剧本。

——戴维·施密克　全球金融战略家

这是一本关于历史事件的优秀读物。50年后，该事件对当今的政策仍具有深远的影响。

——斯科特·霍斯利　美国国家公共广播电台首席经济记者

《戴维营三天》不但可读性极强、像小说一样好看，而且清晰地讲述了一个影响深远的历史事件。

——约翰·奥瑟兹　彭博社

从改变对美国世界地位的看法，到应对全球化压力，再到平衡经济和外交政策的困难，尼克松政府面临的挑战正如当今乔·拜登所面临的挑战。加藤在讲述故事方面有着得天独厚的优势。

——拉娜·弗洛哈尔　《金融时报》记者

这本书是一项引人入胜的案例研究。

——贾斯汀·福克斯　《纽约时报》经济专栏作家

《戴维营三天》无疑是一项发人深省的研究，它对一个以前不可想象的经济措施突然成为主流的时代进行了叙述。理查德·尼克松总统"走钢丝"般的经济政策，包括货币混乱、关税和政府的工资和物价控制等都在这段历史叙述中被深刻剖析。作者生动地描绘了政策制定者的人物性格，并清晰地阐述了汇率和贸易方面的国际动荡问题。

——《出版商周报》

《戴维营三天》对尼克松政府放弃金本位制这一事件给予高度评价。作者为关键人物提供了精准的画像,我相信财政和货币政策专家会对作者娴熟的叙述和透彻的研究钦佩不已。

——《柯克斯评论》

推荐序

改变世界经济的三天

2022年2月是美国前总统尼克松访华50周年。作为一个有远见的政治家,尼克松总统和基辛格博士与我国领导人毛泽东主席和周恩来总理共同开启了中美关系的新篇章,给两国关系以及全球地缘政治格局带来了根本性的变化。尼克松作为一位政治家,在历史上留下自己的痕迹。1974年,由于"水门事件"的丑闻,他面临着弹劾的压力,作为第一个也是唯一一个辞职的总统,不得不黯然下台。这两个事件是大家比较熟悉的,其实尼克松总统还做了一件事,在历史上也留下深刻的印记——1971年8月15日晚上,在戴维营与美国最高行政领导官员进行了三天激烈的争论和讨论后,他宣布关闭"美元–黄金兑换窗口",终结了二战后建立的布雷顿森林体系,从而开创了一个以信用货币为特征的新的货币体系。这件事深刻地影响了全球经济和金融格局,尽管它没有像中美关系和"水门事件"那样引起轰动,但是它的影响深远悠长,不仅影响了过去和现在,还将影响将来相当长的一段时间,因而我们需要对该事件的来龙去脉有更深刻的了解。

2022年1月,加藤(Jeffrey E. Garten)教授撰写的《戴维营三天》一书满足了这一需要。加藤教授曾先后在美国政府任职并从事国际经济方面的工作,又在华尔街工作多年,还曾担任过耶鲁大学商学院院长,在政商学跨三界丰富的资源和人脉为他围绕戴维营的

戴维营三天

三天进行详细地描述提供了强有力的支持。为什么会在戴维营召开这三天的会议？在这三天讨论了哪些内容？做出了什么决定？后续又产生了哪些影响？这本书便是围绕着这样一系列主轴展开的。加藤先生对本书的布局颇具匠心，大致从以下三个方面展开。首先，他先从学理和政策方面梳理，解释为什么会在戴维营召开三天的会议；其次，他对于此次戴维营会议的主要的参与者，即时任美国总统尼克松、财政部长康纳利、美联储主席伯恩斯、行政管理和预算局局长舒尔茨等人的背景、经历，以及对于美国当时所面临的国内国际问题的观点逐一进行了介绍。最后，他按照时间的线索描述了1971年8月13日至15日在戴维营的会议，每一天讨论了什么问题、做了哪些事情，以及最终尼克松是如何在8月15日晚通过电视作公开演讲的。当然，这本书的受众对象主要是美国和西方读者，但是作为中国读者，从本书中也可以了解很多。我认为可以从以下几个角度来阅读本书。

第一，无疑尼克松是这本书的主角，从他决心开创中美关系新篇章便可看出其政治上是具有前瞻性眼光，并怀有雄才大略的。本书详实生动地描述了尼克松的行政才干，他的团队是由一些有才华，但对美国国内、国际问题观点并不相同的人所组成的。尼克松作为一位领导者，能够将这些人凝聚在一起组成一支团队，并使其按照他的战略思想工作，充分体现了他的行政能力，因此通过这本书，我们可以更全面地了解尼克松。

第二，这本书可以使我们更清楚地看到当前美国出现的一些思潮是有历史渊源的。正如美国前总统特朗普所说，他所鼓吹的"美国优先"外交政策其实是有尼克松思想的渊源。"尼克松主义"的核心思想就是认为二战后美国的经济、政治、军事实力已经逐步下降，美国已经不再可能单独地负担起像二战刚结束时那样的领导地位，尼克松希望美国的盟友能够分担更多的责任，同时美国也要卸下一些过重的负担。正是从这样一个原则出发,不难理解尼克松为什么要缓和与中国的关系,开创中美关系的新篇章,同时也可以理解他为什么要放弃美国主导的布林顿森林体系。

戴维营会议结束后的当晚,尼克松回到华盛顿,通过电视演讲向全国宣布了会议的结果。讲话中虽然也包括了国内的经济措施,如冻结工资、物价90天,对进口征收10%的附加税,但其重点则是宣布美元与黄金脱钩,而这也正是我们最为关注的内容。这个脱钩意味着布雷顿森林体系的垮台,但美国为什么要这样做?而这对全球经济金融又会产生怎样的影响?

我们知道,布雷顿森林体系是二战以后美国主导建立的,它的核心可称为"金汇兑体制",即俗称的"双挂钩"——美元与黄金价格挂钩,其他货币与美元挂钩,基本上实行固定汇率。正是因为这一体系,二战后的二三十年全球经济得到了迅猛发展。但是布雷顿森林体系存在着一个内在的、固有的矛盾,就是我们常说的特里芬难题。一方面,美元需要提供国际流动性,这导致美国国际收支持续产生赤字,结果使其他国家对美国的承诺产生了怀疑。美国曾承诺,其他国家政府和中央银行可以以35美元兑1盎司黄金的比例,用美元来兑换美国的黄金储备。由于战后欧洲和日本经济的迅猛发展,美国在全球GDP的占比逐步下降,同时,美国的黄金储备一直在减少。如果其他国家用持有的美元大量兑换黄金的话,美国的黄金储备根本无法应对,这便是布雷顿森体体系的症结所在。因此,尼克松不得不宣布美元与黄金脱钩,而这一举动使得布林顿森林体系的核心崩溃,给全球经济造成了重大冲击,在当时引起了欧洲和日本等国的不满。

1971年8月15日以后,美国与欧洲、日本多次谈判并达成了《史密森协议》。其主要内容是把美元兑黄金的比例从35美元一盎司,贬值到38美元一盎司,各个国家的汇率都先后做了调整,但是这样并没有维持很久，六个月以后，英国首先宣布英镑贬值，《史密森协议》瓦解。之后又经过几年连续的博弈谈判，西方各国最后在1976年签订了牙买加协议。《牙买加协议》的核心就是黄金不再承担货币的职能，其它任何货币不会与黄金直接挂钩，各个国家之间的汇率自由浮动，并由每个国家自己决定。这样，出现了一个没有"体系"的体系，并一直延续到现在。因而，可以说这样的变化是颠覆性的，在戴维营的三天也可以称为"改变世界经济的三天"。

具体而言，布雷顿森林体系的解体意味着什么？它对全球经济金融产生了什么影响？我认为，第一个影响是，布雷顿森林体系的解体开启了全球信用时代。一个国家发行法定货币，从此不再需要任何有形资产的支撑，而是依靠政府信用强制性进行。法定货币的发行是一个国家的主权。一方面，由于去除了金本位所固有的通缩效应，世界经济，特别是国际贸方面有了迅猛的发展，随之带动了全球经济的发展；另一方面，由于货币的发行已经不再依靠有价值的实物所支撑，政府发行货币缺乏硬约束，时而出现货币超发，这样又会不断造成金融危机，直到2008年最为严重的全球金融危机爆发。第二个影响是大部分人没有预想到的，时任法国经济和财政部长德斯坦批评美元有过分的特权，时任美国财长康纳利也曾说过"美元是我们的货币，你们的问题"，这两种说法无疑给人们造成了一种误解——认为主要是"美元"出了问题，但是实际上布雷顿体体系解体的原因主要是"美元与黄金挂钩"这种机制不能维持，但这并不等于是对美元本身的不信任。所以布林顿森林体系解体后，美国的垄断地位不仅没有被削弱，反而得以加强。也因此，美元一直在全球货币金融体系当中占主导地位，并维持到现在。

2008年全球金融危机爆发以后，美国等发达国家先后采取了非常规货币政策，大量发行货币、压低利率。可以这样做的底层原因正在于信用货币的本质，即法币的发行不受实物的制约。艾伦·格林斯潘（Alan Greenspan）曾经说过，我们现在发行货币还是会像当做金本位还存在那样谨慎地发货币，但实际上是做不到的。在危机时期，超发货币，提供充分流动性确实起到了延缓金融危机蔓延的作用。与此同时也产生了一系列消极的负面影响：扩大了国内的贫富差距、埋下了通货膨胀的种子，对其他国家产生了负面的外溢效应。

最后，信用货币时代的出现对于以往形成的有关货币的一些概念、理论提出了严峻的挑战。例如，格雷欣法则即"劣币驱逐良币"，它是在金本位时代形成的，而在信用货币时代则恰好相反，良币驱逐劣币，信用强的货币才能占有主导地位。又如，"货币中性"理论也不再有效，在信用时代，货币的过多过少都会对经济产生影响。关于货币内生跟外生的争议，现在大家也有了共识——货币既是内生的也是外生的，哪一方面为主取决于不同的时期、不同的经济状况。

当然，这并不等于说现在出现的理论都是正确的。例如，前两年风行的现代货币理论（MMT），实际上只是一些主张，而不是真正的理论。它主张不用担心政府欠债，只需要不断地发行货币，就可以弥补债务，实际上并非如此。大量发行货币会引起通货膨胀，MMT主张用税收来解决通货膨胀的做法是不现实的。

对于MMT以及赤字货币化的讨论也产生了一些正面的效应，使得人们对信用货币的本质以及它的适用范围有了进一步的思考。我曾好几次提到，现在的货币发行量就像一根橡皮筋，可伸可缩，但程度是有限的。在现实世界中，经济是动态变化的，货币的存量或增量不可能与实体经济的需求严格地一一对应。因而，货币的发行就像橡皮筋那样有弹性，但是这种弹性是有限度的，如果无限扩大它的弹性，它就会像橡皮筋那样断裂。总而言之，信用货币时代给我们带来了一系列新的问题和挑战，值得我们进一步研究。

全球金融危机以后，比特币等私人数字货币（资产）出现了，中央银行数字货币（CBDC）也应运而生，但是它们没有改变信用货币的本质，也没有改变当前信用货币时代的基本特征。俄乌冲突后，有人鼓吹现在是所谓的"布雷顿森林Ⅲ"时代到来了，认为可以用大宗商品作为全球货币的支撑。这不仅是在开货币历史的倒车，而且由于大宗商品的价格波动很剧烈，其本身也无法作为法币的支撑，事实也证明了这一点。

阅读本书可使人们更深刻地理解和思考货币体系的演变和信用货币的本质，这正是我推荐中译出版社翻译本书的原因，也正是我推荐给关心全球变局、对全球金融有兴趣的读者阅读本书的原因。

乔依德

上海发展研究基金会副会长兼秘书长

中国国际金融 30 人论坛执行理事

财政部国际财经研究专家工作室专家

目　录

引　言　001

>>> **第一部分　"巨幕"拉开**

第一章　尼克松上任　003
第二章　经济危机　008
第三章　对美元的挤兑　013

>>> **第二部分　"演员"阵容**

第四章　理查德·米尔豪斯·尼克松　023
第五章　小约翰·包登·康纳利　036
第六章　保罗·阿道夫·沃尔克　049
第七章　阿瑟·弗兰克·伯恩斯　062
第八章　乔治·普拉特·舒尔茨　076
第九章　彼得·乔治·彼得森　082
第十章　其他的参与者——保罗·麦克拉肯和亨利·艾尔弗雷德·基辛格　091

I

第三部分 "正剧"上演——那个周末的故事

第十一章　门口的狼	099
第十二章　8月13日，星期五	119
第十三章　8月14日，星期六	140
第十四章　8月15日，星期日	156

第四部分 尾声

第十五章　余波	183
第十六章　终点线	203
第十七章　远见	224
第十八章　回顾那个周末	236
作者手记	249
致　谢	251
关键人物和职位	255
注　释	259
参考文献	307
索　引	359
译后记	371

引　言

　　1971年8月13日（星期五），下午2时29分¹，理查德·米尔豪斯·尼克松（Richard Milhous Nixon）总统从白宫西翼（West Wing of the White House）走过南草坪（Southern Lawn），登上了总统的专用直升机"海军陆战队一号"（Marine One）。他踏上六阶舷梯走到机舱门口时，一位年轻的海军陆战队军官干练地向他敬礼。机身顶部的螺旋桨缓慢地旋转，尾翼开始垂直转动，似乎过了很长时间，"海军陆战队一号"才缓缓上升。几秒后，机头下沉，直升机倾斜着向西北方向飞去，经过华盛顿纪念碑（Washington Monument）和一片城市建筑，在接下来30分钟的旅程里，它飞过了一些小镇和林木茂密的蓝岭山脉东部（Eastern Blue Ridge Mountains）。

　　直升机上，和尼克松坐在一起的包括财政部长小约翰·包登·康纳利（John Bowden Connally Jr.）、美联储委员会主席阿瑟·弗兰克·伯恩斯（Arthur Frank Burns）、经济顾问委员会主席保罗·麦克拉肯（Paul McCracken）、行政管理和预算局局长乔治·普拉特·舒尔茨（George Pratt Shultz），以及白宫办公厅主任哈利·罗宾斯·霍尔德曼（Harry Robbins Haldeman）。另外，机上还有两名飞行员、一名飞行工程师、两名情报部门特工以及一名携带"核手提箱"的军事助手。

戴维营三天

座椅上铺有金色的软垫,上面覆盖着华丽的蓝色毯子。尼克松坐在飞机右侧的一张扶手椅上,背对着驾驶舱,从这个角度可以看到机舱的其余部分。一部电话低低地贴在墙上,与膝盖齐高,一端连着一根长长的、卷曲的电话线——这是客舱与外界沟通的唯一渠道。舱内空间狭窄[2],公文包必须放在乘客的膝盖上,如果不侧过身来,人很难在过道上走动。

一小时前,另一架直升机从位于马里兰州(Maryland)的安德鲁斯空军基地(Andrews Air Force Base)起飞。机上有财政部负责货币事务的副部长保罗·阿道夫·沃尔克(Paul Adolph Volcker)、总统国际经济事务助理彼得·乔治·彼得森(Peter George Peterson)、经济顾问委员会关键成员赫伯特·斯坦(Herbert Stein)、白宫演讲撰稿人威廉·萨菲尔(William Safire),以及白宫首席国内政策顾问约翰·丹尼尔·埃利希曼(John Daniel Ehrlichman)。还有其他几名工作人员由于需要90分钟的车程才能到达,因此更早些的时候就动身出发了。

这些人都将前往位于马里兰州卡托克廷山公园(Maryland's Catoctin Mountain Park)的总统度假地戴维营(Camp David),参加一个最高级别的秘密会议。霍尔德曼和他的副手劳伦斯·希格比(Lawrence Higby)在前一天下午联系了12名受邀者,告知他们准备好过夜的物品,做好离家几天的准备,并再三强调不能告诉家人他们要去哪里。最终,共有15人到会,包括尼克松、霍尔德曼和星期六上午加入的财政部法律顾问迈克尔·布拉德菲尔德(Michael Bradfield)。虽然只有少数与会者知道会议具体议程,但大多数人都知道这次会议的意义重大。

就在前一天,美国行政管理和预算局局长乔治·舒尔茨向尼克松描述了他对即将到来事件的看法,"这是第二次世界大战结束后,在经济政策上迈出的伟大一步。"[3]那天早上,赫伯特·斯坦在走向

引　言

直升机的路上对萨菲尔说："这可能是自富兰克林·德拉诺·罗斯福（Franklin Delano Roosevelt）总统1933年3月4日（星期六）关闭全美银行以来，经济史上最重要的一个周末。"[4] 事实上，此次会议的参会人即将引发一系列冲击，动摇美国的政治联盟，并引领美元走上全新的道路，重塑美国和全球经济。

这本书讲述了那个周末发生的全部故事——那个周末何以出现、三天里发生了什么、之后又发生了什么以及发生的这一切意味着什么。最重要的是，这本书讲述了美国如何开始重新考虑其在世界中所扮演的角色，并意识到其再也无法负担在第二次世界大战（简称"二战"）后一直承担的责任，以及美国如何与盟友重新分配责任。我所讲述的事件也是美国历史上一个重大转折点：尽管美国国力强盛，但在这个时刻，美国不得不承认的是，它与其他国家的相互依赖程度日益加深，美国需要从单边策略转向参与众多多边外交与合作。

在本书中，我站在美元与黄金关系的视角来讲述这个故事。关于美元的问题似乎很深奥，但事实上，美元在过去和现在仍然是外交政策、国家安全和国际商业的交汇点。美元对我们关注美国国内问题也有重大影响，包括就业、物价、退休保障、金融稳定、经济机会等，甚至还涉及美国在世界中的形象。虽然我们从未如此全面地考虑美元，但是美元的价值已经对美国国内、世界以及我们日常生活产生了广泛而深远的影响。

以下简要的介绍有助于帮助读者理解尼克松和他的团队在戴维营期间所面临的巨大挑战。在举行会议时，美国担负一条其在1944年加入国际货币基金组织（International Monetary Fund, IMF）时所作的长期承诺，即任何持有美元的外国政府或中央银行都可以按照每盎司35美元的固定汇率将美元兑换成黄金，这一汇率是罗斯福总统在1934年设定的，从未改变过。此外，如英镑、西德马克[5]和日元在内的其他货币，都以固定汇率与美元挂钩。例如，在1949年，设定1美元可兑换360日元，且这一汇率的变动幅度不能超过1%，只有在长期处于紧急情况下，变动幅度才能超过1%。这些规定都记录在国际货币基金组织的《协定条款》（IMF Articles of Agreement）中。

美国需要履行的这些义务源于1944年在新罕布什尔州（New Hampshire）布雷顿森林（Bretton Woods）召开的联合国货币金融会议。在这次会议上，以美、英为首的战时同盟国旨在为二战后世界经济发展建立了一个新的国际货币体系，其根本理念是建立一个全球金融体系。在该体系中，各国货币汇率波动不能超过1%，且最终与黄金挂钩，这将为各国间贸易（包括食品、机械、汽车、纺织品和其他产品）提供尽可能稳定的环境。

新的货币体系旨在为创造一个与动荡的20世纪30年代截然不同的世界奠定基础。尽管早年间各国将本国货币与黄金挂钩，但金本位制没有布雷顿森林体系（Bretton Woods Arrangements）灵活，国际监督也欠缺，各国参与的效果参差不齐，最终导致各国完全放弃了这一体系。这个体系一旦崩溃，由于恶性的、不公平的竞争加上大萧条时期经济放缓——政府建立起如关税（tariffs）和配额（quotas）等贸易壁垒，阻碍了贸易和资本的自然流动。各国政府还会压低汇率以降低出口产品的价格，经济学家称之为"竞争性贬值"（competitive depreciations）。

举一个简单的例子来说明这种做法是如何起作用的，以及对世界贸易和经济增长造成了什么样的负面影响：假设西德马克与法国法郎的汇率比值是1∶2，1吨西德钢铁的价格为1万西德马克，而一吨法国钢铁的价格为2万法郎。如果西德将其货币对黄金和其他货币的汇率贬值10%，那么西德的钢铁价格相对于法国实际上会低10%。如果法国不接受这个价格，就只能让本国货币再贬值，以低于西德钢铁的价格与其竞争，而这可能会压低法国法郎汇率，使1

吨钢铁的价格降至 16 000 法郎，即贬值 20%，相当于西德做法的两倍效果。如果比利时和意大利为了获得竞争优势，只有比法国更大程度地贬值本国货币才能做到。当西德和法国廉价的出口产品进入美国市场时，美国可以通过提高关税或设置配额来抵制潮水般涌入的产品。随着美国钢铁进口量的减少，西德、法国和美国其他贸易伙伴对美国的出口也会相应减少。其他钢铁进口国也会与美国有相同的反应。

事实上，在金本位时代，像上文中例子所举的这种竞争降低了每个国家的贸易额，进而导致全球经济螺旋式下降。由此产生的极端贸易保护主义[6]则会进一步加剧大萧条，并导致同二战相似的紧张局势。

正是考虑到这些灾难性后果，各国才围绕一种新的金本位制度建立起了布雷顿森林体系。美元处于这个体系的中心，华盛顿方面同意将每盎司黄金的价格定为 35 美元，其他所有货币对美元的汇率都是固定的。可以看出，作为汇率固定的关键点，美元不能贬值。在该体系中，任何政府或中央银行都可以通过美国财政部的"黄金兑换窗口"（gold window）兑换他们所持有的美元。所谓的"美元–黄金体系"（dollar-gold system），就是所有货币都与美元挂钩，旨在为国际贸易创造一个稳定、可预期的环境。

但这还不是全部。布雷顿森林体系中的各国领导人都希望建立一个规则和责任框架，以防止 20 世纪 30 年代的贸易保护主义再现。这么做的一个核心理念是为存在巨额贸易逆差的国家提供更大的灵活性，以帮助其经济恢复平衡。在布雷顿森林体系之前，存在巨额贸易逆差的国家除了为进口设置贸易壁垒或让本币贬值，几乎没有其他选择。而这两种做法不仅会扰乱自由贸易，还会导致其他国家跟风效仿以实施报复，进而导致经济增长放缓和就业减少。而在布雷顿森林体系下，贸易逆差国家有了更多的选择。

首先，与20世纪30年代金本位制的僵化不同，新体系给予了汇率一定的灵活性和自主性，允许汇率上下浮动1%。其次，成立了国际货币基金组织，以监督新的金融体系，并向各国提供大量贷款，使其有能力改变本国经济政策，而不必提高贸易壁垒或使本国货币贬值。最后，如果它们的贸易逆差是由严重且长期的结构性问题造成的，那么这些国家可以在国际货币基金组织的规则和监督下令本币贬值或升值，但这要得到其他国家政府的谅解并根据其在IMF理事会的资格按既定的程序进行，且不允许通过竞争性贬值进行报复。换句话说，布雷顿森林体系是在一个国际机构、一系列国际法，以及国家间互相谅解的基础上建立起来的，而这些在20世纪30年代都不存在。

实际上，以美元为中心的新全球货币体系无意中形成了一个重大矛盾。对20世纪40年代到50年代初的隐含假设是，随着世界经济从战争中复苏，西欧和日本的经济将恢复，国际贸易将相应扩大。实现这种复苏需要更多资本，其中大部分资本将以美元的形式从美国流出。然而，在供求规律下，流通的美元越多，对使用者来说美元的价值就越低。因此，随着时间的推移，以美元为中心的布雷顿森林体系将不可避免地需要进行根本性调整。换句话说，二战后的货币体系埋下了使自身消亡的隐患。

但在20世纪60年代，即使是那些明白未来必须创建一个新货币体系的官员也别无选择，只能保护这个体系。事实上，在约翰·菲茨杰拉德·肯尼迪（John Fitzgerald Kennedy）总统和林登·贝恩斯·约翰逊（Lyndon Baines Johnson）总统的公开声明中都支持美元与黄金挂钩。两位领导人都将强劲、稳健的美元视为美国领导自由世界的一个关键手段。1963年7月18日（星期四），肯尼迪总统告诉国会："我想明确这一点[7]……美国将保证美元像黄金一样保值，以每盎司35美元的价格与黄金自由兑换，这是自由贸易和自由支付的基石。"1965年2月10日（星期三），约翰逊总统也向国会作出了类似的承诺："现在和将来，美元将保持像黄金一样的良好品质[8]，能够以每盎司黄金35美元的价格自由兑换。"支持这一政策的不仅是两位民主党总统，在两届政府中，他们的财政部长和美联储主席——威廉·麦克切斯尼·马丁（William McChesney Martin）也明确表示，美国将致力于保持美元与黄金的固定兑换比率。

尽管尼克松总统在上任的前两年半时间里比前任总统们都更加谨慎，但他一直强调美国遵循保持美元强势的政策，而且也从未否认美国维持美元与黄金固定汇率的承诺。此外，在他的任期内，两任财政部长戴维·马修·肯尼迪（David Matthew Kennedy）、康纳利，以及美联储主席伯恩斯都明确承诺，在外国人要求兑换时，将以每盎司35美元的价格将美元兑换成黄金。

因此，直到1971年仲夏，在外国官员、交易者和投资者看来，美元以每盎司35美元的汇率与黄金挂钩被视为是得到了美国政府的无条件支持。这种看法让其他国家有信心继续储备美元，并确信他们总能将美元兑换成黄金这种有形的替代资产。

在二战后的25年里，曾经饱受战争蹂躏的西欧和日本实现了经济大复苏，非共产主义世界实现了前所未有的20年繁荣。美元与黄金固定汇率所带来的稳定是取得这一进展的核心因素。改变这种联系将会带来未知的风险，可能会颠覆这个在国际经济中处于核心地位且极其成功的金融体系。这一体系也是在"冷战"最激烈时期美国政治和军事联盟的重要支撑。此外，这一体系还强化了自由世界的联系；它不仅是自由世界国家之间的经济联系，也是将自由市场和民主政治体系结合在一起的哲学纽带。

然而，在戴维营会议召开之前，美国人和外国人就已经清楚地认识到，美国没有足够的黄金储备来兑现其承诺。美国通过"马歇尔计划"（The Marshall Plan）、其他对外援助项目、向其海外的部队和基地提供资金，以及跨国公司不断增加的海外投资，源源不断地向世界输送了大量美元。但与此同时，黄金供应增长与美元流出几乎无法保持在同一速度。即便在黄金供应不断扩大的时候，西欧和日本也在积累自己的黄金份额，留给美国的黄金份额则相对减少。因此，美国的黄金储备和官方持有的海外美元之间出现了一个巨大的缺口——各国中央银行和政府持有的有资格兑换成黄金的美元间的缺口。

相对于在美国境外流通的美元，黄金的流失量是巨大的。1955年，美国有足够的黄金（以每盎司35美元的价格计算，价值217亿美元的黄金）来偿还其对其他中央银行和政府总共135亿美元的债务。换句话说，美国的黄金储备超过了海外官方美元的160%。然而，到1971年夏天，美国只有价值102亿美元的黄金，而海外官方持有的外汇储备为400亿美元。因此，华盛顿方面仅能够兑现"黄金换美元"这一承诺所需资金的约25%。[9]

尽管其他政府多年来一直担心黄金外流的问题，但他们无法正视美国拒绝他们用美元兑换黄金这种日益迫近的可能性发生，因为美国没有足够的黄金来兑现自己的承诺。美元与黄金挂钩这个问题看起来巨大且复杂，没有人知道如何在不引起全球剧烈动荡的情况下解决这个问题。美国拒绝向美元持有者兑付黄金的行为本身就可能会拖垮全球经济，因为这将打破交易者、投资者和商人所认为的"美元与黄金挂钩是全球市场稳定且可预期的基础"这一前提。

1971年8月15日（星期日）晚9时，于戴维营进行了两天激烈的讨论后，在仅仅提前几小时通知他国政府的情况下，尼克松就单方面宣布解除了美国长期以来对美元与黄金的挂钩，即每盎司黄金35美元的承诺，换句话说，他关闭了美国财政部的"黄金兑换窗口"。英格兰银行（Bank of England）、德意志联邦银行（West German Bundesbank）、日本银行（Bank of Japan），以及其他国家的

引 言

央行在布雷顿森林体系下运行了25年后，手中的数亿美元储备突然失去黄金的支持，价值因此变得不确定。

在宣布这一被视为是美国"神圣义务"的承诺发生根本性改变时，尼克松实际上是从国际金融和在此之上建立的国际贸易体制大厦中扯出了一条中心支柱。他动摇了美国在二战后一直持续构建的与西欧和日本之间的核心关系，而这种关系对于美苏之间持续不断、消耗巨大的竞争来说至关重要。这一后果影响深远，在接下来的几年里，一系列充满政治争议的谈判接踵而至。

在1971年8月15日（星期日），尼克松不只是宣布了货币政策的改变，本质上，他是在告诉世界，美国自战争结束以来所扮演的近乎无所不能的角色已经终结。在美国引领西欧和日本经济复苏的时代，没有互惠待遇开放进口市场的时代，为共同军事防御不成比例地提供资金的时代，以及用黄金支撑货币体系的时代，现在上述这一切都将发生改变。美国不仅要求盟国进入一个共同承担的新时代，而且在迫使他们必须接受。同时美国也在为引入一个推行多边，而非单边政策的国际体系迈出了第一步。向多边主义的转变不一定是美国所热切希望的，而是对世界权力转移这一现实的屈服。

因此，1971年8月的这个周末是美国现代史的一个分水岭，它体现了美元的重要性，美元不仅是促进贸易的一种方式，或将是一种在未来人们可自信投资的货币，且也是一种改变美国实力和影响力的工具。这本书讲述了这个强大的国家如何作出选择，从根本上改变其坚持了长达25年的核心政策，并迫使世界其他国家适应这个颠覆性行动所带来的影响。它讲述了美国最有才华、最有学识、最有经验的一些政治家在一系列影响美国和世界未来几代人的艰难决定中挣扎的故事。这种努力并非没有引起强烈的反对或官僚内斗，但最终仍呈现出令人印象深刻的团队合作特征。

我之所以想讲述这个8月的一个周末发生在戴维营中的故事，

有以下几个原因。首先，那三天所发生的事情与美国当今面临的一些问题是相似的。我发现，探索半个世纪前发生的历史事件，有助于了解目前我们所面临的挑战。当时和现在一样，美国都在审视自己在世界中处于何种地位这个最基本问题。20世纪60年代末和70年代初，从杰出的政治家到普通公民都在试图证明，美国在扮演领导角色时，付出远比得到的多。当时和现在一样，美国在推行一个它认为对自己更公平的贸易体系。同样的，美国对于因维持政治联盟所带来的过于沉重的经济成本而感到不满。因此，在尼克松时代和当今时代，美国都在向北约盟国施压，要求它们共同为军事防御作出更多的贡献。当时和现在一样，美国不确定如何应对日益加剧的全球化，包括日益严重的贸易失衡、进口商品冲击国内就业，以及产业"空心化"问题，虽然这些问题在20世纪70年代早期就已出现，但至今仍争议不断。20世纪70年代初，美联储（The Federal Reserve System）在努力应对新的经济形势时受到了公众的密切关注。然而，如今一切都没有改变。当时的越南就像现在的阿富汗一样，漫长的战争即将结束，美国似乎没有任何胜利的迹象，参与海外军事行动的兴趣也大大降低。半个世纪前，国会和公众就像现在一样，要求政府将关注重点更多地放在国内需求方面，如基础设施、教育、公民权利和牢固的社会安全网。在尼克松时代，美国的盟友担心美国会将重点转向国内，加剧民族主义和保护主义。而近年来，他们的担忧已经成为现实。20世纪60年代末70年代初，美国被党派之争所困扰，尽管今天的情况更加糟糕。在1971年，许多人说美元被"高估"，导致美国进口商品价格太便宜而出口商品价格太贵，这与过去几年经常发生的情况相同。1971年，尼克松政府意识到，特别是西德和日本在内的其他国家，应该在维持国际政治经济秩序方面承担更多的责任。而当今与那时不同的是，美国需要更多国家帮助它实现所有目标。德国和日本仍在其中，但现在这些经济体还包括中国、印度、巴西、韩国等国家。在尼克松时代迫切需要进行的是国际货币改革，包括制定新的货币规则。而当新冠肺炎疫情逐渐成为过去，随之而来的是大规模的劳动力和物力损失，以及如同战时那样形成的巨大国家债务，我们很可能需要重新调整全球金融秩序，从涉及的领域和范围来看，这些新的变革与布雷顿森林会议所带来的变革相当。

但20世纪70年代初和现在也有很大的不同。似乎，尼克松政府最初采取的有关"美国优先"（America-first）的政策在唐纳德·特朗普（Donald Trump）总统执政时期以更加尖锐的形式重演。但我们应当看到，1971年开始的一系列切断美元与黄金联系的单边行动实际上产生了一系列效果，提升了美国在全球经济中的参与度，扩大了其对国际组织的投资规模并深化了美国与其盟国之间的合作。尽管美国的决定给西欧和日本带来了严重的冲击，但尼克松从未考虑过放弃与美国的伙伴通过密切协商与合作的方式解决核武器条约、全球贫困、全球粮食安全，以及石油价格暴涨等问题，这只是其中几个例子。1971年时美国也未放弃这样一个观点：扩大贸易比缩减贸易好。美国仍在不断探索以制定更好的货币管理体系，且从未忽视这样一个事实：随着时间的推移，全球经济和政治联系将日益密切，当它们朝着正确的方向发展时，民主社会也将更加巩固。这种思维模式的形成与尼克松和他大多数顾问的背景、才能和世界观密切相关。最终结果是，美国、西欧和日本之间的合作模式持续了40多年。在这方面，这本书讲述了美国如何在国际舞台上推动重大变革的同时又保持了基本的政治框架，而这个框架旨在增加而非减少各国携手解决重大国际问题所带来的益处。

在2021年华盛顿新政府上台之际，对比半个世纪前的情况会很有启发。1971年，在戴维营，尼克松对美国最亲密的盟友采取了强硬甚至对抗性的态度，但在赢得他们的全面关注后，华盛顿方面反而采取了几十年的国际合作政策。现在的重大问题是，拜登政府能否利用"特朗普冲击"（Trump shocks），即包括退出有关气候变化的国际协定、退出如世界卫生组织（World Health Organization, WHO）等国际组织，以及肆意使用关税和经济制裁措施等目空一切的单边主义，这些举措无疑引起了美国盟友的深切担忧——让美国重新参与到有关重建新的世界合作秩序的谈判中，以适应未来的新挑战。

我之所以讲述那个周末发生在戴维营的故事，还因为那是一个改变世界的事件，其影响延续至今，但却被历史学家忽视了。人们可以找到关于这个主题的杂志和学术文章，或者在一些戴维营会议参与者的回忆录和国际金融史中找到参考资料[10]。但我还没有看到过有哪一本书为普通读者解读了关于戴维营的那个周末，当然也没有哪本书的作者能像我一样，通过塑造每位参与者的形象，来描述这个事件的重要性。

我讲述的这个事件也与我的个人经历有关。回顾我的职业生涯，我曾在尼克松、杰拉尔德·鲁道夫·福特（Gerald Rudolph Ford）、吉米·卡特（Jimmy Carter）和威廉·杰斐逊·克林顿（William Jefferson Clinton）政府中担任经济和外交政策相关的职务，也曾在华尔街工作多年，并在耶鲁大学管理学院（Yale School of Management）担任院长和教授。我的工作经历令我可以接触到本书中的几位杰出人物，包括保罗·沃尔克、亨利·阿尔弗雷德·基辛格（Henry Alfred Kissinger）和彼得·彼得森，并且我还认识一些参加过这次戴维营会议的高级工作人员，还与他们一起工作过。此外，我还认识许多研究此次戴维营会议及后续事件的外部专家，为了写这本书，我有幸采访了很多上述这样的人（详见参考文献中的"作者访谈"部分）。

阅读和理解这个故事不需要了解太多经济、金融和贸易方面的知识。我写的这本关于美元的书籍并不是从技术角度入手，而是从历史、人物和政治的角度。因此，我简化了一些问题，省略了在更深入的经济分析中会涉及的细节，以便向那些几乎没有经济或金融背景的读者解释在戴维营发生的事情。

我从理查德·尼克松上任后的复杂局势开始讲起，然后介绍和描述了他的团队中对那个周末及其后续影响至关重要的关键成员。通过分析这些人的生活、思想和行动，我描述了他们在1971年8月的戴维营会议上的经历、想法、主张和性格特点。在详细叙述了戴维营会议之前的事件后，我回顾了那个周末所发生的每一件事情。通常情况下，故事的结尾才是作出决定的时刻，但在我的故事中，执行决定的方式才是重头戏。因此，我讲述了戴维营会议后的几周、几个月和几年里实际发生了什么，并评价其长期影响。最后，以半个世纪后我对这个周末的思考作为总结，并指出未来我们可以在此事件中吸取哪些教训。

记者兼作家威廉·格雷德（William Greider）在其备受赞誉的《美联储》（*Secrets of the Temple*）一书中写道："如果历史学家寻找美国在世界经济中主导地位被终结的唯一确切日期[11]，他们可能会确定在1971年8月15日。"确实如此，让我来解释一下原因。

第一部分 『巨幕』拉开

第一章

尼克松上任

1969年，理查德·米尔豪斯·尼克松就任总统，在7 300万张选票中仅以50万张的极其微弱优势击败了他的对手民主党候选人副总统小休伯特·霍拉蒂奥·汉弗莱（Hubert Horatio Humphrey Jr.）。选举还产生了参众两院都由民主党控制[1]的国会，这是自1848年以来，新总统首次面对由反对党控制的立法机构。"尼克松先生上任之初并没有得到全体民众的支持[2]，也没有很高的个人声望，反对党国会中有许多参众两院的元老，他们从尼克松担任上一届众议院议员时就对他持怀疑态度甚至个人敌意。"《纽约时报》（New York Times）的小詹姆斯·莱斯顿（James Reston Jr.）写道。

竞选时两党出现势均力敌的场面，原因之一是美国出现了非常矛盾的两种情况。一方面，美国在上一任总统林登·贝恩斯·约翰逊（Lyndon Baines Johnson）政府时期非常繁荣、失业率低，且经济上没有衰退迹象。另一方面，这个国家似乎正在分崩离析。仅1968年一年，美国国内就因越南战争、城市骚乱和学生暴力活动而动荡不安。同年，小马丁·路德·金（Martin Luther King Jr.）和罗伯特·弗朗西斯·肯尼迪（Robert Francis Kennedy）遇刺身亡，芝加哥民主党全国代表大会（Democratic National Convention）因警察和示威者在周围街道上的暴力冲突而闹得沸沸扬扬。事实上，在就职典礼后不久，已卸任的约翰逊政府时期司法部副部长沃伦·迈纳·克里斯托弗（Warren Minor Christopher）来到白宫，看望他在斯坦福法学院（Stanford Law School）的老同学约翰·埃利希曼，后者刚刚被任命为新总统的高级助手。克里斯托弗递给埃利希曼一包文件，"这些都是需要填写的声明。"[3] 埃利希曼告诉尼克松传记作者理查德·里夫斯（Richard Reeves），"你可以填上城市的名字和日期，总统会在上面签字，宣布戒严令。"

尼克松上台前的几年里，美国一直陷于越南战争中，北越政权本身也得到了苏联的支持。和他的前任总统一样，尼克松绝不会让自己成为第一个输掉重大战争的美国总统。在竞选中，他承诺将会以对美国有利的方式结束战争。但到他上任之时，已有近4万名美国士兵死于越南战争[4]（1956—1968年），且每周还有200多名美国士兵死亡[5]。公众对这场战争的支持程度正在迅速减弱。

在国内事务方面，尼克松延续了约翰逊总统"伟大社会"（Great Society）政策下的大量国内社会问题解决措施和施政纲领。"伟大社会"政策是自富兰克林·德拉诺·罗斯福（Franklin Delano Roosevelt）总统的"新政"（The New Deal）以来，美国政府所谋划的前所未有的宏大布局，整个计划包括启动医疗保险、医疗补助、扩大民权，以及开展解决公民的贫困、受教育机会不足和缺乏经济机会等问题。

在越南战争和国内事务之间，尼克松陷入了痛苦的政策困境。约翰逊总统使美国人相信，美国有能力调动人力财力来进行一场大规模的战争，同时还可以解决大量国内社会问题。换句话说，美国未能从基础经济学科所教授的经典概念中汲取到关于枪支与黄油相权衡的真理，事实上，大多数美国人认为他们可以同时拥有枪支和黄油。然而，不断增长的联邦预算赤字和迅速下滑的美国贸易地位显示，尼克松所面对的世界正在限制美国的国家目标和华盛顿政府负担这些目标的能力。美国再也无法建立并维持一个庞大的军事机器，也无法将社会安全网覆盖到所有需要它的人。最终，美国将被迫在枪支和黄油之间作出选择。

在1969年和1970年尼克松上任的前两年中，他面临的挑战最为严峻。他开始了雄心勃勃的计划，策划制订与苏联签订军备控制协议，并打算开启美中关系的新时代。但直到1971年才取得了真正的突破，而此时，结束越南战争仍然是最紧迫、也是最难达成的外交政策目标。同时美国与西欧盟友的关系变得越来越紧张，美国的海外盟国已经从二战中恢复过来，开始对美国"高压控制"感到不满并希望获得更多的自主空间。西德仍在寻求与东德建立更紧密的联系，尽管深陷"冷战"思维的华盛顿政府对此持怀疑态度。由于对美国在自由世界的军事和经济事务上占据主导地位而感到不满，法国将北大西洋公约组织（North Atlantic Treaty Organization，NATO，简称北约）总部驱逐出巴黎，导致北约总部被迫迁至布鲁塞尔。此外，因为积累了大量美元，法国比其他国家更需要兑换黄金，以此削弱美元的作用。英国也不像过去那样"顺从"美国，而是更专注于加入欧洲共同体（European Community，简称欧共体）的相关事宜，并讨好法国和西德这两个在欧共体中最具影响力的成员国。随着西德和日本等国在经济上与美国的竞争越来越激烈，它们与华盛顿政府之间在政治上的紧张局势也在加剧。对尼克松政府来说，控制这些负面因素至关重要，因为在盟友当中有任何的不团结都会削弱美国对苏联的威慑力。

在尼克松执政的前两年里，政府还在与所谓的"新孤立主义"（New Isolationism）[6]作斗争，而这恰恰反映出国会和公众对悲剧性、无法取胜的越南战争有着强烈的负面情绪。新孤立主义者希望美国能够重新整合资源，将重心从外交政策转向国内需求，包括从越南撤军、对内陆城市加大投资、减少对北约的投入，以及为最贫穷的美国人在粮食安全方面提供更多资金。来自内部的压力则源于国会高层领导人，如参议院多数党领袖（蒙大拿州民主党）迈克·曼斯菲尔德（Mike Mansfield），他向政府施压，要求尽快结束越南战争，还要求撤回所有驻扎在西欧的军队。尼克松和基辛格极为严肃地对待来自曼斯菲尔德及其同事的威胁，对他们来说，解除美国在海外的防御相当于美国对承诺的耻辱性退却，何况此举还会削弱美国的自卫能力。

国会还逼迫政府，要求大幅削减国防预算，这引发了国会与政府机构之间的激烈斗争。基辛格在回忆录中写道："新的军事计划遭到猛烈攻击，有些法案只是勉强获得通过。一旦这些计划获得批准，就会遭到整个政府系统的压制，每年的资金支持也在减少。"关注外部国家安全、外交政策问题的官员与关注内部贫困、住房、教育和公民权利问题的官员之间的争斗一直是那个时代的特征。

全球经济相互依赖日益紧密，且没有停止的迹象，新孤立主义者更是难以应对这种局面。国际贸易、跨境资金流动、日益增加的商务谈判活动和娱乐旅行，以及信息的高速传播，令全球化进入了一个新阶段（尽管这个词直到20世纪80年代才被广泛使用）。

到了20世纪70年代，进出口贸易对美国国内就业影响显著，出口贸易的增加创造了更多就业机会，而进口贸易的增加则减少了就业机会。国外的高回报率使得美元大量外流，以获得更高的收益。最终美联储被迫通过加息吸引美元回流，而此举可能会抑制美国国内经济增长，让数百万美国人的生活陷入困境。

这是自二战以来，贸易和国际金融问题首次出现在美国传统外交关系议程的中心位置[8]，同时出现的还有核武器控制、海外军事基地规模和位置这类更传统的问题。新的核心问题出现是因为全球化带来了一系列与就业有关的新国内问题。随着20世纪60年代美国惊人的经济增长率逐步趋稳，进口增加和美国跨国公司向海外转移生产所造成的工作岗位流失成为爆炸性的政治问题。事实上，尼

第一章　尼克松上任

克松上任后，国会和工会通过不懈努力，用提高关税和实行配额的方式来保护经济免受进口贸易影响，并形成了一股强大的政治力量。贸易保护主义与强烈的新孤立主义压力交织在一起，而这些压力都源自对越南战争的厌恶。

在贸易问题上，华盛顿方面特别关注如下几个问题。美国因欧洲对进口农产品施加的关税、配额，以及他们给予前殖民地的进口优惠未能同时给予其他所有国家而感到不满。美国民众对日本通过各种各样的法规封锁了绝大部分进口渠道的行为感到恼火，尤其是日本政府与美国大型企业集团暗中勾结，将美国产品拒之门外。

康涅狄格州民主党参议员亚伯拉罕·里比科夫（Abraham Ribicoff）是国会贸易政策方面的重要人物，他在一次西欧之行结束后所作的报告中提到了这一趋势。他写道："地缘经济正在取代地缘政治成为国际事务中最重要的因素，而美国远远落后于竞争对手"，"我们关心的是北约的战斗情况"[9]，"但西德人更关心的是大众汽车的订单"。

尼克松知道，要维持美国在国际上的积极领导地位，遏制孤立主义和保护主义并有效应对日益加剧的全球化，就不能继续保持现状。在1969年7月25日（星期五）的亚洲之行中，尼克松宣布美国将不再向南越等盟国派出军队，以进行内部或外部战争。华盛顿方面可以提供资金和装备，但不会派出军队，然而与美国有防御条约的北约各国、日本等国，或者遭受核攻击的国家除外。其余国家将不得不运用自身的力量使用自己的军队。这被称为"尼克松主义"（Nixon Doctrine），它昭示了自"马歇尔计划"以来美国外交政策最剧烈的变化。这是美国的世界角色发生重大转变的开始，这种转变的影响很快延伸到美国的国际经济和金融关系中。尼克松的演讲、新闻发布会，以及向国会提交的有关政府整体外交政策的综合报告中[10]，都将反复强调这一新战略。

第二章

经济危机

外交政策上的压力、国内动荡的局势、越南战争与"伟大社会"政策之间的财政权衡、新孤立主义和保护主义的抬头,以及在国防开支共同负担上的新问题等,都给尼克松政府带来了极大的挑战。此外,美国国内的经济问题同样十分棘手。而随着全球化进程的不断推进,国内和国际经济问题的边界越来越模糊。

所有这些都令其他持有美元的国家感到担忧,他们认为美国在控制通货膨胀的同时无法保障国内经济秩序不受牵连。其他国家还特别关注不断扩大的国际收支逆差,因为这体现了流入美国和流出美国的美元差额。庞大且持续增长的逆差导致外国政府、央行以及其他美元持有者储备的美元数量超过了他们所需要或希望持有的。

"通货膨胀"这个概念对本书所讲述的内容非常重要。通货膨胀意味着价格持续走高,一美元在未来所能买到的商品和服务将越来越少。对公众来说,每年一夸脱牛奶、一辆汽车、看一次医生或缴纳大学学费的费用增幅都将超过本年薪资的涨幅。同时,存款的价值将会缩水,因为通货膨胀会使人们(比如为了退休后的生活)所储蓄的货币实际价值下降。例如,如果银行的存款利率是6%而通货膨胀率是5%,那么储户实际上每年的收益只有1%。

通货膨胀抬高了美国产品的价格,因而它对国际收支有着破坏性影响。首先，机器、谷物等美国出口产品价格上升，将导致其竞争力下降。此外，美国物价上涨使消费性电子产品及衣物等进口产品更加廉价，更具有吸引力。

通货膨胀也意味着美元在世界市场中的购买力正在降低。这导致其他国家对持有美元充满焦虑，也使得将美元兑换为黄金的想法更为强烈。因为许多投资者相信，从长期来看，贵金属比纸币更保值。既然人们普遍认为如此，而其是否属实就已经不重要了。

通常来讲，政府有两种常规方法抑制通货膨胀。对美联储来说，最直接也最快捷的途径就是提高利率，减缓经济增长。而另一种是通过实行更加紧缩的财政政策，削减联邦支出或增加税收，以抑制通货膨胀。换句话说，货币政策和财政政策，政府要么选择其一，要么协调使用。经济学的经典理论是，通过提高利率或缩紧预算导致的经济增长放缓，会降低劳动者对更高薪资的需求、降低公司提高产品价格的需求，以此减轻通货膨胀。但此举风险巨大，可能会使经济增长放缓的速度难以控制，从而引发经济衰退。令尼克松头痛的问题就是他的政府将要那样做。

提高利率、削减预算会减缓经济增长速度，进而减少国家对进口商品的需求，这是美国平衡贸易收支的补救措施。不过，政府和国会并不会仅仅为了贸易问题而采取任何根本性的贸易及财政措施。因为对美国来说，进出口贸易总量占国内生产总值（GDP）的比重并不大，这一数额在1970年时大约为8%[1]。美国会针对占国民经济90%的部分采取相应措施，以此来影响属于贸易的那一小部分。事实上，这是贸易和国内经济增长与就业关系的本末倒置。华盛顿方面并不打算那样做，这引起了其他国家对美国美元外流的担忧，并且为美国采取西欧所谓的"善意的忽视"（benign neglect）而感到沮丧（与美国不一样，像西德和日本这样的国家，由于贸易在国内生产总值中的比重在20%—30%[2]，其总体政策中需要更多考虑贸易的因素）。

戴维营三天

到 1970 年，美国的通货膨胀率达到了 5.5%[3]，且该数据在过去的三年中一直增长。越南战争的巨额支出导致经济过热，而降温的方式是增加税收，降低消费性支出。但由于各种各样的政治原因，直到约翰逊总统任期的最后 6 个月，加税举措才得以落实。而事实证明，增加税收在抑制生活开销方面是无效的。因此，持续的通货膨胀削弱了美国自 20 世纪 50 年代起已经习以为常的经济繁荣。

尼克松上台后制定了一项经济政策来解决这个问题，他认为该政策能够抑制通货膨胀、稳定价格，同时不会增加失业率。他的政府将其政策称为"渐进主义"（gradualism），其中包括两部分。尼克松将敦促美联储提高利率，但增幅和速度均不会太高或太快，以此放缓经济增速，进而缓解价格上涨的压力。同时政府也不会大刀阔斧地削减联邦预算支出，只是小规模、循序渐进地削减支出。与传统大幅提高利率、削减预算的补救措施不同，渐进主义所带来的痛苦或牺牲是很少的。政府相信，如果这种举措能表现出明确可信的政策意图，市场会接收到讯息，从而物价上涨的压力就能得到缓解。

然而到了 1970 年末，事态已经明朗化，渐进主义彻底失败，各方面都出现了问题。经济正在走向衰退，同时伴随着通货膨胀率和失业率上升的问题。政策制定者讨论这一棘手问题，却没有任何经验可以参照，他们将其称为"滞胀"（stagflation），他们不知道如何应对，因为任何尝试都无济于事。如果放缓经济增长以对抗通货膨胀，失业问题就会加剧；如果扩张经济创造更多工作岗位，通货膨胀就会更严重。对经济官员和经济学家来说，滞胀成为一个进退两难的问题。但他们必须做出选择，降低通货膨胀或增加就业，二者无法兼得。

渐进主义之所以失效有几个原因。首先，美联储从未相信渐进主义，并且拒绝稳定地增发货币。其次，预算赤字也没有得到充分控制。1970 年，尼克松政府的预算赤字是 110 亿美元[4]，而一年前预算中有90亿美元的盈余，这相当于有200亿美元的负向变化。最后，对渐进主义来说，另一大阻碍是工资集体协商谈判，即大型工会与行业之间为提高薪资与福利进行的谈判活动。20世纪70年代初，美国仍然是一个以制造业为主的国家，许多重要的工业部门，如汽车、重型机械和建筑行业，都被工会化了。美国劳工联合会－产业工会联合会（AFL-CIO）、全美汽车工人联合会（United Auto Workers）和国际机械师和航空工人协会（International Association of Machinists and Aerospace Workers）等组织对国家经济政策产生了巨大影响。通货膨胀迫使劳工在有关工资的集体协商中要求提高薪资，而这必将导致企业抬高价格。例如，工会与一家车企谈判，要求劳工平均工资上涨5%。紧接着，车企便会以同样的涨幅提高产品价格。这将使工会要求的工资上涨变得没有意义，因此，在下一轮谈判中，劳工将再次要求加薪，产品价格将持续螺旋式上升，并向其他行业传播。尼克松试图说服甚至威胁工会与企业控制这一无止境的循环，但收效甚微。

1970年末，连尼克松的经济顾问委员会都对当时的经济形势毫无办法。在其1971年2月的报告中，回顾了上一年的情况并说道："经济表现辜负了包括委员会在内许多人的期望和最初的想法[5]……国民生产总值（GNP）低于预期，而通货膨胀率和失业率却高于预期。长期通货膨胀造成的成本和价格上涨的势头极为强劲。"这些观点得到了国会联合经济委员会（Congressional Joint Economic Committee）的赞同，该委员会在1970年曾警告，高失业率、经济停滞和通货膨胀将持续。同时，委员会还表示，"1970年的事件证明这些担忧是合理的"[6]。

对尼克松总统而言，1970年将以一种令人不快的政治姿态结束。他曾希望共和党人能控制国会两院中的一个，但在中期选举中，民主党人获得了两院的多数席位。而这并不意外，尼克松和他的团队认为经济不景气是没能获得两院控制权的罪魁祸首。同时尼克松也为两年后的总统选举而感到紧张，他知道自己的经济计划需要作出重大改变。

在任期的第二年末，尼克松彻底放弃了渐进主义，在对抑制通货膨胀和创造就业机会的权衡中，他选择了后者。他无法承受高失业率所带来的政治影响。他一直坚信，在政治中，就业问题的重要性超过一切。1970年11月18日（星期三）[7]白宫办公厅主任霍尔德曼在他的日记里写道："尼克松告诉他，不管通货膨胀率多高，他们承受不起的是经济下滑所带来的失业后果。"

在1971年2月的国会经济报告（*Economic Report to Congress*）中尼克松表示，"我们正在面临二战后最大的经济考验[8]，这是对我们能力的考验，考验我们能否在避免自由经济陷入失业滞胀的前提下，彻底解决通货膨胀"。1971年年初，《新闻周刊》（*Newsweek*）报道称："在接下来的几个月里，经济问题如果没有持续的复苏[9]，也许会成为尼克松的另一个'越南战场'。"

尼克松在他的回忆录中写道："1971年的前几个月[10]是我第一个总统任期中最大的低谷，我们面临如此巨大的问题，任何举措似乎都是徒劳的，在1972年的选举中我可能不会连任。"事实上，经济学家、华尔街交易者和投资者的共识是[11]，为了赢得1972年的选举，尼克松可能会采取一切措施，包括增加政府支出、降低税收、提供低息贷款以促进经济增长。但这恰恰也是国外美元持有者所担心的，因为更宽松的利率和更多的预算赤字意味着更严重的通货膨胀、更严重的国际收支逆差，以及更多的美元从美国流向投资机会更好的地方。简而言之，这意味着海外美元供应过剩，美元将不断贬值。

第三章

对美元的挤兑

既然美国有义务应外国政府和中央银行要求，以每盎司35美元的价格将美元兑换成黄金，那么存在这样一个问题：在什么样的情况下，外国政府觉得有必要提出这样的要求？可能性有很多。如果外国政府觉得流通中的美元太多，他们可能会要求兑换黄金，也就是说如果美元供应过剩，美元的价值就会随着时间的推移而降低。如果外国政府看到美元的购买力因通货膨胀而减弱时，它们可能会想把美元兑换成黄金。再或者，如果外国政府觉得美国会让美元对黄金贬值，它们可能也会想这么做。

无论情况如何，一场潜在的危机即将发生，因为美国根本没有储备足够的黄金以保障交易价格维持在每盎司黄金35美元的水平。一旦银行发生挤兑，美国将不得不违背这项国际义务的承诺，这将对全球市场的稳定及美国的其他条约承诺产生难以预料的后果。

外国政府和央行无意压低美元，毕竟美元是全球金融的核心，也是使他们从二战中快速复苏的核心措施。持有大量外汇储备的各国央行形成了一个联系紧密的组织，它们曾在20世纪60年代通力合作，多次应对货币危机，它们致力于稳定美元并维护布雷顿森林体系。然而，它们也陷入了困境。布雷顿森林体系不仅要求美元与黄金挂钩，还要求这个组织中的各个主要国家的货币与美元挂钩，但这不是自发形成的。固定汇率必须通过货币的买卖来维持，通过供求产生某种均衡，以保持预期汇率。不仅政府可以参与这种交易，私人交易者和投资者也可以参与其中。

经过20世纪60年代的发展，私人资本市场的规模随着国际经济的发展而急剧扩张。这意味着私人资本成了搅乱货币稳定性的主要因素，也许是最主要因素。在欧洲，被称为"欧洲美元"（Eurodollars）的大量新美元尤为活跃，这些美元是存放在美国境外的银行中且不受美国境内金融机构或外国政府所监管的。欧洲美元可以用来买卖货币，这就为投机者破坏美国和西欧国家努力维持的布雷顿森林体系，以及该体系下关联各国货币的固定汇率创造了可乘之机。实际上，各国央行一直在与私人投机者进行斗争，以保持货币稳定。

例如，若私人交易者和投资者认为，相对于政府和企业希望持有的英镑规模，流通中的英镑太多了，那么他们可能会抛售英镑，从而给英镑带来下行压力。这将迫使英国政府作出应对措施，将英镑汇率拉升到布雷顿森林体系的水平。虽然英国政府会有许多选择，但都花销巨大。英国政府可以利用有限的美元储备购买英镑，令英镑升值。为了与财力雄厚的投机者抗衡，英国央行可能会耗尽其外汇储备，甚至不惜从他国政府借入美元，以继续购买英镑，直到英镑兑美元汇率保持稳定。或者，英国可以通过提高利率支撑本国货币，令英镑对投资者更具吸引力，从而提高英镑的价值。但这将减缓经济增长，并导致数百万人失业。再或者，英国可以向英镑贬值的现实低头。然而，英镑贬值将使英国以更高的价格进口商品，从而损害英国消费者的利益，并加剧通货膨胀，同时也会迫使工会争取更高的工资和福利。此外，英镑贬值意味着政治上的失败，表明政府已经失去了对其政策的控制能力，而不得不屈从于国际金融家的要求。

第三章 对美元的挤兑

下面是如何运作全球货币管理的另一个例子。假设国际市场认为西德马克不能反映西德经济的实力，那么不可避免将会有更多的投资者希望持有更多马克。在那之后，如果投机者预计马克会升值，他们便会购买马克以赚取差价。而这样流入西德央行用以购买马克的资金越多、对马克的需求越大，马克的价格就会变得越坚挺，螺旋式上升的状况也会接踵而至。西德几乎没有什么好的选择，它可以用马克购买美元，令本币贬值、美元升值。但此举代价高昂，尤其是在马克强劲而美元疲软的情况下。或者，西德可以采取临时措施，允许马克兑美元的汇率浮动，看看市场会将其推到多高的水平，从而最终确定一个新的平衡点。换句话说，就是重估马克的价值。对西德来说，马克升值并不是什么好消息，至少对大多数西德人来说不是。尽管马克走强意味着进口商品更便宜，有助于抑制通货膨胀，但它也意味着西德国内的产业和工人面临新的竞争。西德的经济繁荣依赖于出口，而在这种情况下，出口的销售成本将变得更高。

布雷顿森林体系允许货币贬值和升值，但只限于特别的情况，并且限定在国际货币基金组织的规则范围之内。货币价值发生的这种根本性变化的情况越多，人们就越怀疑布雷顿森林体系下确立的固定汇率的可行性。同时，由于美元是这个体系的中心，任何重大的全球金融动荡都会引发对美元本身价值的质疑。

如20世纪60年代，当美元的全球供应扩张速度过快时，日本、西德或其他国家的央行不得不通过购买美元来提高美元价值，以维持美元与本国货币之间的联系。为了购买美元，各国央行通常会发行更多本国货币，包括日元、马克、里拉、英镑。对日本、西德、意大利、英国和其他国家政府来说，此举可能会引发通货膨胀，这些国家的政府被迫提高利率或收紧预算，致使本国经济增长放缓，就业问题也受到威胁。因此，太多美元外流时，其他国家经济就会陷入困境。其中的利害不仅在于这些国家官方货币的价值，还在于它们的经济增长前景、通货膨胀率和充分扩大就业的能力。因此，其他国家的财政部长、央行行长们对美国未能管理好该国的通货膨胀和国际收支而感到愤怒也就不足为奇了。

从 1971 年开始，美国不断攀升的预算赤字和低利率共同成就了庞大的国际收支赤字，因而导致流出的美元超过流入的美元。这个现象部分源于美国巨额的财政预算增加了联邦开支，却没有相应地提高税收。最终，国内需求增长、进口增多、贸易平衡被打破。与此同时，通货膨胀削弱了美国出口商品的竞争力，导致海外销售额缩减。最重要的是，低利率引导资本从美国流向能够获得更高回报的地方。

要理解发生了什么，可以把美国的国际收支（balance of payments）看作由两个主要账户组成：经常账户（current account）和资本账户（capital account）[①]。从传统上看，美国的一些商品贸易顺差很大，包括电气产品、农业机械、食品、矿产等，这些商品的贸易顺差展示了美国的竞争力和技术优势，世界各地都需要美国的资源和商品。整个 20 世纪 60 年代，美国的商品贸易顺差足以抵消因对外援助和海外驻军而外流的资金。换句话说，美国的贸易情况，即出口商品额超过进口商品额，足以覆盖其对外援助和军事承诺所花费的资金。而美国真正的国际收支问题在于其资本账户，即跨国公司、长期投资者和短期投机者将数十亿美元汇往海外。这种资本外流，尤其是投机者导致的资本外流，对美国与其贸易伙伴之间的相对利率非常敏感。当美国的利率低于国外时，资本就会流出；而当美国的利率高于国外时，资本的流向就会发生逆转。美国官员一致认为，只要财政和货币政策得当，短期资本外流最终会逆转。事

---

① 衡量贸易平衡最普遍的标准是"经常账户"，包括商品贸易、服务贸易和其他项目，如外国投资的净收入和外国援助等其他资金的转移。为了简单起见，笔者使用了"商品贸易余额"而不是"经常账户余额"。

第三章 对美元的挤兑

实上，许多年后，虽然有大量资本流出美国，但大部分又在几年内流回美国。

1969年，警报开始响起。那一年，美国传统商品的贸易顺差开始缩小。1893年以来，美国一直处于商品贸易顺差状态[1]，这种新的贸易格局导致美国的国际贸易地位发生了负面的结构性变化。国内外都担心美国正在失去基本的竞争力。这意味着，如果不进行彻底改革，美国将会无休止地向世界注入美元。直到尼克松上台后，这一困局才开始被正视。1969年1月18日（星期六），一个由哈佛大学教授戈特弗里德·冯·哈伯勒（Gottfried von Haberler）领导的过渡工作组就商品贸易逆差发出警告："这种恶化很可能引发严重的信心危机[2]，并引发对美元的挤兑。"

从逻辑上讲，外国政府在面对美国通货膨胀失控以及美国国际收支赤字无休止增长所带来的恐惧时，会争相将他们不想要的美元兑换成黄金，但让这些国家有所顾虑的原因有很多。首先，他们不想得罪"自由世界的领袖"，这个国家在"冷战"时期是他们的军事保卫者。其次，华盛顿方面一直承诺将整顿本国经济，而大多数的国外金融人士宁愿等待，希望看到美国兑现其最新承诺，也不采取任何行动。最后，他们意识到美国并没有足够的黄金储备，但他们不想引发一场会导致全球金融恐慌和美国盟友政治危机的混乱。

20世纪60年代中期，金融官员们认为，一个可能的解决方案是创造一种可替代美元的货币。当时的想法是允许国际货币基金组织发行自己的货币，称为"特别提款权"（Special Drawing Right，SDR）。他们设想，最终使SDR取代美元，或至少减轻美元的负担。人们还预计，特别提款权将成为黄金的潜在替代品。然而，由于种种原因，国际货币基金组织的货币没有像其创始者期望的那样成功。最终，大家发现似乎没有什么可以替代美元。世界已经习惯利用它进行贸易、投资，以及作为金融储备和纯粹的会计核算工具。

017

1970年和1971年初,国际货币形势继续恶化。美国较低的利率致使大量短期资本流向海外。外流资本从1970年的100亿美元增长到1971年的300亿美元[3],美国的盟友被迫吸收了更多的美元,这引发了有史以来对于美元与黄金挂钩可行性问题最大的担忧。"我曾抱有希望,认为可以避免一场重大危机[4],但这种希望在1970年冬季和1971年春季破灭了。"保罗·沃尔克在多年后回顾这段时期时写道。

由于担心国际市场挤兑美国的黄金,华盛顿政府的许多官员开始怀疑布雷顿森林体系是否已经崩溃,是否需要重新考虑整个货币和贸易体系。人们也开始质疑美国在二战后秩序中坚持的那些最基本信念,包括不受限制地扩大贸易和加快资本流动是否可取,甚至怀疑美国在海外驻军的成本是否太高。贸易保护主义法案不断出台,一个比一个严格。尽管尼克松政府反对大多数保护主义措施,但他决定以高压方式迫使盟国比以往任何时候都更全面、更持久地开放经济,以消除美国的商品贸易逆差。英国记者亨利·布兰登(Henry Brandon)写道:"美国现在不再将西欧和日本视为贸易伙伴,而是竞争对手","对巨额国际收支赤字、国外积累的巨额美元余额、国内难以解决的失业率问题的担忧[5]打击了美国民众对经济前景及经济健康情况的信心"。

1971年5月初,长期以来令人担忧的危机爆发了[6]。而这并不是第一次出现危机,早在20世纪60年代也发生过几次,但早期货币体系的基础并没有那么薄弱,那时华盛顿政府全力以赴应对危机的决心也更坚定。

西德面临一个严重的问题,涉及刚刚讨论过的所有内容,通货膨胀和商品贸易失衡导致外国对美元失去信心,私人资本对货币价值施加压力,以及外国政府和中央银行在布雷顿森林体系的固定汇率下捍卫本国货币时所面临的同样困境。

1971年5月3日(星期一),西德卓越的经济学家们呼吁对西德马克重新进行估值。这一举动很罕见，但在布雷顿森林体系下是允许的。西德贸易顺差巨大，重新估值马克是正确的做法，因为马克升值可能会减少该国出口、增加进口，从而使贸易更平衡，而增加进口无疑会帮助其他处于贸易逆差的国家扩大出口，这是整个体系的运作原理。当其中一部分，比如西德出现问题，为了整个体系的利益，就必须进行某种调整。但在1971年春天，马克的重新估值，尤其是其方式，预示着布雷顿森林体系固定汇率的彻底崩溃。

5月4日（星期二），大量美元，确切地说是12亿美元的私人资金，从美国和欧洲美元市场流入西德的中央银行——德意志联邦银行。这在当时是一笔数额惊人的资金，同时也是一个信号——表明市场对马克的信心强于美元。但这也是一种赌注，预示马克在未来会升值，美元会贬值，现在正是买入马克并利用未来几天或几个月马克可能升值而赢利的好时机。因为随着马克走强，美元会逐渐变得疲软。

第二天，德意志联邦银行在交易日开始的40分钟内就赚了10亿美元。这引发了一场恐慌，西德被迫关闭了它的外汇市场。随后，越来越多的美元从美国和其他国家的政府储备中流出，流入奥地利、荷兰等国。这再次表明人们对美元的信心在减弱。很快，西德决定让马克汇率浮动，看看市场会把它推到多高。在日本，要求日元升值的呼声也越来越大，这促使更多的投机性资金流入日本。还有一些国家甚至干脆拒绝买入美元。所有这些都与布雷顿森林体系所设想的，为战后世界提供稳定货币体系的作用相去甚远，更不用说美元在国际金融体系中扮演的"稳定者"角色了。

与此同时，在5月的前两周，荷兰、法国、比利时都要求将美元兑换成黄金。考虑到美元价值正在衰减，此举合乎逻辑。虽然金额不大，但随着美国黄金储备减少，越来越多的此类交易引发了人们对黄金被挤兑的担忧，这也最终导致美国被迫关闭"黄金兑换窗口"。

戴维营三天

5月12日，美国国会联合经济委员会的核心人物、中间派共和党人士、纽约州参议员雅各布·贾维茨（Jacob Javits）在参议院宣布[7]，美国央行作出的美元兑换成黄金这一承诺已经过时。他建议财政部全面停止出售黄金，并呼吁召开世界货币会议，创建一个新的货币体系，在新的货币体系中，美元将不再与黄金挂钩。许多外国官员、全球交易者和投资者都想知道贾维茨是否在为尼克松政府试探舆论风向。尽管美国财政部极力否认这一点，但事实是，外国官员、全球投资者和交易者都盼望美国在危机中能够发挥领导作用。美国本可以召集各国财长和央行行长举行会议，确定一种协调机制，以平息人们对汇率波动的担忧。至少，美国财政部长可以发表声明，表示华盛顿方面有信心解决所有问题。但华盛顿方面却一言不发，人们普遍担心，这种不作为可能是美国放弃"美元与黄金挂钩"这一稳定整个货币体系关键因素的前兆。

5月11日，西德总理维利·勃兰特（Willy Brandt）在写给尼克松的信中说[8]，货币危机令他的国家面临巨大的困难。5月17日（星期一），白宫经济顾问委员会（Council of Economic Advisers，CEA）主席保罗·麦克拉肯给尼克松写信说："欧洲普遍担心[9]，我们对国际金融和经济体系不感兴趣，也不关心。有些人认为我们只专注于国内事务。"在这场危机中，纽约联邦储备银行（Federal Reserve Bank of New York）的外汇交易主管查尔斯·库姆斯（Charles Coombs）在写给同事的信中说："全世界的交易者都感觉到[10]，美国及其贸易伙伴之间的政策协调完全失效了。"的确，多边金融体系似乎正在分崩离析，以美元为中心的秩序即将瓦解。

在整个5月下旬、6月、7月和8月上旬，尼克松政府内部举行了一系列会议，以避免迫在眉睫的金融灾难。在严峻的财政和政治压力下，8月第二周的行程加速进行。最终的决定将于1971年8月13日至15日这个周末在戴维营作出。

第二部分 「演员」阵容

第四章

理查德·米尔豪斯·尼克松

1971年春天,理查德·尼克松带领着一个内部成员背景不同、经济哲学观点各异的团队,迎接决定美元和国际货币体系命运的关键时刻。团队中每个人都对美国在世界中的角色,特别是美元问题,持有鲜明的个人观点。最终,总统解决了团队内部矛盾,达成了共识。

其中一些人,如财政部长约翰·康纳利,是坚定的民族主义者;而另一些人,如国家安全顾问亨利·基辛格,则希望美国能与盟友建立更紧密的联系;如财政部副部长保罗·沃尔克在内的一些人,希望大体保留布雷顿森林体系下的固定汇率制度;而还有一些人,如行政管理和预算局局长乔治·舒尔茨,则建议用自由市场下的浮动汇率制度取代固定汇率制度。

该团队不仅在意识形态方面时有冲突,在确定优先事项时他们也会发生冲突。总统国际经济事务助理彼得·彼得森关注美国未来的竞争力,而约翰·康纳利则专注于解决眼前的问题。此外,美联储委员会主席阿瑟·伯恩斯的观点涉及方方面面,他支持固定汇率、管控工资和物价,还支持与他国央行开展深入的多边合作。正因为美联储独立于政府,因此伯恩斯在政府中的作用独特且重要,其独立性意味着美联储是向国会而不是向政府负责。按照惯例,任何政府部门都不能干涉央行制定利率或货币供应的政策。此外,其独立性还意味着美联储主席和其他董事会成员可以公开表达自己的想法，无须政府批准。由于伯恩斯的职位，加上他在国内外崇高的职业声誉，使得他的支持对尼克松所做出的任何决定来说都至关重要。

除了1971年已经66岁的伯恩斯，尼克松领导的是一个年轻的团队，其成员平均年龄为46岁。[1]除了康纳利，所有人都是技术官僚，他们富有才华和经验，在工作中游刃有余。其中，四人拥有博士学位（舒尔茨、麦克拉肯、伯恩斯和基辛格），两人拥有硕士学位（彼得森拥有商学硕士学位、沃尔克除一篇政治经济学的博士论文外已经达到获得博士学位的其他要求），还有两人拥有法律学位（尼克松和康纳利）。

除了尼克松和康纳利，他们都没有从政经历，也没有雄心成为一个善于与媒体打交道的政客。在判断国内政治情况时，尼克松具有独特的个人见解，但在其他方面，他很依赖康纳利。

对所有人来说，帮助塑造并领导"美国世纪"（American Century）是一种信念。"美国世纪"常用来形容美国在军事、政治、经济和文化上领导世界的时代。尼克松的三位高级顾问：康纳利、舒尔茨和基辛格都参加过二战，也都遭受过战争带来的创伤。战后的美国领导自由世界从废墟中复苏，走向繁荣，建立并巩固了几个主要的全球性机构，如联合国（the United Nations）、世界银行（World Bank）和国际货币基金组织。尼克松团队里的每位成员都雄心勃勃且前途一片光明。

关于尼克松，需要做一点补充：尽管总统在外交政策和国家安全领域拥有不可估量的权力，但涉及美元和国际金融问题时，总统需要更多的支持才能有效地开展行动。毕竟，美国总统面对的是由独立的各国央行、无数的财政部、数百万的交易员、银行家和投资者组成的世界，他们都在按照市场的节奏行事，而不仅仅是听从政治指令。在试图改变美元的相对价值及其所依赖的基础制度体系时，

第四章 理查德·米尔豪斯·尼克松

总统必须有充足的信心和信誉。因此,不管尼克松的权力有多大,不管他的领导力有多强,都需要一个充满凝聚力的团队来支持他。

1969 年 1 月 21 日(星期二),即尼克松总统宣誓就职的第二天,他的团队主要成员与他一同宣誓就职。这不是一个极端保守的团队,《华盛顿邮报》(Washington Post)专栏作家罗斯科·朱蒙得(Roscoe Drummond)写道:"很明显,尚未就职的总统[2]已经选出了内阁成员和白宫工作人员,政治中心已经形成。无论对于现在还是未来,这都是选民意志的体现[3]。这里是尼克松的主场。"

要了解 8 月这个周末的尼克松总统,不需要将其与谎言、积怨、滥用权力强行干预、掩盖真相和妨碍司法公正等行为联系起来。这些都是在 1974 年尼克松政府突然倒台时人们对其的指责,这也使得尼克松成为美国历史上第一个也是迄今唯一一个辞职的总统。让我们聚焦于 1969 年、1970 年和 1971 年的尼克松——借用他的演讲撰稿人之一威廉·萨菲尔在水门事件之前所写的关于尼克松的书的标题——《坠落之前》(Before the Fall)。[4]

尼克松出身低微,但却平步青云。他出生在加利福尼亚州约巴林达(Yorba Linda)小镇上的一个贵格会(Quaker)教徒家庭,凭借努力获得了杜克大学(Duke University)法学院的奖学金,并在 1937 年以第 3 名的成绩毕业。二战期间,他成为南太平洋作战空运司令部(South Pacific Combat Air Transport Command)的作战军官,负责后勤事务,并没有参与战斗。

二战后,尼克松与一位已连任五届的时任议员竞选美国国会议员,他在竞选中的演讲展示了其政治生涯中的雄心壮志和进取精神。他的竞选活动在很大程度上依赖于美国对共产主义的恐慌,那是当时最重要的政治话题。尼克松的竞选纲领还包括为"被遗忘的人"服务,他认为这些人沉默寡言,但勤奋工作、努力养家、不向政府提出过分要求。忠诚于这一群体、诋毁精英阶层和东海岸的"建制派"，是他政治生涯的一贯主张之一。尼克松特别讨厌常春藤联盟的毕业生、东海岸媒体、美国国务院和中央情报局的高层、大企业和华尔街的高管，还有那些经常出入时尚的华盛顿乔治城区社交场合的人。

很快，尼克松在国会中树立了坚韧的立法者、冷峻的竞争者形象，声名鹊起。两届任期后，他赢得了一个参议院席位。1952年，这位39岁的参议员成为德怀特·戴维·艾森豪威尔（Dwight David Eisenhower）的副总统。艾森豪威尔试图置身于政治纷争之外，延续二战军事传奇人物的形象，因此他的团队需要一个对外强硬的铁腕人物，尼克松则满足了这一要求。1953—1960年，尼克松担任副总统，活跃于外交事务。他参加了国家安全委员会（National Security Council）的审议，访问了50多个国家，并在全美及世界各地建立了私人网络。他雄心勃勃，在国际舞台中倾注了大量精力。

1960年，尼克松接替艾森豪威尔赢得了共和党总统候选人提名，但在选举中以微弱劣势输给了约翰·菲茨杰拉德·肯尼迪。在今天看来，两位候选人的政治立场差异并不大。然而，在电视这一相对较新的媒体上，尼克松却无法与英俊潇洒的肯尼迪相匹敌。尼克松败选的另一个原因可能是，在竞选的最后几个月经济增长放缓，这也是他难以释怀的一点。事实上，当时的经济处于轻度衰退状态，尽管尼克松向美联储施加了压力，但美联储主席威廉·马丁仍拒绝降低利率帮助他扭转局势。从那时起，尼克松就开始怀疑独立央行的意义，他始终牢记，对竞选连任的现任政客来说，失业和经济衰退远比通货膨胀等问题更为致命。

1962年，败选后心灰意冷的尼克松与加利福尼亚州时任州长帕特·布朗（Pat Brown）竞选该州州长一职，但最终还是失败了。当时所有人都认为尼克松的政治生涯就此结束了，他搬到了纽约市，加入了一家著名的律师事务所。但1964年，林登·约翰逊大败共和

第四章　理查德·米尔豪斯·尼克松

党候选人巴里·莫里斯·戈德华特（Barry Morris Goldwater），尼克松看到了东山再起的希望。1966 年中期选举时，他为共和党候选人助力，并开始为下一次的总统竞选做准备。1968 年夏天，尼克松赢得共和党总统候选人提名，《纽约时报》的詹姆斯·莱斯顿（James Reston）写道："这是自拉撒路（Lazarus）以来最伟大的回归[5]，即使在这种'肮脏'的行当中，也没有哪个持怀疑态度的人能否认尼克松取得的非凡政治成就。"那年 11 月，尼克松赢得了总统选举。

尼克松认为自己是一位战略思想家，有着准确的自我认知。作为总统，他的目标是将中国纳入世界权力体系，取代美苏之间无意义且危险的两极"冷战"。尼克松看到了当时很多人没有看到的事情，中苏这两个共产主义大国并非盟友，甚至彼此还非常警惕。尼克松利用两国的焦虑情绪，分别向它们提出外交建议，用他所谓的"三角外交"（triangular diplomacy）挑拨这两个大国之间的关系。

除了重塑大国关系，尼克松的主要关注点还在于减轻美国领导和管理自由世界所带来的诸多繁重事务和负担。在上任的前 7 个月里，他宣布了"尼克松主义"，这对美国的外交政策、贸易和美元政策等都产生了影响。

这项新政策于 1969 年 7 月下旬非正式启动，当时尼克松正进行着为期 10 天疲惫而紧张的出访行程，此行将前往关岛、泰国、南越、印度、巴基斯坦、菲律宾和印度尼西亚。7 月 25 日（星期五），他以不透露姓名的形式在关岛军官俱乐部（Guam Officers Club）接受了记者们的采访，其中一位记者问他，美国是否会援助除南越外的其他亚洲国家。尼克松给出了一个冗长的回答[6]，暗示除非一个国家受到外来势力攻击，或者美国与这个国家签订了共同防御条约，否则华盛顿方面不会派出军队，只会提供财政和技术方面的支持。

起初，"尼克松主义"似乎只适用于亚洲。但几周后，尼克松政府宣称这将为美国总体外交政策带来改变。新总统的观点与肯尼迪总统和约翰逊总统的政策形成了鲜明对比，肯尼迪和约翰逊的行动似乎表明，美国对世界和平、稳定和繁荣的承诺是无限的。而尼克松的行动则意味着，美国愿意为其他国家做的事情正在减少。一些观察者认为，这相当于美国在逃避对世界的责任。多年后，基辛格回忆说[7]，"尼克松主义"之所以成为一个系统的主张[8]，是因为那时美国已经意识到过度使用自身资源的危险。

除了与战争相关的事务，尼克松政府还开始关注以下三个政策领域。在这三个领域中，美国致力于与盟国更均等地分担管理自由世界的成本和责任。

首先，尼克松强调在西欧和日本需要增加国防开支，包括支付美军在其领土上的驻军费用，以及承担更多美军因保护他们而产生的军备费用。此外，华盛顿方面还希望盟国能从美国供应商处购进更多军备物资。以上措施，都是为了减轻美国预算和商品贸易平衡的压力。

其次，在贸易领域，尼克松表示，美国无法继续容忍其市场对贸易伙伴相对更加开放，而贸易伙伴的市场并没有对自己更加开放。尼克松政府表示，在20世纪50年代和60年代初，这种不对等的交易可以接受，因为当时的西欧和日本迫切需要进入美国市场，使经济复苏。而且，那时的美国富有竞争力、经济繁荣，贸易不平衡显得并不重要，但那些日子已经过去了。

最后，"尼克松主义"对美元和全球货币事务也有极大的影响，尤其是美国作出的以每盎司35美元的价格将海外持有美元兑换成黄金的承诺，这已成为一个难以为继的负担。尼克松政府官员认为，按照当时的汇率，美元被严重高估，相对的西德、日本和其他国家货币则被低估。他们希望迫使这些关键国家的货币汇率发生一次性转变，扭转这种不平衡。简而言之，美国政府希望美元相对马克和日元贬值。

第四章　理查德·米尔豪斯·尼克松

美元被高估是一个棘手的问题，因为它抬高了如谷物和机械设备在内的美国商品对西欧和日本市场的出口价格，从而影响了美国的出口贸易。此外，它还使得日本的鞋、电视机，西德的钢铁、汽车等外国商品价格对美国人来说更便宜，因此加快了进口商品涌入美国的速度，从而令贸易失衡变得更加严重。相反，这令外国拥有了优势，一方面他们的工资水平较低，另一方面他们的生产率不断提高；而在美国，极其强势的美元放大了这一竞争带来的困局。

美元被高估使得出口减少，进口增加，流出的资本超过流入的资本，国际收支逆差扩大。理论上，有几种方法可以解决这个问题，但实际操作都非常困难。

第一种方法，美国可以要求以日本和西欧为主的贸易伙伴以远超其预期的规模和速度向美国商品开放市场。这需要对盟国施加巨大的政治压力，迫使它们采取行动，但考虑到贸易对这些国家的经济非常重要，因此这一做法可能行不通。如果无法做到这一点，美国可能会阻止其贸易伙伴向美国市场出口商品。但这意味着走向保护主义，与尼克松的哲学背道而驰。

若这种激进的贸易补救措施在政治上不可行，那么美国可以考虑第二种方法——让美元对黄金贬值。1盎司黄金的价格不再是35美元，新的价格可能是38美元，即每1美元对应的黄金价值减少。此举造成的结果将会是，美国出口的商品在国际市场上相比外国商品更便宜，而进口商品价格变贵，这将有助于美国平衡贸易收支。然而，这种方案的问题在于，美元是全球货币体系的核心，就像被行星环绕的太阳。但布雷顿森林体系并没有制定中心货币可以贬值的条款，这是走向未知危险的一步，可能会导致金融秩序混乱。此外，还有一个问题，其他国家的货币都以固定汇率与美元挂钩。美国担心，如果美元贬值，其他货币也会随之贬值，而美国并不会获得任何好处，且布雷顿森林体系可能会变得不稳定。如果想让美元贬值，美国唯一的选择就是动用其外交和军事的全部力量，令盟国货币的价值不要随美元一同下跌，但这可能会破坏"冷战"期间关键的政治联盟。

在贸易和货币领域不发生重大变化的情况下维持国际收支平衡，意味着美国不得不提高利率，阻止美元外流，并吸引他国资金进入美国。此外，美国还需要削减预算，以减缓经济增长、减少进口需求。总的来说，高利率和紧缩的财政政策有助于平衡国际收支，但也会抬高失业率。这是尼克松无法接受的。

最关键的是，美国需要彻底调整盟国之间分担的责任。这意味着盟国将以前所未有的方式承担军事和经济重担。"'尼克松主义'确定的基调中隐含着警告，"英国记者亨利·布兰登写道，"这是一种非常巧妙的方式，向世界告知了一个时代的终结。"

在外交政策方面，外交惯例和宪法都赋予了尼克松可以单独决策并行事的特殊权力，且不经国会批准就可以作出重大决定。但在经济领域却并非如此。因为大部分权力被赋予了国会，各州州长往往也具有一定权力，与商界和劳工领袖的高级磋商也会在其中发挥重要作用。更重要的是，尼克松对经济问题并不感兴趣。1967年，他曾对记者西奥多·哈罗德·怀特（Theodore Harold White）说："我一直认为，没有总统，这个国家也可以治理好[9]……但在外交政策方面，国家需要一位总统。"尼克松的另一位高级经济顾问赫伯特·斯坦说，尼克松认为"对共和党人来说，经济问题并不是赢得大选的关键[10]，因为他们的保守主义观点总是与公众对政府的期望相去甚远"。此外，尼克松总是寻求实现重大突破，而这在国内经济政策方面几乎不可能实现，因为在制定国内经济政策的过程中，需要众多选民事先参与进来。

在接下来的三年里，尼克松将专注于摆脱经济衰退以及由此带来的高失业率。他深信，选票与就业情况密不可分，而物价上涨却不会让自己输掉选举。传记作家理查德·里夫斯写道:"尼克松曾多次打断内阁会议[11],回顾共和党执政期的经济增长放缓或衰退以及由此导致的失败历史。"上任一个月后,尼克松对内阁委员会表示:"当你抽象地谈论通货膨胀时[12],人们很难理解,但当失业率上升0.5%时[13],人们的反应则是爆炸性的。"

尼克松还坚定地反对强制性的工资和物价管控,并多次不厌其烦地表达这一观点。他在1969年1月27日的新闻发布会上说:"我不认同[14]通过规劝劳工、管理层和工业界遵循某些指导方针就能有效控制通货膨胀的说法……控制通货膨胀,主要取决于政府部门及其对财政和货币事务的处理。"1969年末,他解释了自己对这种管控的反感。"我曾在二战期间就职于原物价管理局,这也是我在政府部门的第一份工作。"[15]1969年10月17日(星期五),他在全国讲话中回忆道,"从我个人的经验来看,管控工资和物价对企业、工人和消费者都是不利的。定量配给、黑市、管制——这对美国来说是错误的道路,我不会带领国家走上这条路。"

尼克松对经济问题的反感也延伸到了国际领域。除了保持美元强势、支持自由贸易和鼓励资本自由流动等守旧且陈词滥调的问题,竞选总统期间他的演讲几乎从未涉及国际经济。大选之前,经济学家保罗·萨缪尔森(Paul Samuelson)在《新闻周刊》中写道:"越来越多的人问我一个问题[16],'尼克松总统会让美元贬值,然后把责任推给他的前任吗?'"萨缪尔森回答道,只有信心极强的人才敢冒这样的风险,而尼克松从未表示过自己是这样的人。大选结束后不久,萨缪尔森写道:"当选后的尼克松会发现[17],他能做的事情,与他的两位前任差不多。这是激烈选举造就的必然结果。"事实证明,萨缪尔森所说的两点都是错误的。

尼克松的做法是采取一切必要措施防止经济问题干扰他真正想解决的问题:与苏联谈判军备控制问题、面向中国开放的问题,及其他重大的传统外交政策。例如，1970年3月2日（星期一），他给白宫办公厅主任霍尔德曼写了一份备忘录："我不想被国际货币问题打扰"[18]，"这些问题应该由别人来解决……"。

尼克松对美元确实没有什么兴趣，这一点在他上任前夕就可以看得出。与以往的总统不同，美元似乎位于他议事日程中的末位。尼克松任命芝加哥银行家戴维·肯尼迪为他的第一任财政部长。1968年12月，在肯尼迪主持的一场新闻发布会上，一名记者观察到，林登·约翰逊迅速作出了保持美元与黄金挂钩的承诺。当记者问道，尼克松对黄金的立场是什么？肯尼迪的回答是："我希望推迟探讨这个问题，因为稍后我们将讨论整个国际局势。我想保留所有可能的选择[19]。"这一声明起初似乎预示着美国25年来明确支持的美元与黄金挂钩政策将发生重大改变。尼克松任命的通信联络主管赫伯特·克莱因（Herbert Klein）出面为肯尼迪解围，他告诉记者，肯尼迪所说的改变并非政策。第二天，国际市场仍在猜测是否会发生重大变化，尼克松的新闻秘书罗恩·齐格勒（Ron Ziegler）再次试图更正肯尼迪的话，他表示，"我们预计黄金价格不会有任何变化[20]"（这是美元不会贬值的另一种说法）。但外界对尼克松所作出的美元与黄金挂钩的承诺已信心不足。

从某种程度上说，尼克松认为[21]黄金存在于货币事务中是一个时代性的错误，需要重建整个国际货币体系，避免危机反复发生。就职几周后，尼克松在财政部发表讲话时说："现在是检验国际货币体系的时候了[22]，看看它的优势和劣势在哪里，然后提供负责任而非独裁的领导方向，我们还可以从国外的朋友那里得到更准确的判断和更好的建议。"私下里，他蔑视财政部官员，认为他们固守布雷顿森林体系，拒绝一切新想法。

当提及国际贸易时，尼克松经常谈到自由贸易，但他也明确表示，必须有一些例外情况，比如对纺织品的保护。1969年2月6日

（星期四），尼克松就任总统以来首次针对这一问题发表了高调声明。他说："我相信比起保护主义，自由贸易将有利于整个世界[23]。但考虑到纺织业[24]的自由贸易会给国内一些地区造成巨大的压力，因此这是一个特殊的问题。"

尼克松经常在私下批评其他国家的行为，并曾经考虑设立一个庞大的政治俱乐部来对付美国的经济对手。例如，上任三个月后，他告诉内阁[25]，如果西欧国家阻碍美国出口大豆，他将减少对北约的支持。他说，如果欧洲共同体内部的凝聚力增强，他们可能会忘记美国给他们的支持。

尼克松并非其对手口中的空想家。他常常表现为一个持自由观点的保守主义者。在他任职期间，社会项目占政府总开支的比例从33%增加到50%[26]。演讲撰稿人威廉·萨菲尔说[27]，尼克松经常被指责"没有原则"。但这一标签是右翼人士提出的，他们认为尼克松不够保守，而左翼人士则不满尼克松借鉴了他们的一些想法，比如保护环境、加大联邦政府对艺术的支持。传记作家理查德·里夫斯记录了[28]1968年大选两个月后，时任总统顾问的阿瑟·伯恩斯与尼克松的国内政策顾问丹尼尔·帕特里克·莫伊尼汉（Daniel Patrick Moynihan）就福利改革计划展开的一场争论。伯恩斯说，莫伊尼汉的自由主义思想与尼克松的哲学理念背道而驰。尼克松的首席国内政策顾问约翰·埃利希曼听了两人的辩论表示，他已经受够了这种争论。"你没意识到总统没有自己的哲学吗？"他问道。

尼克松想用大胆的、令人震惊的重大举措吸引全世界，尤其是他的政治对手。"我曾经做过一些糟糕的决定[29]，"他说，"但一个好的决定是：咬紧牙关，放手一搏。"基辛格回忆，尼克松有句名言："半途而废和彻底完成所付出的代价一样大。所以，如果要做某件事，不妨把它彻底做完。"[30]基辛格解释说，这意味着一旦尼克松确定了一条路线，他就会采取眼下可选的最直接且最彻底的操作方案，或者他自己想出的方案。

尼克松喜欢独来独往。除了妻子和女儿，他和所有人待在一起时都会感到不自在[31]。萨菲尔描述了他在最亲密的同事面前发生的尴尬事。1970年1月20日是尼克松就任总统一周年纪念日。本来以为他会和幕僚举行某种祝贺仪式，相反，当天晚些时候，尼克松把白宫办公厅主任霍尔德曼和长期跟随他、深受他信任的秘书罗丝·玛丽·伍兹（Rose Mary Woods）叫到办公室。这时办公室里的灯已经关了，尼克松穿着他的大衣，准备离开。当伍兹和霍尔德曼走进他的办公室时，尼克松打开了一个小音乐盒，里面奏出了《向统帅致敬》（Hail to the Chief）的曲子，乐曲在结尾时慢了下来，就好像曲子已经演奏了很多遍一样。最后，尼克松关上了音乐盒，说道，"已经一年了。"[32]没有加任何修饰性的词汇。接着他就走了出去。

在尼克松看来，一定程度的孤傲就是领导的代名词。他十分钦佩法国总统夏尔·戴高乐（Charles de Gaulle）为自己树立的神秘而孤独的形象。在阅读戴高乐的回忆录时，尼克松强调了这样一句话："伟大的行动家[33]无一例外地具有高度自我孤立的能力。"萨菲尔写道："尼克松想让自己看起来有些遥不可及，但又不想让人觉得自己孤僻。"[34]

他想让他的政敌捉摸不透他。他曾对参议员鲍勃·多尔（Bob Dole）说："我每天早上起床只是为了迷惑我的敌人。"[35]他最亲密的高级顾问之一布莱斯·哈洛（Bryce Harlow）这样评价道："就像隐于江湖、特立独行的游侠一般[36]，理查德·尼克松以自己的方式走出了一条独特的路。"

尼克松身边有几位强势的顾问，最著名的是约翰·康纳利和亨利·基辛格。不过，尽管他看起来总是大权在握，但他掌权的方式却不太明确。亨利·布兰登在谈到基辛格时特别写道："即使对那些有机会在各种正式会议上看到尼克松和基辛格的人来说，总统保留指挥权的程度仍然是个谜。"[37]

除了总统办公室固有的压倒性权力外,尼克松对事物的掌控可能也要归因于他作重大决策的方式。几乎所有东西在到他手上之前都要经过白宫的两名助手:霍尔德曼和埃利希曼,他们有时被其他工作人员称为"柏林墙"(the Berlin Wall)。除了基辛格和康纳利外,尼克松的其他顾问很少能在不经这两位"门卫"同意的情况下走进他的办公室。

1970年7月,《财富》(Fortune)杂志记者胡安·卡梅伦(Juan Cameron)解释道:"尼克松的风格就像法官[38]。""在重要的问题上,他坚持仔细撰写书面简报,接着他的工作人员和内阁官员会进行口头辩论。然后他就回到他自己的办公室,独自思考自己的决定。"

第五章

小约翰·包登·康纳利

1968年12月，尼克松总统一当选，就任命大陆伊利诺伊国家银行和芝加哥信托公司（Continental Illinois National Bank and Trust Company of Chicago，简称大陆伊利诺伊银行）董事长兼首席执行官（CEO）戴维·肯尼迪为财政部长。戴维·肯尼迪有着出众的工作经历，除了在大陆伊利诺伊银行任职，他还在美联储担任律师和经济学家，并担任艾森豪威尔政府财政部长乔治·汉弗莱（George Humphrey）的特别助理，以及为约翰逊组建了一个负责联邦预算程序的工作组。肯尼迪扩大了大陆伊利诺伊银行在伦敦和日本的业务，并与海外的金融官员建立了广泛的关系。作为一名温和的共和党人，约翰逊政府甚至一度考虑让他担任财政部长一职[1]。肯尼迪就像过去10年间财政部如道格拉斯·狄龙（Douglas Dillon）、罗伯特·罗萨（Robert Roosa）和亨利·哈米尔·福勒（Henry Hammill Fowler）那些高级金融官员一样，经验丰富、知识渊博且受人尊敬。尼克松对纽约和波士顿的银行体制非常不满，确保肯尼迪不是其中一员对尼克松来说就显得至关重要[2]。然而，事实证明，肯尼迪和尼克松从来没有合拍过，几个月后，经济顾问委员会主席保罗·麦克拉肯和劳工部长乔治·舒尔茨让肯尼迪在工作的影响力方面丢了脸面。

1970年12月，尼克松任期的第二年末，戴维·肯尼迪被得克萨斯州前州长康纳利取代。与前三任财政部长相比，这位新财政部长的上任出人意料，因为他没有银行业从业经历、没有国际金融知识、在世界各地几乎没有私人关系、也无意为共同关切的问题寻求外交解决方案。尽管如此，康纳利仍然是尼克松心目中财政部长的最佳人选。事实上，1970年后，几乎每一个关键时刻[3]，尼克松都会让白宫办公厅主任霍尔德曼向康纳利询问经济问题，甚至在政治和外交问题方面也会征询他的建议。

1970年11月19日，在尼克松中期选举失利后不久，总统的行政组织咨询委员会在洛杉矶向尼克松总统提交了最终建议。该委员会是尼克松在1968年当选后不久成立的，当时的主席是利顿工业公司（Litton Industries）的联合创始人兼总裁罗伊·阿什（Roy Ash）。因此，该委员会也被称为"阿什委员会"（Ash Commission），旨在为重组行政部门提供路线。该委员会认为，约翰逊杂乱无序的"伟大社会"政策导致行政部门臃肿且效率低下。尼克松总统越来越厌倦简报，也厌倦了那些官僚主义，这不是那些让他兴奋的宏伟计划和重大举措。当阿什沉迷于滔滔不绝地描述复杂的组织结构图时，他显然失去了最重要的听众。

突然，该委员会的一名成员，53岁的得克萨斯州前州长康纳利站起来开始发表讲话。他提到，有一点很关键，政府的结构性重组可以被视作一场有力的政治冲击，给总统营造一种必须推动政府进入一个更现代、管理更有效的新时期的氛围，并迫使他的批评者捍卫现状。康纳利说，这项倡议能否得到国会的支持无关紧要，因为仅仅把这项倡议提出来就是一场巨大的政治胜利。康纳利的这一观点给总统留下了深刻的印象，尼克松同意了在国会推进委员会的建议。

虽然总统本人并不认识康纳利，但知道他是一个经验丰富、铁面无私的政治家，并对他赞赏有加。康纳利从约翰逊政治生涯之初起，就一直是他的得力助手，20世纪40年代，康纳利是约翰逊在参众两院竞选中的首席助手，也是约翰逊在1960年副总统和1964年总统竞选中的幕后政治操作者。1962年，康纳利当选为得克萨斯州州长，且连任三届。1963年，他在达拉斯（Dallas，Taxas），陪同肯尼迪总统乘车时，也身受重伤。他还曾帮助休伯特·汉弗莱拿下了得克萨斯州，汉弗莱曾在1968年与尼克松竞争总统一职，这也让尼克松耿耿于怀。

尼克松总统还知道，这位前州长是一名保守的南方民主党人。康纳利曾热情地支持美国在越南的战争。他喜欢挑战参议员尤金·麦卡锡（Eugene McCarthy）和乔治·麦戈文（George McGovern）等民主党自由主义者的反对意见。当民主党总统候选人休伯特·汉弗莱在1968年的竞选活动中对战争的支持表现出动摇时，康纳利对此进行了猛烈抨击。与大多数民主党人不同，对于民权、国家社会项目管理等问题，康纳利热衷于将权力下放给各州政府。他是一个保守主义者，却对积极有为的政府充满信心，这种心态与尼克松相差无几。这位得克萨斯州州长还指出了美国政治形势的重大变化，包括民主党一向稳固的南部票仓却越来越多地选择共和党人。尼克松意识到时机已经成熟，可以将康纳利这样的保守派民主党人拉拢进共和党。

1970年国会中期选举后，尼克松和公众都对毫无生气的内阁感到不满，因此尼克松有意向其中输送一些新鲜血液。"每个内阁都应该有至少一位潜在的总统人选，"[4] 尼克松对高级助手埃利希曼说道，"但我的内阁中并没有这样的人。"此时，尼克松已经在考虑参加1972年的总统选举，为保证一切顺利，他需要有人来监管经济，因为他担心这可能是他参选过程中最大的弱点。尼克松想在团队中引入一位明星政客来改变现状，或许是一位杰出的民主党人。

1970年12月4日（星期五），尼克松在白宫会见了康纳利，并邀请他担任财政部长，康纳利同意考虑这一邀请。尼克松命令霍尔德曼落实这项提议。霍尔德曼被暗示，未来康纳利可能会担任一个更重要的职位，有可能在1972年成为尼克松的副总统竞选搭档。三天后的早餐会上，康纳利接受了尼克松的邀请。

和尼克松一样，康纳利出身低微，父亲曾做过杂货商、佃农、汽车司机和牧场主。康纳利成长于大萧条时期，曾就读于得克萨斯大学奥斯汀分校（University of Texas at Austin）法学院。他还在海军服过役，是一名获得过勋章的海军军官，并曾在太平洋一艘航空母舰上担任战斗机指挥军官，指导美国海军飞行员拦截来袭的敌机。

他有许多受总统喜爱的品质。身材高大，像电影明星一样英俊，穿着考究、衣着优雅，散发着自信、魅力和领导能力。他是得克萨斯州的化身——高大、傲慢、华丽，且自视甚高。曾与康纳利一起工作的彼得·彼得森这样描述康纳利："当他走进房间时，他浑身都充满了雄心、自尊和力量[5]。人们的注意力都会被他那饱满且自然的微笑、洪亮的声音、巨大的雪茄、坚定的握手所吸引，他向在场的每一个人发出明确的信号——这个房间由他主导。"威廉·萨菲尔说："康纳利对尼克松来说意味着刺激、兴奋、政治悟性[6]，以及总统喜欢称之为'大胆举动'的表现。"基辛格在他的回忆录中写道："康纳利的自信[7]符合尼克松心目中沃尔特·米蒂（Walter Mitty）的形象。"

康纳利也是一个能言善辩的人，他擅长用简单明了且有吸引力的语言将细小事务联系起来，描绘出一幅宏大的画面。例如，在1966年的民主党州长大会上，康纳利激烈地讨论了越南战争的重要性。内华达州州长格兰特·索耶（Grant Sawyer）被授意支持林登·约翰逊派遣更多美军，令越南战争升级。在被提问时，索耶在毫无准备的情况下仓促回应，这时康纳利出手"解救"了他，就像几年后他"解救"阿什一样。康纳利提出了强有力的论据，他将多年来美国的外交政策在东南亚由于界限划分不清导致的风险,以及苏联和中国构成的威胁结合在一起加以说明。"这次演讲是我印象中最深刻的一次关于越南问题的讨论。"[8]拉里·坦普尔(Larry Temple)回忆道。在康纳利成为约翰逊总统的白宫顾问之前,坦普尔曾担任他的高级助手。

康纳利能够提取大量信息,将其整合,并在几个月或几年后从问题的本质出发,用简单的语言复述这些信息,这种能力令人惊叹不已。成为财政部长后不久,康纳利让一名助手准备一篇关于贸易的演讲稿。康纳利提到了半导体制造商德州仪器公司(Texas Instruments)董事长在6个月前的一次演讲,康纳利向他的助手叙述了这位董事长演讲中的一系列涉及国民生产总值的百分比变化、贸易流量、劳动力问题的数字。助手看了报告后,发现除了一个很小的错误以外,康纳利准确地记住了每一个数字[9]。

康纳利经历的另一面也给尼克松留下了深刻印象。在20世纪50年代的大部分时间里,康纳利都是得克萨斯州亿万富翁席德·理查森(Sid Richardson)的首席说客。康纳利将自己融入得克萨斯州的富豪世界中,这些富豪在石油和天然气行业的巨额财富中起起伏伏。近10年的时间里,康纳利与石油和天然气行业建立了紧密的联系,而该行业则以操纵各级政客的强大能力而闻名。康纳利经常被认为是负责管理理查森和其他得克萨斯州亿万富翁财富的幕后战略和运营策划者。他和理查森在一起的时候,得克萨斯州政府和联邦政府就曾针对海上油田的控制权和天然气价格的监管展开史诗般的斗争,因为这些问题关系到巨额财富。康纳利与理查森的私人关系,以及他在得克萨斯州和华盛顿之间建立的联系,令他可以敏锐地认识到如何利用金钱和人脉处理20世纪中期一些最有争议的立法问题。

1961年,康纳利在肯尼迪政府担任了一年的海军部长。任职期间,他有机会目睹了美国高科技产业的发展,他观察到哈佛大学（Harvard University）、麻省理工学院（Massachusetts Institute of Technology）、加州理工学院（California Institute of Technology）和兰德公司（RAND Corporation）等机构接受了大量联邦资金用于高科技研究。他还见证了研究集群的出现，比如硅谷和马萨诸塞州的哈佛–麻省理工学院综合建筑群。

这段经历帮助康纳利取得了1962—1968年担任得克萨斯州州长期间重要的政治资产。他抓住时机转变该州以石油、天然气、农业和零星工业为主的产业现状，重新将该州定位为一个技术高地，"用大脑而不是用肌肉"[10]成了他的口号。他向商界领袖传达出"产业发展会追随智慧的脚步"的理念，着手重组该州的高等教育体系，争取商界领袖的支持，并在此过程中连续三次增税。对于一个历来反对资助社会项目的州来说，这是一个巨大的成就。康纳利以实际行动证明了自己不仅是一个经验丰富的政治战略家，还是一个熟练的政治实践家。

康纳利还有另一个吸引尼克松的地方，那就是他曾接受过林登·约翰逊的政治训练。在操纵政治阴暗面（包括欺骗、勒索和贿赂）方面，没有人比他更有经验。康纳利曾对另一位政治实践家说："你我的行动方式一样……我们是白蚁。"[11]如果阳光照在我们身上，我们就会死。我们在暗处会做得更好。"萨金特·施莱弗（Sargent Shriver）曾负责管理约翰·肯尼迪领导下的和平队（Peace Corps），在约翰逊发起的反贫困战期间也曾领导过几个项目。他对比了约翰逊和康纳利，评价说他们两个是"来自同一个丛林的雄心勃勃的政治动物……[12]像是来自同一灌木丛的狮子……他们有同样的情绪、同样的侵略性、同样爱炫耀，优点和缺点也一样"。约翰逊曾经对肯尼迪和约翰逊政府的高级外交官乔治·鲍尔（George Ball）说过他是如何看待康纳利的，"你知道，乔治，"他说，"我可以像任何人一样使用原始力量[13]，你见过我这么做。但康纳利和我的不同之处在于他喜欢使用这股力量,但我厌恶它。"(鲍尔对约翰逊的自我描述不以为然,但他知道约翰逊对康纳利的评价是认真的。)

康纳利非常乐意参与针对个人的政治活动。例如,1960 年,林登·约翰逊和肯尼迪在民主党竞选初选中,康纳利主持了一场新闻发布会,披露了肯尼迪患有阿狄森氏病的消息。同时,康纳利也难以从重大政治纷争中脱身。例如,在马丁·路德·金遇刺后接连发生骚乱之时,康纳利公开诋毁这位民权领袖:"虽然我们中很多人对马丁·路德·金所说的和所做的很多事情[14]并不赞同,但我们都不应该希望他有这样的命运。"

他是一个异常强势的对手和谈判者。"对康纳利来说,光打败你是不够的,"[15]一名康纳利任州长时的盟友、州议会议员说,"他一定要把你的鼻子摁到土里。"[16]在担任财政部长的早期,康纳利对亨利·基辛格说:"在这个城市(华盛顿),衡量你能力的标准是你消灭的敌人[17]。他们越强大,你也就越强大。"

1970 年 12 月 14 日(星期一)的早晨,尼克松的内阁同共和党国会领导人在白宫内阁会议室开会,听取行政管理和预算局局长乔治·舒尔茨所提交的一份新预算方案。尼克松出人意料地走了进来,打断了大家的讨论,他宣布得克萨斯州前州长约翰·康纳利将接替戴维·肯尼迪担任财政部长。尼克松简述完康纳利的资历[18]后接着说:"我们有一位共和党总统,有一个民主党国会。而我们在国内外面临的……既不是共和党也不是民主党的问题,而是整个美国的问题……通过康纳利,我们将能够在国内外展示我们的规划项目,我们相信这些项目会得到民主党人及共和党人的共同支持,而不仅是单一党派的支持。"

事实上,康纳利的党派关系很复杂。由于过于保守,他在民主党内并不受欢迎,还经常被怀疑是卧底的共和党人。然而,共和党人却认为他是民主党人的"特洛伊木马"。尽管如此,尼克松的追

第五章 小约翰·包登·康纳利

随者们还是觉得总统取得了三重成功。"他修复了与敌对的国会之间的关系[19]。至少从表面上看,尼克松总统的经济政策得到了两党的支持,并任命了一位能言善辩的倡导者来推动这些政策落地。最重要的是,他将得克萨斯州置于自己的掌控之中。"尼克松曾经的演讲撰稿人、记者理查德·惠伦(Richard Whalen)在杂志《哈珀斯》(Harper's)中写道。康纳利也将是本届政府中唯一一位穷困潦倒但却真实而有魅力的高层政客,一个在必要时可以直言不讳的人,一个可以耐心地倾听选民心声的人,一个在必要时可以长篇大论的人,一个可以提供咨询、哄骗和说服他人的人。尼克松手下没有其他人可以做到这些。

尼克松宣布对康纳利任命的第二天,白宫召开了一次会议,讨论即将发表的国情咨文,尼克松邀请康纳利参加。此时距离康纳利获得参议院批准虽然还有近6周的时间,但他已经开始展示自己强大的实力。当时尼克松正与各州讨论联邦收入分配的计划,讨论一度陷入僵局,康纳利直接参与进来。他说,华盛顿以外的人都不知道这个计划是什么,但它为国家政策方向的革命性和创新性改变播种了希望的种子。随后,他提到了"伟大社会"政策对美国公众心理的巨大影响。他说,收入分配可能是未来新的核心议题,因为人们普遍认为在林登·约翰逊之后,华盛顿政府对工资控制得过于严格,而收入分配会成为消除民众忧虑的一剂良药。此外,康纳利还预见了这个国家正在兴起的保守主义浪潮。他建议尼克松,要在把资金返还给各州这件事上作出更大的努力。"让我们去冒险吧[20],"康纳利对大家说,这也展示了他全力以赴的状态,"如果你输了,你会输得很惨[21],但输得不那么惨又有什么意义呢?"康纳利的这一番话让尼克松很是高兴。

两周后,康纳利告诉尼克松,媒体应该关注总统在政坛失意后再次华丽复出的故事。康纳利的建议迎合了尼克松的虚荣心。他认为，20世纪的一些伟大领袖，比如丘吉尔和戴高乐都曾经从失败中走出。这暗示着尼克松的政治生涯也可以与之媲美，并应该以此为基础加以传播。因此，在接下来的几个月里，康纳利负责了一项工作——为尼克松打造更多有利的故事和报道。

在康纳利得到正式任命的前几天，他用行动告诉大家自己完全可以胜任这份新工作。此时，霍尔德曼已经成为权力极大的白宫办公厅主任，比大多数内阁官员都更有权势，他几乎控制了政府其他成员与尼克松接触的所有渠道。他打电话给康纳利，说会送去一些白宫简报，得以让这位财政部长开始了解政府的政策。康纳利回答说，如果他需要帮助，就会打电话给总统，如果他需要厘清某些政府政策，也会直接从总统那里获取答案。还有一次，霍尔德曼来找康纳利，却在外间屋里等了30分钟，康纳利借此表明了他对尼克松这位臭名昭著"宫廷卫队"的态度。康纳利坚持，即便涉及外交事务和国家安全委员会，也要直接、不受限制地接触尼克松。但通常情况下，尼克松收到的任何有关美国对外关系的备忘录，在阅读之前都要先征求基辛格的意见。这让康纳利怒不可遏[22]。当他发出一份备忘录时，常常让助手打电话给尼克松的秘书罗丝·伍兹，询问信件是否已被转移到了基辛格那里，如果被转移了，他就会大声反对以表达不满。

康纳利在上任时是一位民族主义者，或许还是极端的民族主义者，他认为美国的盟友长期以来一直在利用美国的慷慨。亨利·布兰登写道[23]，康纳利根本不关心西欧国家团结在一起的积极影响，相反，他看到的是一个试图削弱美国的保护主义集团。康纳利并非拥护布雷顿森林体系[24]下的国际金融和法律框架。事实上，他更倾向于关注这些制度和原则给美国造成的约束。

康纳利缺乏明显的意识形态倾向，他认为一切都是视情况而定的。自由开放的贸易、美元走强还是走弱、对工资和物价的管控，这一切完全取决于当时的政治形势。《商业周刊》(BusinessWeek)曾经描述过一个他最喜欢的寓言故事。一个新牧师正在接受教堂执事的面试,其中一个执事问牧师:"你认为人是由神创造的[25],还是由猴子进化而来的?"牧师不知道该如何回答,最后硬着头皮严肃地说:"执事,我可以用任何一种方式布道。"康纳利自己也曾说过:"我可以让它变圆,也可以让它变平[26],只需告诉我你想要什么就可以。"

尽管如此,当康纳利进入财政部时,他很快就形成了一种政治家对美元的观点。对他来说,美元完全是为了贸易,而贸易完全是为了就业。他抛却了错综复杂的国际货币事务,不在意货币应该如何估值、《布雷顿森林协议》的义务是什么、国际货币基金组织应该扮演什么角色、以及那些央行行长和大多数财政部门在不断召开的会议中一直担心的问题。对康纳利来说,美元的试金石是它的价值是否允许美国参与国际市场竞争,它是否带来了正的或者负的商品贸易差额,是否增加或减少了就业机会。透过这种视角看待汇率,康纳利最终与尼克松、国会和美国公众站在了一起。

自20世纪60年代中期,贸易已高度政治化。在美国宪法中,国会负责国际贸易事务。除了举办大量的听证会,国会还需负责有关全球贸易谈判的立法。大多数国会议员和参议员都了解关税和其他商业壁垒,他们经常与那些因进口壁垒而受到损失,或希望获得更多出口机会的选民接触。可以看出,商界和劳工界都对贸易问题给予了极大的关注。

货币问题是另一回事。这是世界各国央行行长和财政部长关注的领域,这些央行行长和财政部长们不断在世界各地举行会议,金融媒体则主要负责对此进行报道。国会委员会并没有特别关注这些问题,大公司和工会也不例外。货币问题似乎更具技术性,而非政治性。不管怎样,每个人都知道美元的价值体现在以固定的汇率与黄金挂钩，因此直到1971年，这一点似乎都没有太多可争论的。

在康纳利看来，美国正被其他国家的保护主义行为伤害，这激起了他潜在的民族主义。他发现在战后美国为其他国家作出贡献后、在美国作出贸易让步后，西欧和日本仍然对美国封锁出口，这令人愤慨。尤其令康纳利感到不满的是，西德和日本虽然在军事防御上依赖美国，但都在积累大量的出口盈余，这显示出它们是全球经济中自私的掠夺者，毫无回报之心。对康纳利来说，它们纯粹是在欺骗。

更具体地说，日本和西德在贸易方面比美国表现得更好，这让康纳利感到不满。在制造业主导经济的20世纪60年代，美国利用世界经济快速增长的机会，制成品出口增加了110%。相比之下，西德增加了200%，日本增加了400%[27]。日本的增长势头尤其惊人：其出口额在20世纪60年代以每年17%的速度增长[28]，1967—1971年以每年20%的速度增长，在1971年更是以24.5%的速度增长。在这5年中，因欧共体和日本的共同影响[29]，美国的商品进口几乎翻了一番。

康纳利的民族主义观点在一定程度上得到了尼克松的认同，尽管这与过去四届政府的官方贸易政策截然不同，因为过去四届政府都支持追求自由贸易的国际谈判。贸易协定除了为美国公司创造新的贸易机会，还在强化与西欧和日本的政治关系方面带来了重大的政治利益。因此，美国官员不愿对外国施加太大压力，以免联盟遭到破坏。到1970年，美国贸易保护主义的压力不断增强，这反映出一个事实，即微妙的平衡正面临国会和劳工运动的挑战。双方都表示，美国的经济利益不能再屈从于其政治和安全联盟。康纳利对此也有同感。

当康纳利进入财政部时，许多在他前任戴维·肯尼迪手下效力的人都担心自己工作会受到影响。但康纳利实际上只带了两个人，

第五章　小约翰·包登·康纳利

一位负责法律事务，一位负责公关。康纳利刚就职不久，就在一次财政部高级官员参加的小型工作会议上说："我会永远支持你，但如果我得不到你的忠诚，我会让你离职。"[30]

康纳利继续为他的任职听证会做准备。"当我接任财政部长一职时[31]，"多年后他写道，"我是带着忐忑不安的心情来做这件事的。我不是经济学家，我真的从来没有学过与货币相关的知识……我知道我会支持这些政策，不是因为它们反映了我的理念，而是因为它们是必要的。"尽管如此，他还是勤奋地学习，每天晚上和周末都带着大量的简报回家。并且，他请美联储退休主席威廉·马丁为自己进行数小时的辅导。并以同样的方式向美国财政部负责国际事务的助理部长约翰·佩蒂（John Petty）请教。佩蒂在进入政府之前曾在大通曼哈顿银行（Chase Manhattan Bank）就职，他拥有丰富的国际银行业务经验。佩蒂知道，这位来自得克萨斯州的财政部长实际对国际经济是如何运作的一无所知。然而，"在上了一两堂课之后[32]，"佩蒂说，"有时我觉得他知道我所做的一切，而且他能解释得更好。"在康纳利上任后举行的首次实质性会议上，美国财政部副部长保罗·沃尔克向康纳利简要描述了即将到来的全球货币动荡。"我记得当时那种如释重负的感觉[33]，"沃尔克回忆道，"我本以为我们在针对全球货币体系方面很难进行沟通，但事实上我们之间不存在沟通障碍。"

随着康纳利的研究不断深入，财政部的高层官员强调，当务之急是解决即将到来的国际货币危机。2月初的某个时候，康纳利路过沃尔克的办公室，若无其事地走了进去。当时沃尔克手里正拿着一份厚厚的政策文件，空白处有很多笔迹。康纳利问沃尔克手里拿着什么，沃尔克回答说，这是一份关于即将到来的全球金融潜在危机的备忘录草稿，给他的版本还没有准备好。但康纳利说自己已经等不及了，直接从沃尔克的手中将草稿拿了过来，然后径直离开了。[34]

1971年2月8日（星期一）下午，参议院以口头表决的方式确认了康纳利当选财政部长。在接下来的7个月里，这位新财政部长将着手改变美国外交经济政策的实质内容和风格。在国际金融这个曾经平静公平的竞技场上，他被视为一个民族主义的"恶霸"，而认识他的人对此却毫不意外。约翰·康纳利在戴维营会议结束后不久便召见了一群外部经济专家，从他和这些专家的谈话中，可以清楚地看出他对自己工作的态度。他对包括理查德·库珀（Richard Cooper）、亨利·沃利克（Henry Wallich）和C.弗雷德·伯格斯坦（C. Fred Bergsten）在内的杰出经济学家们说："很简单，我想在外国人欺负我们之前先欺负他们。"[35]

第六章

保罗·阿道夫·沃尔克

除了尼克松总统,对约翰·康纳利来说,最重要的人物是财政部负责货币事务的副部长,44岁的保罗·阿道夫·沃尔克。在与美元有关的所有问题上,康纳利和沃克尔都是关键的谈判代表。他们所组成的团队非常引人注目,因为他们本身就可成为一项对比性研究的对象。

康纳利没有国际金融方面的背景,对国际金融体系的形成历史和运作方式也不感兴趣,相比之下,他对贸易更感兴趣。康纳利是一个极端的民族主义者,喜欢在必要时利用保护主义来达到更多的目的。同时,他也是一位杰出的政治家,他最擅长的就是迫使他的反对者与自己的想法一致。

沃尔克则对国际货币体系了如指掌。他了解国际货币体系的演变过程及其原理,了解其政策框架、优势和不足,甚至了解其深层的运作机理。经济史学家威廉·格雷德(William Greider)写道:"沃尔克受过十分系统的训练,他就像一个来自英国体制下的公务员[1],一个在官员不断更迭时仍能留在政府里的专业人士,相比于那些向他咨询的政客们,保罗·沃尔克对国际货币体系下的每一个问题都了解得更加透彻,因此他在这一领域内积聚了巨大的影响力。"此外,沃尔克还与华尔街的"大佬们"以及西欧和日本等外国财政官员建立了密切的联系。他认为,加强跨境合作是经济发展的必要条件,并反对以提高贸易壁垒的方式解决美国的困难。从形态上来看,他是典型的公务员和非政客类官员的做派,抽着廉价的雪茄[2],穿着皱巴巴的西装,喜欢在破旧的餐厅吃饭,而不是参加豪华的晚宴派对。格雷德写道,康纳利曾威胁说,如果沃尔克再不剪头发,不去买套新西装,就要解雇他[3]。

尽管存在分歧,但是康纳利和沃尔克需要彼此、互相尊重,而且合作融洽。一个懂得如何与总统和国会打交道,懂得如何与世界各地的主要政治人物进行高风险谈判。另一个知道他们谈判内容的复杂性,以及金融协定的变化将对美国和世界经济产生何种影响。

沃尔克将在迫近的危机中崭露头角,并成为推动美元全球协定实现根本性变革的核心人物。他带头领导了关键的政策评估,并撰写了关键性的政策文件。同时,他不停地周游世界,为美元价值的变化规划了两条路径。在行政部门官员中,国会专家们最依赖沃尔克,因为他了解政府想要做什么,以及为什么这么做。

沃尔克还有另一个突出的品质:毋庸置疑的正直。在与政府内部的往来中、在与国会的关系中、在与财政部长和中央银行行长的互动中,他并不认为自己的目标与其一直坚信的植根于国家利益的目标有什么不同。在他看来,维护国家利益需要一个充满活力的全球金融体系。他没有表现出任何特定的意识形态。他认真倾听,并提出许多问题,但与此同时,他作为一个强硬、冷静而坚定的谈判家,深受众人的尊敬。

在加入尼克松政府后,又过了10年,沃尔克担任了美联储主席,并最终成为他这一代人中最受尊敬的公职人员之一。然而,在1969—1971年,他还默默无闻。

沃尔克生于1927年,成长于一个致力于公共服务的家庭。他的父亲是新泽西州蒂内克镇(Teaneck, New Jersey)的镇长,1929年经济大萧条后,将该镇从金融危机中拯救出来,并管理了该镇长达20年。沃尔克在1945年试图参军,但由于身高过高(约6英尺7英寸)被拒绝。后来,他去了普林斯顿大学(Princeton University),在那里写了一篇题为《二战以来美联储政策的问题》(The Problems of Federal Reserve Policy Since World War II)的大学论文。论文得出的结论是,美联储未能遏制战后通货膨胀,部分原因是它缺乏明确的政策标准。在伦敦政治经济学院(London School of Economics)学习了一段时间之后,他继续在哈佛大学公共管理研究生院(Harvard Graduate School of Public Administration)攻读并获得硕士学位,在那里他专注于经济学,但没有获得博士学位。

1952年,沃尔克的第一份工作选择了纽约联邦储备银行(Federal Reserve Bank of New York),当时是为副总裁兼研究主管罗伯特·卢萨(Robert Roosa)工作。1961年,当卢萨成为肯尼迪政府的财政部副部长时,他邀请沃尔克离开大通银行(The Chase Bank),加入自己的团队。沃尔克先担任了顾问一职,而后成为卢萨的副手。这一经历加速了沃尔克的成长,因为卢萨既是一位才华横溢的人,又是一位令人敬畏的金融技术人员。同时,卢萨也支持美元与黄金挂钩并积极推动国际金融合作。从1965年至1969年,沃尔克负责大通曼哈顿银行的战略规划,与美国最杰出的国际商业领袖之一、董事长戴维·洛克菲勒(David Rockefeller)密切合作。

1968年12月11日(星期三),在尼克松任命戴维·肯尼迪为财政部长后,这位财政部长选择沃尔克为主管货币事务的副部长,这是罗伯特·卢萨在肯尼迪总统时期曾担任过的职位。这个职位是经济领域最有权力的政府职位之一,因为除了财政部长之外,在管理美元方面,这是唯一一个既涉及国内事务又涉及国际的职位。由于美元受到利率、财政政策、贸易政策和税收的影响,沃尔克的职权范围格外广。鉴于美元在外交政策中也发挥了一定作用,沃尔克也将与国务院和国家安全委员会合作。沃尔克的另一个优势是，在尼克松执政的前两年里，他温和的上司戴维·肯尼迪因为自己忙于处理其他问题，很乐意将国际货币政策相关问题交给沃尔克来处理。此外，其他政府机构在国际货币方面的判断力相对有限，并且在与商界和外国财政部往来时缺乏财政部那样的信誉。唯一的例外是独立的美联储，所有人都会认真对待美联储给出的信息。沃尔克在美联储一直受到众人的尊重，他也明白财政部与美联储保持密切合作的重要性。

在尼克松当选之前，身为民主党人的沃尔克对这位新总统并不感冒，尤其对他在1952年和1956年给两届民主党总统候选人阿德莱·尤因·史蒂文森二世（Adlai Ewing Stevenson II）贴上共产主义标签的行为感到不满。但尼克松丰富的外交经验让沃尔克十分敬佩，在对公共服务高度热情的驱使下，他认为为美元制定新政策的时机已经成熟。从大通曼哈顿银行回到华盛顿政府后，他已经兼具了公共和私营部门工作经验，并对国际金融、美元以及1944年以后25年里发生的所有事情都有着深刻的理解。

1969年1月20日（星期一），沃尔克就职后不久[4]，他坐在财政部的办公室里，从那里可以看到就职游行队伍沿着宾夕法尼亚大道（Pennsylvania Avenue）行进。正当他注视着游行队伍时，白宫送来了一个由国家安全顾问基辛格签名的信封。其中有一份备忘录写道，要成立一个国际货币政策常设工作组，由沃尔克担任主席（事实上，这是约翰逊政府中一个类似组织的延续）。该小组受命进行一项研究，向新政府提出政策建议，并向国家安全委员会报告。沃尔克很高兴承担这一职责，但他反对向基辛格而不是他的上司戴维·肯尼迪汇报，他担心通过国家安全委员会的渠道上报有关美元问题的政策，会使外交政策因素主导货币政策的制定过程。他来到肯尼迪的办公室，建议这位新的财政部长抵制这一越权行为。但沃尔克觉得他的上司不会与基辛格较量,于是他决定无视向国家安全委员会的报告,从此他再也没有听到过任何相关消息。

沃尔克在部门内部一直推动和管理着一个名为"沃尔克小组"(Volcker Group)的组织,该组织是一个提供并分析当前和长期问题的中央政府间委员会。就管理风格而言,沃尔克是个谜[5]。尽管他肩负着众多复杂的工作,监管与美元有关的国际和国内政策,但他手下的工作人员却寥寥无几,仅有1名骨干成员,反而需要依靠助理、秘书来监督国内外与财政相关的官僚机构。这意味着,一切问题他都了然于胸,往往也只有他才能对相关问题以及政策的含义有完整地把控。这是他喜欢的方式,因为所有信息最终都会汇总到他这里。他会提出很多问题,或提出假设性的论点,并制定出可供选择的行动方案,但他很少就政策方案提出意见。沃尔克的副手布鲁斯·麦克劳里(Bruce MacLaury)描述了沃尔克是如何工作的,"(他)在心里反复思考[6],甚至他团队的核心成员都不知道他的想法是什么。当面临很多选择的时候,只有沃尔克知道应该如何去做。"

但这并不是说他没有主见。多年后,在一段讲述中,沃尔克谈到了他刚上任时对美元的看法。他回忆起20世纪60年代初在罗伯特·卢萨手下工作的时候,"35美元1盎司的美元与黄金比价是神圣的[7],事关国际承诺和信誉,你不能谈论改变美元汇率的事"。在同一次采访中,沃尔克回忆说,1969年,有传言说时任尼克松首席顾问(很快成为美联储主席)的阿瑟·伯恩斯主张美元贬值。沃尔克说,"这种行为让我深恶痛绝"。[8]沃尔克的传记作者还记录了沃尔克刚加入尼克松政府时的想法,以及当时在他本人笔记中的观点,"价格稳定属于社会契约[9]",沃尔克认为,"我们赋予政府印钞的权利[10],因为我们相信民选官员不会滥用这一权利,不会通过通货膨胀使货币贬值。外国人持有我们的美元,因为他们相信我们的承诺,即这些美元等同于黄金。信任就是一切。"

沃尔克理解固定汇率制度及浮动汇率制度的所有原理。在支持前者时，沃尔克含蓄地表示，除了作为紧急情况下的最后手段，所有的汇率都应是相对稳定的、可变动空间相当小，这种想法非常重要，因此政府应该协调支出、税收、利率等政策，以保持其货币的供求稳定。沃尔克认为，货币需要一个"锚"，一个固定的价格点，而以一个固定汇率与黄金挂钩就达到了这个目的。他相信，固定汇率制度给国家政策制定者带来了必要的约束，否则，他们会轻易地采取宽松的财政和货币政策，从而导致通货膨胀。那些支持浮动汇率制度的人认为，货币不应受到监管，他们关注的是现实世界中更具政治色彩的东西。如果汇率可以浮动，将不可避免地让一些国家把国内政策性问题置于优先位置，而非维持国际货币体系的稳定。

在某种程度上，沃尔克对浮动汇率制度存在一定的偏见。其中的原因与其说固定汇率制度没有吸引力，倒不如说它越来越成为一种政治负担。关键的问题是：全球金融相互依存的程度日益加强，然而组成世界的主权国家却希望获得最大限度的政治自主。如何调和这两股力量——全球化和主权——是缓解汇率紧张局势的核心问题。各国政府想要最大限度的自由裁量权，但它们之间的金融关联越紧密，对价格的控制能力就越低。固定汇率制度意味着政府的自由更少；浮动汇率制度则意味着更多自由。这并不是说浮动汇率制度对美国经济没有影响，但相比对利率或财政政策的重大调整，它所造成的影响会来得更慢，也更分散。而允许汇率波动将避免由于做出重大政治决定而导致的货币贬值或升值情况发生。

在二战后 25 年的大部分时间里，美国有能力优先处理国际和国内问题。沃尔克想要回到那些宁静的日子。他认为华盛顿方面应该调整其财政和货币政策以维持固定汇率制度，并且西欧和日本也希望美国这么做。毕竟，他们担心如果美国政策过于宽松，将会有大量美元涌入国际货币市场。但华盛顿政府中的大部分人都在朝着相

第六章 保罗·阿道夫·沃尔克

反的方向努力,因为尼克松认为,应该尽一切努力保持经济增长和低失业率。在接下来的几年里,沃尔克不断调整自己对于政治的理解,什么是可能的以及什么是必要的。但他仍然是那个为新的货币协定(最终实现浮动汇率制度)谈判作出最大努力的人。在戴维营的那个周末之后,他的思想也在快速转变。

1969年1月20日(星期一),根据基辛格的指示,沃尔克召集了所有关键部门的高级代表,包括州、美联储、经济顾问委员会和国家安全委员会。他们打算在前几届政府的基础上继续努力,解决以下两个问题。

第一个大问题是,国际货币体系需要进行实质性变革。事实上,布雷顿森林体系仅在头几年发挥了其应有的作用。战争一结束,除了美国,其他国家的货币普遍疲软,无法用于兑换。除了美元,人们对其他货币不感兴趣,而且都需要用美元来进行贸易,结果造成美元严重短缺。然而,到了20世纪50年代末,国际货币市场上的美元又太多了。换句话说,世界从美元短缺变成了美元过剩。到了20世纪70年代,过剩的美元充斥着世界经济。货币改革的目标之一是让国际货币基金组织在未来创造一种新的国际货币来代替美元,特别是在国际储备方面。如前文所述,这种新货币将被称为"特别提款权"。此外,发展中国家在国际金融中扮演的角色越来越重要,其对资金的需求大幅提升。向发展中国家贷款可以提升国际货币基金组织自身的贷款能力。

"沃尔克小组"要解决的第二个大问题是,美国没有足够的黄金来兑现每盎司黄金35美元的承诺。在肯尼迪和约翰逊时期,这个问题被一些特别措施所掩盖,例如实行特别税收措施以阻止外国人将美元带出美国、控制美国银行海外贷款、限制美国跨国公司在西欧的投资等。沃尔克知道,这些措施是美国不愿意利用其预算和利率工具来改善国际收支平衡的结果。随着这张约束之网的规模越来越大，人们开始清楚地认识到，美国的国际收支状况正被人为地操纵，使其看上去比资本自由流动的情况要好。

"沃尔克小组"研究了这两个问题，但第二个问题是美元问题，有可能是发生在美国家门口的一场重大危机。1969年2月至6月，该小组撰写了一份共48页的文件[11]，并于1969年6月23日（星期一）转发给了尼克松总统。总统尼克松、财政部长戴维·肯尼迪、国务卿威廉·罗杰斯（William Rogers）、经济顾问委员会主席保罗·麦克拉肯、总统顾问阿瑟·伯恩斯和国家安全委员会顾问基辛格在白宫内阁会议室共同讨论了这个问题。

沃尔克用一系列活动挂图做了演讲[12]。这份报告是对尼克松执政期间所制定的美元和国际货币体系相关政策选择作出的最详尽、最全面的阐释，同时，该报告也是1971年8月13日至15日在戴维营所做报告的基础。报告内容开始于1969年中期，而对当时环境的描述则十分令人震惊。简要总结如下：

- 国际货币体系正面临巨大压力。过去10年里，一再发生的货币危机削弱了人们对国际货币体系的信心，而且可能还会发生更严重危机。（沃尔克指的是围绕几个国家货币的问题，主要是英国、法国和西德。）
- 如果所有的外国央行都把他们的美元交给美国财政部，美国将无法履行以每盎司35美元的固定价格将黄金兑换成美元这一承诺。因为美国的黄金储备约为112亿美元，而外国官方持有的美元为400亿左右。
- 布雷顿森林体系存在着这样的风险：如果每个人都想用过剩的美元兑换黄金，整个体系可能会崩溃，而且还可能会危及美国在各个领域的国际领导地位。
- 外国政府担心美国无法控制其国际收支平衡，担心美国的通货膨胀会导致国际收支的恶化，而这反过来又会将过剩的美元推向国际市场，进而加剧本国的通货膨胀。
- 华盛顿方面现在执行的政策是其对内和对外政治的核心，也是世界政治联盟的核心。但面临的挑战之一是可能出现与美国竞争的贸易集团，最有可能的是西欧。
- 对美国来说，没有什么比控制通货膨胀更紧迫的了。各国对美国保持物价相对稳定的能力以及未来美元的国际价值缺乏信心，从所有实际目标来看，各国间的谈判都无法"顺利进行"。其结果是各国将采取一系列出乎意料的紧急措施，这可能导致全球市场极大的不稳定。

沃尔克接着列出了四种选择。

第一，美国可以"尝试或多或少地保持现有体系的完整性"。但沃尔克很快否定了这一做法，他暗示，除非作出重大改变，否则现有体系将自行走向崩塌。这种不稳定性可能导致全球出现对资本的严格管控以及危险的贸易保护主义，并将严重破坏美国在世界各地的盟友关系。

第二，华盛顿方面可以发起"一系列多边谈判，旨在对现有体系进行根本而渐进的变革"。这将包括：鼓励使用国际货币基金组织创建的新国际货币"特别提款权"作为补充黄金和美元的国际储备；扩大国际货币基金组织的贷款项目，让各国有更多的时间来调整经济，从而避免货币贬值；迫使西德和日本等国重估其本币价值，这两个国家都拥有巨额贸易顺差，且积累了越来越多的金融储备；找到一种允许货币在规定的范围内围绕固定平价波动（超出现有1%的允许范围）的方法；在贸易方面大力推动消除外国对美国出口商的壁垒；与其他国家谈判并达成更有利的协议，以抵消美国在海外的国防支出。

沃尔克解释说，这种"渐进式"的政策选择需要让美国的盟友承担更多的责任。一旦成功，它可能"无限期地保持美元的主体地位和美国在货币方面的领导地位"。他还承认，这一进展可能是缓慢而困难的，"为防止系统崩溃，可能变革过程不会很快"。

第三，美国可以暂停黄金兑换美元的承诺。这对其他国家来说是一种休克疗法，但也促使各方坐到谈判桌前重新调整本国货币，并进一步开放经济并进口更多美国商品，以更好地分担美国国防开支。或者，唯一可能的回应是其他国家开始争相要求将美元兑换成黄金。该做法的风险在于国际经济可能产生的未知反应和后果，美国与盟国在某些问题上也会出现严重分歧。暂停黄金兑换可能开启一个重商主义、管制资本和贸易，以及国家集团使用汇率作为经济武器的新时代。

第四，美国可以通过提高黄金价格使美元贬值。因此，黄金的价格将不再是每盎司 35 美元，而是每盎司 38 美元，这使得每 1 美元的黄金价值降低。尽管美元贬值将增强美国的竞争力，但在不进行谈判的情况下，无法确定如何实现这种贬值。阻碍货币贬值的原因之一是，所有的货币都以特定的汇率"钉"住美元，当美元贬值时，其他国家货币会和美元一起贬值，这会使得美国所希望获得的优势瞬间化为乌有。另一个阻碍货币贬值的因素是，由于美国承诺维持美元与黄金的挂钩，西德、英国、日本等国家积累了大量美元，一旦现在美元储备的价值只能由自由市场来评估，而不是像华盛顿方面承诺的那样由黄金来评估，这些国家有可能会抛售美元储备。同样糟糕的是，那些开采黄金的国家，尤其是苏联，将成为美元贬值的受益者。沃尔克认为，"输家"会要求美国进行赔偿，这使得该选项更加不值得考虑。

沃尔克的建议是采用第二种选择，以渐进的方式进行谈判，并制订一套基本且全面的新协定。他认为，如果这一努力不能取得成

第六章　保罗·阿道夫·沃尔克

果,美国可能会暂时关闭"黄金兑换窗口",以迫使其他国家与美国进行谈判。

可以肯定的是,这并不是第一次在财政部内部讨论或政策文件中出现"暂停美元兑黄金"的说法。但沃尔克的报告首次将这一问题提交到美国政府高层。然而,此时尚未看到有人赞成这一提议;相反,它被视为最后的选择[13],除非没有其他选择,否则不得使用。

沃尔克还询问了总统对"黄金储备不断减少"这个关键问题的具体看法。美国应该维持的最低水平是多少?政府应该在什么时候关闭"黄金兑换窗口"?沃尔克在报告中提到,目前美国黄金储备为112亿美元,其中10亿美元的黄金是法定必须用于兑现国际货币基金组织的承诺。沃尔克建议美国的最低黄金储备水平不能低于80亿美元。除此之外,他还建议,政府将必须关闭"黄金兑换窗口"。

从报告中可以明显看出:美元和整个布雷顿森林体系都陷入了困境,采取全面的国家战略迫在眉睫。全球货币体系是不可预测和脆弱的,没有人能排除存在另一场危机的可能性。沃尔克提出的所有替代政策都充斥着各类不可量化的风险,没有人知道其他国家政府会做何反应,也没有人能预测市场会做何反应。

尽管如此,整个美国政府中存在着一个共识,即西欧和日本必须与美国更公平地分摊国际货币协定中的负担。然而,最大的问题是,如何在不破坏政治关系、不引发金融危机的情况下,推动其他国家向着它们迄今为止一直抵制的方向前进。

报告结束时,每个人都在等待尼克松的反应。毕竟,很难想象会出现其他比沃尔克刚刚提出的更轰动或更具爆炸性的问题。总统的回答简短而不明确。尼克松大概是这样说的,"干得好,随时向我汇报进展"[14]。财政部长戴维·肯尼迪找到沃尔克说,"至少他没有对将黄金储备最低限度设定为80亿美元说'不'"。(最终,最低黄金储备为100亿美元被认为是一条红线,但直到戴维营会议前夕,这一观点都未被提出。）沃尔克回答说："我想我们达成了共识。"

在后来的几年里，沃尔克自己写道，黄金价格的变化，即美元的贬值——"就我而言，包括在其他选项中[15]，那些对策更多的是为了保证整个体系的完整性，而不是支持美元贬值这个想法。"此外，沃尔克本人可能并不像他所表现的那样，对自己建议的多边、渐进的方法那么感兴趣。事实上，沃尔克认为进行汇率调整是必要和紧迫的，但他不知道如何与其他国家进行谈判。美国、西欧和日本之间存在太多的利益冲突。此外，如果美国威胁要贬值货币，其他国家也会这么做。与此同时，如果政府之间的混乱会被媒体报道，与其他国家进行公开的相互妥协无疑会给金融市场造成严重破坏。他后来承认[16]，自己基本上是一直在拖延时间，直到美国的国际收支状况有所好转。在笔者看来，沃尔克可能是这样想的，"没有一个选择是我喜欢的或真正可行的。我希望可以出现奇迹，即美国通过保持足够高的利率和足够低的预算赤字来约束自己，以遏制通货膨胀，同时华盛顿方面专注于提高竞争力，让贸易谈判代表以真诚的态度与其他国家进行协商，促进外国市场对美国开放，让国防部为某些事投入更多资金，这样美国就能维持唯一一个对本国和世界都有意义的政策，那就是尽管美元相对于黄金贬值，但仍能保持固定汇率不变，且汇率围绕平价上下浮动的灵活性大大提高"。

就连尼克松的高级顾问们的观点也并不一致。财政部长戴维·肯尼迪支持沃尔克，但其在政府中并不是一个强势人物。在经济团队中有巨大影响力的乔治·舒尔茨赞成彻底废除固定汇率制度，经济顾问委员会主席保罗·麦克拉肯也是如此。时任尼克松顾问（尚未担任美联储主席）的阿瑟·伯恩斯不确定自己的立场，他曾表示自己倾向于货币贬值，但在描述自己观点时他却含糊其词。沃尔克也不确定他的报告是否已经改变了其他人的想法。

随着时间的推移，尼克松显然不再信任沃尔克。他认为，比起美国国内的福利,沃克尔更关心国际经济关系[17]和全球金融稳定。也就是说,总统认为沃尔克在那些最为关乎自己连任与否问题上投入的精力不够,比如促进美国就业。值得注意的是,沃尔克并没有因为与总统观点不和而感到痛苦,这是因为康纳利依赖他,并尊重他渊博的知识和在国际金融界的人脉,因此康纳利会保护并支持他努力达成新的货币协定。

第七章

阿瑟·弗兰克·伯恩斯

作为美联储委员会主席,阿瑟·弗兰克·伯恩斯并不是政府的正式成员。根据法律,美联储在执行政策方面享有相当大的独立性,而且只向国会负责。美联储委员会主席的任免由国会批准,他任期为 14 年,因此,美联储委员会独立于政府。在伯恩斯任职期间,他凭借自己强大且独特的地位,华尔街和世界各地的金融官员都会仔细倾听他说的每一个字。毕竟,伯恩斯是美国最杰出的经济学家之一,在学术界、独立研究机构、公共服务领域都有着丰富的经验,并与商界领袖和政府官员有着广泛的联系。事实上,如果他对尼克松在戴维营会议上讨论的全面计划公开表示出任何异议,美国和全球市场便会产生一定程度的混乱和争议,而这将降低公众对该计划的接受度。

对于大多数关注美国经济史,尤其是美联储历史的人来说,伯恩斯之所以被牢记,是因为他没有控制好 20 世纪 70 年代的通货膨胀,从而导致 10 年后,通货膨胀率直接达到两位数,令整个美国遭到重创。但在尼克松政府的前三年里,这一切都显得如此平静。

1904 年,伯恩斯出生在今天的乌克兰,10 岁时随犹太父母移民到了美国。他家定居在新泽西州的贝永(Bayonne, New Jersey),离纽约市大约 12 英里,伯恩斯的父亲在那里做油漆工以维持生计。上小学时，一位老师把他的姓从"伯恩赛格"（Burnseig）改为"伯恩斯"（Burns）。上大学时，他获得了哥伦比亚大学（Columbia University）的奖学金，在学校期间他做过邮局职员、服务员、剧院招待员、洗碗工、油轮侍应生和推销员，于1934年获得了博士学位。学习期间，他成为韦斯利·克莱尔·米切尔（Wesley Clair Mitchell）教授的学生，米切尔教授是美国经济发展研究领域首屈一指的专家。1946年，这两位经济学家合著了一本关于商业周期的书，这本书在20世纪60年代末仍被视为学科中的"圣经"。在此过程中，伯恩斯加入了享有盛誉的美国国家经济研究局（National Bureau of Economic Research），并在随后的几年里担任该局的研究室主任、主席和名誉主席。他的专业研究方向是寻求通货膨胀、失业问题以及缓解国家经济波动的方法。在成为美联储委员会主席之前，他对国际经济的兴趣并不大。

伯恩斯在20世纪50年代初遇到了艾森豪威尔，当时艾森豪威尔是哥伦比亚大学的教授及校长。1953年，时任总统艾森豪威尔任命伯恩斯为白宫经济顾问委员会主席，任期为3年。从那时开始，伯恩斯就与当时的副总统尼克松建立了密切的关系。1960年11月，当尼克松与肯尼迪竞选总统时，伯恩斯提醒尼克松说，全国经济放缓已成定局，这可能会影响他的竞选前景。伯恩斯建议尼克松敦促艾森豪威尔政府立即刺激经济。尼克松试图劝说他的同事们依靠美联储降低利率或加大联邦支出，但未能成功。伯恩斯关于经济衰退的预言成真了，尼克松确信他输给肯尼迪是因为经济不景气。尼克松从来没有忘记伯恩斯的建议，也没有忘记经济衰退对在任者来说是政治上的"死亡之吻"。

在1960年尼克松与肯尼迪相互对抗的竞选活动中，伯恩斯是"尼克松和洛奇学者"（Scholars for Nixon and Lodge）支持团体中的重要成员。在领略过官场生活后，他对学术渐渐失去了兴趣，而是转投公司董事会、高层委员会以及其他商业和政策团体中。尤其是在美国国家经济研究局的工作经历,让伯恩斯与商界领袖和前政府官员建立了广泛的联系,这对于一位学院派经济学家来说是不同寻常的。

伯恩斯遵循传统礼仪。他的白发从中间整齐地分开,他戴着无框眼镜,烟斗几乎是不离身。众所周知,伯恩斯说话语速很慢,回答问题时总是显得很有耐心,甚至有时对问题的回答过于冗长。他的传记作者怀亚特·威尔斯(Wyatt Wells)写道:"在同一场谈话中,他会数次清理、装填、点燃、重新点燃、倒空、再装满烟斗。"[1]据《华尔街日报》(The Wall Street Journal)的约翰·皮尔森(John Pierson)说,"伯恩斯抽着烟斗,需要用很长的时间才能回答一个问题[2],所以电视记者一般都不想让他上节目。"《商业周刊》称:"他的幽默风格可以说是'枯燥无味'或'毫无幽默可言'[3],这还要看是谁在采访他。"

伯恩斯的性格中也有强硬甚至刻薄的一面。一位纽约的银行家将伯恩斯与其前任威廉·马丁作比较,他说:"我从来没听任何人说过外交手腕、机智、谦逊等[4]马丁所具有的美德会与伯恩斯有关。"伯恩斯对于自己在公共场合批评别人的行为并不感到内疚,尤其是谈论经济学的时候。例如,他经常故意使某位毫无心理准备的美联储理事难堪,伯恩斯会问一个问题,然后不断追问让对方答不上来。"伯恩斯说完的时候,其他员工都笑得喘不过气来[5],而那位可怜的人看起来像个傻瓜。"传记作者威尔斯写道。尽管如此,伯恩斯对培训员工还是很感兴趣。他经常充当导师[6],指导员工开发最先进的统计数据模型和最复杂的经济模型。

在1968年的总统竞选中,尼克松不仅选择伯恩斯作为他的首席经济顾问,还任命他去监督就公共政策问题撰写相关立场文件的工作人员。尼克松入主白宫后,伯恩斯成为总统的顾问,也是唯一一位内阁级别的白宫顾问,这一殊荣让他很容易接触到总统。在尼克松所有的顾问和内阁成员中,伯恩斯是最年长且最有经验的一位。

作为总统的顾问,伯恩斯负责20多个工作小组,并向当选后的新政府提出新政策建议。同时,他还发挥了选能举贤的作用,在他招募的新成员中,有两名是尼克松经济团队的关键成员,并在之后的戴维营会议中发挥了重要作用,这二人分别是乔治·舒尔茨和保罗·麦克拉肯,前者先是被任命为劳工部长,随后担任了美国行政管理和预算局局长,后者则被任命为经济顾问委员会主席。在政府开始工作时,伯恩斯需要统筹几乎所有的国内事务,评估各部门提出的新建议、准备新的立法,并代替白宫对各部门工作制定指导意见并提出工作要求。同时,伯恩斯还需要出席内阁会议、城市事务等新设立的委员会会议,以及处理全球经济问题的国家安全委员会会议。

尼克松成为总统不久后向伯恩斯承诺,在1970年1月威廉·马丁结束美联储主席任期后,该职位将由他接替。1969年10月17日(星期五),尼克松宣布提名伯恩斯为美联储主席。几天后,总统利用这个机会和伯恩斯谈论了他即将担任的职务[7]。尼克松表明,美联储的独立性对伯恩斯来说并不重要,他希望伯恩斯能够成为自己团队中的一员,根据自己更宏观的经济目标来协调美联储的政策。

尼克松:我和美联储的关系将不同于马丁在任时的那样,他做任何事都很拖沓。阿瑟,我指望你来摆脱经济衰退。(尼克松的意思是,他希望可以借助降低利率的方式来避免经济衰退,但是马丁降低利率的速度太慢了。)

伯恩斯点着烟斗:是的,总统先生,我不喜欢拖延。

尼克松:美联储和货币供应比行政管理与预算局做的任何事情都重要。

伯恩斯点点头。

尼克松：阿瑟，我希望你随时都能私下来找我……我知道有一个关于美联储自治的传言……当你公开来找我确认事项的时候，一些参议员可能会询问你和总统的关系。保持美联储自治的表象是很重要的，所以你可以给埃利希曼打电话给我留言，他会给你回电话的。[8]

伯恩斯加入美联储时，正值肯尼迪和约翰逊政府的经济学家与部分新兴经济学家之间意见分歧严重之时，这些新兴经济学家都属于以米尔顿·弗里德曼（Milton Friedman）为首的"芝加哥学派"（Chicago School）。前者包括美国经济顾问委员会前主席沃尔特·海勒（Walter Heller）等人，海勒坚持要通过财政和货币政策来管理经济，并应该随着经济形势的变化不断调整这些政策。相比之下，以弗里德曼为首的学派却持相反的观点，即对经济进行微调是不可能的，抑制通货膨胀的唯一方法是美联储以缓慢但稳定的方式扩大货币供应，而不是随经济的起伏调整政策。

伯恩斯也面临着直接的挑战。20世纪70年代初，尼克松就任总统一年后，通货膨胀率和失业率都出现了上升，这种情况最终被定义为"滞胀"。政策制定者从未见过这种严重的情况，也不知道如何应对。在过去，如果出现通货膨胀，经济就会过热，就业机会会随之增加。或者，如果出现高失业率，经济增长可能会放缓，物价上涨也会受到抑制。然而，当通货膨胀和失业同时存在时，政策制定者就陷入了一个十分棘手的困境。无论他们采取什么措施，最后都会造成"效果抵消"。假设目标是抑制通货膨胀，如果伯恩斯为了减缓经济增速和降低物价而收紧利率，他将面临经济衰退和失业率上升的风险。而假设目标是降低失业率，如果伯恩斯为了改善就业状况而降低利率，那么通货膨胀就会突然爆发。通货膨胀和失业率之间的这种权衡被称为"菲利普斯曲线"（Phillips Curve），这个理论在大多数经济学教科书中都能找到。

国际因素也必须考虑在内,因为这至关重要。但同样,解决一个问题可能会产生另一个问题。如果伯恩斯将利率提高到和其他国家同样的水平,资本可能会从其他国家流入美国以获得更高的回报,这将有助于减少美国的整体收支逆差,并吸收来自国外的过剩美元。然而,更高的利率可能会让美元走强,减缓出口,加速进口。反之亦然,如果伯恩斯降低了美国相对于其他国家的利率,资金就会外流,国际收支就会恶化。而由此产生的大量美元外流,将降低外国对美国管理国际收支能力的信心,并给海外美元持有者带来更大压力,迫使他们将美元兑换成黄金。

一句话,从政治和经济的角度来看,所有的政策选择都有一些糟糕的负面影响。

伯恩斯给美联储提出了一套关于一般经济政策的折中主义,这套理论却很难与约翰·梅纳德·凯恩斯(John Maynard Keynes)的理论,以及主张自由市场的米尔顿·弗里德曼的理论相提并论。这位新任美联储主席对理论分析并不十分感兴趣[9],相反,他认为商业周期的每个阶段,即经济的繁荣和收缩,都展现出一系列独有的特征。他既不相信像肯尼迪和约翰逊那样对经济进行微调就可以起作用,也不相信像保守派经济学家提倡的只需维持货币供应稳定增长就可以解决问题。在伯恩斯看来,经济问题都过于复杂,难以使用单一理论来解释,而且经济问题还过于依赖商业信心,但商业信心的根源却很难界定。"弗里德曼主义者和凯恩斯主义者之间的争论是错误的[10],"伯恩斯曾说,"这是一场关于这两派经济学家谁能更好地预测未来的争论,但他们无法准确预测未来,也幸亏他们做不到。如果他们可以准确预测未来,那么政府就可以让自己的权力永远不变了。"

在伯恩斯之前的每一位美联储主席以及当时的每一位传统经济

学家都会说，美联储在控制通货膨胀方面发挥着关键作用，但他对此并不认同。在 20 世纪 60 年代末 70 年代初，他认为通货膨胀不是由于货币供应过快而导致的，而是因为大企业和大工会在讨价还价中推高了工资和物价。这种现象被称为"成本推动型通货膨胀"（cost-push inflation）。在伯恩斯看来，解决这个问题的关键不是让美联储提高利率来放缓经济增长，也不是控制政府开支，因为这可能会产生同样的效果。对他来说，在传统的货币和财政政策中是找不到答案的。相反，伯恩斯认为政府必须施加压力控制工资和物价的上涨。肯尼迪和约翰逊曾尝试过设定自愿的工资和价格上限，但伯恩斯在控制的实际效果方面将取得更实质的进展。然而，尼克松和保守的共和党人非常排斥这种观点，所以伯恩斯一开始并没有透露他的想法，但到了 1970 年年末时，这一观点导致他和总统之间产生了重大分歧。

在国际货币问题上，伯恩斯并没有像以前研究商业周期时那么深入，所以他的观点不具有权威性。

1968 年 10 月，在为尼克松的竞选协调政策观点时，伯恩斯访问了西欧，回国后他得出结论：美国应该在多边协议下通过提高黄金价格使美元贬值（提高黄金价格意味着兑换 1 盎司黄金需要更多的美元，使得每 1 美元相对于黄金的价值降低，从而导致贬值）。笔者并不清楚伯恩斯有多么坚持这个观点，但无论如何，这一观点在选举后的特别工作组报告中没有再出现过。当伯恩斯进入美联储时，他就陷入了由各国央行行长和代表世界中央货币的领导人所组成的国际关系网中。在这个位置上，他必须扮演全球货币体系"稳定器"的角色，这意味着他必须阻止与美元贬值相关的言论。

然而，在 1971 年春天，伯恩斯会见了法国经济和财政部长[11]瓦莱里·吉斯卡尔·德斯坦（Valéry Giscard d'Estaing），并接受了其建议，即举行一系列双边会谈，随后举行更大规模的多边会议，讨

第七章 阿瑟·弗兰克·伯恩斯

论美元贬值以及重新评估其他货币价值的问题。这一提议与他在任职前所坚持的观点相似。伯恩斯在同一天向尼克松总统提到了瓦莱里·吉斯卡尔·德斯坦的想法,并在他的日记中写道,尼克松请他继续考虑这个想法,但没有任何线索表明伯恩斯跟进了这一提案。

在 3 个月后的 1971 年 8 月,戴维营会议召开时,伯恩斯首次反对关闭"黄金兑换窗口",他是唯一一个持这种观点的人。但在周末会议结束之前,他也放弃了这个想法。

关于美联储的独立性,正如那句古老的格言一样,"你相信什么取决于你在什么位置"。例如,在尼克松刚上台还不到一个月,伯恩斯担任顾问期间,美联储主席威廉·马丁提高了利率,以减缓过热的经济并抑制通货膨胀。尼克松对此很不高兴。在一次内阁会议上,伯恩斯说:"艾森豪威尔喜欢谈论美联储的独立性[12],他们(指美联储)也相信了这一点。但我们不要犯错误,不要继续谈论美联储的独立性。"而当伯恩斯担任美联储主席一职时,他的观点发生了变化。在 1969 年 12 月 18 日的任命听证会上,他与参议员威廉·普罗斯迈尔(William Proxmire)进行了如下交流[13]。

普罗斯迈尔:我关心的是美联储的倾向,如果没有强势且独立的领导,美联储就会屈从于美国财政部。

伯恩斯:你的说法与我的观点完全一致……我向你们保证,我将永远做我认为对国家最好和正确的事情,不考虑任何党派、政治或外部利益。

当然,当时伯恩斯并不打算在他的任命听证会上与普罗斯迈尔参议员发生争执,但事实上,在 1970 年和 1971 年的大部分时间里,伯恩斯确实是带领美联储独立行事的,这在倍感恼怒的尼克松眼中也确是如此。然而,1971 年 8 月在戴维营会议上以及整个 1972 年(大选年），伯恩斯除了屈服于尼克松的压力，别无他法。

从伯恩斯的日记可以看出，与总统的关系让他十分苦恼。虽然他推行的政策常常遭到尼克松及其团队的厌恶，但他仍然想取悦尼克松，并表明自己的忠诚。例如，伯恩斯记录了在1971年3月8日（星期一）的白宫会议中，总统斥责他的经济团队没有积极地关注与评价政府的经济政策。伯恩斯写道："我相信总统会不惜一切代价争取连任[14]。总统及其软弱无能的下属将继续攻击美联储[15]，甚至会更猛烈。我不再确定总统是否还记得我仍然是他最好的朋友。我会坚定自己的立场，尽最大能力服务于经济，从而为总统服务。"

1971年3月21日（星期日），一位受伯恩斯信任的政府人员在媒体上公开散布言论并夸大了伯恩斯和总统之间的政策分歧，伯恩斯对这一负面报道进行了反思。作为回应，伯恩斯要求与尼克松私下会面。伯恩斯后来写道："与他的友谊是我生命中最重要的三段友谊之一[16]，如果可能的话，我想尽我所能去维护这段友谊……在维护经济利益与尼克松的政治利益之间，我的做法从来没有丝毫的冲突……如果这些目标之间发生冲突，我将毫不犹豫地通知他，并一起寻求解决方案。"

4个月后，1971年7月8日（星期四），尼克松要求伯恩斯更加严格地执行政府的政策。伯恩斯在他的日记中写道："尼克松的言语很无情……他说话的时候，我带着沮丧的心情望着他的脸，他的面孔都扭曲了，我看到的是无法控制的愤怒。"伯恩斯随后对总统说："如果美联储和政府的政策出现分歧，那将是非常不幸的。而我只是想让你知道，我一直都是你真正的朋友，现在是，将来也会是。"后来伯恩斯在日记中写道："现在我知道，只有克制自己，完全屈从于他，我才会被接受，尽管这在法律和道德上是错误的。"[17]

伯恩斯想成为尼克松的朋友[18]，可能是因为他蔑视总统周围那些他认为不了解通货膨胀或不知道如何处理的人。他形容尼克松的首

第七章 阿瑟·弗兰克·伯恩斯

任美联储主席威廉·马丁是一个"可怜的笨蛋"[19],经济顾问委员会主席保罗·麦克拉肯"迷恋自己的权力和地位"[20],霍尔德曼和埃利希曼被他描述为有"不道德倾向"[21],乔治·舒尔茨是一个"有害而愚蠢的力量"[22]但后来又成了"忠诚的仆人"[23],康纳利缺乏领导能力[24],基辛格有一种"极端利己的态度"[25],保罗·沃尔克是"一个优柔寡断的人,充满了缺点和焦虑"[26]。

尼克松把伯恩斯送到美联储,无疑是想要一个他认为可控的人。因此,总统对伯恩斯推行的政策感到愤怒也就不足为奇了,因为总统认为这会削弱他一直以来所做出的努力,并使政府陷入混乱。由于政府中以乔治·舒尔茨为代表的几位高级官员强烈反对伯恩斯的政策,并经常在背后斥责伯恩斯,甚至还会在不署名的情况下通过媒体进行斥责。这使得尼克松和伯恩斯之间的紧张关系进一步恶化。

总统对伯恩斯施加的压力从他在美联储任职之初就显现出来了。1970年1月31日(星期六)上午,在白宫东厅举行庆祝伯恩斯加入美联储的仪式上,当他被介绍给大家时,全场起立鼓掌。"你看,伯恩斯博士,"尼克松对聚集在一起的人群说[27],"这是一张长期坚定支持低利率和更大规模货币供给的选票。"尼克松接着又说了几句话,有点半开玩笑的样子,但又不完全是开玩笑,"大家都知道,美联储是独立行事的……我尊重这种独立性。另一方面,我作为总统,确实有机会向主席表达我的观点。在这些经济问题上,我有我所坚持的一些想法,我可以向你们保证,我会私下里强烈地向伯恩斯博士转达这些观点……我尊重他的独立性。然而,我希望他能独立地得出自己的结论,即我的观点是应该遵循的。"[28]在这一仪式上,伯恩斯说:"我认为,我在美联储委员会的职责可以用一句话来描述[29]'尽我所能地保护美元体系的完整性,促进国家的稳定繁荣'。"这种紧张气氛是显而易见的,尼克松想要宽松的货币政策,这样将会增加就业,但也会导致通货膨胀和美元贬值,但伯恩斯的主张恰恰相反。只要分析两人的言论，任何人都能看到其中的冲突。

在伯恩斯担任美联储主席不到两个月的时候，尼克松就开始对他施压了。1970年3月20日（星期五），尼克松让他的首席国内政策顾问埃利希曼给伯恩斯打电话。在电话中，埃利希曼转达了尼克松的意思："经济衰退的直接责任在美联储身上[30]，这是一个非常紧张的局面……美联储现在必须发放用于住房的建设资金，否则就太晚了……总统将公开挑战美联储。"埃利希曼暗示，尼克松将通过参议员、众议员、华尔街高管等许多重要人士向伯恩斯施压，甚至准备公开批评伯恩斯的政策。对20世纪70年代初的美国来说，如果一位经验丰富的总统与备受尊敬的伯恩斯之间的关系破裂，将会严重扰乱市场。

乔治·舒尔茨进一步加大了尼克松对伯恩斯的不满，他告诉总统："伯恩斯有办法让货币供应成为（财政政策）筹码[31]。"舒尔茨指责这位美联储主席说，除非尼克松减少预算赤字，否则伯恩斯不会降低利率。事实上，伯恩斯是在说，当涉及财政政策时，管理经济的责任不应该只由美联储承担，还应该由政府和国会承担。如果货币和财政政策都很宽松，那么更高的通货膨胀将不可避免。如果尼克松希望伯恩斯刺激经济，政府赤字就必须得到控制。舒尔茨对伯恩斯的一番评论进一步激怒了尼克松，在1970年4月3日的内阁会议上，总统气得猛拍桌子。"当我们渡过难关时，"总统说，"如果这是我唯一能做的事情，我是不会让美联储独立的。"[32]

在1970年11月令人失望的中期选举之后，尼克松不想在两年后的总统选举中再冒任何风险。他将不惜一切代价阻止经济增速下降和失业率上升。尼克松认为伯恩斯是扭转这种局面的关键人物，他希望通过降低利率来扩大货币供应，但此时伯恩斯已经与他走上了不同的道路。

伯恩斯相信，政府管控物价和工资，而非货币或财政政策，才

第七章 阿瑟·弗兰克·伯恩斯

是对抗通货膨胀的唯一办法,这也成为他在1970年关于美国经济的一系列演讲中的主题。他首先建议企业和劳工采取自愿措施来抑制工资和物价上涨[33],但他逐渐意识到,只有强制性法规才能达到这一目的。尼克松讨厌这种方法,但支持工资和物价以某种形式进行直接管控的政府官员数量不断增加。尼克松内阁的几名成员也在内部讨论中表示支持这种方法[34],包括商务部长莫里斯·休伯特·斯坦斯(Maurice Hubert Stans)、住房和城市发展部部长乔治·华勤·罗姆尼(George Wilcken Romney)及交通部长约翰·沃尔普(John Volpe)。曾经公开反对管控的保罗·麦克拉肯[35]私下里也越来越质疑自己的观点。企业界也普遍支持伯恩斯,在10月19日(星期一)举行的一次会议上,由最有声望的首席执行官组成的商业委员会(Business Council)推动了自愿控制措施[36],这不是出自国家利他主义,而是希望政府能够依靠工会,并停止通过大规模的货币或财政政策来解决问题。民主党领导的国会此次也完全站在伯恩斯一边。1970年8月13日(星期四),国会通过了《经济稳定法案》(Economic Stabilization Act),赋予总统冻结工资、薪金和租金的权力。这份只有一页纸的法案是以《国防生产法案》(Defense Production Act)的附加条款形式提出,因此尼克松无法否决这项法案。这让总统感到非常难堪[37],因为这一行为明确表明,他并没有竭尽所能遏制通货膨胀,但现在他可以使用法律工具来做更多事情。几个月后,该法案被批准延长有效期。然而,在这两次法案通过批准的场合中,尼克松都宣称他无意使用这一权力。

与伯恩斯不同的是,尼克松憎恶以任何形式对私营部门进行干预,他对伯恩斯公开鼓吹的工资和物价管控感到愤怒。尼克松认为,伯恩斯一直在争取不同选区选民的支持,以使他陷于困境。尼克松对埃利希曼说:"伯恩斯会被开除的。"[38]埃利希曼回忆,当时尼克松大喊道:"是时候公开挑战美联储了吗?我们不会接受这个的,我们现在不应该教训一下美联储吗?"

1970年11月20日(星期五),伯恩斯与尼克松进行了1小时45分钟的会谈。"我强调,时间紧迫[39],他最终将不得不在工资和物价管控方面妥协。事态将迫使他采取行动,如果他迅速采取行动,那么在1972年总统选举中他获胜的机会将会更大。"伯恩斯回忆说,尼克松看似同意。但众人皆知,尼克松很少与人发生冲突,因此没有人能确定总统的真实想法。

然而,到了1970年年底,由于在通货膨胀问题上没有取得任何进展,尼克松改变了主意,至少看起来是这样。他提出,在某些情况下,限制工资和物价可能是有意义的[40]。12月4日(星期五),在华尔道夫酒店(Waldorf Astoria)的一次演讲中,尼克松提出了灵活控制工资和物价的新方法,并将其与之前提出的"伯恩斯会降低利率并增加货币供应"这一承诺联系起来。但伯恩斯拒绝公开承认存在这一关联。令尼克松大为恼火的是,伯恩斯几天后又发表了一次演讲,对管控措施态度更加强硬[41]。尽管如此,媒体还是感觉到两人之间正在达成某种协议,也就是说,如果尼克松对工资和物价采取措施,伯恩斯就会打开货币"闸门"。《纽约时报》的伦纳德·所罗门·西尔克(Leonard Solomon Silk)将尼克松和伯恩斯之间的公开互动称为"1970年协议"[42]。《商业周刊》对此表示赞同:"实际上,伯恩斯在为白宫提供一个可以构建新经济政策框架的协调方案[43],货币和财政政策都将快速扩张,持续的通货膨胀将导致政府加强对私人部门决策的干预。"这意味着华盛顿方面将通过实施管控措施来强力限制企业提高产品价格以及劳工要求的工资水平。

即使尼克松和伯恩斯两人之间曾经有默契,也并不长久。尽管在1971年上半年,工资和物价因集体谈判不断而继续上涨,对经济造成了严重破坏,但尼克松还是恢复了对控制物价的强烈反对。尼克松在1971年2月1日给国会的一封信中写道:"我不打算强行实施工资和物价管控[44],这是在用一个新的、日益增长的、更加棘手的问题来代替通货膨胀问题。"同一天,经济顾问委员会主席保罗·麦克拉肯在他的年度报告中写道:"强制性的物价和工资管控是不可取和不必要的,而且很可能是行不通的。"[45]几年后,接替麦克拉肯成为经济顾问委员会主席的赫伯特·斯坦反思了当时的情况,"政府和经济正在进行一场竞赛[46],"他写道,"问题是,在人们对政府所实行的反通货膨胀计划[47]感到失望前,无论这一计划是否会取得成功,都会使工资和物价管控政策非常具有吸引力。"

在《戴维营协议》签署之前,尼克松和伯恩斯在如何正确应对通货膨胀这一问题上冲突不断,关系变得更加糟糕,这引发了一个重大问题,即他们如何在这个关键的周末协调彼此的立场。

第八章

乔治·普拉特·舒尔茨

乔治·舒尔茨是20世纪最后三十多年间，美国最伟大的政治家之一。1989年离开政府前，他担任过劳工部长、行政管理和预算局局长、财政部长和国务卿，且任职期间表现十分出众。在政府任职时，他就各种公共政策问题撰写了大量引人深思的文章。

1968年12月，当尼克松任命舒尔茨为劳工部长时，他还是芝加哥大学商学院（University of Chicago Graduate School of Business）一位默默无闻的院长，但舒尔茨很快在政府内部成为一名有影响力的顾问。他总是可以条理清晰地论证问题，并仔细倾听他人观点，即便在紧张的情况下他也可以控制好自己的情绪，这让他获得了较高的名望。尼克松知道，即使舒尔茨的提议经常被否决，但他作为核心团队成员仍然会忠于自己，并执行自己的政策。然而，舒尔茨也有另一副面孔，他是一位极端的保守主义人士，而且众所周知的是，他会在背后破坏别人的计划。

如果说康纳利是一位缺失意识形态信念和痴迷短期政治的人，沃尔克是一位极具政治技能、全力捍卫现状的优秀金融技术人士，伯恩斯是一位个人政策观点模糊的保守派人士，那么舒尔茨则与他们完全不同：他自始至终都是一位真正的保守派。在戴维营会议尼克松的团队中，相比其他人员，舒尔茨更准确地预见了10年后针对大范围放松管制所进行的"撒切尔 – 里根革命"（Thatcher-Reagan revolution）。

舒尔茨在纽约长大。他的父亲拥有哥伦比亚大学历史学博士学位，曾在纽约证券交易所（New York Stock Exchange）担任常驻教授。1942年舒尔茨毕业于普林斯顿大学，在那里他加入过学校的棒球和足球队，然后在1942年至1945年作为海军陆战队军官参与了对日作战。1949年，他获得了麻省理工学院的工业经济学博士学位，并于1949年至1955年留在麻省理工学院任教。在接下来的两年里，他担任了艾森豪威尔政府经济顾问委员会的高级经济学顾问，当时该委员会的主席是阿瑟·伯恩斯。之后，他离开了行政部门，在芝加哥大学商学院教授劳资关系课程，并在几年后成为该院院长。在整个学术生涯中，他深入参与了公共政策的研究和制定，这使他在共和党和民主党的圈子里都备受尊敬。他曾在电气设备、农业机械、纺织、化工和食品等多个行业中担任劳资纠纷仲裁员。同时，在肯尼迪时期和约翰逊时期，舒尔茨曾是许多公司董事会以及联邦政府工作小组中的仲裁员。

在1968年尼克松总统竞选期间，舒尔茨主持了一个特别工作组，该工作组的研究结论是：物价控制是无效的，而且会产生相反的作用。1968年12月，在阿瑟·伯恩斯的建议下，尼克松就劳工部长一职与舒尔茨面谈。这位当选总统希望这位芝加哥大学商学院院长上任后可以同意让联邦政府脱离对劳资管理集体谈判方面的参与，而非前两届民主党政府所秉持的"更多参与其中"的理念。确认这一点后，他们达成了共识。

尼克松很看重这位芝加哥大学教授的才华，舒尔茨很快就参与了一系列政府的重要事务，其中许多事务甚至超出了劳工部的职权范围。例如，国际码头工人协会（International Longshoremen's Association）在未得到联邦政府同意的情况下，关闭了东海岸和墨西哥湾的港口并进行了罢工,该事件在舒尔茨的监督下,得以妥善处理。同时,他还曾针对一次邮政业大罢工制定了解决方案;制定了针对工作场所歧视的解决措施;带头努力解决南方学校的种族隔离问题;评估了替代石油进口配额的方案以及美国将越南战争的负担移交给西贡政府所造成的经济后果。可见,舒尔茨在本质上是一名理性的分析师,他能够缓和竞争党派之间的分歧,并且从不认为自己是政治家,"我不认为总统将我看作是竞选方面的重要智囊[1],"他曾说,"如果他这么做了,我反而会觉得很惊讶。"

1970年7月1日(星期三),尼克松将预算局的职能范围扩大并成立了一个新的机构,即行政管理和预算局,后者的权力范围远远超出前者,并延伸到行政部门的每一个角落。总统任命舒尔茨承担这项工作,并在白宫给了他一间办公室,这是预算局前任局长们从未有过的待遇。从那时起,舒尔茨每天会与尼克松见一至两次[2],并承担了几乎所有重大国内事务的规划工作和具体操作。不仅如此,他还接管了每天早上7时30分的白宫晨会,以前晨会一直是由埃利希曼主持。关于舒尔茨,《商业周刊》写道:"他是总统的三四位知己之一[4],也是改组行政部门的关键人物……他现在已经成为政府经济复苏计划的首席设计师。"詹姆斯·诺顿(James Naughton)在《纽约时报》上说,"每一届白宫政府最终都会培养出一位非常受重视的人[5],以至于此人实际上成了助理总统。现在的例子就是舒尔茨先生。"

尼克松十分看重舒尔茨还有另一方面原因:他与势力强大的美国劳工联合会-产业工会联合会主席乔治·米尼(George Meany)关系不错。虽然劳工组织对任何共和党政府都持怀疑态度,但尼克松面临的却是一场特别难以应付的工会运动,该运动旨在通过强硬的集体谈判来提高工人工资,必要时还会举行旷日持久、代价高昂的大罢工。与20世纪50年代和60年代大部分时间的自由贸易主义形成鲜明对比的是,劳工成为一股保护主义势力,并威胁要打破尼克松扩大贸易的设想。因此，舒尔茨与米尼的关系至关重要。事实上，当舒尔茨被任命为行政管理和预算局局长时，从不恭维政府官员的米尼发表了这样一份声明："乔治·舒尔茨之前担任劳工部长表现出色[6]。他值得美国工人、工会和美国劳工联合会－产业工会联合会对他的信任。"

《商业周刊》将舒尔茨描述为"一个简单古板、抽着烟斗、不修边幅的人[7]"。舒尔茨具有谈判者和协调者的气质，说话轻声细语，很少提高嗓门[8]，以至于在内阁会议上，其他人往往不得不身体前倾才能听到他的声音。他认为，在做出决定之前，花时间征求每个人的意见很重要。保罗·沃尔克回忆舒尔茨时说："他会一次又一次以超出常人的耐心[9]让团队就一个决定达成共识，有时还会掩盖自己的偏好。"舒尔茨曾经这样描述自己的处事方式："随着政治风向的改变[10]，一个人如果直接扬帆驶向他的目标，他将永远不会到达那里，技巧就在于及时改变航向。"然而舒尔茨发现，为了赢得大家的认可而作出妥协并没有什么好处。他喜欢说："走在中间的人[11]，两边都会挨打。"

舒尔茨极强的行动力给尼克松留下了深刻印象[12]，以至于尼克松认为他是政府中"唯一真正有知识的经济学家"[13]。白宫演讲撰稿人威廉·萨菲尔认为舒尔茨是本届政府中对自由市场经济最坚定的倡导者[14]。他如此坚定的关键在于他与"芝加哥学派"经济学家保持着紧密的联系[15]，该学派的主要观点包括：自由市场是配置资源的最有效方式；我们应该对政府干预经济的行为和影响持怀疑态度；以市场为基础的方案不仅是解决经济问题的最佳途径，也是解决社会问题的最佳途径；自由比平等更重要。舒尔茨是芝加哥大学最负盛名的学术带头人米尔顿·弗里德曼的学生、崇拜者和密友。在政府任职期间，舒尔茨与弗里德曼保持着密切联系。尽管两人关系密切，但相比舒尔茨的经济思想，弗里德曼更加看重他的性格和人员管理效率。"乔治是一个有原则的人,但他不像我一样是一个理论家[16],"弗里德曼说,"他的长处不在于学术分析,而是在于解决实际问题。"

舒尔茨是一名货币主义者,这意味着他相信美联储控制货币供应的能力是经济治理的关键工具,其作用远远超过了财政政策(前两届民主党政府都强调财政政策的作用)。他认为美联储应该设定一套范式来扩大货币供应,从1969年至1971年,他希望这个范式能够适应更快的经济增长模式。正如我们看到的,舒尔茨在那个时期特别批评了阿瑟·伯恩斯,因为他认为伯恩斯未能以更快的速度扩大货币供应。

舒尔茨在另一个问题上与伯恩斯的意见也不一致:工资和物价管控。他反对政府强制干预私营部门,同时这也反映了总统的立场。但像尼克松一样,舒尔茨最终容忍了这些控制措施。事实上,一旦作出实施控制的决定,他和他的员工就成了新系统的主要设计师,设计新系统的工作方式和管理方式。

舒尔茨还是一位积极的自由贸易主义倡导者,他认为应该尽可能地降低国际贸易壁垒。因此,在暗地里,他反对尼克松出台的对纺织品配额措施以及任何旨在减缓进口的关税。当谈到美元时,舒尔茨表示希望废除布雷顿森林体系中所有的代表性政策。他想结束黄金在支持货币方面的作用,废除货币关系中的固定汇率制度,并让各国货币相互浮动。在他看来,货币市场应该像其他商品市场一样,在开放市场中由供求关系来决定价值。他也强烈反对保罗·沃尔克的观点,因为沃尔克认为维护布雷顿森林体系是正确的选择。就像对待伯恩斯那样,舒尔茨在戴维营周末前后的激烈讨论中,不时在尼克松面前批评沃尔克(但舒尔茨在1972年接替康纳利担任财政部长后,成了沃尔克的仰慕者,并开始依赖他)。

至于康纳利[17],舒尔茨认为他是一位杰出的政治家,非常聪明且敏感,但却不是一个战略家。舒尔茨是基辛格的忠实粉丝,然而基辛格所负责的外交工作与舒尔茨的职权范围并没有任何交叉。

没有人会将舒尔茨定义为一位引人注目的演说家。历史学家艾伦·马图索（Allen Matusow）形容他"僵硬得像块木板"[18]。《商业周刊》称他为"灰色内阁中最灰色的人"[19]。尽管如此，舒尔茨还是发表了一篇演讲，他自己也多次引用[20]，以"抓住"他信仰的精髓。该演讲于1971年4月22日（星期四）发表，题为《经济政策处方——稳步前进》（Prescription for Economic Policy — "Steady as You Go"）[21]，在演讲中他呼吁制定一项持续扩张货币和限制财政预算的战略，并警告说，不要屈服于预算和货币方面的政治压力，因为这只会使政府采取更加激进的财政和货币措施。同时，他一再强调渐进主义政策的重要性，并反对伯恩斯的政策，因为伯恩斯放弃了渐进主义，支持控制工资和物价。在舒尔茨看来，货币和财政政策的基础仍然很重要，应该给它们一个发挥作用的机会。政策制定者应该有耐心，他们不应该急于接受那些认为经济结构本质已经改变的流行理论，因为它其实并没有改变那么多。

尽管舒尔茨低调、能力出众且成绩斐然，但在接下来的时间里，他打了许多败仗。然而，尼克松非常信任他，每当作出重大决定时，尼克松总是希望他能在场，他确实也从未缺席。

第九章

彼得·乔治·彼得森

彼得·彼得森是美国最著名的商人、政治家和金融官员之一,但1971年年初,在美国企业界之外,却鲜少有人知晓他。尽管如此,他拥有尼克松团队中许多人所不具备的资产,尤其是商界领袖所具有的那种坚实的信誉基础。他关注的重点是工业和技术等实体经济,而不仅仅是金融和经济政策。他比尼克松团队中的任何人都了解美国高科技商业领域的发展潜力并对其发展充满信心,他认为只要制定正确的政策,就可以给这个国家带来无限的可能性。在戴维营会议前后,他是美国企业界和决策层之间的主要纽带。

1970年年末,彼得森得到了阿什委员会的推荐,这也是其被任命的原因,康纳利也是通过这一途径走进了尼克松的视野。该委员会的一项建议是,鉴于国际经济政策对国内外利益的重要性日益增加,因此应大大加强对国际经济政策的关注。从美国的角度来看,传统上,美国与西欧等国的外交关系更多地由国家安全而非贸易所主导,国内出台的财政和货币政策也未能充分考虑到国际资本流动。这并不奇怪,因为美国对国际经济交易的依赖相对较小。在很大程度上,这个国家是一个毗邻两大洋、拥有广阔大陆的国家,基本上是自给自足的,但阿什委员会发现这一现状正在迅速改变。对西欧各国和日本来说,经济关系是它们与美国整体关系中至关重要的部分。因此，把这些经济问题置于传统外交政策挑战（比如军事事务）之下是错误的。此外，国际经济问题也给美国带来了压力。例如，贸易和美元开始影响美国国内就业，而就业已经成为一个国内政治热点问题。出于这些原因，阿什委员会建议在白宫建立一个类似于国家安全委员会的新组织。这个新组织被称为国际经济政策委员会（The Council on International Economic Policy，CIEP），由总统担任主席，就像国家安全委员会一样，国际经济政策委员会同时由一名执行理事和一些工作人员进行相应的工作，他们的工作范围涉及美国在世界经济中的各个方面。与国家安全委员会一样，国际经济政策委员会将协调许多机构（州政府、财政部、商务部、农业部等），因此这些机构与美国国际经济战略的制定也存在一定的利害关系。

在之后的几个月，阿什委员会在建立国际经济政策委员会并选定执行理事方面没有任何后续行动，但在1970年的12月底，政府准备继续推进这一事项。乔治·舒尔茨在芝加哥大学商学院认识了彼得·彼得森，彼得森曾在那里读过MBA课程。舒尔茨打电话问他是否愿意见一见总统，讨论如何领导这个新委员会。彼得森当时44岁，是贝尔和霍威尔公司（Bell and Howell）的董事长兼首席执行官，贝尔和霍威尔公司当时因制造摄像机和一些视听设备而广受赞誉。彼得森是家中五个孩子之一，他的父亲是希腊移民，仅受过三年级的教育。彼得森本人在科尔尼州立师范学院（Kearney State Teachers College）上了一年学，然后在麻省理工学院又上了一年学，最后在1947年毕业于西北大学（Northwestern University）。他最初在一家研究公司工作，同时晚上在芝加哥大学商学院攻读市场营销专业，并最终获得MBA学位。之后，他跳槽到大型广告公司麦肯-艾瑞克森公司（McCann-Erickson），在那里从事营销工作并成功吸引了彼得·潘（Peter Pan）（花生酱制造业商）、竞争包装有限公司（Rival Packing Co.）（狗粮专业包装企业）和斯威夫特公司

（Swift & Co.）（肉类专业包装企业）等客户。最终，彼得森加入了贝尔和霍威尔公司，担任市场营销的执行副总裁，并逐渐晋升到公司的管理层。

1959年至1971年，彼得森在贝尔和霍威尔公司的工作经历对他有着特别的意义。在此期间，彼得森深刻地了解到，一家美国科技公司在日益激烈的全球市场竞争中所面临的不只是机遇，还有艰辛。他了解存在于相机和视频行业内的非凡机遇，也目睹了日本在消费电子产品领域的激烈竞争，这很快导致美国采取了更具防御性的贸易政策。彼得森对此的回应是美国与日本佳能公司（Canon Inc.）建立合作伙伴关系。当时，很少有美国公司会在亚洲进行这样的合资，这是一项创新性的交易。这些经历令他意识到快速和持续的技术变革将成为世界经济发展的核心。如果不与这些新兴竞争对手进行激烈的斗争，美国企业将不再像过去那样拥有无可匹敌的领先地位。

1971年1月初，尼克松会见了彼得森，并阐述了自己的看法：对于美国来说，全球经济发展趋势日益明显，其中也包括了西德和日本的崛起。"尼克松当时描述的是，全球主义者所谈论的相互关联的地缘经济世界。"[1]彼得森回忆说。他接受了这份工作，其中包括两个由白宫授予的头衔，即国际经济政策委员会执行理事和总统国际经济事务助理。

1971年1月19日（星期二），在白宫为彼得森举行的任命仪式上，尼克松说："他被商界同事称为是这一代中最能干的首席执行官之一[2]，有些人甚至用'辉煌'一词来形容他。"彼得森缺乏幽默感，后来回忆起他对尼克松过分恭维的反应时，他说道："这是到目前为止最可靠的迹象，表明我已经离开数据量化的领域[3]，进入华盛顿那浮夸的需要左右逢源的场合。"

尼克松在他的声明中解释了为什么彼得森的工作会如此必要，并提到贸易和能源等问题在对内与对外政策中的重叠问题。彼得森

第九章 彼得·乔治·彼得森

上任后不可避免地会与许多内阁官员展开直接的观点争锋,包括康纳利、国务卿威廉·罗杰斯,以及国家安全委员会顾问基辛格。《财富》杂志在一篇社论中说:"彼特·彼得森即将从事的是华盛顿最艰难的工作之一。"[4] 事实上,在持有不同观点和不同议程的机构之间协调政策将是一项极具挑战性的任务——这最终也成为彼得森失败的一个原因。

上任之初,彼得森向尼克松发送了一些备忘录,表明了他的想法,即他想深入研究影响美国在国际经济中地位的关键问题。他表示,他一直在广泛征询政府内部和外部的意见,以制定一项议程。尼克松起初对彼得森极为热情和尊重,他觉得彼得森"满脑子都是关于国际经济政策的尖锐问题"。[5] 在进入政府时,彼得森潜意识里是一个自由贸易主义者,十分倾向于市场经济。但是,当他看到西德和日本的经济实力变得如此强大,美国市场对进口商品的开放程度比它的主要贸易伙伴要高得多,美元被高估,美国在应对国际贸易和金融不平衡时准备不充分等问题,这些让他很快成为对盟国采取侵略性政策的支持者。对他来说,这意味着美国要通过征收关税和实施配额来应对以上国家的贸易壁垒,并且华盛顿政府要增加对科技方面的投资,以保持美国的竞争优势。他还支持以美元为基础的国际货币体系改革,同时他也小心翼翼地不去侵犯康纳利的"地盘"。最重要的是,他把注意力集中在阻止美国竞争力下降和扭转国家日益恶化的地位所需的措施上,这引起了尼克松的注意。这些想法和概念迎合了尼克松的大局观和大胆设想的偏好。

彼得森接受国际经济政策委员会的委托,编写了一份关于《处于世界经济变局中的美国》(The United States in the Changing World Economy)的重要报告。几个月后,他拟了一份草稿,这份草稿后来成为华盛顿政府一份有影响力的文件。他的成就不在于对内容的创新,而在于他对信息的汇总,将信息组织成一份清晰有力的描述,并附带易于理解的图表，这在当时的政府报告中实属罕见。像康纳利一样，彼得森也有消化大量数据并提取其内在特征的能力。彼得森可以召集那些在各自领域知识渊博的顾问，让他们绞尽脑汁地提出更有价值的信息，然后他将这些信息拼凑成一个有趣的故事。事实证明，彼得森是一位出色的创意营销人员，每次会议结束后，他都会对整个会议过程进行调整和完善，使其更清晰、更引人注目。同时，他是少有的拥有长远眼光的官员，这也解释了他为什么能在白宫的政策方案被国会驳回之前快速采取行动。

该报告长达133页，充满了统计数据和图表。这份文件号称是彼得森的个人文件，并得到了国际经济政策委员会工作人员的认同和支持，但从未得到过任何内阁级别机构的批准。（康纳利的重要助理秘书之一约翰·佩蒂在一次采访中告诉笔者[6]，财政部不愿批准内容如此宽泛的文件，担心自己会把权力拱手让给彼得森。）该报告提出了以下几个要点：[7]

- 自20世纪50年代以来，世界经济发生了巨大变化。美国人的思维定式和国家的政策却未能及时进行调整。报告称："与其他事情相比，我们如何应对20世纪70年代的经济挑战，可能与我们将成为什么样的国家以及我们将处于什么样的世界有着更大的关系。"
- 美国一直在与西欧，尤其是与日本的竞争中节节败退，除非美国及其盟友改变政策，否则美国的竞争力将继续下降。除此之外，来自新兴发展中国家的威胁也迫在眉睫。
- 美国必须领导整个国际社会，在制定贸易和货币政策方面做出努力，以便更好地与其他国家分摊管理世界经济的负担。美国不得不慎重考虑"一个更清晰、更坚定自信的国家利益愿景……我们必须消除任何'马歇尔计划心理'或仍然可能存在的相对不受约束的慷慨……这不仅是如何选择的问题，也是必须要解决的问题"。
- 美国面临的许多挑战都在国内。美国必须加快投资进度，以提升本国的竞争力，并帮助工人和公众适应由于不断变化的技术、进口渗透和跨国公司生产外包等政策带来的影响。

4月初，这份报告交给了尼克松，他被那些量化了出口对美国就业发挥积极影响的段落所吸引[8]，他拿笔划出报告的这一部分，并在接下来的几周里不断向来访者展示。历史学家艾伦·马图索写道："尼克松一旦意识到经济民族主义对国内事务的影响，就会全身心地'投身于'这份报告中。"他要求在政府内部传阅这份报告，并要求彼得森为国会议员、企业和劳工组织做简报。

6月29日（星期二），在国家生产力委员会（National Commission on Productivity）的临时发言中，尼克松似乎影射了这份报告的内容，他说："我们在经济上保持第一非常重要[9]，否则我们就无法在外交或军事上成为第一。"6月下旬，尼克松和康纳利讨论[10]了一项新的积极贸易政策及其对于赢得劳工支持的重要性。康纳利提出通过限制进口可能会获得劳工的支持。

7月6日，《华尔街日报》在头版报道了彼得森。"彼得森先生描绘贸易趋势的图表[11]开始唤醒一些有权势的人，让他们意识到美国在国际贸易中面临的挑战日益严峻"，这篇文章强调了彼得森提出的一些"开箱即用"的想法。这些措施包括政府对特定技术的研发提供补贴、对反垄断采取更温和的政策（这将有助于美国公司通过合并的方式获得国际市场上的竞争力）、为出口商提供税收优惠，以及调整汇率。彼得森还敦促推出一项类似于日本和西欧的产业政策，即政府和业界共同计划开发未来市场的政策。

康纳利是彼得森报告的特别推动者[12]，因为该报告与他激进的民族主义倾向不谋而合。埃利希曼告诉《财富》杂志，彼得森的这份报告是"尼克松在1971年8月15日宣布的经济政策剧变的起点[13]"。

1971年7月12日（星期一），彼得森向尼克松发送了一份机密备忘录[14]，透露了他对未来美国的担忧，这超出了报告本身所涉及的内容。在备忘录中，彼得森提到了他在商界的广泛人脉，以及他们对华盛顿方面应当如何更好地把握其未来竞争优势提出了担忧。彼得森谈到了他与商界领袖的会面，其中包括来自通用电气（General Electric Company，GE）和国际电话电报公司（International Telephone and Telegraph，ITT）等公司的首席执行官，这些人主张对未来进行大量规划。他将这些人的观点总结为：美国企业界对国家的未来缺乏信心，并认识到相比以往，国家需要更加切实地掌握自己的命运。根据彼得森提供的信息，他们说："我们第一次尝到了失败的味道（即在越南战争和国际竞争中）[15]。"同时，他也转述了一些其他观点："我们需要感知和塑造一个新的、令人兴奋的未来[16]，即一种新的目标。"

彼得森一向是个实用主义者，他明白尼克松以自己是一位从不插手商业的共和党人而感到骄傲，于是谨慎地提议，政府应该注意在选择性地投资未来产业方面发挥更大的作用，就像日本正在做的以及欧洲共同体即将做的那样。他表示，政府中没有任何部门会提出这样的问题："这就是我们现在的处境……这就是我们想要达到的目标[17]，也是我们实现目标的方式。"彼得森谨慎地指出，除非美国像对国防部门所做的那样，对普通工业也进行类似的规划，否则美国将无法有效地提升竞争力。尼克松周围的大多数共和党人对这种想法不以为然，因为他们认为这是政府对经济的过度干预，类似于社会主义或共产主义国家的行为。康纳利作为得克萨斯州一位务实的州长，一直致力于技术投资，尽管像他这样的保守派民主党人可能会迎合这一想法，但他当时忙于其他事务，无暇关注此事。此外，

第九章　彼得·乔治·彼得森

笔者没有找到任何记录来说明尼克松对彼得森这一意义深远的建议作出了回应。

彼得森的行为在很大程度上是受大局观的驱使，但他也知道自己在官僚体系中的地位是脆弱的。毕竟，他的任务是在许多负有长期使命的部门和小心翼翼捍卫其权力的官僚之间搭建桥梁。尽管康纳利对彼得森的想法很感兴趣，但他认为自己和财政部负责国际经济政策，并且可能会被证明是彼得森最大的敌人，所以他不想让彼得森和他一起成为焦点。彼得森回忆说："我天真地以为康纳利会支持我的工作[18]……因为他曾是建议成立国际经济政策委员会的阿什委员会成员。过了一段时间我才意识到，我所持的立场对康纳利的自负和野心构成了威胁。"与彼得森建立了高度合作关系的基辛格写道："康纳利将彼得森降格成了旁观者。"[19]

康纳利并不是彼得森唯一的障碍。这位贝尔和霍威尔公司的前首席执行官已经成为所谓的乔治城集团（Georgetown Set）一员，该集团由曾在肯尼迪和约翰逊政府中供职的官员，以及有影响力的专栏作家、记者和各种各样的智库知识分子组成。他与《华盛顿邮报》的老板凯瑟琳·格雷厄姆（Katharine Graham）等人共进晚餐[20]，与肯尼迪总统的国防部长罗伯特·麦克纳马拉（Robert McNamara）打网球，并与《纽约时报》的詹姆斯·莱斯顿等专栏作家亲切交谈。与这群人的交往经历成了彼得森的污点。尼克松本人对乔治城大学的精英们很反感，觉得自从他担任副总统以来，他们就一直在排斥自己，更过分的是，他们还在暗中削弱自己的力量。尼克松和他的亲信们越来越觉得，彼得森在他们的团队中是不值得被信任的。

尼克松的随行人员还认为，彼得森过分喜欢自吹自擂，他不惜泄露某些信息，好让自己看起来比想象中更加有权威、更加有实力。彼得森善于利用自己与媒体的关系推销自己，他经常利用图表和统计数据来教育记者，并刻意显示自己在许多关键决策中的重要性。

《财富》杂志的胡安·卡梅伦（Juan Cameron）写道："尼克松在白宫的随行人员认为，彼得森过于贪图权力，过于热衷于为自己的成就寻求公众的赞扬。"[21] 卡梅伦将彼得森描述为"一个野心勃勃的独行侠"。他说，彼得森违背了自己的格言——"永远不要让自己被定型。如果你这样做，你就会失去威信"。

尽管彼得森备受争议，但尼克松还是邀请他参加了1971年8月的戴维营会议，并允许他持续跟进。尽管康纳利排挤彼得森，但当涉及金融事务时，尼克松还是要求这位前首席执行官在其他人都失败后负责与日本就纺织品方面的问题谈判。这项谈判对尼克松本人来说至关重要，因为他在竞选时曾向南方议员承诺，他将控制日本的出口。"我并不在乎代价是什么[22]，"尼克松告诉彼得森，"无论采取何种手段，你都要结束这一切。你明白吗？"

最终，彼得森凭着他在商界的第一手经验、与首席执行官们的关系、出色的营销能力以及活跃的思维坚持到了关键的1971年年底。1972年2月29日（星期二），尼克松任命彼得森为商务部长。虽然，这是一个内阁职位，但包括彼得森在内的所有人都知道，他将被逐出核心集团。

第十章

其他的参与者——保罗·麦克拉肯和亨利·艾尔弗雷德·基辛格

虽然尼克松是核心决策者，但在面临危机的紧要关头，其他5位——康纳利、沃尔克、伯恩斯、舒尔茨和彼得森——也会提出重要意见。然而，对于在戴维营那个周末发生的事情来说，并非只有他们发挥了重要作用。

保罗·麦克拉肯是尼克松经济顾问委员会的主席。作为尼克松智囊团的积极分子，他在戴维营周末活动的筹备工作中显得举足轻重。麦克拉肯是一名受人尊敬的经济学家，他来自美国中西部的一个农民家庭，在哈佛大学获得博士学位。伯恩斯离职后，他开始在艾森豪威尔总统的经济顾问委员会任职。麦克拉肯并非强硬的保守派，虽然他倾向于米尔顿·弗里德曼的自由市场理念，但也并非完全信奉，他更喜欢将自己称为"弗里德曼式"（Friedmanesque）的经济学家。与康纳利、沃尔克、舒尔茨和彼得森一样，他经历了民主党和共和党两届政府。在意识形态方面，他被认为是20世纪60年代凯恩斯主义者（提倡积极的财政政策）到20世纪70年代末80年代初保守主义者之间的过渡人物，后者的思想最终成就了罗纳德·里根（Ronald Reagan）。尽管麦克拉肯是政府渐进主义政策的坚定捍卫者和关键设计师，但作为智囊团成员，他被迫从根本上改变了自己的想法。例如，在戴维营会议之前，虽然他很不情愿，但也承认对工资和物价的控制是必要的,而之前他对此持反对意见。尼克松常与他协商问题并听取其意见,并让他参与讨论有关国内和国际政策的绝大多数会议。

另一位有影响力的人物是国家安全顾问基辛格。当然,他后来成为 20 世纪最有影响力的美国外交家之一。但在为尼克松政府效力的前三年里,他虽然声名鹊起,但还远未及日后名声大噪的程度。他并未直接参与国际货币政策的制定,也未出席戴维营会议。但基辛格和他的幕僚发挥了以下三个重要作用,直接影响了 1971 年 8 月 13 日至 15 日所作的重大决策,这些决策在当年的最后 4 个月里被执行。

首先,也是最重要的,基辛格和尼克松推动了美国外交政策方向的完全转变——从单边支配自由世界转变为对政治、经济的权责共担。在进入白宫前,基辛格作为知名教授、作家和咨询顾问,一直秉持着这一观点。进入政府工作后,他对总统外交事务的影响力无人能及。在被尼克松任命前,基辛格言简意赅地写道:"超级大国的时代正在走向终结[1],美国不能也不会独自负担所有责任[2]。"执行尼克松外交政策的任务落在了基辛格的肩上,这些外交政策包括在戴维营会议之后,为未来国际经济和金融协商充当"保护伞"的相关政策等。研究美国国家安全政策的历史学家大卫·罗斯科普夫(David Rothkopf)写道:"毫无疑问,尼克松政府的外交政策是如此制定的[3]——尼克松'开车',基辛格'掌舵',其他人要么坐在汽车后座提供建议,要么选择'下车'。"

其次,基辛格的第二项职责是为国家安全委员会招募一名技术高超的经济幕僚,并监督其工作。在戴维营会议前后,政府内部一致认为美国在金融事务上的立场对其外交政策产生了影响。事实上,在戴维营会议前,基辛格的幕僚就参与了许多由财政部牵头的讨论。虽然人数很少,但都才华横溢。一开始,基辛格的幕僚中包括弗雷

第十章　其他的参与者——保罗·麦克拉肯和亨利·艾尔弗雷德·基辛格

德·伯格斯坦。他是一位年轻、学识渊博并且对外交政策有着深刻理解的经济学家。和伯格斯坦一起的，还有刚在塔夫茨大学（Tufts University）获得博士学位的罗伯特·霍马茨（Robert Hormats）。1971年夏天，伯格斯坦离开国家安全委员会，而霍马茨则加入了沃尔克小组的特定会议，并与沃尔克本人及伯恩斯一直保持着密切的私人关系。霍马茨还曾动员三位资深经济学家为基辛格出谋划策，这三位专家不但研究外交政策和国际经济事务之间的关系，还对两者的交叉领域也有着丰富经验。三位专家包括曾在布鲁金斯学会（Brookings Institution）工作的弗雷德·伯格斯坦；耶鲁大学的理查德·库珀，他曾在约翰逊政府时期的国务院任职；哈佛大学的弗朗西斯·巴托尔（Francis Bator），曾在约翰逊政府时期的国家安全委员会任职，主要负责监督跨大西洋关系。总之，考虑到大多数经济学家没有外交政策方面的经验，这是一个在政府内外都受人瞩目的智囊团。

伯格斯坦和霍马茨不停地签发备忘录交给基辛格，让他始终了解贸易和全球金融领域的前沿事务，而基辛格也签署了许多由其幕僚起草的关于国际经济政策的备忘录。但是，基辛格作为国家安全委员会顾问，并不想在国际经济政策制定中扮演任何重要角色，因为他忙于处理其他备受瞩目的国际问题。此外，在他的幕僚和他在政府中仅有的关键关系之间，他觉得自己需要对任何源于国际经济关系的外交政策问题保持警惕。

第三，基辛格最重要的贡献是能使谈判以和谐的方式结束，避免盟国之间产生永久性裂痕。这是一项显著的成就，因为尼克松在戴维营会议中作出的大胆决定，让美国的盟友们感到无比震惊和愤怒。

尼克松和基辛格都对国际经济政策不太满意。他们都将贸易自由化视为加强联盟的一种方式。尽管尼克松作为政治家，对实施进口渗透的政策以及对自由贸易政策做出例外规定的需求更为敏感，或者至少，作为政客的经历使他比基辛格更多地接触到这个问题。他们两人几乎都不了解国际货币约定，但在20世纪60年代，货币危机是国际政治格局不稳定的根源。尼克松至少有直觉认为这个体系已经过时，而基辛格的兴趣完全集中在某一政客是否会加强或削弱美国的联盟。

基辛格对彼得·彼得森充满信心，因为彼得森在很多紧急事务上都与他保持着密切的联系。他还与阿瑟·伯恩斯建立了友好关系，这对两位已经站到权力顶峰的德裔犹太移民后代来说也许并不奇怪。基辛格也非常尊重康纳利，他们是尼克松内阁中的两大巨头，基辛格非常理解尼克松对康纳利的钦佩以及赋予康纳利的崇高地位。因此，基辛格不会轻易涉足康纳利的政策管辖范围，除非总统特别要求他这样做，当然这也表明，该事项是一个无可争议的重大外交政策问题。这正是戴维营会议之后所发生的事情。

基辛格当时不在戴维营，那时他正前往巴黎与北约进行关于结束越南战争的秘密谈判。如果没去巴黎，基辛格会被邀请吗？这很难说。尽管戴维营会议做出的决定产生了巨大的外交影响力，但尼克松认为自己才是最终的外交政策制定者，并认为国家安全委员会的顾问纯属多余。即便基辛格有空，或许尼克松也不希望他出现在戴维营会议上。而最可能的解释是，总统知道这会涉及许多棘手的外交政策问题，这些问题已经拖了太久，尼克松不想再拖延，希望尽快作出决定。

如果基辛格在场，他可能会主张与盟国进行更深入的协商，以减轻盟国的震惊和怨恨，尤其是在计划与中国和苏联举行总统峰会的前夕，盟国的支持对于峰会至关重要。他可能会推动成立一个由美国官员组成的谈判小组，更加明确地定义谈判目标，并识别给联盟带来的潜在附加损害。他可能会提出一系列必须执行且微妙的外

第十章 其他的参与者——保罗·麦克拉肯和亨利·艾尔弗雷德·基辛格

交平衡政策。例如,西欧国家正在形成更紧密的经济共同体,与他们打交道将变得更复杂,挑战也空前巨大。基辛格可能会问,华盛顿方面应如何与欧洲共同体成员国打交道,以避免完全激怒他们,使他们被迫形成一个经济集团。这个经济集团的力量将远超单个国家,与美国产生更激烈的竞争,更不必说会有更多的保护主义措施。关于日本,基辛格更为关注的是,如何避免与日本产生疏离感。日本对尼克松在一个月前宣布即将访问中国已经深感不安——中国是日本的"冷战"敌对方,对日本有着很深的历史积怨。

基辛格不会在戴维营会议上挑战尼克松和康纳利的国际经济战略。首先,他在这个问题上属于不可知论者,但他也不想看到盟友陷入混乱。其次,当基辛格在众人面前谈论超越自己知识范围的话题时,会感到非常不自在[4]。

无论如何,戴维营会议之后,基辛格亟须清理国际政治的混乱局面。他对白宫和国外的干预措施,将对戴维营会议决议的最终结果产生至关重要的影响。

第三部分

·『正剧』上演·
——那个周末的故事

第十一章

门口的狼

　　1971年5月初，就在货币危机后不久，约翰·康纳利出席了在慕尼黑举行的重要国际金融会议。5月28日（星期五），外国央行行长们在这天第一次见识到了这位得克萨斯人的真面目。虽然康纳利激进的民族主义立场在华盛顿政府机构内早已表露无遗，但这次会议让这些外国人知道了他的立场到底在多大程度上是为了应对国内政治而设计的，又在多大程度上代表了他根深蒂固的信念。

　　例如，在慕尼黑会议召开前大约6周，这些外国央行行长们听说康纳利曾与《华盛顿邮报》编辑委员会交流过，康纳利告诉他们："我们不能再像过去那样，继续为自由世界的军事、经济和政治充当保护伞。我们需要彻底改变我们的贸易地位。"当谈到西欧对其地中海前殖民地的贸易优惠政策时——这种优惠政策允许西欧产品以低于美国产品的价格被进口，因此美国的出口商会处于不利地位——康纳利告诉《华盛顿邮报》："如果他们执意如此，美国就应该让第六舰队撤出地中海[2]，让欧洲人自己进行防御。""冷战"期间，这种威胁极具煽动性，它显示出美国立场的彻底转变，因为之前的美国不会如此莽撞地将贸易和国防政策联系起来。外国央行行长们想知道的是：康纳利的这番话是为了巩固自己在国内的政治地位，还是在代表美国政府表明立场？

在慕尼黑，人们很快发现这位美国财政部长的发言丝毫不留情面。在会议发言中，康纳利指出，盟国在贸易、货币和国防开销的分担方面存在着严重失衡。他强烈地暗示战后世界格局已然瓦解，并说道："为了自由世界更广泛的政治利益，美国愿意承担不成比例的经济代价这一假设，并不符合当今事实[3]……无论是考虑盟国友谊、内在需要或是自身能力，美国都不应该再继续承担如此沉重的负担。"

尽管对当前政策进行了猛烈抨击，但在演讲结束时，康纳利仍表示美国无意改变自身政策。他说："尼克松政府正着力确保美元坚挺[4]，美元不会贬值，黄金价格也不会改变[5]。通货膨胀正在被有效控制，政府不会采用引发新一轮通货膨胀的政策来刺激经济增长。"康纳利似乎否定了关闭"黄金兑换窗口"的可能性，而且只要西欧国家和日本在贸易自由化方面多做贡献，并为共同防御多承担费用，布雷顿森林体系就会继续维持下去。

媒体对康纳利的发言作出一系列解释。一些人认为康纳利以强硬、直率的措辞昭示了"尼克松主义"[6]。另一些人则认为他的言论预示着美国将走上一条重视内部利益的保护主义道路[7]。尽管康纳利承诺不会颠覆当前的货币体系，但一位西德官员告诉《纽约时报》的克莱德·法恩斯沃思（Clyde Farnsworth），康纳利的讲话标志着"旧的货币体系已经消亡[8]，当今世界不得不等待新的货币体系出现"。

保罗·沃尔克作为陪同人员也一并去了慕尼黑，并且负责起草康纳利的演讲稿，但当时的沃尔克显得非常焦虑。在论坛演讲前，康纳利仔细阅读了沃尔克起草的演讲稿，并加强了措辞。但在看了康纳利的修改后，就连更为保守的沃尔克也认为，公开承诺维持美元价格的做法太冒险了。根据他的研究表明，美元的确有可能贬值。在康纳利上台演讲前，沃尔克问他是否确定美元贬值的说法可取。"这是我今天不会改变的观点[9]，"康纳利答到，"但我不知道今年夏天会发生什么。"

第十一章 门口的狼

沃尔克之所以会对康纳利承诺美元不会贬值的说法持保留意见[10]，是基于他在过去几个月里所做的分析工作，包括他更新的美国应对全球重大货币危机的紧急计划。正如我们所见，沃克尔的这一工作始于1969年上半年。现在，由于担心美国的机密计划泄露会导致市场恐慌，沃尔克比以往任何时候都严谨，他只向少数信得过的财政部助手透露过此消息。沃尔克的守口如瓶也反映出财政部和国务院之间的竞争由来已久。而康纳利想要对国内和国际经济政策进行全面控制的做法，又加剧了这种竞争。

除了紧迫性以外，沃尔克的新版应急计划与1969年6月他向尼克松所提出的计划不同之处还在于，当时他提供了诸多选项，而现在他只需顾当务之急。实际上，沃尔克的立场发生了戏剧性的转变，因为他得出的结论是，不能仅仅通过渐进措施来拯救美元。于是，他放弃了1969年向尼克松提出的通过多边谈判解决所有问题的建议。现在他认为，只有关闭"黄金兑换窗口"并停止所有黄金兑换美元的交易，美国才能向盟友发出明确的信号——巩固货币框架和推动国际货币安排现代化已是当务之急。沃尔克后来写道："我开始相信，我们迟早要放弃美元兑换黄金的承诺[11]，并以此作为达到目的的手段。这是迫使汇率调整和进行重要改革的唯一途径。我们需要找到合适的时机主动出击。"[12]

财政部副部长的悲观态度源于以下几点。第一，他认为，正如商品贸易平衡不断恶化所反映的那样，美国面临严峻的竞争挑战，且无法通过强化国内投资、加强研发投入或类似的常规措施加以应对，这些措施的效果需要几年的时间才可显现出来，货币贬值必须成为一揽子计划的一部分。第二，沃尔克还希望提高国内利率，防止资本流出美国，同时吸引更多的海外资本流入。这一举措将使美元走强，并向其他国家表明，华盛顿方面正在积极削减国际收支赤字。但是，他也能理解尼克松即将推行的、与他观点恰恰相反的政治举措，即通过降低利率来保持经济增长和降低失业率。

沃尔克激进的新版计划被称为"应急计划：国际货币问题的备选方案"（Contingency Planning: Options for the International Monetary Problem）。到8月中旬时，这份长达63页的文件已几经删改。1971年初，康纳利在自己的办公室里，从沃尔克手中接过该计划的草稿。虽然沃尔克的文档中有数个版本的计划，但它们都描绘了一幅恐怖的景象：一场突如其来的国际金融危机最早可能在当年晚些时候就会爆发。沃尔克写道："国际货币体系面临的压力再次骤然增加[13]。可预见的事件[14]或在几周内引发强烈投机行为，并给现行固定汇率制度的一个或多个基本面带来负面影响，导致可兑换的货币安排达到崩溃的临界点。"作为警告的一部分，沃尔克还列举了，如果美国和世界不采取行动应对这场突如其来的危机可能招致的所有风险，包括货币危机可能会导致国内外贸易壁垒高筑，并引发类似20世纪30年代的全球性保护主义浪潮。

不断改进的应急计划探讨了美国应追求的货币目标以及非货币目标。就美元而言，沃尔克确定了几个目标。首先，西德和日本对本币重新估值，以使美元在世界市场上的价格更低。其次，允许汇率比布雷顿森林体系下有更大的浮动性。这将避免大量法定货币出现贬值和升值的需求，否则将给相关政府带来政治创伤，并给市场造成剧烈的动荡。最后，沃尔克提议逐步取消以黄金作为主要储备，代之以"特别提款权"。"特别提款权"是国际货币基金组织创建的一种储备资产和记账单位，各国政府可以用它来结算彼此账户（但不能用于商业用途）。美国还希望看到西欧和日本开放国内市场、增加进口，并公平地分担共同防御的费用。

到5月8日，也就是康纳利在慕尼黑发表演讲前大约三周，沃尔克的计划书已基本完成。其中包括以下具体规定：一是美国应暂停黄金销售，让西欧和日本明白华盛顿方面不是在故作姿态；二是

第十一章 门口的狼

华盛顿方面应为美国企业，特别是汽车业，提供投资激励以促进经济增长；三是美国政府应实施预算削减政策，以证明自身经济状况正在恢复；四是华盛顿方面还应控制工资和物价，或者完全冻结工资和物价，以保持物价下降。

工资和物价管控将成为一揽子计划中最吸引美国公众关注的一部分。因为它是对美国经济进行的一次影响深远的干预，范围几乎影响到所有的企业和工人。控制工资和物价的理由也很明确，因为似乎没有其他方法能抑制通货膨胀。然而，眼下这个激进的计划仅得到康纳利和伯恩斯的支持，还没有得到舒尔茨和麦克拉肯的支持，更不用说尼克松了。

沃尔克勉强承认，即使是出于国际原因，对工资和物价采取行动也是必不可少的。如果像沃尔克希望的那样，美元对其他货币贬值，那么进口商品将变得更加昂贵，从而会给整个美国经济带来上行压力。此外，沃尔克计划中还临时增加了一项10%的全面关税，以此作为迫使其他国家与美国进行谈判的手段。尽管沃尔克认为，这一条款保护主义色彩太过浓厚[15]，但康纳利还是坚持要求沃尔克加入。实行这种关税就像货币贬值一样，也会引发通货膨胀，并进一步提升进口商品价格。因此，对工资和物价进行管控就显得更为重要。

沃尔克对美国选择的所有路线的风险都非常清楚。"走上这条道路后[16]，"他在计划中写道，"我们必须睁大双眼，看清货币动荡对美国的声望以及国际货币体系的有效运行带来的风险。"

当沃尔克全神贯注于应急计划的方方面面时，经济顾问委员会主席麦克拉肯也在与总统进行着商讨。例如，在1971年6月2日（星期三），他反思了5月份所发生的货币危机。在给总统的一份备忘录中[17]，麦克拉肯表示支持大幅提高汇率的灵活性，即支持浮动汇率制度。他还建议总统采取措施，敦促国际货币基金组织修改现有的货币安排。这意味着尼克松不应该采取单方面行动，而应该与其他国家合作。这种观点与康纳利和沃尔克的想法相悖。

6月14日（星期一），为了准备与总统、康纳利、伯恩斯和舒尔茨的会晤，麦克拉肯给尼克松写了另一份备忘录，表达了他对政府无力控制通货膨胀的担忧。作为经济顾问委员会主席，他的建议在该领域理应是最重要的。迄今为止，麦克拉肯和舒尔茨一直坚决反对全面限制工资和物价的措施。一个基于实际的理由是，他们认为，这种管制在和平时期从未奏效过，而且最终会误导市场，并对经济造成更大的损害。尼克松也持相同观点。尽管如此，为了表达对当前物价高企、工资虚高以及经济脆弱的忧惧，麦克拉肯在其备忘录的结尾写道："不开玩笑地说，我们必须要时时刻刻准备好实行工资和物价管控措施。"[18]

1971年6月26日（星期六），总统和他的经济顾问在戴维营会面[19]，讨论日益恶化的经济问题。这次会议比较棘手，虽然各方均提出了不同观点，但却没有指明统一的前进方向。会后，尼克松在白宫再次召集内阁成员，谴责他们的政策观点相悖。霍尔德曼在日记中转述了总统的话[20]："我们只需有一个计划，一直遵循它，并对它有充足信心……如果你不能遵守规则，或者你不能接受政府决定，那就滚出去吧。"

尼克松随后表示，希望他的政府能发布单一的经济政策。他宣布，从即刻起，康纳利将是唯一的经济发言人。舒尔茨对此很不满意[21]。同时，伯恩斯是独立的美联储主席（美联储在法律上并不属于政府），他肯定会因自己失去了与尼克松直接沟通的渠道而表示反对。尼克松告诉埃利希曼："叫阿瑟去向康纳利报告[22]，（告诉他）总统不会见他。"

康纳利随后被要求向媒体做简要报告[23]。他以自己一贯明确且直率的措辞做了报告。康纳利表示，不会有价格管制，不会减税，联邦开支也不会增加。最重要的是，正如舒尔茨所希望的那样，美元

第十一章 门口的狼

币值将保持稳定。他还表示，这些政策正在奏效，但还需要时间[24]。当然，他撒谎了，因为他知道政府很快会宣布一系列相反的政策。而那将会与他在慕尼黑所发表的言论以及他在刚刚结束的会议上所发表的言论完全不同。

在接下来的 28 天里，由于全球经济形势的恶化以及政府对于该如何行动的犹疑，周末会议必须制定出一个决定性的计划。历史学家艾伦·马图索称这一时期为"布雷顿森林的死亡观察"。[25]

7 月 15 日（星期四），尼克松在晚间电视讲话中宣布基辛格秘密访华归来，尼克松将前往北京寻求两国关系正常化。这一消息震惊了全国。第二天，总统向国会领导人通报了这一引人注目的外交突破。总统在回忆录中写道："我发现，相对于这项外交政策倡议的支持者[26]，至少有两倍数量的人是在利用这个机会表达对国内政策的关注，并敦促采取新行动来处理失业和通货膨胀问题。"会后，康纳利告诉尼克松，他们最好尽快行动。"如果我们不提出一个负责任的新（经济）计划[27]，"财政部长警告说，"不出一个月，你的办公桌上就会出现一份国会提出的不负责任的计划。"哈里斯民意测验（Harris Poll）在 7 月进行的一项调查显示，73% 的受访者对政府的经济表现持负面看法。盖洛普民意测验（Gallup Poll）则显示，半数美国人支持冻结工资和物价[28]，这让总统和他的顾问们急得形同"热锅上的蚂蚁"。基于此，尼克松授权康纳利私下与舒尔茨、麦克拉肯、伯恩斯和彼得森协商制订一个全面的计划。

康纳利已经掌握了计划的核心内容，那就是沃尔克不断更新的应急方案文件。但这些想法必须得到总统认可，假设他认可了这些想法，后续的工作只需要所有政府成员步调一致即可。尼克松、康纳利和舒尔茨认为，如果这个群体中存在一个例外，那一定是阿瑟·伯恩斯。

总统一直担心伯恩斯会从中作梗。自从担任美联储主席以来，伯恩斯一直未能将利率维持在足够低的水平以促进经济增长，这令尼克松感到厌烦。总统还担心伯恩斯公开倡导的工资和物价管控政策，他认为这是他遇到的最令人挠头的政策。

7月23日（星期五），当伯恩斯在国会联合经济委员会作证时，白宫和伯恩斯之间的分歧进一步扩大。这位美联储主席对美国政府在对抗通货膨胀和失业方面取得的进展表示怀疑，并对美国日益恶化的国际收支状况表示担忧。他反复强调自己的观点，即通货膨胀和失业率的同时上升意味着"经济学规律不像以前那样有效"[29]，而且他还特别肯定了几个月前提出的设立工资和物价委员会的建议。伯恩斯说，答案不可能在财政和货币政策中找到，而只能在工资和物价管控中找到。这对大多数经济学专业人士来说是一种激进理论。《纽约时报》的伦纳德·西尔克写道："这就如同一位探险家发现[30]，明明身处北极附近但是他的指北针却指向西南。"

尼克松对伯恩斯大发雷霆，并下决心给他一个教训。一时间，媒体纷纷发表文章诋毁这位美联储主席。有媒体传言，总统正在考虑扩大美联储委员会——这意味着美联储委员会会被"塞满"尼克松的支持者，从而削弱伯恩斯的政策执行力。报纸和广播公司还报道称，政府正在考虑取消美联储的独立性，让其向财政部汇报工作。最后，更具针对性的是，据一名"未透露身份的人士"声称，伯恩斯要求加薪。这将向外界揭露伯恩斯的虚伪本性，因为他一直要求对整体经济实行工资和物价管控。《商业周刊》写道："在本周，美国政府与美联储主席之间的敌意已然公开化[31]。显然，官员们正试图迫使伯恩斯重新回归队伍。"[32]

理查德·詹森（Richard Janssen）和阿尔伯特·亨特（Albert Hunt）在《华尔街日报》上写道："（这）可能成为一场具有历史意义的对抗。"[33] 詹森和亨特推测，政府的目的可能是阻止伯恩斯推行工资和物价管控政策，免除他的美联储主席职位，然后找一位更温顺的替

第十一章 门口的狼

代者，或者让美联储成为 1972 年总统竞选期间经济衰退的"替罪羊"。他们的文章指出，康纳利和麦克拉肯都强烈反对如此对待伯恩斯，但舒尔茨或其他已知与美联储主席意见相左的白宫工作人员却不一定这么想。

几天后，尼克松认为，他做的事情已经足以引起伯恩斯的注意并使伯恩斯意识到与白宫公开对立的危险。在一场规模较大的新闻发布会上[34]，他装出置身事外的样子声称，伯恩斯采取了"不公平的措施"。他澄清说，伯恩斯没有要求为自己加薪，只是要求为其继任者加薪。他还赞扬了伯恩斯的表现，表示双方之间唯一的分歧就在于是否强制实行工资和物价管控。尼克松本人也亲自打电话给伯恩斯，希望能够缓和关系，并打算在工资和物价管控方面做出一些让步。伯恩斯在日记中写道[35]："8 月 4 日，总统为新的工资和物价政策打开了大门——虽然不太确定，但他至少表示可能会再看一看。8 月 5 日，我们通电话时，他主动表示……也许有一天他会给我一个惊喜。"

1971 年的整个夏天，总统都在担心美国的竞争力会日渐丧失。1971 年 7 月 6 日（星期二），尼克松在密苏里州堪萨斯城（Kansas City, Missouri）就世界的重大变化以及美国需要适应这些变化发表演讲时，明显带着一丝焦虑。随后，他重申了"尼克松主义"（Nixon Doctrine）。不仅因为它与地缘政治形势有关，还因为它描述了华盛顿方面应如何改变美国对全球经济的做法。他说："与二战后所处的地位相比[36]，美国当前面临的挑战是我们做梦也想不到的。"他用扑克牌打了个比方，继续解释说，"在早期，美国拥有所有筹码，并乐于施舍一些。但现在，"他解释道，"美国面临的形势是……其他潜在的经济大国有能力……从各个方面挑战美国。"[37] 尼克松接着谈到那些不懂调整自身政策以适应新情况的文明古国的下场。"我想到希腊和罗马的遭遇[38]，"他说，"你看，剩下的只有那些石头柱子。"

大约两周后，尼克松会见了麦克拉肯，他们讨论了美国经济的竞争力以及所面临的通货膨胀、失业、国际收支赤字和货币市场波动及其严重程度。所有这些问题都是相互关联的。会后，尼克松打电话给康纳利，让他总结他个人对货币形势的看法并"以开放的心态"处理此事[39]。总统不必总是下达具体的命令，有时候一个"低调"的建议就足够了。

7月26日（星期一），尼克松在白宫椭圆形办公室与彼得森讨论了如何处理美元问题。尼克松还想讨论如何严格限制参与处理这些问题的人员，就像当时在处理与中国的外交关系时采用的保密方式一样。彼得森请求允许他召集几位高级顾问[40]，制订一个大胆的经济计划。虽然彼得森知道沃尔克一直在做的工作是什么，但是他觉得那个计划涉及的范围太小，没有考虑到经济决策的外交后果，也没有考虑到他们在谈判中想要达成的协议。后来，当尼克松告诉彼得森继续推进计划时，彼得森意识到自己的局限所在。关键人物必须是康纳利，因为这位财政部长通晓政治。

第二天，尼克松会见了彼得森和康纳利[41]。康纳利告诉尼克松，金融危机很有可能会发生，美国的黄金储备处于危险的低位，不能等到1972年大选后才做出反应。康纳利说："不管怎样，都要采取一些激进的措施。"他答应很快会帮尼克松制定一个非常大胆的计划。那是康纳利的计划，不是彼得森的计划，也不是跨部门合作制定的计划。这个计划本质上是沃尔克花了两年多时间苦心研究出的一个较为完善的版本。

1971年7月28日，《华尔街日报》报道了在巴黎的传言[42]，称美国可能放弃以35美元兑换1盎司黄金的承诺。同一天，《纽约时报》的克莱德·法恩斯沃思报道称："西欧对华盛顿方面可能宣布黄金禁运的期望值越来越高。"[43]这些传言与美元在私人市场的持续疲软和黄金流失有关。财政部让大家参考康纳利在慕尼黑发表的声明，即美国不会让货币贬值，也不会改变黄金价格（这是同一件事的另

第十一章 门口的狼

一种说法）。接下来的几天，媒体不断唱衰美国[44]，比如，一再强调美国不断扩大的预算和贸易赤字。尤其值得关注的是，由1970年的27亿美元商品贸易顺差到1971年夏天的6亿美元逆差，这是美国自1893年以来首次出现商品贸易收支逆差[45]，这表明美国商品的基本竞争力陷入了困境。

8月2日（星期一），就在尼克松给伯恩斯打电话和解的前几天，尼克松与康纳利、舒尔茨和霍尔德曼在椭圆形办公室进行的4小时会谈使一切发生了改变[46]。康纳利带着沃尔克和他团队准备的一本厚厚的简报来到了这里。这实际上是沃尔克在7月27日做出的最新应急计划[47]。A部分包含一个虚假的计划，以防报告泄露。B部分是空白的，目的是迷惑那些没有得到授权的人，让其无法理解这本简报。而真正的计划是在C部分。

在国内政策方面，该方案提出：

- 恢复5%—7%的投资税收抵免，以刺激投资和增长；
- 取消汽车消费税，以刺激汽车销售；
- 削减预算以显示一定的财政责任，取悦顽固的保守派；
- 冻结工资和物价90天（没有迹象表明这是不是管控的结束）。

国际层面（的措施）包括：

- 禁止所有黄金的销售——意味着关闭"黄金兑换窗口"——让美元摆脱锚定，但没有提及要与其他国家进行真正的谈判；
- 美元对其他货币浮动，几乎可以确定美元将相对于西德马克和日元汇率下跌；
- 最后重新对固定汇率进行谈判，西德马克和日元对美元升值，美元对于强势货币将持续贬值；

- 重新调整后的汇率回归到固定水平；
- 允许货币围绕新的固定汇率上下浮动，具有更大的灵活性；
- 对所有进口商品征收 10%—15% 的全面附加税，直到汇率谈判达到令美国满意的结果。也就是说，以临时贸易壁垒作为谈判筹码。

康纳利解释道，经济计划中的国内和国际部分必须同时向公众公布，因为它们相互影响。简言之，其中的某些一揽子措施可能会引发通货膨胀，例如美元贬值（会使进口商品更加昂贵）和征收进口税（也会提高进口商品的价格），但如果采取正确的方式，例如管控工资和物价，从理论上会制约物价上涨。经济将会重新运行，全球货币体系将趋于稳定，美国商品也会因美元贬值而在全球市场上更具竞争力。最重要的是——这也是康纳利想法的关键——从政治角度来说整体效果大于各部分分别实施的效果之和，因为这是一项宏大且富有戏剧性的计划，它表明尼克松考虑了一切因素。这个计划考虑到了每一个选区的选民——企业家、劳工、出口商、消费者、投资者、自由派和保守派。

尼克松感到很惊讶。多年后，他回忆道："我知道他（康纳利）天生就喜欢'大戏'[48]，所以我预料他会提出大胆的建议。但即使这样，我也没有为他提出的计划做好思想准备。康纳利实际上是在敦促我在所有经济战线上全面展开行动。"康纳利在初次汇报之后对尼克松说："我不确定这个计划是否会奏效[49]，但我敢肯定，任何其他办法都行不通。"

康纳利将该计划视为1972年总统大选的福音，他说："应该向民众表明，你意识到了国内外各领域存在的问题，并敢于面对它们。"[50] 康纳利吹嘘到："（你）在被迫采取行动之前应先发制人[51]，毫无疑问，这将是与访华'破冰'之旅一样影响深远的政治事件。"[52]

第十一章 门口的狼

大约一小时后，舒尔茨离开了会议。舒尔茨强烈反对对工资和物价实施管控措施，并在离开时，告诫大家在这些问题上要谨慎行事。他还在为该计划中有关黄金和货币措施的内容感到担心，因为这一行为可能会被解读为政治退却，他不希望尼克松总统由于美元贬值而受到指控，进而影响其连任。尼克松对该计划的具体细节没有什么异议，但他一度询问康纳利，是否可以通过与各国谈判来化解美元危机，而不是美国采取单方面行动。康纳利回应道，围绕美元价值的任何多边讨论都将导致美元被抛售。因为当前外界普遍认为，美国正谋求一种更低的汇率水平，来纠正长期存在的贸易逆差（因为美元贬值会使美国出口到世界市场的商品更便宜，而其他国家出口到美国的商品更贵）。

尼克松开始一门心思考虑如何向民众公布该计划，是否有必要同时公布该计划的国内与国际部分，以及是否应该推迟到9月7日国会复会后再公布。一时间他变得异常焦虑，他急切地想知道是否应该等到1972年大选之后再做这件事。

康纳利看出了总统的犹豫不决，并以外交手段给予有力回击。他解释道，为了防止失控的市场或被国会抢占先机，他们必须提前行动。他强调了美国黄金头寸的不稳定性，声称100亿美元的最低储备水平即将被突破，并预测到1971年年底美国可能会再损失36亿美元（回想一下，沃尔克之前曾建议黄金储备的最低可接受水平是80亿美元。在过去几个月的某个时间点，可接受的最低金额被提高了20亿美元）。

会议结束后，霍尔德曼在日记中写道："这将成为一个相当重要的决定[53]，继续追踪下一步如何发展将是一件有趣的事……康纳利在努力推动该计划的实施。舒尔茨则会采取一些措施阻止该计划，但我不确定其是否有效。"

8月2日至12日，他们还举行了几次会议，但提议的内容已摆上了台面，基本保持不变。除了总统，康纳利和舒尔茨是这个过程中仅有的两名真正的内幕人士，虽然几天后伯恩斯也加入进来。经济计划幕后的人正是沃尔克，他的应急方案是康纳利提出的综合经济计划的唯一依据。麦克拉肯和彼得森则从外部视角出发，审查该项计划。值得注意的是，所有属于外交团体的人士都不在这一内部小组中。

康纳利一再说服总统迅速采取行动，并始终关注着整个计划。舒尔茨则是一个耐心且顽固的质疑者，他提出了一些质疑以及一些战略性的问题，例如冻结工资和物价会带来何种后果，以及一旦美元被重新定价，美国究竟想要什么样的货币规则和监管体制。康纳利和舒尔茨都倾尽全力地奉承总统，强调这一大胆的经济举措与尼克松突然访华有着异曲同工之妙。提到中国确实让总统感到高兴，他喜欢被视为一位以重大政策突破来击败批评者的领导者。尽管如此，当谈到康纳利的一揽子计划时，尼克松仍然对立刻采取行动并对外公布感到焦虑，并且一次又一次地回到这些问题上。

8月4日（星期三），尼克松、康纳利和舒尔茨在总统办公室再次会面[54]。康纳利再一次推荐了这个计划，且这一次更加有力和热情。尼克松认为，经济正朝着错误的方向发展，确实需要扭转当前形势。康纳利肯定了尼克松的观点，并认为尼克松会成为一位伟大且有胆略的政治家。虽然舒尔茨并不反对尼克松的观点，但他仍提出了一些问题。管控工资和物价是否能够实施下去？这真的会抑制通货膨胀吗？

尼克松一直在考虑时机问题。是否应该等到国会开会后再行动？尼克松满腹疑虑。他同时还担心机密信息会向媒体泄露。6月13日《纽约时报》公布的五角大楼秘密文件增加了他的恐惧感，该文件是五角大楼总结的关于美国在越南战争中所犯错误的真实且详细的内部记录。尼克松强调，关于这个经济计划的所有讨论都只限于他们三人知晓[55]。会面的最后，三位都同意再考虑一下这个计划

第十一章 门口的狼

和相关发布事宜。

一些国内事件加剧了紧张局势，并突出了总统应采取果断行动的必要性。钢铁行业已经通过签订劳动合同解决了罢工问题，其中包括在未来三年内提高 30% 的工资。在接下来的 42 个月里，铁路工人的工资增加了 46%。市场中的产品批发价格以每年 8% 的速度增长[56]。在 8 月 3 日（星期二），大约有 12 名共和党参议员——虽然他们通常会反对管控工资和物价——提出了授权法案。

8 月 6 日（星期五），由国会议员、威斯康星州民主党人亨利·罗斯（Henry Reuss）担任主席的联合经济委员会发布了一份名为《立即行动以强化美元》（Action Now to Strengthen the U.S. Dollar）的报告，给政府施加了更大的压力。报告中声称，美元被高估，政府应考虑采取一切必要措施来调节国际收支逆差，并特别建议对工资和物价实行管控。报告称，国际货币基金组织应安排一次重大的汇率调整，西德马克和日元应当升值，美元则应当相对贬值，且康纳利应坚持要求国际货币基金组织执行该行动。报告称："如果国际货币基金组织未能履行其职责[57]，美国别无选择，只能采取单边行动放弃金本位制，并建立新的美元平价。"报告一经发布，财政部就发表声明驳斥其结论，指出康纳利 5 月底在慕尼黑曾作出承诺——不会禁运黄金，也不会让美元贬值。当然，财政部撒谎了，因为尼克松的幕僚已经决定违背康纳利在慕尼黑的承诺。经济历史学家艾伦·梅尔策（Allan Meltzer）说："如果需要让市场相信美元将会贬值[58]，美国联合经济委员会将会提供证据。"

同一天，康纳利再次敦促尼克松批准并宣布一揽子经济计划。尼克松因这位得克萨斯人的热情也有了好感[59]。"这基本是心理层面上的。"尼克松总统安慰自己，并表示他会最终接受这个方案，"这个国家需要一个心理上的安抚。而这种心理安抚只能通过做一些事情来实现。"康纳利回答说："我百分之百同意。你必须做点什么，必须让这个国家重新振作起来……这样民众才会说我们有一位伟大的领袖。"

5天后，尼克松和舒尔茨在老行政办公楼单独会谈了90分钟[60]，尼克松总统在那里有一间隐蔽的办公室。舒尔茨谈到了康纳利对美元的看法，并建议他们制定一个策略来应对"黄金兑换窗口"的关闭和美元的自由浮动。舒尔茨试图为美元和其他所有货币汇率的浮动打开大门，以此作为一个永久解决方案。换句话说，他不支持康纳利和沃尔克的计划，即仅把美元浮动当作一项临时措施，但最终还是回归固定汇率，只有西德马克和日元走强，而美元相对这些货币走弱。作为自由贸易主义者，舒尔茨也反对实施进口附加税，认为这将招致其他国家的报复。在他看来，实行进口附加税只能是暂时的措施。尼克松则担心，贬值的概念对公众来说过于复杂，大多数人不理解它的实际含义，但公众肯定会对进口附加税热情高涨。舒尔茨仍坚持应超前思考，并表示他们应当制定一个计划来跟进对工资和物价的管控，而实际上他本人出于意识形态和现实原因反对冻结工资和物价。

尼克松十分担心伯恩斯是否会支持一揽子计划中的国际部分。毕竟，伯恩斯是一位保守的央行行长。尼克松认为伯恩斯会支持货币稳定，并与其他志同道合的央行行长在幕后进行多边谈判以达成某种协议，而不是像康纳利所提议的那样，单方面提出一系列倡议和要求。他委托舒尔茨说服伯恩斯支持该项计划。会议结束后，尼克松仍然想要将一揽子经济计划的国内和国际部分分开实施，且尽快完成国内部分的计划。因为他仍然对美元贬值持谨慎态度，担心此举会被解读为美国的失败。

8月9日（星期一），经济顾问委员会主席麦克拉肯向尼克松总统递交了一份备忘录。备忘录对贸易和金融形势进行了全面分析，描述了按照尼克松、康纳利和舒尔茨一直在讨论的路线进行激进改革的必要性。"目前流向其他金融中心的资金[61]……只是反映问题的

第十一章 门口的狼

'温度计',而不是产生问题的'熔炉'。"他写道。紧接着,他指出美国已失去了卓越的竞争地位。现在,麦克拉肯把康纳利所说的话表达了出来,包括允许美元兑马克和日元贬值,并在未来确定一个新的平价,实行工资和物价管控,甚至关闭"黄金兑换窗口"。麦克拉肯抛弃了他作为经济学家的基本信念,即浮动汇率制度的可取性,以及反对工资和物价管控。他了解市场动向,并期待加入这个团队。大家也越来越清楚,大胆行动比按部就班更加有效。

8月初,市场发出了全球货币危机正在酝酿的信号。尽管不确定何时会发生,以及如何应对,但人们对美元贬值的担心越来越强。比利时、荷兰和法国都要求将部分多余的美元兑换成黄金——数量虽小,但足以在市场上引发焦虑,让人们担心接下来会发生的事。美元继续从美国和持有美元的海外银行流出,流入西欧和日本的中央银行,人们预期这些国家的货币会走强。在8月9日至13日,有37亿美元的黄金流入外国中央银行。美国对越来越多的外国中央银行增加黄金储备而去美元化的担忧达到了一个新高度[62]。

《金融时报》(*Financial Times*)捕捉到了这种情绪,"市场表明,当一个看似不可移动的物体发现自己正在被不可抗拒的力量支配时,我们正在见证着最为戏剧性的对抗,[63]"记者C.戈登·泰瑟(C. Gordon Tether)写道,"一方面,美国当局继续坚称[64],他们绝对不可能主动让美元贬值,目前1盎司黄金仍然保持35美元的固定汇率。另一方面,越来越多的因素迫使美国放弃这一立场。"尽管如此,市场似乎并未预料到会立即发生什么情况。丹·多尔夫曼(Dan Dorfman)在《华尔街日报》华尔街见闻(Heard on the Street)专栏中写道:"关于美元是否贬值的问题[65],民众的共识是,在明年(1972年11月)的美国大选之前,美元不会贬值。"

到了8月12日(星期四),危机已经来到了总统的"门口"。在8月9日所在的这一周里,有40亿美元的投机性资金"逃离"美国[66]。

戴维营三天

仅8月12日（星期四）和8月13日（星期五）这两天，外国央行又吸收了10亿的短期美元流入[67]。8月12日上午，国际市场上美元的投机活动异常强烈[68]。资金从美元流向其他货币的规模如此之大，以至于从5月开始就自由浮动的西德马克兑美元汇率升至20年以来的最高点。

那天最重要的事件是，英国要求美联储为其部分美元储备提供保险，以应对美元的价值波动。在彼时的危机中，虽然不清楚英国这么要求的真实目的，但他们的确是制造了一种恐慌的氛围[69]。财政部担心其他国家政府可能会效仿英国提出要求，这相当于对一家没有充足准备金的银行挤兑。沃尔克回忆道："有一件事很清楚[70]。我们正处于市场恐慌的边缘，不管我们愿不愿意，这场恐慌都会迫使我们放弃金本位制。如果我们想主动暂停美元与黄金的兑换，并将其作为一个经过深思熟虑的、建设性的一揽子计划的第一步，那么现在就不要犹豫实施计划。"

当这一切发生的时候，康纳利正在圣安东尼奥（San Antonio）郊外的农场度假。但在8月12日（星期四）的凌晨，沃尔克通过电话向他通报了情况，并建议他尽快赶回华盛顿，康纳利立即同意了。尼克松不久也给他打了电话，康纳利迅速分析了最近的市场动荡情况，强调总统和他的团队有失去主动权的危险，并表示他将在当天下午返回华盛顿。尼克松此时仍然坚持步步为营、循序渐进地推行该计划，但康纳利直截了当地回答说，那将是错误的选择。尼克松告诉康纳利，当天下午到白宫后，直接到椭圆形办公室来，同时，他也会和舒尔茨谈谈情况。

康纳利在下午5时30分来到老行政办公楼，同尼克松、舒尔茨一起进了总统的隐蔽办公室[71]。尼克松想重新讨论所有细节。他仍在纠结一揽子计划中国内和国际部分的顺序，也仍然担心公众对美元贬值的负面反应。康纳利称，关键要着眼全局，而不是单个因素。

第十一章 门口的狼

康纳利说:"我们首先应该关注的是如何让美国民众明白[72],其一,你意识到了这些经济问题;其二,你深入分析了这些问题,并以切实可行的方法处理了这些问题,而不是把它们作为一个权宜之计。"康纳利随即提出了一个包含一切的大胆方案,他说,循序渐进地实施这个计划的问题是,"你会失去原有的影响力"。他认为,一旦这个计划被拆分[73],人们只会想知道接下来会发生什么,而不是感到震惊,并感激总统积极地面对挑战。康纳利接着说:"最大的问题将是对美国民众的影响[74]。在国际形势方面,我们会像以前一样陷入一段时间的混乱……但我认为你不应该担心这些情况。"他解释道,从长远来看,出口贸易只占 GDP 的 4%。因此,过度担心国际形势是没必要的。尼克松表示赞同:"我们绝不能为了稳定国际局势而舍本逐末。"康纳利随即附和:"我完全同意。"可以看出,康纳利主张尽快行动以便控制事态发展。

他们把目光转向了进口附加税。这是沃尔克计划的一部分,但舒尔茨对这一计划持有不同意见。康纳利则提出了征收进口附加税的有力依据。"如果你没有筹码,怎么让美元贬值呢?"他意思就是他们需要一个杠杆,"我们正在与阻碍我们行动的国家打交道。"他们讨论了进口税的法律依据,没有得出结论,但尼克松还是把提高进口税视为谈判筹码。他说:"我觉得我们正在和一些强硬的国家打交道,比如日本,他们不相信我们会采取强硬行动。"

康纳利重申了之前说的话:这个计划对各方面都有好处——企业希望税收抵免,汽车业希望取消消费税,劳工希望征收进口附加税,保守党希望削减预算,普通美国民众希望管控物价。

他们还谈到了沃尔克。尼克松对沃尔克所谓的单纯国际视角和对国内事务缺乏认知提出了批评。康纳利为沃尔克进行了辩护,否认他有这种想法,并建议总统直接同沃尔克对话。

至此,尼克松似乎终于支持了整个计划,并将计划的国内部分和国际部分视为一个整体。尼克松同意尽快采取行动，并开始考虑要宣布的内容，提到精简演讲。"我认为，并不需要一个规模盛大的演讲……应该像访华声明一样[75]，行动有力、语言简洁。"

康纳利最终说服了总统。尼克松告诉他们明天下午在戴维营开会。"现在是作出决定的时候了……我们出发吧。"[76] 他说。

三个人看了一遍邀请名单。除他们三人外，人员还包括伯恩斯、麦克拉肯、彼得森、沃尔克；以及来自经济顾问委员会的赫伯特·斯坦，尼克松认为他的到来将有助于撰写演讲稿；白宫资深演讲撰稿人威廉·萨菲尔；舒尔茨的行政管理和预算局副局长卡斯帕·温伯格（Caspar Weinberger）、肯尼思·威拉德·达姆（Kenneth Willard Dam）和阿诺德·韦伯（Arnold Weber）；以及霍尔德曼和埃利希曼（8月13日晚上，他们最终打电话给财政部法律顾问迈克尔·布拉德菲尔德，让他第二天一大早赶到戴维营）。

一切都准备好了。舒尔茨告诉尼克松，戴维营会议之后，他有机会在国内和国际问题上确立自己的领导地位[77]。然后他又告诉总统："这是自二战结束以来，经济政策上迈出的伟大一步。"[78] 康纳利说："可以肯定的是，这一'枪'一定会响彻世界[79]，响彻每个城镇和村庄。"后来，他又补充道："我会第一个承认我的错误[80]，但我认为这可能会让你的批评者们不知所措。"

会议于8月12日晚7时结束。20分钟后，尼克松打电话给康纳利。在4分钟的电话会议中，尼克松极力推崇进口附加税，并重申他支持整个方案。康纳利说，新计划将像处理与中国的外交关系时一样：影响巨大且出乎意料。尼克松告诉康纳利，他应该在第二天下午的戴维营讨论中发挥主导作用。

尼克松一直与霍尔德曼保持联系。8月13日，霍尔德曼在他的日记中写道，"展望即将到来的周末，我们将在行动时涵盖（所有政策领域）[81]，这将是一场惊天动地的行动"。

第十二章

8月13日，星期五

8月13日（星期五），尼克松总统开始例行办公。上午9时至10时8分，总统与霍尔德曼、基辛格等一众顾问待在椭圆形办公室。然后，他到内阁会议室主持了国家安全委员会对于国防部预算的讨论。临近中午，他回到自己的办公室，花了15分钟与一群白宫实习生合影。接着，他又与霍尔德曼等人进行了一连串短暂会面，每次会面只持续几分钟。参与这一连串会面的还有自20世纪50年代初就担任尼克松私人助理的罗丝·伍兹、基辛格、司法部长约翰·米切尔（John Mitchell）和舒尔茨。

当天下午，尼克松与舒尔茨讨论了在戴维营的会议计划，并询问财政部是否已为即将作出的决定及后续行动做了必要的背景分析。霍尔德曼在他的日记中写道："他担心我会在至关重要的事情上犹豫不定[1]，还想知道财政部是否作好了讨论细节的准备。他强调，为了明确该做什么，必须进行认真的分析，以确保所呈现的内容有用，而这是知识分子经常出差错的地方。"

尼克松的担忧是可以理解的。他将作出会动摇美国国内和国际经济基础的决定：在庞大且复杂的美国经济中冻结工资和物价，切断美元和黄金之间的价格联系；二战后首次鼓励美元贬值，背弃20年来华盛顿政府所推行的自由贸易政策，对所有进口商品征收关税，通过各种新的税收激励措施来刺激经济，并宣布抵消性的预算削减措施。在尼克松看来，这些举措可以与《布雷顿森林协议》最初取得的成就，以及他即将访华的外交大转变相提并论。即将公布的经济措施将令人震惊，特别是有关工资和物价的管控措施以及每盎司黄金35美元的固定比率。因为这一目标与尼克松在任的前两年半所作的众多承诺截然相反。

这些有关美元和贸易的政策，除了与艾森豪威尔、肯尼迪和约翰逊总统所作的承诺大相径庭，还将在美国最亲密盟友不知道的情况下实行，而华盛顿方面在"冷战"期间迫切需要这些盟友的支持。此外，到目前为止，这些政策都是在财政部沃尔克的掌控下制定的，而其实尼克松并不完全信任沃尔克及其领导的部门。

这些总统顾问决定在尼克松宣布计划之后立即实施行动，但他们几乎只讨论了如何向公众公布这些决定，却没有深入探讨在国内和国际接下来采取哪些实质性政策。赫伯特·斯坦多年后写道："（工资和物价）管控的强制执行就像高空跳板[2]，并不清楚下面是什么。"1977年，在谈到美元、黄金和货币改革时，舒尔茨回忆道："政府内部对即将到来的谈判应制定哪些具体改革目标，并没有达成共识[3]。当谈到全面进口关税时，政府成员对进口关税将持续多长时间以及盟国需要作出何种让步才能取消关税，意见也并不统一。对于其他计划对财政刺激的理想程度，政府成员也没有仔细计算。"

可以肯定的是，华盛顿方面的许多重大决定都是在混乱中做出的。领导人通常被巨大且矛盾的压力所包围。彼时，政府在结束越南战争，实现与中国和苏联的关键性外交突破，以及消除印度和巴基斯坦、以色列和埃及之间的潜在冲突等事件之间左支右绌。但同时还面临着棘手的通货膨胀、不断上升的失业率、不断恶化的国际收支，以及总统希望推动的庞大的"伟大社会"计划。决策层常常被官僚机构内外部的海量信息所淹没，简单地说，他们很少有时间消化与当前决策最密切相关的信息。他们的行动往往是国内外某个他们无法控制的事件诱发的。如果说区别的话,一个稳定的决策过程的特点应该是权衡不同的行动方案、商定谈判战略并研判长期后果。但他们的决策过程极不寻常,几乎是史无前例的。

同时,尼克松希望在政策上的重大改变能起到震撼人心的效果,然而全面审查经济提案的程序又太过繁杂,总是无法达到这样的效果。不愿承担风险的中层官员会敦促政府采取更传统的行动。他们不可能遵循那些防止投机和全球恐慌所必需的保密原则。即使是媒体暗示美国正在考虑关闭"黄金兑换窗口",也将不可避免地导致全球恐慌。

某种程度上,在华盛顿拥有多年工作经验的尼克松深知这一切。然而,他仍希望必要工作已经完成了。他将根据这些坚实的分析作出决定,而他的下一步行动也将是深思熟虑后的决定。总统知道沃尔克在监督分析工作,但因为他对这位财政部副部长不信任,因而他对分析结果也产生怀疑。尼克松曾寻求舒尔茨对他的幕僚的工作质量予以肯定,因为他一直认为舒尔茨是一位能直陈其事并且可以一针见血指出问题的顾问。

下午 2 时 29 分开始的戴维营之旅在本书的引言部分已经描述过了。"海军陆战队一号"在临近下午 3 时时降落。随行人员被特勤局驾车送往总统休息期间居住的阿斯彭山庄(Aspen Lodge)。抵达后,尼克松与在华盛顿的国务卿威廉·罗杰斯进行了两分钟的通话。前一天,罗杰斯手下的一名副部长听到了风声,联系了沃尔克,希望能被邀请出席会议。沃尔克把信件转发给了康纳利,但康纳利一直没有回复。总统可能已经告诉罗杰斯,将在周末晚些时候就一些他希望宣布的重要声明进行磋商。但他们具体的谈话内容并不为人所知。

在阿斯彭山庄,第一次会议从下午 3 时 15 分开始。椅子被排成了一个大圆圈。尼克松穿着一件淡蓝色的运动夹克，其他人穿着运动外套或者西装。第一次见面，大家都打着领带。沃尔克那将近6英尺7英寸的身高和他的白色夏季套装非常引人注目。康纳利穿着深色格子的运动外套和深色裤子，看上去衣冠楚楚。在大家入座之前，尼克松在来宾簿上签了名——这是一个不同寻常的举动，因为他自己是主人。当然，他也要求其他人签了名。他还为每位客人准备了一件戴维营风衣夹克，正面绣着他们的名字和会议日期。一名白宫摄影师正在拍照，这在戴维营的内部会议上很少见。所有这一切，再加上演讲撰稿人威廉·萨菲尔的出席，都预示着一件历史性的事件即将发生。

然后，尼克松示意大家坐下，并让财政部长康纳利坐在他的右边，美联储主席伯恩斯坐在他的左边。当尼克松打量身边的人时，他看到一个令人印象深刻的群体，他们年轻、睿智、老练、善于逢迎。他知道这些幕僚之间存在着意见分歧。他与他们共事了很长时间，进行过多次一对一的会面，收到过每个人的备忘录，并且了解霍尔德曼和埃利希曼所掌握的关于每个人想法、谁与谁不和，以及谁对记者和可能的泄密者保持友好关系的流言蜚语。

尼克松认为，他面临的最大挑战是确保伯恩斯会承诺全力支持一揽子经济计划。在过去一年里，他与伯恩斯的关系紧张，有时甚至是"剑拔弩张"。考虑到伯恩斯在全球享有的崇高地位，以及美联储的行动对美国国内和全球市场的影响，伯恩斯对这个周末将达成的一揽子计划表示任何异议都将是灾难性的，尼克松必须小心行事。他知道伯恩斯会对冻结工资和物价的决定满意，不过，他担心伯恩斯会对暂停"黄金兑换窗口"感到不安。这一举措与各国央行行长毕生所致力的金融稳定事业背道而驰。

舒尔茨对这些决议也不会太满意，尽管他在过去几周帮助制定了这些决议。但作为米尔顿·弗里德曼的忠实信徒，舒尔茨信奉浮

第十二章 8月13日，星期五

动汇率和自由贸易，并且坚决反对任何涉及工资和物价管控的事情。然而，尼克松并不担心舒尔茨会倒戈，因为这位行政管理和预算局局长是一位极其忠诚的人。多年后，舒尔茨回忆说[4]，他很高兴有机会私下向尼克松总统和政府陈述自己的观点。他认为自己可以参与最终计划的制定，因为有很多后续工作尚未进行。

和舒尔茨一样，麦克拉肯一直支持渐进主义，反对工资和物价管控措施。但他的预测一直低估了通货膨胀和失业的严重性。尤其考虑到过去几周的汇率动荡局势，他更愿意与尼克松和康纳利一起作出一些重大改变。此外，麦克拉肯更想回到学术界，他一直认为，自己既是一位公务员也是一名教授。不过，他可能不太愿意离开华盛顿，因为他不想在政府中失宠。

除了康纳利，彼得森最关注的是对新举措的公布。毕竟，他是一位营销天才，在担任贝尔和霍威尔公司首席执行官期间，他磨炼了这一技能。在这些问题上，尼克松希望听到彼得森的意见，并保证他会在审议中发挥积极作用。但彼得森希望发挥更大的作用，而不仅只作为首席营销人员。他希望提出更加广泛和长期的议题。但不幸的是，尼克松已经开始厌倦了彼得森冗长的分析。这些分析没能对应尼克松所重视的并且能够在下次选举前产生明显结果的政策。

尼克松认为，沃尔克代表了一个厌恶风险、缺乏想象力的财政部。鉴于沃尔克的倾向，他一定会反对即将作出的大多数决定。总统对沃尔克强烈的国际观点感到不满。他没有时间理会沃尔克的观点：围绕美元的许多问题都是国内宽松政策的结果，而加息和缩减预算赤字才是美国和世界所需的良策。尼克松深信沃尔克会为维持现状而战，尤其是在美元与黄金挂钩的问题上。不过，总统也知道，康纳利对沃尔克格外敬重，尼克松也指望康纳利能让他的副部长听话。

在冻结工资和物价的问题上，尼克松本人一直持反对意见。演讲撰稿人威廉·萨菲尔在他的《坠落之前》一书中回忆道："在我和他一起起草的每一篇经济演讲稿中[5],都有关于恐怖的工资和物价管控的典型段落'它们将如何引发定量配给、如何滋生黑市以及政府统治经济会多么愚蠢'。"然而,萨菲尔还说,尼克松在会议前夕告诉他的工作人员,"情况会发生变化[6]。在这次讨论中,没有人会被过去的立场所束缚。"

尼克松希望康纳利在必要时成为会议的"攻城槌"。尼克松知道当谈到全面关税时,康纳利会充满热情,但其他人可能不会。尽管如此,他觉得他的财政部长会在会议中占上风。总统知道这位得克萨斯人没有任何意识形态,康纳利是一位纯粹的政治家,专注于什么方法可行而不在乎是否背离过去的政策。毕竟,5月底时,康纳利曾在慕尼黑的一次会议上向世界承诺美元不会贬值。一个月后,在戴维营的一次经济政策会议上,他又承诺不会有工资和物价管控,但他现在已经果断地放弃了这个承诺。

国会也是一个重要因素。尼克松在参众两院都面临着民主党占多数席位的局面,其他情况下,他可能已经预料到他的主要措施会遭到反对。但是,这次提出的所有建议几乎都来自民主党内部的思想。一年前,国会已经授权对工资和物价进行管控。当时尼克松说他不想要这样的授权,但康纳利认为这可能会有作用,现在有用了。在汇率问题上,联合经济委员会主席亨利·罗斯(威斯康星州民主党人)一直敦促在汇率安排上采取更灵活的措施,也就是让美元贬值。罗斯是美国国会在美元问题方面最积极、最博学的议员之一。在进口附加税问题上,国会中的民主党人已经变成十足的贸易保护主义者,这一措施肯定会让他们感到高兴。至于刺激经济的财政激励措施,尼克松知道国会肯定会乐见其成。他们更感兴趣的是经济增长和创造就业,而不是财政廉洁。

尼克松把脚搁在一个小脚凳上[7],要求沃尔克向大家介绍货币市场和黄金市场的最新情况,并开始正式会议。沃尔克手里很可能拿着财政部在那个周末准备的一份报告[8]。这份报告描述了贸易收支平衡的持续恶化,导致该年出现了自 1893 年以来的首次贸易逆差[9],与之相较的是战后的 1964 年,贸易顺差为创纪录的 68 亿美元。这份报告显示,美国的黄金储备已从 20 世纪 50 年代末近 220 亿美元的高点下降至接近 100 亿美元,而这 100 亿美元实际上是外国央行持有的约 400 亿美元有资格兑换成美国黄金的抵押品。没有人想到如果所有的外国政府同时"冲进门"来要求兑换黄金会怎样。事实上,1967 年 3 月,西德接受了美国的安全承诺,保证不会挤兑美国黄金,日本出于同样的原因几乎可以肯定也会投弃权票。然而,随着美国经济形势的恶化,政府的担忧并未消失。众所周知,在如此紧张的金融环境下,一场货币风暴只需一根火柴就能点燃。谁又能保证西德政府和日本政府在各自国内的压力下不会改变主意呢?

沃尔克向与会者讲述了发生在前一天的一件令人痛心的事情[10]。他和康纳利从纽约联邦储备银行(负责处理国际交易的联邦储备系统)得到消息:英国要求为其 30 亿美元储备提供"担保"。"担保"是什么意思?没人能确定,但主要有两种可能,一是伦敦方面想要一个保证,即如果美元贬值,美国将补偿英国在其美元储备上的损失。举个例子,假设英国持有 30 亿美元的美元储备,在美国将黄金贬值 10% 的情况下,以黄金衡量的英国储备价值将减少 3 亿美元,那么美国将欠英国 3 亿美元。二是"担保"可以解释为伦敦方面现在就想要价值 30 亿美元的黄金。沃尔克和康纳利都不清楚具体的要求,但在这次会议上,人们担心的是,对黄金的冲击很可能会发生,而美国最亲密的盟友英国将冲在最前面,其他国家紧随其后。这无异于银行挤兑。事实证明,英国的要求并非上述任何一项,沃尔克得到的消息也被曲解了。英国要求美联储做的事情远没有那么可怕,事实上是很容易的:保证英国 74.5 万美元的储备免受美元贬值的影响。但这个信息没有被阐释清楚,由于沃尔克和康纳利的误解,使得戴维营会议的紧迫感严重加剧。

沃尔克叙述完后,尼克松接手,并开始在保密问题上喋喋不休。那个周末,戴维营唯一被许可使用的电话只是为了获取与正在讨论的政策有关的重要信息。尼克松要求电台保持沉默,直到他宣布自己的决定,他打算在星期一晚上宣布。"他提到了中国[11],"霍尔德曼在他的日记中写道,"并说道,我们的人认真负责、非常聪明,而不是那些天真的人来处理关于中国的问题,因此保密的信息并没有泄露。"

尼克松絮絮叨叨地谈了15分钟。他的关键论点是,国际经济形势迫使华盛顿方面采取行动,要从根本原因上解决问题,如解决国内通货膨胀、财政赤字、工资和物价飙升问题。他强调,必须处理将要提交给国会的进口税问题。霍尔德曼写道,"他说,知道我们是如何走到今天这一步无关紧要[12],分析这些行动不会有任何好处。相反,我们必须找到解决方法。"然后,尼克松请康纳利概述一下需要考虑的问题。

财政部长认为必须采取的措施很明显,不必进行概述。他认为在座的每个人对所有问题都了如指掌。然而,康纳利的概述也可以被理解为,他希望每个人都能很快签署这些决议。

康纳利接着说,他们将不得不关闭"黄金兑换窗口",但不会改变黄金的价格。大家都知道这意味着什么。从技术上来讲,美国不会通过改变每盎司黄金35美元的汇率来让美元贬值,但华盛顿方面会要求其他国家重估其货币,从而达到美元贬值的效果。因此,假设在戴维营会议时,1美元等于360日元,在日元升值20%的情况下,新的汇率将是1美元兑换288日元(360减360的20%)。换句话说,日元对美元的汇率将下降,使得每一单位日元相较于升值之前可以兑换更多的美元。这一切对贸易意味着什么?1美元可以买到比过去更少的日本商品,从而减少美国的进口。与此同时,购买价值1美元的美国商品将需要更少的日元,对日本人来说美国商品更便宜,

第十二章　8月13日，星期五

从而导致日本消费者从美国购买更多商品。通过向其他国家政府施压，要求其货币升值，并假设美元对黄金保持平价，美国就可以避免因为美元贬值和地位下降而陷入政治尴尬。同时，尼克松也可以不用去说服国会改变黄金的美元价格——根据美国法律，只有国会才有权力这么做。

康纳利随后列举了一系列刺激经济的财政措施，其中部分措施是他在前一天才加入的。他谈到了恢复8%—10%的投资税收抵免。他指出，美国将废除汽车消费税。政府将为出口商制订一个税收激励计划，并放松对海外出口商的反垄断限制。最后，该措施将取消前两届政府针对资本外流设立的一系列控制措施。当时实施这些控制措施是为了降低国际收支赤字。康纳利把冻结工资和物价放在最后，声称这将是一揽子计划的关键组成部分。他总结说："这样的计划将给人留下一个清晰的印象，即这项计划是经过深入分析的[13]，而不仅是迫于压力作出的反应。""此外，这将是一项具有伟大意识、伟大政治家风范和伟大勇气的行动[14]，我们必须以这种方式将它呈现给人民"。

尼克松紧接着强调，税收减免必须与预算削减相匹配。他坚持不增加赤字。当谈到冻结工资和物价时，声称这必须是暂时的，即使现在没有宣布，也需要考虑接下来会发生什么。然后他又谈到进口税是应该有选择地征收，还是对所有人征收？他还询问了可能的法律依据是什么，以及国会的作用。

虽然随后对进口关税和有关黄金以及美元的条款进行了实质性讨论，但在此之前，尼克松心里已经作出了一些重大决定。虽然每个人或许都已对整体情况很了解，但通常做出这样复杂的决定时，还是需要有人引导大家设身处地地去思考。但在戴维营会议中，这种引导并未发生。尼克松和康纳利正稳步推进会议进程。不言自明的是，这次会议是美国战后历史上的一个重要转折。为了减轻自二战结束以来美国承担的巨大负担，尼克松终于在此刻作出了决定。毕竟，尼克松已经宣布并广泛推行了"尼克松主义"，即减少美国保卫自由世界的安全承诺以及在经济领域进行必要紧缩。他仔细阅读了彼得森《处于世界经济变局中的美国》这份报告，并且极力推荐。这份报告清楚地记录了美国现在面临的全新的、不断变化的且竞争激烈的全球市场。可以肯定的是，那天下午在阿斯彭山庄的那些同僚也完全理解他们将要作出的，国内和国际决策之间的内在联系——通货膨胀与美元之间的关系，工资、物价控制与进口关税之间的关系。所有人都意识到，无论采取什么行动都比不采取行动好，美国必须先发制人。在那个月晚些时候，《时代生活》（*Time Life*）的休·塞迪（Hugh Sidey）在采访了许多与会者后写道，"（尼克松）周围的人将成为一场已经构思出来的、范围更广泛的竞选活动的谋士。"[15]

关于进口税的争论分为两个层面。一方面，征收进口关税是否明智。沃尔克对此表示强烈反对。他认为这项措施太过分，华盛顿方面应该暂时搁置这一项，以便在"黄金兑换窗口"关闭后需要额外的措施来说服其他国家重估其货币时使用。麦克拉肯对关税似乎也不太关心。

舒尔茨没有就这一点发表意见。在此前与尼克松的会谈中，他以意识形态和政策为由反对关税。但就在前一天，他改变了立场，表示若关税只是作为暂时的谈判武器就没关系。康纳利强烈支持关税政策。他认为，在目前情况下，一个完整的一揽子计划将引起公众更好的反应。尼克松说，如果政府不强制执行，国会就会去强制执行，并能更好地控制征收关税的形式。伯恩斯说，如果征收进口关税只是暂时的，比如以6个月为期，他会支持康纳利和尼克松；否则，征收进口关税将引发众多外国的敌意。康纳利和尼克松表示同意，但康纳利不想现在就决定关税的征收时段。

另一方面，在贸易问题上，尼克松执着于纺织品。因为他在

第十二章 8月13日，星期五

1968年竞选时曾向南方参议员承诺要限制进口纺织品。他要求舒尔茨去解决纺织品问题，他认为现在采取的措施也可以使纺织品问题得到解决。舒尔茨解释说，根据美国的贸易法案，尼克松没有限制进口纺织品的合法权力，也没有对其他进口商品征税的权力。这需要新的立法。但有一种途径是他可以利用1917年《与敌国贸易法》（Trading with the Enemy Act）赋予的权力来解决。该法案旨在维护国家安全。根据该法案，总统在贸易领域几乎可以做任何事情。尼克松不喜欢用"与敌国贸易"来形容与日本这样的盟国的贸易关系。"不，"他说，"从国际领导力的角度来看，这样似乎是错误的[16]……我的长期目标不是在美国设立10%的贸易壁垒——这将是一种倒退——而是要制定一个程序，让我们有可谈判的空间……如果我们能够对进口商品征收附加税的同时关闭"黄金兑换窗口"，我们才有谈判的基础。这样也可以给我们带来更多的筹码。"

彼得森根据关税及贸易总协定（GATT，简称关贸总协定）认可的国际贸易规则提出了另一种选择。依据关贸总协定，美国要做的就是宣布国际收支进入紧急状态，以此作为临时限制进口的理由。在这种情况下，按照关贸总协定缔约国间的协议，其他国家不得对美国进行贸易报复。尼克松认为这是一个更妥善的办法，伯恩斯也表示认同。

尼克松说现在该讨论黄金问题了。麦克拉肯认为，如果关闭"黄金兑换窗口"，市场将迫使美元对其他货币贬值——从调节国际收支逆差这个角度来考虑，这是对美国利好的事。然而，征收进口税会导致美国消费者购买量减少，支付给外国人的美元也会减少，从而导致美元在海外的供应量减少，这样可能会提高美元价格。康纳利说，他理解这种矛盾，但美国还是应该关闭"黄金兑换窗口"，因为他们需要一个能够牵制其他国家政府首脑的工具。康纳利的意思是把"黄金兑换窗口"作为谈判条件，即在未来某个时候，当美国的国际收支目标实现以后,将以某种价格比率恢复美元与黄金的联系。这是当时大家心照不宣的假设,尽管它从未被明确地表达出来。

伯恩斯插话道:"在适当的时候,我想对关闭'黄金兑换窗口'的这一决策提点不同看法。"总统回答说:"我们现在就谈谈吧。"伯恩斯回答说:"不,我们先解决完关税问题吧。"[17]

舒尔茨表示,他会计算征收进口税所带来的收益,并找出其与日本纺织品贸易之间的联系。

尼克松开始与伯恩斯讨论黄金问题,"阿瑟,按照我的理解[18],你的观点是为什么不能先解决核心问题,然后在必要时再去讨论关闭'黄金兑换窗口',财政部反对的理由是,这样做将会导致储备资产迅速耗尽。"

伯恩斯开始了长达 15 分钟关于美元的演讲。他承认康纳利和沃尔克关于关闭"黄金兑换窗口"的观点也许是正确的,但他对此并不赞同。现在停止美元兑换黄金是没有必要的,因为尼克松已经采取了足够有力的措施——管控工资和物价、提高进口关税、减税、削减开支和控制预算赤字。伯恩斯认为,仅靠这些措施就能稳定局势。看到美国政府采取的其他一系列措施后,人们会停止抛售美元,也不再想要把美元兑换成黄金。毫无疑问,伯恩斯考虑的是其他国家央行行长们的想法,以及他们不想多生事端的态度。

在谈到关闭"黄金兑换窗口"的风险时,伯恩斯担心国际市场和美国的贸易伙伴国的未知反应。没有人知道股票市场会发生什么。没有人知道其他国家是否会采取贸易报复措施。伯恩斯说:"我们释放了不需要释放的力量。"[19]他暗示尼克松,美国将在政治上遭受重大打击,而苏联将为此欢呼,他认为这是资本主义崩溃的迹象。他建议派沃尔克就汇率重新调整去同他国进行谈判[20],而不是让美国公然对黄金实行禁运。

尼克松打断他的话道:"多年来,我从未见过在这个话题上产生如此巨大的分歧[21]。舒尔茨和其他人支持浮动利率（这将使黄金变得无关紧要）。伯恩斯表明应在谈判中占据有利的位置，然后达成协议。"——尼克松的意思是通过谈判恢复目前的固定汇率制度，但汇率调整会使美元相对贬值，从而使美国出口产品更有竞争力。尼克松说，他担心如果不关闭"黄金兑换窗口"，投机者会通过索取美国所剩无几的黄金来攻击美元。

康纳利打断道，"我们眼下的问题是什么？[22]我们在这里开会是因为我们在国际市场上遇到了麻烦。英国人现在要求支付30亿美元，这是他们所有的美元储备。只要愿意，任何人都可以打倒我们，我们的短处已经完全暴露在外了。"

康纳利主张美国应尽可能果断地维护自己的利益。沃尔克表示，他同意伯恩斯的观点，但他认为如果美国努力通过谈判来调整汇率，那么关闭"黄金兑换窗口"的国际影响是可控的。"我也反感关闭'黄金兑换窗口'[23]，"沃尔克说，"我一生都在努力捍卫汇率稳定，但就当前形势来看，我认为是有必要调整的。可是，我们不能在关闭'黄金兑换窗口'之后坐视不理，我们需要与其他国家政府就汇率问题展开新的谈判。"沃尔克对此表达了深切地担忧，他担心美国一旦暂停黄金销售，所有货币将变得不受约束，继而相互浮动，并且缺乏后续计划重新调整形成一套新的固定汇率。

康纳利看向伯恩斯，问道："为什么我们要对他们讲道理？"

伯恩斯：其他国家可能会报复我们。
康纳利：让他们来吧，他们能做什么？
伯恩斯：他们也很强大，也有国家尊严，如同我们一样。

在所有讨论中，没有人关心关闭"黄金兑换窗口"是永久性的措施，还是仅仅作为一种谈判手段。

讨论过程很和谐，并充满活力。每个人都想参与其中，因为这可能是他们职业生涯中所能够参与关于经济问题最重要的会议。报道尼克松的《时代生活》专栏作家休·塞迪在描述这次会议时说："麦克拉肯做了太多笔记，以至于他的便笺纸都用完了，开始在信封的背面写字。"[24]

赫伯特·斯坦提出了另一个重要的问题：劳工组织对此可能产生的反应。这为尼克松提供了一个机会，让他可以就美国人民对其团队提议的总体反应来发表意见。尼克松认为，劳工组织会赞成为刺激经济发展而采取的关税、物价管制和税收措施。

尼克松再次谈到了关闭"黄金兑换窗口"的问题。他承认向公众解释这个问题很复杂，并表示媒体会抓住这个问题来吓唬公众。因此，他并不知道美国公众最终会以何种方式接受这部分政策。

伯恩斯说，虽然学院派经济学家赞成浮动汇率，在这种情况下黄金不会发挥作用，但商业经济学家总体上会持反对意见，他们更喜欢稳定和可预测。然后，伯恩斯又谈到了其他国家对尼克松提议的总体反应，他说，"这些国家可能会采取报复手段打击我们。"

康纳利回答说："他们已经在打击我们了。"

彼得森转变了话题，他认为目前主要的行动方针已经确定，尼克松现在最关心的应该是如何使新的一揽子计划呈现出最好的政治效果。彼得森认为，这次演讲应包含关于牺牲和政治才能的论述。伯恩斯插话说："创建一套能够应对全球频发的货币危机的长期方案，这个想法怎么样？"尼克松对这两个建议都不感兴趣。他说，这些论述应作为背景简报提供给媒体，而不是在演讲中提出。尼克松认为，当务之急是如何向美国公众解释这些迫切问题，让他们相信现在就会从中受益。随后尼克松就他想发表的演讲进行阐述。

彼得森的推断是正确的：总统最关心的是如何公开提出这些计划。尼克松解释说，当你有很多话要说的时候，如果说得太多，反

第十二章 8月13日，星期五

而效果会大打折扣。所以十分钟的演讲就够了——"干脆、有力、自信"。[25]

彼得森建议尼克松把演讲的重点放在美国的竞争力上，这是过去几个月，尼克松一直在推动的议程。他敦促总统谈谈美国新兴技术的发展。但似乎没有人注意到这一点，于是话题又回到了"黄金兑换窗口"。

尼克松说，大多数商人会理解并赞同停止黄金兑换美元。但他重申，媒体可能会用货币贬值来恐吓民众。伯恩斯说，真正的考验来自市场，如果黄金价格在自由市场上飙升，那么不管媒体怎么说，大家都会认为美元正在贬值。沃尔克表示必须做好准备。美国应明确表示，黄金不再是货币管理的核心。虽然没有具体说明，但很显然他认为"特别提款权"将是黄金的长期替代品。沃尔克提出疑问，如果金价飙升，美国是否应出售一些黄金以表明黄金对华盛顿方面不再那么重要。

麦克拉肯打圆场道，毫无疑问，关闭"黄金兑换窗口"后的反应总体会是消极的[26]，因为大多数人不会理解这一点。尽管如此，他认为公众对工资和物价管控措施的积极反应，将抵消黄金问题带来的影响。尼克松问彼得森如何看待公众对关闭"黄金兑换窗口"的反应。"他们会担心的。"彼得森回答。尼克松重申，媒体将会在黄金问题上攻击政府。

康纳利插话说[27]，迄今为止的讨论表明美国似有可行的替代性方案，但事实并非如此，他说："我们必须尽快解决问题，这是我们汇聚于此的原因。现在就得行动，不能等到第二天。如果不这样做的话，我们就没有机会了。""我们的资产正在迅速流失，应该在宣布管制工资和物价的同时关闭'黄金兑换窗口'。""否则，我们就只能听货币兑换商和央行行长的摆布了。"

伯恩斯似乎很生气，并利用这个机会再次抗议关闭"黄金兑换窗口"。他解释说，事实上，货币兑换商也不全是坏人。伯恩斯对他们很了解，并定期从他们那里得到报告。这些货币兑换商一直表示，如果美国采取大胆的措施控制通货膨胀并管理赤字，他们会很高兴，不会试图将美元储备兑换成黄金。他重申，鉴于总统将要宣布的事项，现在没有必要关闭"黄金兑换窗口"。

康纳利回答说，货币兑换商可能不会一下子把我们的黄金都抢走，但"他们会一点一点地蚕食我们"[28]。彼得森支持康纳利。他说，整体上看，这是一个大胆的一揽子计划，包括关闭"黄金兑换窗口"。如果他们以后不得不求助于该计划，那么现在摒弃这一方案会显得很愚蠢。

尼克松把话题引向了预算问题。他断断续续地说出了自己想要实施的一系列开支削减计划，认为财政紧缩是整个计划的关键。他指出那些备受瞩目的国内项目需要推迟，包括政府试图实现的现代化福利项目，以及他提出的"新联邦主义"（New Federalism），即联邦政府将把资金返还给各州，并兑现他所提出的下放政府决策权的承诺。他还希望联邦政府推迟加薪，并暂时停止招募雇员，甚至通过自然裁员削减5%的员工。霍尔德曼在日记中这样写道："当时总统发表了一番经典的言论[29]，'普通人认为联邦政府雇员无论如何都是失业的，所以这不会对失业率造成影响'。"尼克松要求舒尔茨和他的副手卡斯帕·温伯格制订详细的削减计划。舒尔茨表示，这可能会削减50亿—70亿美元的政府开支。尼克松接着详细地阐述了削减开支的相关问题，展现出他对联邦预算算法的熟稔，并强调了削减赤字的决心。

讨论又转到了冻结工资和物价的问题上。尼克松要求舒尔茨先发言，并请伯恩斯补充。伯恩斯在过去的一年里一直呼吁进行物价管控，这让尼克松很恼火。行政管理和预算局局长舒尔茨表示，如果管控物价措施与国际危机有关，尤其是与美元贬值造成的通货膨

第十二章 8月13日，星期五

胀以及对进口商品征收附加税有关，那么它将发挥最佳作用。毫无疑问，冻结物价应该是短暂且简单的，他们需要弄清楚接下来会发生什么。尼克松表达了他的担忧，他认为不应建立一个庞大的官僚机构，以免给经济造成束缚。舒尔茨对此表示同意，他建议管制计划以及随后的任何计划都应该由一个企业、政府和劳工组成的三方委员会来监督，该委员会的成员不应超过7人。伯恩斯也表示同意，并补充说舒尔茨的想法与自己的想法非常相似。

然而这个计划仍然存在诸多问题。比如，管控时间的长短，是否应该宣布冻结期限，总统有哪些法律权力。很明显，冻结措施将涉及工资和物价，但股息（将惠及富裕的投资者）和利息（将惠及投资者和那些可能为退休而存钱的人）呢？目前尚不清楚总统是否拥有控制股息的法律权限。因此，所有人一致赞同要求企业在冻结期间自愿放弃发放股息。对利率管控并没有进行过多讨论，也许是与会者认为要获得法律授权来做这件事太过于困难。

到下午6时左右，大家已经连续讨论了近3个小时。他们把重点放在一揽子计划的主要内容上。尽管会议室里的大部分人——包括尼克松、舒尔茨和麦克拉肯在内——从内心排斥工资和物价管控措施，但没有人反对这些管制措施。尽管他们对应当如何实施这些措施表达了相当大的担忧，但几乎都没有考虑过解决方式。财政投资激励政策根本没有得到多少关注，而尼克松本人似乎是削减预算的最坚定支持者。尽管征收进口附加税对美国贸易政策产生了根本性影响，但是对于尼克松团队来说，这项措施只是略有争议。总体而言，在是否关闭"黄金兑换窗口"问题上仍存在巨大的分歧。

当谈到下一步行动时，沃尔克再次请求，应讨论"黄金兑换窗口"的期限，以及永久性改变国际货币框架的实施措施。舒尔茨也表示要利用工资和物价管控措施来确定后续机制。

尼克松开始重新思考他将要发表的演讲[30]。他反复思考，如果没有越南战争，美国本可以繁荣发展。现如今即使越南战争结束，美国经济也在满负荷运转。他希望在演讲开始时提出这样一个问题：为了实现国家的和平与繁荣，我们需要做些什么？我们面对的是什么？霍尔德曼记录了尼克松的这些想法："这是一个竞争激烈的世界。美国会成为一个伟大的国家吗？会保持世界第一吗？除非我们准备好迎接挑战，否则不要妄下结论。"然后，尼克松谈到了美国需要做的事情——处理失业问题、应对通货膨胀、促进经济增长等。"我们不会让美元被摧毁。"尼克松说。然后他把工资和物价管控的作用以及将要采取的其他措施放在一起陈述，他说："这是一个问题，我们会处理它，并表明愿意采取不同的做法。"萨菲尔写道："美国人民必须在道义上支持这项努力。你能作出哪些贡献？"尼克松说话的样子仿佛是对着电视观众讲话，他说："劳工支持管控工资和物价，商人加强投资，消费者提高购买力，我们所有人都应团结起来。"

然后总统安排威廉·萨菲尔编辑这篇演讲稿，并让他与斯坦和彼得森合作。尼克松再次强调，为了最大限度地发挥效果，演讲要非常简短——比如 1 500 字。伯恩斯建议把演讲时间推迟到星期日晚上，在市场开盘之前。尼克松担心这可能会显得政府惊慌失措，因此演讲时间并未最终定下来。

他们讨论了将由谁向媒体做简报。康纳利和舒尔茨应该站在前面，做开场白。其他人也会扮演重要角色。尼克松说，需要通知国务卿威廉·罗杰斯，并给国会打电话，此外还需要联系商界和劳工界。尼克松说："当你了解这方面的背景时，你要把 75% 的精力放在电视上[13]……新闻界，我没有任何了解媒体力量的手下。"

舒尔茨提议建立工作小组来完善提案的细节。康纳利和沃尔克负责研究货币、贸易和税收政策，麦克拉肯和斯坦负责制定工资和物价管控措施，舒尔茨和他的三位同事负责处理财政预算问题。

第十二章 8月13日，星期五

会议于晚上7时休会。尼克松、伯恩斯、康纳利、舒尔茨、麦克拉肯和沃尔克留下来继续谈论伯恩斯提出的反对关闭"黄金兑换窗口"的意见，其他人则到劳雷尔山庄（Laurel Lodge）吃晚饭。

总统竭力确保伯恩斯有足够的时间来阐述其观点。这位美联储主席再次陈述了他的观点，即为什么现在不能关闭"黄金兑换窗口"。他还表达了对另一个问题的担忧[32]，康纳利曾提议废除肯尼迪和约翰逊政府时期对外国投资和贷款的所有直接控制，以遏制美元外流。伯恩斯认为，外国人会把关闭"黄金兑换窗口"的做法视为一种鼓励美元外流、压低美元币值的激进举措。此外，他还表示，劳工会把发行美元视为企业到海外投资并把工作外包给国外工人的一种方式。总统同意他的观点并放弃了这个想法，即取消资本管制是新计划的一部分。

会议结束后伯恩斯感觉很好。他在日记中写道[33]，总统对他非常尊重。尼克松不断提到他们之间的长久友谊，并感慨地说道："我所坐的椅子是20世纪50年代中期赫鲁晓夫与艾森豪威尔在戴维营讨论时所坐的那把。"伯恩斯在日记中写道："我向总统保证，我将完全支持他的新计划。除了暂停黄金交易外，其他条款我都可以接受。尽管总统不知道这一点，但我也不能公开质疑他在黄金交易方面的措施。"言下之意似乎是美联储在政治立场上不会就汇率问题与政府发生对抗，因为由此导致的市场混乱可能会引发全球金融危机。伯恩斯接着写道："此外，我意识到在关闭'黄金兑换窗口'这个问题上仍有讨论空间，我不能确定我的立场一定正确，他的立场一定错误。"历史学家艾伦·马图索在描述伯恩斯支持尼克松的计划时是这样写的："有了这一承诺，伯恩斯给了尼克松在戴维营最想要的东西[34]，伯恩斯也回到了尼克松团队中。"

伯恩斯和其他人随后也前往了劳雷尔山庄一起吃晚饭。尼克松则留在阿斯彭山庄，与他的私人秘书罗丝·伍兹共进晚餐。

威廉·萨菲尔正焦急地等待着总统与伯恩斯私下会谈的结果——是否禁止出售所有以美元计价的黄金，以便他能继续写演讲稿。沃尔克一到劳雷尔山庄，就将萨菲尔逼到墙角，说他应该让演讲稿表达出"黄金兑换窗口"即将被关闭的意思。

当晚宴在劳雷尔山庄举行时[35]，尼克松打电话给霍尔德曼说，他想在星期日晚上而不是星期一发表演讲。尼克松说，他倾向于伯恩斯原来的立场，即不要在这个时候关闭"黄金兑换窗口"，而是先等待，看看只靠其他措施是否足以阻止外国政府将美元兑换黄金，这与沃尔克对萨菲尔说的正相反。尼克松知道康纳利会反对推迟，他让霍尔德曼猜猜舒尔茨和埃利希曼能否说服这位财政部长。

轻松的玩笑缓解了晚餐时的紧张气氛。沃尔克说，尼克松禁止他们打任何电话是件好事，因为如果投机者知道那里发生了什么，他们就能发大财了。霍尔德曼俯身开玩笑地问道："到底怎么才能发财？"[36] 沃尔克问舒尔茨预算赤字有多大。舒尔茨回答说大约是230亿美元[37]，并问沃尔克为什么想知道。沃尔克说，如果舒尔茨在星期一给他10亿美元，并放手让他去做，他可以通过在货币市场上的投机来弥补这一赤字。

晚餐时，话题又转到了总统演讲后的新闻发布会。萨菲尔开始提一些可能会被媒体问到的问题，康纳利开始回答这些问题。偶尔，其他人也会给出自己的答案。这位演讲稿撰写人回忆到，萨菲尔的一些问题带着故意嘲讽意味，萨菲尔说："我非常喜欢为难财政部长的过程。"[38]

晚餐期间，埃利希曼和萨菲尔轮流被请到一个房间。尼克松对每件事都要打电话了解情况。总统从埃利希曼那里听说了模拟新闻发布会的情况。当尼克松与萨菲尔通话时，他称赞萨菲尔的提问方式并告诉他[39]，"问所有棘手的问题"。接着，他就萨菲尔应该问什么以及谁应该准备回答给出了详细的指导。"告诉麦克拉肯和舒尔茨

第十二章 8月13日，星期五

要淡化对租金管制的描述，我们正在实施该项措施，但我不想破坏房地产市场的繁荣，因为太多的就业机会都依赖于这种繁荣。"尼克松说。他问萨菲尔："你坐在伯恩斯旁边吗？伯恩斯是个好人，真的是个好人，告诉他我是这么说的。"

晚饭后，康纳利站起来碰杯结束了谈话。他要求大家在劳雷尔山庄的不同会议室分成不同的工作小组。

那天晚上，沃尔克给财政部负责国际金融和贸易的副法律顾问迈克尔·布拉德菲尔德打了电话[40]，让他第二天到戴维营来。沃尔克强调了这次会议的机密性。他们在很多方面需要法律专业知识的指导，特别是进口商品征税的法律权限方面，曾与沃尔克小组合作的布拉德菲尔德已经做了很多这方面的工作。

在工作小组开会时，萨菲尔回到他的房间开始准备尼克松的演讲稿。为了在第二天早餐前为总统准备好，他几乎写了一整晚。

晚上9时44分，尼克松再次打电话给霍尔德曼，说他第二天早上8时30分以后有空与大家见面。霍尔德曼回忆说："今晚没人想和他再见面[41]，但他觉得其他人可能会有这种想法，所以他把电话关掉了。"

对每个人来说，这都是漫长的一天。他们来到戴维营，准备改变美国和世界经济的发展方向及结构。对尼克松来说，这是美好的一天。现在伯恩斯似乎也站在了他这边，总统有充分的理由相信自己已经得到了这个团队所有人的支持。鉴于他们对国际货币汇率的不同观点——固定利率还是浮动利率？黄金是否继续发挥作用？考虑到对一直以来支持自由贸易的人们征收进口附加税将带来的全球冲击，以及大多数人对工资和物价管控的强烈反感，让所有人达成共识绝非易事。

第十三章

8月14日，星期六

尼克松在凌晨3时15分醒来，走进自己的书房准备演讲内容。外面仍然很凉爽，大约在50多华氏度，预计白天温度将达到70—80华氏度[1]。按照习惯，尼克松总统开始组织语言，他先在一个长长的黄色拍纸本[①]上写下大纲，写满三张双面纸后[2]，又把想法口述到录音机上。

凌晨4时30分，尼克松打电话给霍尔德曼[3]，为吵醒他而道歉后，两个人的通话持续了大约10分钟。尼克松告诉霍尔德曼，他正在构思演讲内容，并且他很清楚自己想说什么。他说明天早上第一件事就是去见威廉·萨菲尔，在那之前，他不想让他的演讲稿撰写人自行锁定任何主题。

尼克松告诉霍尔德曼，他仔细考虑了阿瑟·伯恩斯关于"黄金兑换窗口"的想法，并最终决定关闭它——这推翻了他前一天晚上对霍尔德曼说的话。他将在星期日晚上发表正式演讲。

然后，尼克松给霍尔德曼读了一些笔记，又写了几句话："我已经就结束战争的问题向全国发表过几次讲话。鉴于我们取得的进展，星期日晚上是向全国发表和平讲话的最佳时机。今天的美国有着令

---

① 拍纸本（Legal pad），显眼、偏大型的书写纸。——译者注

第十三章　8月14日，星期六

人振奋的发展前景，即带来整整一代人的和平，并在没有战争的情况下创造了新的繁荣。"接着又说了几句其他的话。

凌晨5时45分，尼克松穿上睡袍，走向罗丝·伍兹住的金缕梅（Witch Hazel）小木屋，打算把录音带塞到她的门缝里。在路上，他看到一个海军将领偷偷地在他的游泳池里游泳。尼克松上前招呼："早上好。"吓了一跳的海军将领慌不择言地回答道："是的，夫人。"被逗乐了的总统让这位"水手"把磁带拿到小木屋，替他放到纱门里面，然后尼克松在泳池中游了半个小时[4]。

罗丝·伍兹很早醒来并发现了录音带。早上7时，当已经工作了大半夜的萨菲尔到了她的小屋时，惊讶地发现她正在打字。打字结束后，伍兹将总统的备忘录递给萨菲尔，其中包括关于他想发表的明确指示。

上午8时40分，尼克松再次打电话给霍尔德曼，确认萨菲尔已经了解，并会严格遵照他笔记的形式和结构来准备演讲稿。尼克松总统喜欢大胆的言辞，并且想要保持那种感觉。但他仍然希望萨菲尔在他的演讲稿中注入更多活力，只是不要太过头。"他为萨菲尔写了一句很棒的话[5]，"霍尔德曼写道，"不要让它既残忍又美丽，相反，要既残忍又有效。"尼克松说，萨菲尔不会把演讲稿给任何人看，除非要检查的技术要点，各部分只能让最专业的人看。

尼克松还同霍尔德曼提到美元与黄金挂钩的问题。他仍然担心关闭"黄金兑换窗口"会如何影响公众的心理预期。霍尔德曼记录道："（尼克松总统）说今天早上主要谈论的问题是黄金价格浮动[6]，他几乎同意康纳利的观点，认为我们应该承担关闭'黄金兑换窗口'的风险和压力。"他又写道，尼克松后来提出了一个口号：我们需要"捍卫美元，抵御国际投机者"[7]。尼克松说，他担心沃尔克和伯恩斯会为那些投机者辩护。他仍然认为，这两人都过于关心在国际层面可能产生的影响，而不是将国内政治作为优先考虑的事项。

尼克松又向霍尔德曼阐释了他想在演讲中表述的主题[8]。他说，"新繁荣"的主题将包含三个要素：就业、抑制生活成本上升、保护美元不受投机者的攻击。进口税会出现在和投机者有关的章节中。他再次向霍尔德曼传达指示，让他转告萨菲尔。他现在觉得演讲时长应在 20 分钟以内，演讲稿共 2 300 字。他希望萨菲尔在其中增加事实和数据以支持自己的想法。

随后，尼克松总统突然改变了话题，开始讨论与外部人士和内阁成员磋商的事项。他向霍尔德曼传达了以下指示：埃利希曼要打电话给纽约州州长纳尔逊·洛克菲勒（Nelson Rockefeller）——一位杰出的共和党人，并告知他总统将提出削减财政预算的措施，以抵消新刺激计划产生的影响，希望这可以减轻这位州长的忧虑，因为自己推迟了曾经承诺的一些联邦政府援助。尼克松说："告诉洛克菲勒，这只是一个'战术问题'。"另外，他要求霍尔德曼打电话给国务卿罗杰斯，"告诉他，为了建立一个新的货币体系，我们需要采取一些强势但又具有和解性的行动，我们希望出现竞争，但我们更希望它是公平的。"他还想知道罗杰斯是否同意将对外援助削减 10%作为预算削减方案的一部分。尼克松还进一步谈到了事前通过电话和特别简报应该向哪些人士咨询。

随后，尼克松总统将话题转回到他对萨菲尔的担忧上。他想让萨菲尔在演讲稿中插一句关于贸易的话，即由于其他国家的竞争，15 年来美国国际收支平衡是如何受到侵蚀的。尼克松强调这是"对美元汇率的歧视"。[9]

此时，尼克松在这个演讲上铆足了劲。这将是他亲自创作的——无论是内容、结构还是基调。尽管如此，具体的内容还是需要由萨菲尔来补充，因为他会仔细研究许多关键的短语，并与各位顾问核对细节。在整个写作过程中，萨菲尔是尼克松的核心合作伙伴。

第十三章 8月14日，星期六

尼克松和萨菲尔两个人是老相识了。他们第一次见面是在1959年莫斯科举办的美国国家博览会上，该博览会旨在展示美国经济体系的奇迹。当时，尼克松是艾森豪威尔的副总统，萨菲尔是一家名为全美地产（All State Properties）公司的新闻代理，这是一家美国房屋建筑商。萨菲尔在附近的美国广播唱片公司（Radio Corporation of America，RCA）展台目睹了尼克松与苏联总理尼基塔·赫鲁晓夫的辩论，那里配备了电视摄像机。这位苏联领导人正在就资本主义的缺点痛斥尼克松。尼克松，一个老练的街头斗士，却莫名其妙地表现得像一个保持克制的外交官。他立即意识到，全世界的观众都会认为尼克松输掉了与苏联领导人的辩论。"尼克松从电视演播室出来时大汗淋漓，他知道自己'输了'辩论[10]，并且急于反败为胜。"萨菲尔多年后回忆道。尼克松和他都知道副总统需要迅速从羞辱中走过来。

萨菲尔认为这是一个机会，不仅可以宣传他的展馆，也能帮到副总统，于是他带尼克松去了公司的房屋建筑商展馆，赫鲁晓夫跟在后面。在厨房里，尼克松痛斥赫鲁晓夫，这场辩论后来被称为"厨房辩论"。《纽约时报》的记者哈里森·索尔兹伯里（Harrison Salisbury）捕捉到了这一场面，将尼克松强势的表现登上了世界各地的头条新闻。一位摄影师拍下了尼克松用手指戳苏联领导人胸部的照片。正是萨菲尔的协助，使尼克松副总统在全球被视为捍卫美国价值观的人。

萨菲尔在"厨房辩论"后到尼克松当选总统的几年间里成了一名非正式顾问，之后被聘为演讲撰稿人。尼克松是第一个建立起庞大演讲撰稿团队的总统[11]，团队中有许多研究人员，而萨菲尔是这个团队的中流砥柱。他经常撰写包含经济信息的稿件，但也写了很多其他话题，包括联邦主义和美国暴力。

萨菲尔参加了许多尼克松出席的会议、宴会和其他社交活动，试图捕捉尼克松在轻松、非正式时刻中的状态，为总统增添人情味。

在尼克松政府认为自己与媒体之间处于敌对状态的时候，萨菲尔认为尼克松应该开放新闻渠道。这种态度引起了尼克松本人的不满，同时也引起了政府强硬派对萨菲尔是否忠诚的怀疑。1971年3月，由于萨菲尔直言支持政府保持与媒体的广泛接触，尼克松开始厌恶他[12]，以至于在此后3个月的时间里，他都没有收到尼克松总统的演讲任务，甚至连一份备忘录或一通电话都没有。事实上，萨菲尔在1968年大选后不久就被政府窃听了，虽然这并没有妨碍尼克松与他打交道（萨菲尔本人直到1973年年中才发现窃听事件[13]）。

就像这个周末在戴维营所发生的那样，演讲的针对性越强，尼克松花在演讲上的时间就越多，在正式演讲之前接触到演讲稿的人也就越少。尼克松总统通常会为演讲稿撰写团队列明一个大纲，大纲结构清晰，并用罗马数字来理顺逻辑思路。有时，他会对工作人员写出的草稿作出书面评论，这些评论与最初的内容会有很大的不同。前演讲稿撰写人李·休布纳（Lee Huebner）回忆道："他拿到演讲稿后[14]，谁也不知道会有什么结果。"有时，尼克松也会自己写演讲稿，仅在一些事实细节上寻求别人的帮助。

尼克松总统偶尔也会对他的演讲撰稿人进行指导[15]。有一次，他把所有人都叫进来，说媒体没有正确地理解他。他交代道，在工作人员向自己提交任何东西之前，应该用红线标出最希望媒体关注的点，所标出的可以是主要段落和关键的描述片段。事实证明，这种方法对写作者来说是一种非常高效的训练方式。尼克松还强调了重复的重要性，语句必须言简意赅，以便各大电视台可以很容易地捕捉到他所说的话。有时，尼克松会直接反馈给某篇演讲稿的撰稿人，在发表完演讲后，他会给撰稿人打电话，回顾哪些地方做得好，哪些做得不好。总统如此专注于传达自己的信息，并深信没有人能够做得更好，以至于似乎他更关心的是政策的表述而不是演讲的实质内容[16]，基辛格和霍尔德曼也都有过类似的哀叹。

第十三章 8月14日，星期六

对尼克松来说，他在黄金时段电视节目上就一个重大问题发表的大胆演讲，通常会令公众和媒体甚至自己政府中的许多人感到惊讶，这也是他获得满足感的主要来源。传记作家理查德·里夫斯写道："他最重要的成就[17]——1971年对美国和世界经济的重塑以及1972年对中国的访问——都是在电视公告中以戏剧性的方式向大众公开的。"在任期间，尼克松在总统办公室共发表了37次演讲[18]。

要想了解尼克松对电视演讲最深刻的感受，必须追溯到1952年9月23日（星期二）。当时，他希望能继续担任艾森豪威尔的副总统，却被卷入一桩滥用政治资金的丑闻中。为了避免一场个人政治灾难，他在电视上发表了后来被称为"跳棋演讲"的讲话，不顾一切地为自己辩护[19]。这是美国历史上第一次面向全国电视的政治演讲，大约有6 000万人观看或收听，超过当时全美人口的三分之一。当时的副总统候选人尼克松有效地借鉴了美国中产阶级的价值观来描述一个普通的美国家庭。他告诉观众和听众，尼克松一家接受的唯一礼物是一只黑白相间的可卡犬，他的小女儿给它取名为"跳棋"。这次演讲大获成功。一些调查显示，电视台收到了400万份回复电话和信件，几乎都是支持尼克松的。1999年，传播学学者在一项民意调查中将尼克松评为20世纪最杰出的六大演讲家之一，其他包括了罗斯福、小马丁·路德·金和肯尼迪。这次电视演讲给尼克松留下了深刻印象：他可以利用电视来终结传统媒体。他觉得他可以通过直接与沉默的大多数人接触和交流来把自己从严重的问题中解救出来，而只有电视才能让他做到这一点。

尼克松对电视公告的偏爱也表达了他对传统媒体深深的不满。这种不满可以追溯到20世纪40年代末50年代初他在参议院的日子，当时他因为将国务院官员阿尔杰·希斯（Alger Hiss）认定为共产主义者而受到"东部自由派媒体"的攻击。他讨厌媒体把他描绘成艾森豪威尔的"打手"，也非常讨厌媒体偏爱肯尼迪。他永远不会忘记 1962 年他竞选加利福尼亚州州长失败后，记者们像鬣狗一样到处"乱窜"。对尼克松来说，传统媒体不仅带有强烈的自由主义偏见，同时还是一个未经选举和没有代表的权力中心，传统媒体就是总统的死敌。他希望媒体"被仇恨和殴打"[20]。他会阅读每日新闻摘要，并亲自指导他的员工应对不利的报道。例如，当《洛杉矶时报》（*Los Angeles Times*）的斯图尔特·洛里（Stuart Loory）报道关于尼克松度假屋的高昂成本时，总统就让他的员工禁止这位记者进入白宫[21]——这在当时是一种不同寻常的对抗姿态。

星期六早上，康纳利一行人正在劳雷尔山庄吃早饭，霍尔德曼突然告诉他们，尼克松决定关闭"黄金兑换窗口"，并在星期日晚上进行演讲。

戴维营的团队一早就开始浏览凌晨送来的报纸。毫无疑问，他们想知道会议的消息是否泄露了。那天早上，《华盛顿邮报》的头版头条是《尼克松经济顾问应邀参加周末会议》。这篇文章列举了尼克松的高级经济团队在戴维营突然宣布的一系列会议，提到"导致人们猜测政府的（国内外经济）问题正在接受审查。"[22] 令他们欣慰的是，正在审议中的决定性内容并没有被详细报道。《纽约时报》商业版刊登了一篇题为《混乱的交易削弱了美元》（Chaotic Trading Weakens Dollar）的文章，文章谈到了美元的疲软和"世界货币交易的混乱"[23]。文章提到"大西洋两岸金融界有传言[24]称尼克松总统将于这个周末在马里兰州山区的戴维营山会见他的高级经济顾问，并将产生一项支撑美元的美国倡议"，但没有太多其他细节。

快到中午的时候，萨菲尔重新起草了演讲稿，交给罗丝·伍兹打印并送给尼克松。然后他走向劳雷尔山庄吃午饭。

事实证明，戴维营是尼克松理想中的环境[25]。这是一个偏远、安静、令人振奋的地方。它让来访者想起了童年的营地，想起了出游，想起了简单而舒适的环境。甚至这里的气味闻起来都像在野营，

第十三章 8月14日，星期六

尤其是在夏天，周围的落叶林散发出木香和泥土气息。

这个山间度假胜地的一大优势是它相对较小、舒适和与世隔绝的环境。这里没有太多空间去容纳大量的员工，也不会有助手告诉你要去参加另一个会议。离开了官僚主义的环境，那些营内的人可以展现其个性化的一面，可以根据他们是谁、他们的经历和信仰来提供个人观点，而并非捍卫他们所在部门的固有立场。赫伯特·斯坦后来回忆说，这里海拔高、环境安逸、家具舒适、食物和娱乐选择丰富，来这里的每个人都被当作海军上将来对待，他写道："戴维营的设立是为了让参与者感受到他们独特的价值。"[26]

这里也有一个千载难逢的福利，鼓舞了在戴维营中的所有人。在如此私密和非正式的环境中，你什么时候可以与美国总统连续交谈几个小时呢？按照今天的标准，参加这次会议的人都不是富有的人，这种"福利"甚至比现在人们所认为的更有意义，因为现在总统的顾问通常都是财力超群的人，习惯了奢侈。康纳利和彼得森可能还算富裕，虽然不是按照现在的标准来衡量的。阿瑟·伯恩斯、乔治·舒尔茨和保罗·麦克拉肯都来自学术界，而保罗·沃尔克在他的职业生涯中要么是公务员，要么是银行的研究人员。

1971年夏天，也就是二战结束仅仅26年后，戴维营成了一个有权有势的人聚集的地方，他们决定着美国的命运，也影响着世界上许多其他国家的命运。那个周末所有的参与者都明白他们的决定将成为一个戏剧性的转折点。

每当需要作出关键决定或撰写重要演讲稿的时候，尼克松就会把自己"闭关"在戴维营。1969年春天，他就是在戴维营为艾森豪威尔总统写悼词的。1970年春天，正是在戴维营，他决定派兵进入柬埔寨。作为一个"独行使"，尼克松需要个人空间来思考在危急情况下他该说些什么、做些什么。他曾写道："我从来没有准备过重要的演讲或新闻发布会，也没有在椭圆形办公室里作出过重大决定。"[27]

尼克松的传记作者理查德·里夫斯说,"在山里,尼克松总是在策划大大小小的变革[28],有时是为了建设一个更美好的世界,但更多的时候只是针对他自己的员工和内阁的政策变动。"

　　该营地以其低调和传统的特点而闻名。总统的小屋里有舒适的家具和带有格子软垫的安乐椅。房间里还有一扇大落地窗,一个巨大的石砌壁炉,壁炉上方挂着总统印章,还有一间摆满书架的舒适客厅,用落地灯而不是顶灯来照明。事实上,所有的小木屋都有用古老的石头砌成的大壁炉、带木制横梁的天花板、镶板的墙壁和老式的小厨房。即使是在阿斯彭山庄,瓷器和银器也很常见。

　　当尼克松像往常一样乘坐"海军陆战队一号"来的时候,常有一架诱饵直升机伴飞[29],以甩掉任何可能出现的破坏者。那里的安全措施非常严密,而且要经常进行全方位的防控,空域也会受到管制。在1971年,你看不到前门,也看不到任何安保人员或设备。海军少将迈克尔·乔尔乔内(Michael Giorgione)曾是一名营地指挥官,他写道:"如果你偶然或有意转身沿着小路向前走了几码,一切都会改变[30]……这片寂静的土地在人类已知的最敏锐的军事力量下焕发出生机。这里的树真的有眼睛。"

　　1971年,营地的安全小组由大约100名经过特别挑选和训练的、曾在越南服役的海军陆战队退伍军人组成[31],他们住在营地的营房里,守卫着营地的外围、入口,以及几个瞭望塔。当总统或他的客人步行或者乘坐高尔夫球车(通常的机动运输方式)进入时,海军陆战队会躲在树林里监视他们。当这些达官显贵们从一个岗哨走到另一个岗哨时,安全小组会保持静默,仅用对讲机来回发出信号。每个人都有一个代号,尼克松被称为"老大"(The Man),基辛格被称为"007"。在营地入口外,海军陆战队还埋了一条巨大的消防水管,它连接着一个主要的水源,一旦出现大规模的公众示威活动,他们可以迅速拉上来使用。

第十三章 8月14日，星期六

早餐后，三个工作组在劳雷尔山庄的三个独立房间聚会[32]，每个房间的门都相对，以便每一组的参与者都可以自由进出。这些人走进不同的房间，没有任何喧闹，也没有官僚机构来明确立场、捍卫利益、在每一个关键时刻要求法律审查。因此，整个团队在观点碰撞和探讨改进方案方面非常高效。"我们在即兴发挥[33]，"萨菲尔回忆道，"但这是唯一的方法[34]，工作的质量不取决于部门的规模和影响力，而是屋内人员所掌握的知识和组织能力。"

那天上午，三个工作组的人员被重新分配。康纳利没有被分配到任何一个小组，而是在他们之间随时穿插。预算和税收小组由舒尔茨、三个副手、温伯格上校、阿诺德·韦伯和肯尼思·达姆组成，斯坦和埃利希曼偶尔也会加入。他们关注的问题包括具体的减税、削减或推迟开支的措施。在每个案例中，他们精确计算了这些措施对1972年及之后一年的总体财政的影响，而且还计算了之后一年对财政总体的影响。他们花了相当长的时间来讨论如何废除对美国汽车征收的消费税，并讨论这些措施是否会直接作用在消费者身上。他们还重新审议了如何为出口海外并促进国内就业的美国公司减免税收，而非那些通过国外子公司生产产品，用外国工人代替美国劳动力的公司。

国际货币与贸易小组由伯恩斯、沃尔克、彼得森以及布拉德菲尔德（财政部法律顾问）组成，麦克拉肯和斯坦偶尔也会参与其中。康纳利认同他们的观点——关闭"黄金兑换窗口"，并强调美国别无选择，因为黄金储备很低，如果不关闭这一窗口，美国只能任由外国人摆布。此外，他们讨论进口税占用了很多时间。他们讨论了前一天所提出的同样问题：这个税应该持续多久？国外的反应会是什么？应该依据什么法律？在这部分的讨论中，同样涉及应如何解决日美在纺织品行业的贸易摩擦问题。伯恩斯和沃尔克最终制定了在宣布关闭"黄金兑换窗口"之后应立即采取的措施。

工资和物价管控小组由麦克拉肯、斯坦和韦伯组成。在最初的几个月里，大家一致同意冻结工资和物价，但除此之外就没有其他措施了。因此，讨论的议题范围包括：接下来应该有什么样的管控措施？工资和物价会被冻结多长时间？有哪些例外呢？谁来进行管理？拒绝执行的机构应该受到怎样的惩罚？小组成员就劳工的反应交换了意见，舒尔茨预测劳工们会对政府产生敌对反应，因为公司分红和利润将不再稳定，所以与工会相比，政府应当给企业管理层提供一个更好的交易条件。

每个小组都为制定新政策提出了一个详细的大纲，最终将所有内容汇总成对一揽子计划的全面解释，这些计划将被包含在一个更加宏观的政策声明中。

午餐大约在12时30分于劳雷尔山庄举行，期间，每个工作组总结了自己的工作情况。用餐时，赫伯特·斯坦制作了一份通俗版的关于整体情况的说明文件，并与大家分享。上面写着以下内容：

8月15日[35]，总统从山上下来，对所有在座的人说：

"我给你们带来了一个全面的八项计划，内容如下。

"首先，不能抬高价格，也不能抬高工资、租金、利息、费用或股息（事实上并没有对利息或股息进行控制）。

"第二，不能支付黄金，也不能支付其他贵金属或纸币。

"第三，不能开日本车，不能穿意大利鞋，也不能喝法国酒，无论是红酒还是白酒。

"第四，凡购买仪器，第一年返还仪器价值的10%，以后只返还5%（这里指的是投资税收抵免）。

"第五，不能分享收入，不能帮助任何家庭，现在还不行（这里指的是推迟尼克松的两大计划，联邦收入分享计划和家庭援助计划）。

第十三章 8月14日，星期六

"第六，无论谁购买美国汽车，都应该受到尊重，免征汽车消费税。

"第七，你在1972年就可以享受民主党在1973年许下的承诺（这里指的是尼克松提出的观点，即大多数倡议最初都是民主党人的想法）。

"第八，应该任命一个长老会来考虑如果需要再加一条该怎么办。"

午餐结束时，康纳利组织大家与尼克松进行下午的讨论。他提出四份报告：一份关于预算，一份关于工资和物价管控，一份关于国际事务，还有一份是综合性概述。

当这些小组工作时，尼克松留在了阿斯彭山庄。他在上午9时15分吃早餐，然后整个上午的大部分时间都在和远在纽约的女儿特里西娅·尼克松·考克斯（Tricia Nixon Cox）通电话，期间还与他的特别顾问查尔斯·科尔森（Charles Colson）、准备飞往巴黎与北约进行秘密会谈的基辛格至少进行了三次通话。

在星期六早上的电话中，尼克松告诉基辛格，他计划在星期日晚上发表演讲，宣布对进口商品征收附加税，但是会以一种含蓄的方式表达出来[36]，因此，在没有事先协商的情况下由于单方面破坏盟国关系所产生的政治影响并不会立即引起基辛格的注意。基辛格在回忆录中回忆道："事实上，一项重要的外交决定已经作出[37]，但都没有征求过国务卿和国家安全顾问的意见。"基辛格提醒他的副手亚历山大·黑格（Alexander Haig）将军密切关注那个周末的情况。黑格让基辛格的首席经济顾问霍马茨保持警惕[38]。霍马茨立即试图联系在戴维营的保罗·沃尔克和舒尔茨的副手肯尼思·达姆，但他当天都没有收到回复。

下午2时40分至6时15分，尼克松在阿斯彭山庄再次会见了整个团队。又用了很多时间来讨论进口税，总统也再次表达了他对利用《与敌国贸易法》提高进口税这一做法的厌恶，尽管他改变了前一天的立场，允许只能在绝对必要的情况下豁免日本纺织品的关税。他甚至不喜欢用关贸总协定允许的国际收支紧急状态来证明关税的合理性。他决定暂时搁置这一决定，认为在星期日演讲后他们可能会有机会对此进行重新讨论。他说过，他想要一个几乎没有任何豁免的全面关税。

那天下午，尼克松要求单独会见高级官员，而不见他们的手下。期间，他又提起要关闭"黄金兑换窗口"。尽管他已经下定决心要这么做，并且已经把自己的决定告诉了霍尔德曼，但他还没正式通知所有高层人员。他想确保每个人都知晓并赞同，因为前一天晚上讨论的内容很多，有时大家还会表现得很激动。他可能是想让自己确认没有人会背叛自己。

会议于下午 6 时 15 分左右结束。6 时 45 分至 7 时 15 分，萨菲尔来到阿斯彭山庄讨论演讲稿内容。尼克松说，他对草稿总体上是满意的，但仍对描述美元贬值的措辞感到不舒服。他担心大多数美国人还是会推断出这意味着美元会相对贬值。他担心这会被视为美国的退步，并带来政治影响。特别是在工资和物价问题上——尽管他在美元与黄金挂钩以及自由贸易问题上也做了同样的事情——尼克松可能会让自己面临背叛自己的原则或一直隐瞒自己真实想法等一系列指控。"那个周末，我和萨菲尔一直在一起修改演讲稿[39]，"尼克松在回忆录中回忆道，"我在想，报纸的头条会怎么写，会是《尼克松大胆行动》吗？或者是《尼克松改变主意了》？"

大约在晚上 7 时 20 分，尼克松让霍尔德曼在游泳池见他，这位办公厅主任发现总统在那里放松，还抽着烟斗。尼克松想谈谈关于星期日晚间演讲的方式与策略。

之后，团队的其他成员在劳雷尔山庄吃晚餐，为了进一步完善

第十三章 8月14日,星期六

整个程序,他们工作到很晚才吃饭。在晚餐期间,尼克松打电话给埃利希曼,想了解一下大家的情绪。埃利希曼报告说,自己的情绪非常高涨。这与萨菲尔在他自己笔记中所记录的内容相符,当时他观察到,"给美国经济加以约束而产生的影响如此令人震惊[40]……(然而)这比房间里的任何一个人一生中所经历的都要有趣。"

然而,对于财政部副部长来说,情况并非如此。萨菲尔承认:"沃尔克当时特别痛苦[41]","他接受的是国际货币体系的教育,是为了捍卫国际货币体系,《布雷顿森林协议》对他来说神圣不可侵犯。世界各地与他一起成长并交往的人,在危机中互相信任、尊重规则,坚持少数不变的原则,比如黄金的可兑换性。然而在这里,他参与的事情却推翻了他所坚持的一切。这对他来说并不是一个愉快的周末"。

那天晚上的晚些时候,萨菲尔向乔治·舒尔茨和赫伯特·斯坦展示了整个演讲内容[42],他无视了尼克松的指示,即每个部分只能与专门负责该领域的人分享。伯恩斯也来到萨菲尔的房间,做了一些技术上的修改,并要求萨菲尔删除"国际货币兑换商"的负面说法。

大约在晚上9时左右,尼克松邀请霍尔德曼、埃利希曼和舒尔茨的副手温伯格到阿斯彭山庄来讨论一些政治方面的问题。霍尔德曼在日记中描述了这一场景。"我们走了进去,客厅空无一人[43]。尼克松总统在楼下的书房里,灯关着,尽管那是一个炎热的夜晚,但壁炉里却生着火。他让我们坐下来,神秘地告诉大家,他的所有重大决定就是在这里做出来的,如同罗斯福所做的那样,是真正重要的事情,自称是'罗斯福第二'。我们需要振奋这个国家的精神,这将是演讲的重点内容。"尼克松说,除非国家精神得到振奋,否则一切都会失败,而一旦提振了整个国家的士气,经济就会腾飞。

尼克松可能是在表达他对美国命运的质疑,或者说是一种焦虑,美国正处于一场激烈的经济竞争中。这是他人生中第一次面对这种情况,但他并不清楚这个国家是否认识到了这一点。他说:"日本人、苏联人、中国人和西德人仍然怀揣一种使命感和自豪感[44], 为自己的愿望竭尽全力", "人们什么时候退出比赛并不重要, 但失去了精神支柱, 就再也无法恢复。无论是一个国家还是一个人, 必须有一个超越自己的目标, 否则就不可能变得强大。如果永远不想让美国成为第二, 我们就必须努力达到我们所能达到的最高目标。"

讨论又回到了沟通策略上。尼克松希望温伯格向加利福尼亚州州长罗纳德·里根汇报情况。同时, 他再次让埃利希曼给纽约州州长洛克菲勒打电话。在电话中, 他们都谈到了舒尔茨和其他人打算应对劳工领袖的问题。

晚上10时, 尼克松总统独处一室。他打开电视, 观看一场橄榄球表演赛, 在这场比赛中, 华盛顿红人队击败了丹佛野马队。

午夜前后, 伯恩斯和萨菲尔在郊外凉爽的环境中散步。伯恩斯在缅怀艾森豪威尔时代。然后他把话题转到这个周末, 称赞尼克松是一位优秀的领导人, 不仅耐心听取所有顾问的意见, 提出许多好的建议, 并在最终作出决定之前会努力让大家达成共识。"他现在是总统了[45]," 伯恩斯告诉萨菲尔, "在外交事务上, 他有重塑世界的崇高动机, 或者至少他的目的是通过重塑世界来赢得声誉。谁能说出他的真正动机是什么?但无论如何, 这股力量正在把他推向正确的方向。"

在他的日记中, 伯恩斯以更尖锐、更愤世嫉俗的语言记录了他对这个周末的想法。"总而言之, 总统从一个话题转移到另一个话题时, 几乎没有给其他人留有任何怀疑的余地, 他的领导几乎全都出于政治动机[46]。总统坚信我们正在讨论的这种变化(包括物价、工资、税收等)对1972年的选举活动来说是必不可少的。如果还有别的动机的话, 要么就是还没表现出来, 要么就是我太过专注于自己的想法, 还没有意识到。"

这个重大决策在大约36个小时里诞生并得到了所有人的支持。

第十三章 8月14日，星期六

同时，在收集与这些决定密切相关的材料方面也取得了相当大的进展。演讲稿也已大致完成，它包含了一个激进的新计划，尽管这一涉及国内和国际经济的计划与现有政策相去甚远，但与政界、商界、劳工领袖进行磋商的计划已然提上日程。第二天对美国乃至世界而言，将是一个重要的日子。

第十四章

8月15日，星期日

星期日，尼克松与霍尔德曼共进了早餐。之后，他与整个团队谈了大约90分钟，以感谢每个人的贡献[1]。期间，他探过身向霍尔德曼说，他应该确保康纳利和伯恩斯都会因为他们所作的决定而获得公众的信任[2]。然后，他安排大家合影，亲自安排每个人坐在哪里或站在哪里，在庆祝的气氛中，他还抽出时间对菲律宾勤务兵说[3]没有足够的椅子，看上去似乎既热情又紧张。

从合影照片上很难看出在过去的两天里讨论并解决了很多重大的、可能会影响世界的问题。这些人刚刚决定让美国政府介入复杂的经济去制定物价和工资，这种方式是美国在和平时期前所未有的。他们同意从根本上重组布雷顿森林体系。该体系自二战结束后就一直存在，在过去20多年里一直是全球经济取得巨大进展的核心因素。然而，从这些照片中，你看不到他们所承受的压力，这些压力来自他们将要执行这些决定，以及要与企业、劳工、消费者和几个有影响力的海外政府进行广泛谈判。事实上，每个人看上去都很放松和满足，就好像他们在野外打猎或钓鱼，或正在度假回家的路上。合影中，所有的男人都在微笑，但没有人比康纳利笑得更开心的了。

下午2时左右，午餐结束后，除了尼克松、萨菲尔和罗丝·伍兹，其他人乘坐两架直升机离开了戴维营。他们需要找工作人员再

第十四章 8月15日，星期日

一次检查这些文件，填写并核对事实和数字。两个半小时后，尼克松、萨菲尔和伍兹飞回了华盛顿。

那天下午，除了在阿斯彭山庄单独吃了一顿午餐，尼克松大部分时间都和萨菲尔在一起。尼克松坐在泳池边，继续调整自己的演讲稿，主题是他最困扰的部分，第一个挑战是如何向美国公众描述美元可能贬值的情况。这个问题很复杂，几乎所有与货币有关的问题都是如此。第二个挑战是，尼克松还担心，对于这个世界上最强大的国家来说，承认美元贬值的想法带有失败和羞辱的意味。毕竟，这意味着每一个美国人手中或银行里的钱明天就会贬值。第三个挑战是，美元贬值标志着进口外国产品的规模会扩大，价格也将变得更加昂贵，从而使美国人的负担加重。他在思考应该如何以一种正面积极的表述方式来描述美元的贬值。

在萨菲尔的陪同下，尼克松逐字逐句地修改，淡化了许多措辞。例如，他把"艰难的"竞争改为"强劲的"竞争[4]，把"美国人民"改为"每一个美国人"。到发表演讲时，演讲稿已经反复过了四遍。

尼克松还提出了一个标题来描述整个一揽子计划。他称之为"新经济政策"，后来简称为 NEP（New Economic Policy）。这是一个简单的表述，因为在尼克松的头脑中，富有戏剧性的内容本身就说明了一切。当萨菲尔听到这一表述时，他隐约感到不舒服[5]，好像这句话以前用过。过了一段时间才想起弗拉基米尔·列宁（Vladimir Lenin）也曾把当时的计划称为"新经济政策"。然而，尼克松并没有更改这个名称，因为媒体有太多其他的事情要关注，标题不会产生很大影响。

在乘坐直升机返回华盛顿的短暂行程中，尼克松又排练了一遍演讲，萨菲尔和伍兹在听。期间，尼克松告诉萨菲尔："你知道这一切的计划是什么时候完成的吗[6]？60天前我和康纳利就定好了。"这有点夸张，因为就总统和财政部长讨论的详细程度而言，似乎更有可能是 7 月下旬,尽管财政部确实在这两年内一直在为美元危机制定应急计划。尼克松可能也说服了自己,认为他的态度出现 180 度大转弯是基于充分的分析和计划,而不是出于下意识的冲动。萨菲尔意识到,尼克松之所以不情愿地作出这些决定,是因为这些决定违背了他追寻自由市场的初衷,尤其在工资和物价方面。然而,很明显他喜欢打对手个措手不及。"尼克松本来不喜欢这样做[7]," 萨菲尔回忆说,"但他现在喜欢这样做。"

与此同时,在华盛顿,财政部、行政管理和预算局、美联储、国家安全委员会和白宫的工作人员正忙着为晚上 9 时的演讲作准备。当前任务之一是及时通知在国外的重要官员,不要让他们感到不必要的侮辱,但也不能提前太长时间通知,以免在正式发表演讲之前引发负面反应。

伯恩斯通过电话或电传联系了主要中央银行的官员。几十年的密切合作让美联储知道如何有效地与同行进行沟通,但对政府部门来说却并非如此。国家安全委员会工作人员在星期六和霍马茨通了电话,电话中收到了来自沃尔克和达姆的回复。霍马茨对演讲中的大部分内容都很熟悉,只是他没想到这么快就到了这个紧要的时刻。此外,他对于征收进口附加税的决定感到震惊。在他看来,这并非一个经过慎重讨论的话题,对于一个曾经拥护自由贸易的国家来说,这一步未免跨得太大了。

霍马茨在对演讲中的内容进行快速总结后,问到是否有提醒各国元首和外交部长的计划。听到还没有采取任何行动后,他自愿起草电文。由于缺乏足够的细节,他需要沃尔克或达姆的帮助,这些电报会经过国务院,国务院随后通过安全通信网络进行发送[8]。尼克松发给西德总理维利·勃兰特的电报中[9],以尼克松即将宣布的措施为开头,随后要求在货币政策方面进行广泛的合作,并指出康纳利将与西德财政部长保持联系,保罗·沃尔克将很快前往西欧进行面

第十四章 8月15日，星期日

对面的磋商。类似的电报也发给了英国、法国、意大利和日本的领导人。

当天下午，另一位忙碌的人是财政部负责国际事务的助理部长约翰·佩蒂[10]，周末期间，他一直坚守在财政部"大本营"。佩蒂和他的团队完成了财政部应急计划背后的大部分工作，并围绕演讲准备了很多简报材料。

星期日下午，佩蒂检查了保罗·沃尔克给他的综合简报，这份简报将在尼克松演讲前交给媒体。同时，他也在审核需要交给国际货币基金组织的有关美国将关闭"黄金兑换窗口"的通知文件。佩蒂把给国际货币基金组织的通知草案交给了沃尔克，沃尔克又转交给了康纳利。傍晚时分，康纳利向国际货币基金组织总裁皮埃尔-保罗·施韦策（Pierre-Paul Schweitzer）发出了通知。这是一封具有历史意义和戏剧性的信件[11]，这封信取代了1949年5月20日由财政部长约翰·斯奈德（John Snyder）签署的那封。康纳利写道，从现在起，美国将不再根据国际货币基金组织协议中的条款自由买卖黄金。不过，他承诺美国将与国际货币基金组织合作，促进汇率稳定，避免各国因人为降低利率（或称为"竞争性贬值"）而相互竞争。

下午5时左右，尼克松打电话给司法部长兼密友约翰·米切尔[12]，总统激动地告诉米切尔："这是一个相当大的包裹。""这将产生相当大的影响……这真的会让所有相关的人都大吃一惊。"

当天早些时候，霍尔德曼的团队已经通知了主要媒体的负责人，总统将发出一个重要的公告，告诉他们应该为当晚和第二天早上预留出播报的时间。霍尔德曼的团队还邀请媒体参加晚上8时15分在白宫东厅举行的演讲前新闻发布会。每位记者到达后都会拿到一份叫"总统经济计划说明材料"（Explanatory Material of the President's Economic Program）的文件。这份文件共有22页，详细总结了尼克松团队最近两天的工作情况。

白宫新闻秘书罗恩·齐格勒告诉记者，他们将留在新闻发布室，直到晚上9时的演讲结束。他们会通过电视机观看演讲，演讲文本将在尼克松讲完后发布。在没有互联网和手机的时代，房间里的人没有办法和外界的人联系。

康纳利、舒尔茨和麦克拉肯坐在前面，面对着媒体。财政部长康纳利以一个概述开始了简报。这么做的原因之一是，这个新计划酝酿了很长时间；另一个原因是这是非常大胆的全面策略。这位财政部长说："总统长期以来一直在考虑全面、综合的行动方针，以寻求解决困扰国内外所有问题的办法。"[13]

媒体的提问立即触及了问题的核心[14]——总统是从根本上改变了方向吗？过去几周发生了什么让他转向了新的方向？康纳利将这一转变归咎于来自外国市场的压力，但这引发了更多关于美元价值将如何变化的问题。康纳利说："说实话，我们谁也不知道将会发生什么。"黄金将会怎样发展？工资和物价被冻结之后会发生什么？各种问题接踵而至。舒尔茨一度插话以降低记者的提问热情："我认为这里需要强调的是您所提出的一系列问题及其相互关系。与其说这是一件事，不如说这是一整套事情。"康纳利和舒尔茨不得不回避一些问题。期间，康纳利说："我不认为舒尔茨和我说过我们不支持冻结物价。他和我说的都是我们不支持对工资和物价的管控。我认为这两个短语解读的意思完全不同。"当然，康纳利和舒尔茨都是不诚实的。他们知道，在冻结之后，必须采取某种尚未确定的管控措施，否则工资和物价会迅速回到原来的水平，甚至可能会继续上涨至更高的水平。最终，新闻发布会于晚上8时50分结束。

就在尼克松演讲开始之前，白宫工作人员给一些重要人物打了电话，提醒他们尼克松总统将发表一场重要的演讲，在某些情况下，还会就一些关键问题提醒他们。例如，玛丽娜·冯·诺伊曼·惠特曼（Marina von Neumann Whitman），她是经济顾问委员会的一名工作人员，曾为麦克拉肯写过许多备忘录，事前她对戴维营发生的事情一无所知。星期日早上，她接到了麦克拉肯助理西德尼·琼斯（Sidney Jones）的电话[15]，要她当晚观看尼克松的演讲（在福特总统任内，惠特曼成为经济顾问委员会的首位女性成员）。惠特曼将电话内容转述给丈夫，并重复了琼斯的话："尼克松要投下一颗'重磅炸弹'"。听到这个消息后，她的小女儿天真地问道："炸弹会不会落在厨房？"在那个星期日的下午，赫伯特·斯坦打电话给艾伦·格林斯潘（Alan Greenspan）[16]说："总统想让你听听演讲。"斯坦给了格林斯潘一些简单提示。格林斯潘回忆道，当他挂电话时，伸手去拿东西，结果扭伤了背部，疼了好几周。他半开玩笑地猜测，他听到的消息会令人震惊到受伤。（尼克松最终推荐格林斯潘担任经济顾问委员会主席，格林斯潘是在尼克松辞职后担任了这个职位。后来他成为里根政府的美联储主席，并在这个职位上工作了将近20年。）

在演讲前几分钟，国务卿罗杰斯打电话给日本首相佐藤荣作（Eisaku Satō）[17]，告诉他总统会说些什么。沃尔克也致电给日本财务省高级顾问柏木雄介（Yasuke Kashiwagi）[18]。美国官员敏锐地意识到，日本对华盛顿方面的举动十分敏感。毕竟，美国已经成为日本最亲密、最重要的盟友和军事保护者。就连美国驻东京大使馆也向日本政府部门和日本央行发出了警告。日本财务省的一位官员将美国大使馆的警告转达给了财务省负责国际事务的副大臣特别助理行天丰雄（Toyoo Gyohten）。他立即动手找了一台短波收音机，以便能听到尼克松在美国之音（Vocie of America，VOA）的演讲。回顾这段经历，他说："我们称之为'尼克松冲击'[19]。整个日本都惊呆了，这会是一次重大冲击。"（1986年，行天丰雄成为一位备受瞩目和受人敬仰的负责国际事务的财务省副大臣。）

晚上8时35分，尼克松和他的化妆顾问雷·沃格（Ray Voege）

待在一起。不到 20 分钟后,总统和他的特别助理马克·古德(Mark Goode)来到了椭圆形办公室。晚上 9 时,三家电视台都插播了这篇讲话。在之前与工作人员讨论时,尼克松曾一度表示担忧,因为他会中断美国全国广播公司广受欢迎的《财源》(*Bonanza*)节目。《财源》是美国西部电视节目中播放时间第二长的节目。

尼克松身着灰色西装[20]、白衬衫,打着灰色领带,坐在他的办公桌前,美国国旗在他的右边,总统旗帜在他的左边,身后是一个绿灰色的窗帘。尼克松总统并不擅长正式演讲,相反,当尼克松即兴演讲时,观众们看到的是一个更轻松、更有感染力的演说家。一如往常,他的表现很生硬,说话时不用提词器,手里拿着一沓 17 页的演讲稿。在他一页一页地阅读时,眼睛不断地扫视文本。发言稿是大纲式的[21],有大量的间距来分隔主要部分。他结结巴巴地说了几句话,还用手背擦了擦鼻子,似乎是流下了一颗汗珠。在谈到美元时,他显得特别不自在,并且灯光会偶尔反射到他后退的发际线上,产生的眩光令人分心(后来尼克松在与霍尔德曼的讨论中,对整个场景的布置提出了批评)。此外,当他说到"我们不会和国际货币投机者交朋友"时,露出了尴尬的微笑。在大部分时间里,他的脸占据了大部分的镜头,而在他的演讲快要结束的时候,镜头又缩小了。(下文为尼克松全国演讲内容及笔者的评论。)

向 全 国 发 表 讲 话
新经济政策:和平的挑战[22]
(1971 年 8 月 15 日)

晚上好:

在过去两年里,我曾多次就结束战争的问题向全国发表讲话。由于我们在实现这一目标方面取得了进展,因此本周日晚上是我们

第十四章　8月15日，星期日

将注意力转向和平挑战的适当时机。

今天的美国在本世纪有最好的机会去实现它的两个最伟大的理想：带来整整一代人的和平，以及在没有战争的情况下创造新的繁荣。

尼克松以一个宏大的主题开始，这个主题将他的主要目标之一（结束越南战争）与他最重要的职责（改善不断恶化的经济）联系起来。

这不仅需要勇于采取大胆的行动，进行勇敢的改革，更要唤起伟大的民族精神。

在没有战争的情况下实现繁荣需要在三个方面采取行动：必须创造更多更好的就业机会；必须抑制生活成本的上涨；必须保护美元免受国际货币投机者的攻击。

这是尼克松在向美国人民阐述这些问题的清晰路线图。他以就业这一关键的政治挑战为总领。同时，他明白通货膨胀的危险，但他从未将其视为一个会影响选举结果的突出问题。在他描述美元面临的挑战时，就好像美国正在遭受攻击一样，而且是一场双方对峙的战斗。

我们将采取行动，不要胆怯，不要敷衍，也不要事倍功半。

我们将在没有战争的情况下走向新的繁荣，这符合伟大人民的利益——我们将共同努力，沿着广阔的战线前进。

说明行动的具体范围和各种倡议之间的关系是尼克松政府想要强调的主题，而非仅仅是因为尼克松喜欢宏大且大胆的设想。尼克松和康纳利都认为，将所有的内容放在一起时，批评人士就很难攻击其中的某一个部分。此外，如果所有内容看起来都是相互关联的，那么任何一个部分的支持者都会觉得，为了保留他们最关心的那部分，必须要支持整个项目。事实上，尼克松为每个人都提供了一些好处。自由派希望工资和物价得到限制；保守派希望企业投资获得激励；大多数人都支持关闭"黄金兑换窗口"，这相当于美元贬值，且意味着更多的出口和更少的进口，进而意味着会创造出更多的就业。"没有明显的遗憾，也没有道歉[23]，尼克松采取了一系列改变世界经济格局的措施，跨越了广阔的战线。"萨菲尔在他对这个周末的描述中写道。

现在到了美国制定新经济政策的时候了。其目标是解决失业、通货膨胀和国际投机。这里是我们解决这些问题的方式。

首先，关于就业问题。我们都知道为什么会出现失业问题，是因为我们成功结束了越南战争，200万工人从武装部队和国防工厂里走出来，让这些人重返工作岗位是和平时期的挑战之一。现在，我们已经开始取得一些进展。我们今天的失业率低于20世纪60年代和平时期的平均水平。

但我们能够而且必须做得更好。

尼克松把失业归咎于越南战争的结束，把美国的问题归咎于一场并非他发动的战争，从而转移了他对经济失败的责任。

美国工业以高于历史上任何其他工业体系的实际工资创造了比历史上其他工业体系都多的就业机会，现在是时候开始一项大胆的、促进和平时期生产的新投资计划了。

为了给这一体系强有力的刺激，我将要求国会在夏季休会后重新开会，并将制定《1971年就业发展法案》（Job Development Act

第十四章 8月15日，星期日

of 1971）作为首要任务。

通过促进就业和其他投资激励措施，尼克松希望演讲一开始就得到最大范围的选民支持。在过去两天的戴维营会议中，很多人都在关注政府将采取什么措施来降低失业率。在较早的一份草案中，"投资税收激励"是为这些税收减免提议以及相关立法所设立的标题。尼克松迫切想要添加一些能与普通美国人产生共鸣的内容。因此，萨菲尔提出了加入"就业发展"的设想[24]。

第一，我提议采取有史以来最强有力的短期激励措施，投资于新的机器和设备，为美国人民创造新的就业机会：从今天开始，发行为期一年、利率为10%的就业发展信贷产品，1972年8月15日以后则将利率调整为5%。这种对新设备投资的税收抵免不仅会创造新的就业机会，还将提高生产率。这将使我们的产品在未来几年更有竞争力。

第二，我将提议废除税率为7%的汽车消费税，从今日起生效。这意味着每辆车的价格将下降约200美元。我将坚持要求美国汽车生产商将这项减税政策惠及今年购买汽车的近800万消费者。更低的价格意味着更多的人将买得起新车，每多卖出10万辆汽车就意味着将创造2.5万个新工作岗位。

政府只对美国汽车实施了减税措施，而不是进口汽车。外国政府认为这种"买美国货"的政策是具有歧视性的，违反了贸易协定，并在随后的谈判中进行了强烈的反对。

第三，我建议加快原定于1971年1月1日至1972年1月1日施行的个人所得税减免政策，这样纳税人就可以比原计划提前一年从每次免税额中多扣除50美元。这种消费能力的提高将对总体经济，特别是就业提供强劲的推动力。

  我建议的这些减税措施，以及今年上半年经济的全面好转，将有力地推动我们朝着一个自1956年以来我国从未达到的目标前进：在和平时期实现繁荣与充分就业。

  战后恢复繁荣是尼克松在政府其他部门中反复强调的主题。然而，这种没有通货膨胀的繁荣与20世纪70年代相比，实在是太遥远了。这在很大程度上是由于20世纪40年代末至60年代末存在的独特状况而导致的，这种状况不可复制。毕竟，那个年代的特征是：西欧和日本在战后恢复期间对美国商品有着无限的需求；在大部分时间里，美国公司缺乏外国竞争对手；战后初期美国大大提高了劳动生产力；一个军事工业综合体的强大崛起，该综合体推动了全国的生产、就业和新技术发展。然而，这些因素几乎没有延续到20世纪70年代。

  展望未来，我已经指示财政部长，建议国会在1月份的税收提议中加入刺激新行业和新技术研发的内容，这可以为美国未来10年需要进入就业市场的年轻人提供2 000万个新工作岗位。

  尼克松虽然提出了这些建议，但他似乎并未很在意。彼得·彼得森一直大力倡导政府加大对未来产业的投入。他敦促政府应更加重视结构性问题，比如为高技能职业培训工人制定相关计划，但政府从未将这些计划落实。

  为了抵消减税措施带来的收入损失，我下令削减47亿美元的联邦政府开支。

第十四章 8月15日，星期日

尼克松非常担心自己被看作是开支无度的人，也担心自己被贴上坚持维护党派利益的标签，即保持政府预算赤字。他估计民主党控制的国会不会实施这些削减政策，那么即使有赤字也将是他们的错，而不是自己的。这将使他能够在下届总统竞选中对抗在财政上不负责任的民主党人。

刺激就业的减税措施必须与抑制通货膨胀的支出削减措施相匹配。为了控制政府开支的增长，我已下令推迟加薪，并裁减5%的政府人员。

同时，我已下令削减10%的对外经济援助。

在戴维营，削减对外援助并不是一个大问题。由于基辛格和罗杰斯没有出席会议，因此会议中几乎没有讨论外交政策问题。在周末时，罗杰斯可能通过电话，同意了削减对外援助法案。

此外，由于国会已经推迟了本届政府的两项重大倡议，因此我将要求国会修改我的提议，收入分享计划推迟3个月，福利改革计划推迟1年。

尼克松再次强调了这些计划的必要性，因为他知道无论如何这些计划都会被国会推迟。

这样，我正在重新安排我们预算中各个事项的优先次序，以便集中精力实现充分就业的目标。

实现新繁荣的第二个不可缺少的因素是抑制生活成本的上升。

尽管当前通货膨胀率一直在下降，但总体水平依旧很高。失业和通货膨胀是尼克松政府在国内面临的最大挑战，因为经济学家对"滞胀"束手无策。

战争造成的最残酷的后果之一就是通货膨胀。通货膨胀掠夺着每一个美国人，你们所有人。2 000万靠固定收入的已退休人员受到的打击尤其严重。家庭主妇们发现平衡家庭预算比以往任何时候都要困难，但8 000万美国工薪阶层却一直在努力工作。例如，在1965年至1969年的4个战争年份里，你的工资增长完全被物价上涨抵消了。虽然你的工资更高了，但日子并没有过得更好。

我们在控制生活成本上涨方面取得了一些进展。消费价格涨幅从最高点，即1969年的年均6%，在1971年上半年已下降至4%的水平。但是，就像我们对抗失业一样，我们能够而且必须做得更好。

现在是果断采取行动的时候了——打破价格和成本螺旋上升的恶性循环。

我今天下令冻结全美所有物价和工资，为期90天。此外，我呼吁企业将工资和物价冻结的范围扩大到所有股息分红。

在和平时期，华盛顿政府广泛干预美国资本主义的日常运行机制，其产生的影响同样是惊人的，尤其是对一位共和党人来说。工资和物价管控成了关键问题。毕竟，在该计划中，对就业的刺激可能会引发通货膨胀，提高关税和美元贬值也会造成通货膨胀。如果不对工资和物价实施管控，就没有办法控制一揽子计划中其他部分所产生的通货膨胀压力。《纽约时报》记者伦纳德·西尔克写道，公众一直渴望对工资和物价采取行动，"冻结工资和物价使总统的反通货膨胀政策变得戏剧化[25]，消费者、工人和商人们深深地意识到了这一点"。

我们可以用尼克松的对华政策作一个类比。据说只有尼克松可以在 1971 年向中国伸出援助之手，因为他的反共立场可以追溯到数十年前。在工资和物价管控问题上，他反对的时间太长了，但现在他却突然接受了这些政策，这无疑比民主党人接受同样的政策所带来的批评要少得多。

今天，我在政府内任命了一个生活成本委员会。我已指示他们要与劳工和商界领袖合作，建立适当的机制，在 90 天的冻结期结束后，实现物价和工资的持续稳定。

我强调一下，这一行动有两个特点：第一，这是暂时的。给强大而充满活力的美国经济穿上永久的"紧身衣"将会导致长期不公平的现象，这将抑制我们自由企业制度的发展。第二，虽然工资和物价冻结将得到政府的支持，但若非必要，政府不会同时建立一个庞大的价格管制机构。我依赖于全体美国人的自愿合作——你们每一个人，工人、雇主、消费者——来实现这一目标。

冻结之后的政策和行动是本次演讲提出的最大问题之一。在这段话中，尼克松其实是在误导他人。因为他使用了"临时"这样的词，表示不会有"官僚主义"，这总体上会给人留下一种印象，即整个调控的过程将是短暂的，而且政府的干预非常少。一方面，他暗示对整个计划保留了很多的意见，强调了冻结行为的临时性和他对建立官僚机构的厌恶。另一方面，他正在建立一个生活成本委员会，从其名称的性质来看，这预示着政府将在很长一段时间内对美国经济进行大规模干预。

通过共同努力，我们将遏制通货膨胀，我们将在没有强制工资和物价管控的情况下做到这一点，因为这些强制措施将摧毁经济和个人自由。

事实证明这不是真的。实际上,尼克松所厌恶的关于工资和物价管控的一切措施都实施了。

建设新繁荣的第三个不可缺少的因素与创造新的就业机会和遏制通货膨胀密切相关。我们必须保护美元作为稳定全球货币体系的中心地位。

在过去7年中,平均每年发生一次国际货币危机。那么,谁从这些危机中获益呢?不是工人,不是投资者,也不是真正的财富制造者,赢家是国际货币投机者。因为他们在危机中茁壮成长,他们会助长危机。

尼克松竭力向公众解释汇率问题。在去戴维营之前,他不止一次地考虑让康纳利处理这一部分。但最后,他别无选择,只能在当今晚发表讲话时提及。美元一直受到外国的持续攻击,货币问题也经常出现在新闻中。最紧迫的是,华盛顿方面担心外国挤兑黄金。在任何情况下,美国都不会让自己的黄金储备枯竭,因此,关闭"黄金兑换窗口"似乎迫在眉睫。尼克松和康纳利的逻辑是,最好先发制人,让事态看起来像是由美国掌控的。

同样重要的是,尼克松使用了"国际货币投机者"一词。伯恩斯特别反对这一措辞,他曾试图让尼克松删除这一表述,但没有成功。尼克松这样给国外美元持有者贴上标签,树立了一个明确的敌人群体。总统暗示,美国不会容忍这种攻击行为,将竭尽全力捍卫自己的利益。尼克松的前演讲稿撰写人李·休布纳说:"尼克松在攻击时总会处于最佳状态。"[26] "他喜欢有个敌人。"关于这些阴险的外国人的主题将在下一段中继续讨论。

最近几周,国际货币投机者对美元发动了一场全面战争。一个

第十四章　8月15日，星期日

国家货币的实力是建立在这个国家经济基础上的，而目前美国经济是世界上最强大的。因此，我已指示财政部长采取必要行动，保护美元不受投机者的攻击。

我已指示康纳利部长暂时中止美元兑换黄金或其他储备资产之间的可兑换性，除非在金额和条件上符合货币稳定的要求以及美国的最大利益。

这一举措是针对布雷顿森林体系激进改革的开始，尽管它此时并没有那么引人注目。

现在，这个非常具有技术性的动作是什么，对你来说意味着什么？让我来为你们驱除"贬值"这一魔咒吧！

目前还不清楚尼克松为何如此赤裸裸地谈论货币贬值，因为在一小时前的新闻发布会上，康纳利曾说，他和其他人都不知道当说到"黄金兑换窗口"关闭时会发生什么。尼克松本可以把重点放在其他国家升值本国货币的必要性上，因为人为压低本国货币会损害美国公民的利益。在戴维营，每个人都在讨论货币贬值的政治影响。当英国或法国的货币贬值时，国民都指控政府是在向市场投降。"货币贬值"已经成为一种耻辱性的政治词语，尼克松竭力避免这种负面污名，因此他采取了行动，以自己好斗的方式改变这种情况。

如果你想买一辆外国汽车或出国旅行，市场状况可能会导致你手中的美元购买力略有下降。但是，如果你像其他绝大多数美国人一样，在美国购买美国制造产品，那么你的美元价值在明天和今天一样。

总统在玩弄真相。美元贬值会使进口商品更加昂贵，且涨价后的进口商品会融入美国经济的各个方面中。此外，即使进口受到阻碍，美国国内的竞争也会减少，从而使国内生产商更容易提高产品价格。因此，虽然相对于其他国家，美元要贬值，但这并不意味着本国商品的成本不会提高。

换句话说，这一举措的效果将使美元稳定。

"稳定"这个词也具有误导性。政府原本就是希望美元走弱、马克和日元走强——这是对现有货币秩序的重大改变，且将导致全球货币走势的不确定。

现在的行动不会让我们在国际货币交易中赢得任何朋友。我们最关心的问题始终是美国工人，以及世界各地竞争的公平性。

尼克松又一次树敌。

对我们的海外朋友，包括国际银行界那些致力于经济稳定和自由贸易的极其负责任的成员，我对你们保证：美国一直是，并将持续是一个着眼未来和值得信赖的贸易伙伴。我们将与国际货币基金组织以及与我们有贸易往来的各方充分合作，推动必要的改革，建立一个新的国际货币体系，平等地对待每个人的利益。我下定决心，美元绝不能再被国际投机者"绑架"。

在这段话中，尼克松试图表明美国仍然支持在国际经济中采取合作的方式。美国并不是要打破或放弃华盛顿方面在布雷顿森林会议上建立和主导的制度，而是要改变其中涉及美元的一些条款。尼

第十四章 8月15日,星期日

克松发出的信号是,美国仍然相信自由贸易和资本自由流动的必要性,并支持以国际货币基金组织规则为基础的货币体系,但美国在布雷顿森林体系中感受到了不公平的对待,因此必须进行一些调整。

许多问题仍然没有答案。美国正尝试减轻其领导全球所造成的负担,但它能做到什么程度呢?美国没有与盟友就这一问题进行协商。那么,美国能在多大程度上采取单边行动呢?美国在多大程度上允许真正的多边谈判呢?

我正在采取进一步措施以保护美元,改善我们的国际收支状况,增加美国人的就业机会。作为一项临时措施,我将对进口到美国的商品征收10%的附加税。对国际贸易来说,这是一个比直接控制进口数量更好的解决方案。

在戴维营的时候,对征收进口附加税就引起了极大的争议,但最终,尼克松和康纳利希望能以此作为谈判筹码。在盟国之间,关税将比关闭"黄金兑换窗口"更容易引起争议。

西欧和日本之所以繁荣,部分原因是美国通过进口消费了它们大量的商品。关税会提高这些国家对美国的出口价格,这成为西欧和日本未来经济发展的主要威胁。此外,之前正是美国领导了一系列全球贸易谈判,以降低关税水平。自由贸易也被视为美国意识形态和政策的基石,但以贸易作为武器的华盛顿政府,现在正朝着相反的方向前进。

这项进口税是面向所有其他国家的一项临时措施。实施该措施只是为了确保美国产品不会因为不公平的汇率而处于不利地位。当这种针对美国的不公平待遇结束时,进口税也将结束。

尼克松在这里再次使用了"临时"这个词，就像他在谈到工资和物价管控时一样，这句话意味着关税增加的部分会在美国遭受的不公平待遇结束时取消。然而，取消的标准是模糊的，而且进口附加税给人一种枪口对着脑袋的压迫感，但这正是尼克松和康纳利想要的。

这些行动将会让美国的劳动密集型产品更具竞争力，我们在国际竞争中受到的不公平待遇将被消除。这是我们的贸易平衡在过去15年中受到侵蚀的一个主要原因。

尼克松再次使用了"不公平"这个词。美国人曾经对西欧和日本非常慷慨，尼克松暗示他们现在被出卖了。毫不奇怪，演讲中并没有提到美国以前实施的政策本身对这些结果也有责任——尤其是宽松财政政策和货币政策。

以下各段进一步强调了一些国家应该受到谴责的观点。

二战结束时，欧洲和亚洲主要工业国家的经济崩溃了。为了帮助他们重新发展，保护他们的自由，美国在过去25年里提供了1 430亿美元的对外援助，那是我们应该做的事。

今天，通过我们的帮助，这些国家恢复了活力。他们已经成为我们强大的竞争对手，我们欣喜他们的成功。但是，由于这些国家经济强大了，是时候让他们承担起捍卫全世界自由的责任了。现在是调整汇率、与主要国家平等竞争的时候了。美国再也没有必要在竞争中束手束脚了。

这段话表达了他10年来一直在酝酿的想法，这些想法深深扎根于尼克松政府的核心理念中：世界已经改变了。美国不能也不会再

第十四章　8月15日，星期日

去承担那些曾经的重担，这些国家必须站出来，作出更多的贡献。国际社会必须对世界经济的责任进行重新分配，这与美国1969年"尼克松主义"中宣称的外交政策观点相一致，也符合彼得森的报告——《处于世界经济变局中的美国》的观点。

今晚，我在就业、通货膨胀和货币方面提出了一系列行动计划，这是美国40年来最全面的新经济政策。

我们有幸生活在一个经济体系能够为其人民创造世界上最高生活水平的国家。这是一个足够灵活的体系，当环境需要改变时，它可以大幅度地改变自己的运行方式。而且，最重要的是，这是一个有足够资源来创造繁荣的体系，它所孕育的自由和机会在各国历史上都是无可比拟的。

我今晚宣布的政府措施是在为重拾民族自信奠定基础，使我们能够与世界其他国家公平竞争，为新的繁荣打开大门。

但是，处于权力中心的政府并不是掌握成功的关键。我的美国同胞们，钥匙就在你们手中。

当尼克松作出结论时，他回到了共和党的核心哲学，即个人责任、个人主动性，以及减少政府干预的必要性。具有讽刺意味的是，这次演讲有如此多的内容与之相悖，为政府干预经济提供了理由。事实上，尼克松迎合了一个伟大的美国神话，即颂扬个人主义，忽视了政府在社会中发挥的关键的积极作用。

一个国家就像一个人一样，必须有一定的内在动力才能成功。在经济事务中，这种内在动力被称为"竞争精神"。

今晚我所采取的所有措施都是为了培养和激励这种竞争精神，帮助我们摆脱自我怀疑和自我贬低，因为它们会不断消耗我们的精力，侵蚀我们的信心。

美国是继续保持世界经济第一，还是屈居第二、第三或第四；我们是要对自己的民族充满信心，还是失去信心；我们是要紧紧抓住维护世界和平与自由的力量，还是失去对一切的掌控，这一切都取决于你们，取决于你们的竞争精神、你们的个人使命感，以及你们对国家和自己的自豪感。

我们可以肯定的是：随着战争的威胁消退，世界上和平竞争的挑战将大大增加。

我们欢迎竞争，因为当美国被要求参与竞争时，其正处于最伟大的时期。

历史总是相似的，每当我们面临挑战时，都会有一种声音，让我们退缩，让我们在自己周围筑起一道保护墙，让我们在世界其他国家不断前进时只能畏缩在一个小小的壳里。

同样，尼克松政府并不认为自己是民族保护主义者。这并不是说全球化不好。相反，尼克松政府正努力在全球化和国内稳定之间寻求平衡。

200年前，一个人在他的日记中写道："许多有思想的人相信，美国已经经历了最鼎盛的时期。"这句话写于1775年，就在美国独立战争之前——人类历史上最激动人心的时代即将到来。而今天，我们听到了那些回响，正在宣扬一个关于沮丧和失败的"福音"，说着同样的话："我们已经经历了我们最好的日子。"

我说，让美国人回答："我们最好的日子还在后面。"当我们步入一个和平的时代，当我们在向新繁荣的道路上迈步前进时，我要对每一个美国人说：让我们振奋精神，让我们高瞻远瞩，让我们所有人都为这个伟大而美好的国家竭尽所能，因为这个国家为人类的进步作出了巨大的贡献。

让我们投身于我们国家的未来,让我们重振对自己的信念,这种信念在过去建设了一个伟大的国家,并且也将要塑造未来的世界。

谢谢大家,晚安。

根据政府的估计,有4 620万美国人通过美国广播公司(American Broadcasting Company, ABC)、哥伦比亚广播公司(Columbia Broadcasting System, CBS)和美国全国广播公司(National Broadcasting Company, NBC)收看了尼克松的演讲直播[27],约占美国人口的四分之一。

康纳利、沃尔克和他的助理部长约翰·佩蒂一同在财政部宽敞的办公室里观看了演讲。应康纳利的邀请,国际货币基金组织总裁皮埃尔-保罗·施韦策也一同观看。施韦策是战争期间法国抵抗运动的英雄,同时也是布痕瓦尔德集中营(the Buchenwald Concentration Camp)的幸存者。当他在最后时刻被邀请去见证一个他一无所知但对他的职业生涯至关重要的公告时,他激动且不安。这四个人默默地看着演讲。尼克松刚一讲完,康纳利就接到一个电话,匆忙离开了。沃尔克正要向施韦策汇报情况时,也被叫了出去。只留下佩蒂尴尬地问施韦策是否想讨论一下这次演讲[28],但感到受辱的施韦策匆忙却又不失礼貌地离开了。这也预示着美国与国际货币基金组织的关系在接下来的几个月里将会出现问题。

多年后,沃尔克回顾了自己对这次演讲的感受[29]。周末伊始,他给了康纳利一份草稿,写道:"我想我写的是一篇典型的关于货币贬值的演讲稿,旨在安抚金融市场并让央行行长们放心。""其中包括一些我认为是必要的道歉,同时承诺保持国内秩序稳定,应对通货膨胀,并合作改革货币体系。"沃尔克接着解释了尼克松采取的不同策略,写道:"你瞧,暂停支付黄金是我在职业生涯中花了这么多时间来捍卫的东西,现在变成了一个大胆的新举措。好在国际危机

戴维营三天

为此提供了一个合理的理由,否则这可能会被批评为国内政策突然发生了令人尴尬的变化。"他说:"尤其是在工资和物价管控以及减税方面","我从老练的政治家身上学到了很好的一课"。

演讲结束后,三家电视公司立即提供了10—15分钟的简短评论[30]。最引人注目的是,美国广播公司的比尔·吉尔(Bill Gill)和国会记者鲍勃·克拉克(Bob Clark)一起采访了经济顾问委员会主席保罗·麦克拉肯。他们就美元、关税、工资和物价的下一步走向提出了一连串的问题,这让保罗·麦克拉肯猝不及防,迫使他采取诸如"我们得看看"之类的话进行回应。记者反复的提问其实是想知道现有政策是否会失败,政策在多大程度上考虑到了外交后果,执行这些新措施的目的是否为了总统在1972年的连任,总统是否窃取了民主党的想法,让他们除了认同之外别无选择。吉尔追问麦克拉肯,这一切对美国普通人意味着什么。同样的主题也贯穿于由罗伯特·皮蓬特(Robert Pierpont)和他的同事丹尼尔·萧尔(Daniel Schorr)领衔的哥伦比亚广播公司的调查评估中。这也许是最明智的讨论,其简单而准确地描述了国际局势是如何对美国造成如此大的压力的,并解释了尼克松为什么预感到必须采取行动。由于准备时间很短,这三家电视台做了一项十分周到的工作,即简明扼要地总结和解释了尼克松的讲话,并提出了尚未回答的关键性问题。

与此同时,尼克松接到了几通他的高级顾问打来的祝贺电话。除了舒尔茨,他还收到了美国农业部长克利福德·哈丁(Clifford Hardin)的来电,哈丁希望美国农产品能在海外获得更大的市场;劳工部长詹姆斯·霍奇森(James Hodgson),他将在工资和物价方面负责重要工作,尽管他已经被舒尔茨盖过了风头,并在已经决定的大部分事务中被排除在外;住房和城市发展部的负责人乔治·罗姆尼(George Romney),他一直是管控工资和物价措施的主要支持者。伯恩斯和基辛格的副手阿尔·黑格也打来了电话。

第十四章 8月15日，星期日

演讲一结束，沃尔克就准备飞往伦敦，第二天向各国财政部长汇报自布雷顿森林会议以来国际金融领域最大的变化。他知道自己将被盘问许多不确定的问题，比如进口附加税将持续多久，美国在汇率方面究竟在寻求什么，"黄金兑换窗口"何时会重新开放，以及众多国内计划的细节等。但他知道自己无法回答全部问题，因为事实上，这些政策还没有确定下来。因此，他不得不拖延时间，以表明他需要了解并搜集更多国外的意见，然后带回华盛顿，用于未来的决策参考。

星期日晚，保罗·沃尔克收到霍尔德曼办公室发来的通知[31]：一架军用飞机将于晚上11时在马里兰州安德鲁斯空军基地准备就绪，上面有4个铺位，还准备好了当晚和第二天早上的食物。届时沃尔克和他的二人团队可以根据需要在西欧各地穿梭，并将于8月18日（星期三）的午夜返回。不幸的是，对沃尔克6英尺7英寸的身高来说，床太小了[32]，他不得不睡在过道上。沃尔克此行标志着为期4个月紧张的国际谈判拉开序幕。

第四部分

尾声

第十五章

余波

在演讲之后的几天里,美国国内除少数人外,大多数人都非常支持总统的新政策。8月16日,股市上涨了32个百分点[1],涨幅为3%,创造了美国历史上单日最大涨幅。在接下来的一个星期里,白宫助手在全国各地进行了调查,"人们有着近乎兴奋的热情"[2]。民调专家阿尔伯特·辛德林格(Albert Sindlinger)说:"在我从事这项工作的这些年里……除了珍珠港事件,我从未见过民众对其他什么事情的反应如此一致[3]。"民意研究(Opinion Research Corporation)的一项民意调查显示,"总统采取的每一项具体措施,都得到了大多数民众的认可"[4]。

就在同一天,一贯批评尼克松政策的《纽约时报》发表了一篇社论,称"我们毫不吝啬地称赞总统在经济领域采取的大胆行动"[5]。《时代周刊》这样评价尼克松:"几乎可以肯定,他的中国之行会给他带来政治回报,但到了1972年的大选日,修补国家的钱袋子行为会在民意调查中获得回报,而这是无法通过访问北京得到的。"[6]

许多经济学家也对此表示赞赏。肯尼迪时期的经济顾问委员会主席沃尔特·海勒宣称:"这是一个历史性的举措[7]。经济世界再也不会和以前一样了。"全球金融领域最受尊敬的学术权威之一罗伯特·特里芬(Robert Triffin)写道:"最终,世界被迫正视问题[8],而不是简单地试图修补这个系统。"

民主党对此有两种反应[9]。他们一方面很感激总统采纳了他们关于工资和物价管控、税收激励，以及美元贬值的提议；但另一方面，他们不喜欢尼克松独占功劳。《时代周刊》写道："这位总统打开了民主党的衣橱，偷走了他们的鞋子，这让民主党人十分尴尬。"

然而，一些评论人士也提出了一些根本性的问题。《商业周刊》关注了政府毫不掩饰地干预经济所造成的影响。"在未来很长一段时间内，美国政府将在确定工资的谈判桌上和制定价格的董事会会议室中扮演一个看不见但又真实存在的角色"[10]。其他人则担心对于宏观国际环境的影响，《华尔街日报》表示："最大的问题是，世界是否会接受[11]将'新经济政策'作为重建国际贸易和商业的基础。"《时代周刊》警告说："此次世界货币危机的潜在危险是[12]，如果不尽快妥善解决的话，世界将陷入经济孤立主义。"

工资和物价管控政策受到的攻击比其他事情更强烈。在8月30日的《新闻周刊》专栏中，米尔顿·弗里德曼代表学术界和商界的自由市场倡导者表示："尽早结束，越快越好[13]，对工资和物价的管控措施就像自罗马帝国时期以来所有管控物价和工资的尝试一样……到现在，这些尝试均以彻底失败告终，而曾被抑制的通货膨胀则再次出现。"虽然大多数民主党人支持管控措施，但也有一些人指责政府的计划不公平，因为对工人的打击比对企业的打击更大。他们指出，该计划限制了所有的工资激励措施，甚至包括在管控之前已经商定的、将在90天后生效的加薪政策，但该计划并没有限制利息或股息的支付，而其主要受益方是企业和投资者。此外，虽然企业不能提高价格，但对于可获得的利润并没有设置上限，这就鼓励它们通过削减开支（包括减少劳动力）来提高利润率。至于劳工，尽管工会支持美元贬值和征收进口附加税，但身为劳工领袖之一的美国劳工联合会－产业工会联合会主席乔治·米尼称该计划为"劫贫济富的罗宾汉"[14]。美国汽车工人联合会（United Auto Workers）主席伦纳德·伍德考克（Leonard Woodcock）表示，如果尼克松想要的话，他已经准备好向尼克松政府宣战[15]。

美国的贸易伙伴对可能出现的金融秩序混乱表现出极度的担忧，这一点也不奇怪。同时他们对于一场即将席卷全球的混乱变革浪潮也感到无奈。正因如此，他们对美国这一单边的突然决定感到愤怒。

尼克松宣布政策时[16]，美国时间是8月15日（星期日）东部夏令时晚上9时，东京时间8月16日（星期一）上午10时，而西欧离星期一的日出还有几个小时。当天上午，正在休假的日本官员被紧急召回东京总部。日出时，加拿大总理皮埃尔·埃利奥特·特鲁多（Pierre Elliot Trudeau）匆忙结束了在南斯拉夫的访问，赶回渥太华。法国总统乔治·让·蓬皮杜（Georges Pompidou）也紧急从法国的里维埃拉（Riviera）赶回了巴黎。

在日本，股市在第一周下跌了20%。但是，日本为了维持戴维营会议之前敲定的360日元兑换1美元的固定汇率，即防止美元贬值和日元升值，只能维持货币市场的开放，继续买进美元，卖出日元。这种疯狂的行为[17]持续了大约两周，但代价太高（因为日本不得不出售其政府债券，以买入大约30亿—40亿的美元）。事实上，似乎无论购买多少美元都无法阻止美元对日元贬值[18]，因为全球市场都在抛售美元，迫使美元实际贬值。

在西欧，8月16日（星期一），许多市场因假日休市。第二天，欧洲大陆各地的股票市场都出现了暴跌。各国财政部长和央行官员决定将外汇市场关闭两周，希望在这段时间内问题能得到解决。在这两周内，日本和大部分西欧国家都允许本国货币在一定范围内浮动。也就是说，他们并没有完全放开汇率任其自由浮动，政府持续干预以防止本国货币对美元升值过快。

在美国以外，人们越来越担心接下来会发生什么。全球贸易和投资框架受到了正面挑战，国外出现了一些重大问题。各国都在质疑美国是仍致力于维持和加强一个以贸易及资本自由流动为主的多边体系，还是以一种更为尖锐的民族主义方式，在重新定义其利益的目标下退缩？一旦发生汇率调整，华盛顿方面是打算回到固定汇率制度，即美元将继续与黄金挂钩，还是实行一个完全不同的措施，比如采用不与黄金挂钩的浮动汇率制度？此外，除美国以外的所有国家都反对征收进口附加税，这种行为出自世界自由贸易的主要支持者就已经够糟糕的了，但它造成的不确定性后果则更为糟糕。在海外，关税被视为一场令人厌恶的"美国式"权力博弈，征收关税可能会适得其反，并将开启一个保护主义时代。外国人也联合起来，反对只向美国公司提供投资税收抵免，而不向美国境内的外资企业提供同等待遇。这是一项歧视性措施，违背了美国数十年来奉行的贸易原则。这些贸易和投资条款加剧了人们的焦虑情绪，因为它勾起了人们对20世纪30年代经济战争的回忆，西欧各国政府和日本政府对此更是记忆犹新。

对美国来说，两个至关重要的国家是日本和西德，因为这两个国家拥有最强的经济基础和最大的贸易盈余，加之两国与美国的军事防御关系最为密切。不过日本和西德的立场却截然不同。匆忙听完8月15日尼克松演讲的日本财务省官员行天丰雄在描述日本的局势时写道："当约翰逊总统和尼克松总统一再承诺美国不会让美元贬值时，日本人竟然天真地相信了。"[19]他回忆说，就在戴维营会议前11周的慕尼黑银行家会议上，财政部长康纳利公开重申了美元不会贬值的承诺。日本人可以理解关闭"黄金兑换窗口"的原因，但他们从未想到美国会打破360日元兑换1美元的固定汇率，因为这一汇率已经实行了近20年。行天丰雄写道："日本人这次大错特错，这也表明了我们与美国的关系是多么疏远以及我们为何会如此震惊。"

在西德问题上,华盛顿和波恩方面之间的沟通更加深入和清晰。除了美国政府,日本没有其他亲密的盟友,而西德不同,因为它可以依靠与欧洲共同体其他成员国以及英国等伙伴国之间形成强大的经济和政治联盟,使其为重大转折做更充足的准备。因此,西德似乎更加理性和顺从于日本不愿面对的某些现实,部分原因是西德已经对其货币进行了重新估值。当时西德报纸的一个关键社论主题是:美国的国际领导地位正在下降[20]。8月17日,《南德意志报》(*Süddeutsche Zeitung*)表示:"美元作为世界主要货币的地位已经崩溃……这几乎是一场由美国发起的贸易战。"《法兰克福报》(*Frankfurter Allgemeine Zeitung*)写道:"尼克松的计划……资料显示,这个世界上最强大的经济强国再次陷入民族主义和保护主义[21]。"基辛格后来写道:"新计划的直接意义在于它在国际上的影响[22]。在许多人看来,这是对其他工业化民主国家的经济战,也是美国放弃了先前对国际开放体系的承诺。显然,我们正走向一个充满紧张谈判、冲突和对抗的时期。"

外国官员和公众如何看待整个计划,与他们如何看待康纳利毫无关系。康纳利不是金融俱乐部的成员,没有人知道他是怎样的人[23]。英国记者亨利·布兰登写道,各国财政部长和央行行长"对他狡猾的手段除了感到震惊还是震惊"[24],"他们习惯于在谈判中遵循理性、安静而有尊严的规则[25],只举起每张牌的一角,让别人从下面偷看,但他们不习惯把整副牌扔给别人"。

8月16日(星期一),在白宫[26],尼克松总统要求霍尔德曼公布他的四位高级顾问——康纳利、伯恩斯、舒尔茨和麦克拉肯前一天在戴维营的照片。尼克松想要向外界表明,这些决定是在他的经济团队全力支持下集体做出的。当天上午,尼克松召开了一个会议,向所有未参加戴维营会议的内阁成员通报情况。尼克松强调,新的经济政策酝酿已久,多年来他一直认为,布雷顿森林体系需要一个新的规则，而美国必须带头协商这一套新的规则。他说，实施工资和物价冻结将需要某种后续措施，但他不希望采用任何形式的永久性控制。在会议上，伯恩斯热情洋溢地赞扬了总统，称尼克松让整个国家振奋。这位美联储主席告诉与会者，他已经给数十位央行行长打了电话，他们最初的反应"非常好"。

同一天，保罗·麦克拉肯给尼克松发送了一份备忘录[27]，报告了当天股票市场、债券价格、房屋开工数量（一个反映私人拥有房屋单位数量的经济指标）对总统讲话的"热情回应"。霍尔德曼在他的日记中写道："尼克松痴迷于国内和国际的反应，他将新经济政策比作中国的改革开放政策，并渴望自己成为一位非凡的领导人。"

那天上午晚些时候，康纳利在伯恩斯的陪同下向媒体做了简报。这次的汇报清晰、自信、幽默（这是这位前州长典型的表现风格），简报中虽承认仍存在很多问题，但依旧没有答案，对于不知道的事情也没有丝毫的尴尬或不安。当被问及如何评价尼克松在工资和物价管控等几项政策上的转变时，康纳利回答说："有句话说，只有变化才是永远不变的[28]。如果总统不知变通，那么美国人民就会认为他们的总统是一个傻瓜。"

8月16日（星期一），尼克松政府开始着手推出这项计划。在飞行了一整夜后，保罗·沃尔克于凌晨抵达伦敦[29]，并去了美国大使位于威奇伍德宾馆（Wychwood House）的住所。沃尔克在西欧会见了6个国家的财政部长，包括英国、法国、西德、意大利和一些日本职位级别较低的代表，这几位日本代表碰巧正在欧洲度假，东京的上司要求他们出席简报会。当天下午晚些时候，沃尔克、美国大使，以及与沃尔克同行的另外两名官员，还有12名外国官员共同出席了会议。

沃尔克认为，他的使命是开启重新调整固定汇率的进程，尽管这需要对汇率体系进行新的重组，以增加汇率波动的灵活性。他一

第十五章 余波

开始就说:"我来这里不是为了谈判,而是为了解释尼克松总统前一天晚上讲话的核心内容。当然,谈判必定会进行。"他说,他将征求各方关于谈判应该朝哪个方向以及在什么论坛上进行的意见。沃尔克更倾向于听取大家的意见,而非说教,这与美国刚刚宣布的激进单边措施形成了对比。

沃尔克解释说,尼克松总统决定抛弃孤立、片面的措施,而是启动一项全面、综合的计划,但美国没有也不准备出台长期计划。确实,沃尔克确定了一个可以指导美国政策的目标:美国需要其主要贸易伙伴遵循政策,这个政策将使美国贸易收支问题出现重大转机。这种转变不仅会消除赤字,还会带来少量贸易顺差。沃尔克并不想被卷入确定哪国货币汇率应该变动,以引起美国赤字发生如此重大的变化这一讨论中,但他确实指出,华盛顿方面不是为了满足使其变化的条件产生才对黄金贬值。美元将继续保持在每盎司黄金35美元的水平。当然,这意味着其他国家——最重要的是西德和日本——将不得不重估本国货币兑美元的汇率。沃尔克还提到,要解决美国的贸易逆差问题,必须让西欧和日本维持贸易自由化,并分担更多的国防费用。这传递出的信息是,调整的责任在西欧和日本,而不是美国。

外国官员在四个问题上表示了担忧。第一个担忧是:"临时"进口附加税何时结束?沃尔克表示,美国希望这项政策能使美国的贸易地位出现积极变化。为此,仅仅消除商品的贸易逆差是不够的,必须有适度的盈余。

第二个担忧是:美国什么时候愿意再次将美元与黄金挂钩?沃尔克表示,华盛顿方面没有具体的时间表,但确实希望淡化黄金在货币领域的作用,并暗示应更多地使用国际货币基金组织的特别提款权。

第三个担忧是:美国是否会将美元汇率维持在当前水平,从而确保汇率对美元持有者来说具有吸引力？换句话说，美国政府是否会在谈判进行期间推高汇率以免美元"偷偷"贬值？虽然沃尔克没有作出承诺，但毫无疑问的是，他让在场的人都认为华盛顿方面会希望美元下跌至更低的水平。和沃尔克一样，会议室里的大多数人都是固定汇率的支持者，长期汇率波动导致的美元贬值和其他国家货币升值虽然不会让他们感到愤怒，但也足以让他们感到紧张。

  第四个担忧是：美国希望所有的调整都由其他国家来完成，但关于美元和美国贸易竞争力，华盛顿方面却没有作出任何让步。外国官员不认为对工资和物价实施管控是一种让步，而是美国为了自己的利益应该做的事情。事实上，外国政府和华盛顿政府在思维模式方面存在着脱节。大多数西欧人和日本人认为，美国应该对当前的货币混乱局面负主要责任。在他们看来，美国同时放任通货膨胀和失业率上升，这是经济管理不善的表现，美国忽视了在保持贸易平衡上需要做出的努力，也没有在技术和其他可以提高竞争力的领域进行足够的资金投入。

  最终，这次会议以及随后在巴黎召开的与法国经济和财政部长瓦莱里·吉斯卡尔·德斯坦的会议上，都没得出任何解决方案。后者是一场规模较小的会议，只有几位官员在场。这位法国部长指出，法国强烈反对几乎所有的美国新措施，他觉得美国拥有一种"过分的特权"。他的观点是，由于美元是主要的国际货币，每个人都可以在贸易和投资中使用美元，华盛顿方面可以通过出售美国国债来填补巨大的国际收支逆差，而全球的投资者都会愿意购买美国国债。换句话说，华盛顿方面可以在不约束其他国家政府的情况下管理赤字。瓦莱里·吉斯卡尔·德斯坦解释说，美国因此可以向世界大量注入美元，例如可以用美元收购欧洲的企业。这一看法其实反映了戴高乐总统、大多数法国当权派，以及许多不太愿意对抗美国的欧洲人的观点。

第十五章　余波

瓦莱里·吉斯卡尔·德斯坦主张美元一次性贬值，并继续实行固定汇率制度，以及有必要保持黄金在国际货币体系中的锚定作用。瓦莱里·吉斯卡尔·德斯坦认为黄金的地位至关重要，因为他相信，只要美元与黄金挂钩，对美国就会有一定的约束，而尼克松宣布关闭"黄金兑换窗口"的消息令人深感不安。一位美国的会议记录员在会议记录中写道："法国担心，美国将会失去在过去25年里在货币稳定和自由兑换方面所取得的一切成果。"[30] "先生，"沃尔克回答说，"我们同样意识到了这一危险[31]，但如果我们不采取行动防止国际收支进一步恶化，保护主义的加剧将使美国面临更大的危险。"沃尔克私下与德斯坦会晤，反映了华盛顿方面的态度，即对于任何一个货币解决方案来说，法国都是其中的关键。因为过去法国比其他主要西欧国家都更加反对美国的政策，美国也明白，此时法国在欧洲共同体中具有强大的政治影响力。

8月16日（星期一）深夜，基辛格从巴黎回来，与总统通了大约15分钟的电话。基辛格感觉尼克松有点得意扬扬[32]，仿佛他已经彻底改变了经济学，就像他改变了外交一样。总统说："我们就只是稍微煽动了一下，他们就坐不住了。"[33] 基辛格顺势大肆赞扬了他的老板："你的领导风格中很有趣的一点是，你从不制造小新闻……总统先生，没有你这个国家就'完'了。"[34] 然而，基辛格感觉到，他需要参与戴维营决定的后续行动。[35]

事实上，基辛格的工作人员一直保持着精神高度集中的状态。国家安全委员会工作人员罗伯特·霍马茨一直在密切关注事态的发展，国务院的同事和外国政府的代表们纷纷要求他解释白宫和财政部发生了什么。意识到这件事将对外交政策产生的巨大影响后，霍马茨组织了一次电话会议，邀请了两位可靠且经验丰富的非政府顾问[36]，他们都是基辛格的密友。他们的任务是弄清楚基辛格应该对尼克松、康纳利和伯恩斯说些什么。与霍马茨通电话的是耶鲁大学的理查德·库珀，他是肯尼迪和约翰逊政府中的著名经济学顾问，还有哈佛大学的弗朗西斯·巴托，他是著名的律师和经济学家，也曾是约翰逊政府国家安全委员会的骨干成员。这通电话持续了整整7个小时，他们仔细研究了8月15日决议的各个方面及对国际经济和外交政策的影响。他们的结论之一是美国有必要进行建设性的多边谈判，而不是在双边讨论的基础上逐个迫使每个国家都去接受这些新的措施。此外，他们最担心的是，如果进口附加税持续太久，将对联盟和贸易体系构成威胁。

8月17日（星期二），尼克松总统派了五架飞机，召集正在休假中的主要议员回来听取简报。他与国会主要委员会的主席和高级成员一起，向国会两党领导层发表了讲话。会议上，他特别关注众议院筹款委员会主席威尔伯·米尔斯（Wilbur Mills）的看法，他需要米尔斯的帮助以通过税收立法和其他问题。总统在解释新计划的关键要素时，向这位国会议员点头示意，"我们都可以因这个项目而获得荣誉[37]，"他说，"威尔伯，这里面有你的一些想法。"

大约一周后，约翰·康纳利和保罗·沃尔克与一小群曾在政府部门任职并在国际经济问题上有着丰富经验的非政府专家举行了会议（此次会议的确切日期可能提前了几天），这是几项类似的会议之一。出席会议的有弗雷德·伯格斯坦，他早期曾在基辛格的国家安全委员会任职，还有两名耶鲁大学的经济学家理查德·库珀和亨利·沃利克。康纳利以一个简洁的问题开始了会议，他说："好吧，你知道我们做了什么？现在我们该怎么办？"[38] 康纳利和沃尔克大部分时间都在听取专家们激烈的讨论。尽管讨论的范围很广，例如目标、策略、行动的法律基础，以及美国的长期目标等相关问题，但总体上该组织支持尼克松政府的新政策。然而，库珀和伯格斯坦极力要求政府利用这个机会推动国际货币体系进行实质性改革。美国仅仅实现货币贬值是不够的。他们说，许多其他问题也应该得到解决，比如黄金的作用以及提高国际货币基金组织贷款的能力。

尽管如此，伯格斯坦还是被康纳利极端的民族主义态度弄得心神不宁[39]，他立即走到白宫西翼去见基辛格，恳求他不要在国际谈判中也像康纳利一样鲁莽。霍马茨、库珀、巴托和伯格斯坦，这些都是具有公共政策经验的经济学家，他们正在推动基辛格成为即将到来的货币谈判的核心参与者。

9月9日（星期四），尼克松总统在国会参众两院联席会议上介绍了他的新经济政策。尼克松请求两院支持该政策计划，并希望国会能通过与税收有关的条款。"我们已经打了两场代价高昂且折磨人的战争[40]。当我们试图协调我们在国外的责任以及国家的需求时，我们在国内经历了巨大的压力。"他说，"未来，我们仍将是一个善良而慷慨的国家，但现在到了重新关注美国自身利益的时候了。"尼克松还重申了他打算让美国保持对外开放的态度，他说："如果我们在美国建立起永久的关税和配额壁垒，我们就不再是一个伟大的国家了……我们不能只关注自身。我们不能退出与世界其他国家的竞争，美国仍然是一个伟大的国家。"

9月11日（星期六），在白宫举行的一次工作人员会议上，对于美国为何必须在即将到来的与西欧及日本的谈判中保持强硬态度，尼克松阐述了他的一些看法。其中要点在于，有必要采取强有力的民族主义政策来抵消美国国内孤立主义的影响。"现在，如果我们早早放弃，并作出让步[41]……我们会表现出负责任的姿态，与其他国家成为好邻居，甚至我们会逆来顺受。相信我，到时美国人会说什么？他们会说还以为我们会有一位为我们挺身而出的总统。"尼克松说，"我的观点是，我们正处于一个时期，美国和这个国家的人民很可能会变成孤立主义者，除非他们的总统维护他们的利益。我们绝不能让这种事情发生。"

那周晚些时候，尼克松在白宫举行了新闻发布会，大部分问题都集中在中国之行和新的经济政策上。记者们询问了进口附加税以及美国将注意力转向国内的有关问题。尼克松说，他预计将进行漫长而艰难的谈判，而且进口附加税不会很快取消。他说，只要美国强大，就不会奉行孤立主义。尼克松说："如果要美国继续在世界上发挥积极的作用，我们就必须强大[42]，既要在经济上强大，也要在竞争精神上强大。"

与此同时，康纳利在伦敦会见了一些国家的财政部长以及西欧和日本的央行行长。尽管沃尔克在8月底和9月初已分别会见了他们，但这次会议是自戴维营周末会议以来的首次财长和央行行长会谈。与会的这些国家被称为"十国集团"（G10），由西欧面积最大、实力最强大的国家、美国、加拿大和日本组成。此次会谈在白金汉宫附近的兰开斯特宫（Lancaster House）举行[43]，这是一间有科林斯式廊柱的豪华音乐室，弗雷德里克·弗朗索瓦·肖邦（Fryderyk Franciszek Chopin）曾在这里为维多利亚女王（Queen Victoria）演奏过《小夜曲》。这一场景恰好烘托出宏伟而神秘的高级财政官员俱乐部的形象，而俱乐部成员通常会享受与普通工作不同的华丽环境。

会谈在相当紧张的气氛中开始。众所周知，西欧和日本的立场与美国完全相反，人们所关注的内容也开始涉及更广泛的利害关系。《纽约时报》的克莱德·法恩斯沃思在会议开始时写道："危险在于，美国不妥协的态度可能会导致贸易报复和其他形式的经济报复[44]，经济战如果长期持续肯定会造成全球经济衰退，并带来不确定的政治后果"。

康纳利说到点子上了。他说："要实现这一目标，美国商品贸易收支需要出现130亿美元的积极变化。"外国官员对这个数字的规模感到震惊。康纳利承认，这似乎是一个惊人数字，但他表示，这是基于对美国贸易格局潜在趋势的保守假设，除此之外，还要抵消不断上涨的军事和外国援助成本。关于如何实现美国的这些需求，讨论则更加激烈。那些反对康纳利的财长和央行行长希望重新调整汇率后的负担不能仅由他们承担,美国也要承担一部分。他们要求华盛顿方面做出相应的贡献,在西德、日本和其他国家政府重新对本币进行估值的同时,也要通过美元贬值来实现整体的调整。他们还希望华盛顿方面尽快取消进口附加税,美国的贸易伙伴把进口附加税视为一种强大的武器,不仅迫使他们进行谈判,而且迫使他们屈从于美国的所有要求。

康纳利没有让步。他的讲话被形容为"毫不妥协、固执己见"[45]。他说:"美国在过去 25 年里为其他国家做出了巨大贡献,现在是取得回报的时候了。"他要求重新分配货币、贸易和国防负担。此外,在他提出的汇率调整和更公平地分担经济和国防负担的要求得到落实之前,美国不会考虑撤销进口附加税。他接着说,毫无疑问,美国一直是自由贸易的捍卫者。"我们相信并且促进自由贸易,在过去 25 年里,我们国家付出了很多资源来支持自由贸易[46],并最终让其得以实现……"他还指责了那些拥有巨额贸易顺差的国家,并指出不能达成协议可能产生的后果。"在任何时期,任何国家都不该[47]认为出口市场因被用于促进国内繁荣,而损害世界其他国家的利益……最后,我简单地总结下,我想我们所有国家都会对过去 25 年中建立起来的扩张性世界贸易体系的恶化而感到痛心。"

康纳利拒绝就各国应如何处理本国汇率问题提出具体计划,这激怒了其他官员。他不愿说出哪些政府应该对本国货币进行重估,或重估多少。参加会议的官员们习惯了由华盛顿方面提供具体的想法,这原本是它一贯的领导风格。然而,在这件事上,康纳利只是为美国提出了一个目标——扭转 130 亿美元的贸易逆差——他说,既然美元不会贬值,就由其他国家来协商确定谁应该采取措施以及如何采取措施。康纳利对与会者说:"我们来这里并没有制订任何精确的计划或细节[48],坦率地说,除了美国,其他国家之间也必须进行大规模的谈判。"这里他指的是欧洲共同体中的各国,这些国家之间必须达成协议,并向美国表明共同立场。

媒体谴责这是一场失败的会议。据报道,康纳利曾告诉财长们,他丝毫不打算改变自己的立场[49]。英国《金融时报》的威廉·基冈(William Keegan)写道:"会议以失败告终,财长们甚至未能就汇率调整顺序的问题达成一致[50]。"《纽约时报》的一篇社论写道,如果美国依旧如此顽固,"肯定会迫使外国进行报复[51],这会破坏自由世界的统一"。

在会议的间歇,康纳利对记者说:"我们遇到一个问题,并且正在与世界各国共同面对它[52],就像我们分享我们的繁荣一样。这就是朋友该做的。"

一周后,由尼克松主持的内阁会议[53]几乎完全围绕国际货币谈判而展开。康纳利解释说,其他国家坚决要求立即取消进口附加税,并且希望在汇率调整措施中可以包括美元在一定程度上对黄金贬值。康纳利暗示他无意屈服于此。尼克松表示支持康纳利,他说,财政部长不应该在意由于没有在某些方面放弃立场而导致别人对他的批评。总统提醒所有人,货币世界经历了一个又一个的危机,尽管银行家们想要回到最初,但这是不可能的。尼克松还考虑了这种经济紧张关系对美国政治和军事联盟的影响。在日记中,霍尔德曼引用了尼克松的话,不让经济困难和分歧破坏自由世界联盟是至关重要的。不过,根据霍尔德曼的说法,总统暗示并不会到那种地步。尼克松对那些围坐在桌旁的人讲了一通鼓舞士气的话:"我们必须发挥领导作用,因为其他国家并不会举起这面大旗……但我们只有在经济强大的情况下才能发挥领导作用,否则美国人民会将矛盾转向国内……我们必须改变我们自己的处境。只有这样,美国总统才能领导世界走向自由贸易……"尼克松谈到了日益加剧的政治和经济孤立主义。"我们不能只是说说而已,我们必须抓住问题的核心,那就

第十五章 余波

是经济问题……"关税附加税要维持多久的问题已经出现了,几乎整个内阁都支持推迟撤销关税,总统也是如此。在日记中阿瑟·伯恩斯回忆说,他是唯一的反对者[54],事实证明进口附加税太具有对抗性。伯恩斯担心,西欧国家很快就会采取报复行动,从而破坏在货币问题上的合作。事实上,伯恩斯一直在编制一份针对报复性措施的清单,他听说其他国家的政府也正在准备这些措施。

尼克松和康纳利似乎都相信,美国处于有利地位,可以发号施令,不需要做出重大让步。"我们必须记住,每个人都想进入美国市场[55],"康纳利在谈到美国的贸易伙伴时说,"我们不能打贸易战[56],因为他们负担不起。"霍尔德曼记录道:"总统的结语是[57],我们应该记住,一个微笑是没有代价的,这就是我们要给他们的全部。"

从8月19日(星期四)一直持续到秋季,一些国会委员会就新经济政策举行了许多听证会[58]。由参议员和国会议员组成的联合经济委员会一贯关注国际货币和国际收支状况。在尼克松发表演说后仅4天,该委员会就举行了第一次听证会,并陆陆续续地举行了13次听证会。直到9月23日(星期四),该委员会已经被赋予了广泛的管辖权,不仅包括美国的国际经济政策制定,还包括工资和物价管控措施等问题,可以说该委员会目前在监督新经济政策中提出的所有问题。9月13日、14日和21日,美国参议院财政委员会下属的参议院国际贸易委员会举行了听证会,重点讨论了美国在世界上的竞争地位。众议院外交事务委员会下属的对外经济政策小组委员会于9月16日和21日举行了听证会,在外交层面上讨论新经济政策。这些国会活动都被视为监督听证会,也就是说,他们的目的不是考虑具体的立法,而是广泛提出政策问题,并允许政府内外的专家表达他们的观点。他们的主要目的是让参议员和国会议员以及公众学习这些政策,并为以后更有针对性的国会审查奠定基础。听证会涉及了众多经济学家和政府官员,包括现任和前任的许多官员。

无论以何种标准衡量，这都是说明国会进行了彻底且深入地监督的典型案例。

虽然国会参众两院都由民主党领导，但在听证会上，大家都热烈支持8月15日的方案。大家一致认为，尼克松在一系列全国综合的国内和国际经济政策中采取了非常大胆和必要的手段。在接下来的几个月和几年时间里可能会出现的众多挑战已然在那年秋天被提了出来：对工资和物价实施管控后的下一步措施是什么？对国内的刺激足够吗？政府预算赤字会失去控制吗？从长远来看，我们应该建立什么样的汇率制度？具有适度灵活性的固定汇率制度还是自由的浮动汇率制度？黄金在国际货币事务中应该扮演什么角色？如何令全球贸易更加公平以及如何打击关税和非关税壁垒（如补贴、配额以及将外国产品拒之门外的卫生和安全法规）？分摊国防费用意味着什么，是为美国军队支付更多的费用，购买美国的设备，还是为本国的国防支付更多的费用，抑或两者皆有？美国如何在全球市场上变得更有竞争力？

在8月19日（星期四）举行的联合经济委员会听证会上，不支持尼克松政府的威斯康星州民主党参议员普罗斯迈尔为即将举行的所有国会听证会定下了基调，他说："今天，委员会召开了历史上最重要的听证会之一[59]。总统给公共经济政策带来了巨大的变化[60]，使国家从消极的经济政策转变为积极的经济政策"，"总统发布了一颗经济的'重磅炸弹'"。他继续热情洋溢地自言自语，并说有必要让公众了解利害关系。

一个月后的9月16日（星期四），在众议院对外经济政策小组委员会的听证会上，委员会主席、艾奥瓦州民主党参议员约翰·卡尔弗（John Culver）说："尽管如此，我们进入了一个复杂但具有决定性意义的国际调整时期[61]，以适应世界经济的新格局。这些问题已上升到国际议事日程中最重要的位置。如何处理和解决这些问题关系到我们国家利益的核心,也关系到每个美国人的生活水平。"

在9月13日(星期一)举行的美国参议院国际贸易小组委员会会议上[62],康涅狄格州民主党参议员亚伯拉罕·里比科夫表示:"很明显,我们与世界其他国家的贸易关系已经处于转折点。现在……关键问题是,'我们从这里走向何方'?"在听证会上,参议员里比科夫曾询问过保罗·沃尔克。沃尔克表示,在正在进行的谈判中考虑其他国家的意见是至关重要的。参议员里比科夫反驳说:"如果你想了解他们的想法,说明在计划宣布之前,你对他们的感受不是很感兴趣。根据你所说的,我可以推断出就美国而言,我们正在随机应变。我们不知道要去哪里,正如媒体所说,你和康纳利部长都不知道要去哪里参加即将举行的部长会议。"沃尔克回答说:"主席,这两种评论我都不会接受。"

事实上,里比科夫参议员和沃尔克副部长都是正确的,特别是关于下一步的行动。当谈到新经济政策和美国的目标时,尼克松政府通过由总统和财政部长康纳利的发声可知,表面上尼克松政府支持强硬改革路线和有着坚定不移的目标。然而,在尼克松政府内部,一些人支持在汇率大幅调整后恢复固定汇率制度,另一些人则希望实行浮动汇率制度,他们之间正酝酿一场争论。另一个争论点存在于外交政策部门和财政部门之间,前者认为,美国的强硬策略,尤其是长期的进口附加税和拒绝接受美元以任何形式贬值,可能会创建一个政治和军事联盟,而后者认为对抗策略是必要的。这些内部争论在8月15日之后开始出现,并于9月集中爆发。

9月底,在国际货币基金组织年度会议前夕,美国政府内部出现了明显的混乱。该年会是世界顶级金融官员和银行家的集会。这次会议是康纳利自9月中旬在伦敦举行的极具争议的十国集团部长级会议以来首次表达美国观点的重要机会。许多与会代表都预期,在伦敦会议后,美国财政部长的强硬立场将会有所改变。毕竟,美

戴维营三天

国的立场一直受到国外的严厉批评。外国官员希望此次会议能看到康纳利开放的谈判立场，他们现在渴望听到康纳利带来更多的消息。最紧迫的是，他们希望华盛顿方面取消进口附加税，他们认为这是一种粗暴和过于激进的策略。他们还严重担心本国出口商进入美国市场的机会会减少，因为他们已经非常依赖美国市场。

保罗·沃尔克和他的团队为康纳利准备了一篇演讲稿，重申了美国在伦敦会议上所坚持的立场，但也提出了让美国取消进口附加税的条件。在国际货币基金组织年度会议之前，该稿件在政府的少数人中间传阅。其中，乔治·舒尔茨对有关汇率的部分并不满意。事实是，8月15日的决定并没有认真考虑用什么来取代固定汇率。舒尔茨知道沃尔克和伯恩斯想要回归固定汇率，尽管西德马克和日元的重估导致重新调整汇率，但对舒尔茨来说，这不过是对旧《布雷顿森林协议》的复制。舒尔茨希望彻底摆脱固定汇率制度，并赞成让各国的货币永久性地互相浮动。他也相信尼克松想要果断地朝这个方向前进，或者至少会支持这一想法。

在华盛顿召开的国际货币基金组织年度会议开始前不久，舒尔茨邀请康纳利到他家做客[63]。在舒尔茨的邀请下，米尔顿·弗里德曼也加入了他们。这位行政管理和预算局局长决心说服康纳利改变方针，在舒尔茨看来，现在是一个创造新的浮动汇率制度的绝佳机会。毕竟，在8月15日之后，各国政府允许本国货币暂时浮动。这种浮动通常被称为"肮脏"浮动汇率制度（Dirty Float），因为这种浮动其实是政府的一种欺骗行为。在此期间，政府可以通过买卖本国货币以控制其汇率或控制资本的流入和流出。舒尔茨希望这是一个可以永久、彻底过渡到"干净"浮动汇率制度的机会。在舒尔茨家中舒适且私密的环境中，舒尔茨和弗里德曼试图说服康纳利接受汇率自由浮动的想法。康纳利不置可否，而先让舒尔茨和沃尔克谈谈。

舒尔茨联系了沃尔克，并给出了他为康纳利写的一份新演讲

第十五章　余波

稿，主张将自由浮动的汇率作为美国的目标。在演讲前夕，沃尔克和舒尔茨坐在召开国际货币基金组织年度会议的喜来登公园酒店（Sheraton Park Hotel）套房里，熬夜到凌晨，就各自的演讲稿件和可能的实现方案展开辩论，但最终都没有说服对方。

二人决定向康纳利说明各自的立场。最后，财政部长采纳了沃尔克的建议。虽然他对该方案的实质内容是否持有强烈的信念令人质疑，但他十分信赖沃尔克的专业知识和在世界各地的关系，在这些问题上，他比政府中的任何人都更信任沃尔克。多年后，沃尔克写道："在我看来，舒尔茨的'重磅炸弹'显然是不容置疑的。"[64] 沃尔克指的是，除了西德和加拿大以外，没有哪个国家希望将浮动汇率制度作为永久性的政策。所有国家都渴望稳定和可预测性，并希望在货币价值重新调整后，一个比布雷顿森林体系更灵活的固定汇率体系能够维持下去。

次日，《纽约时报》记者埃德温·戴尔（Edwin Dale Jr.）捕捉到了国际货币基金组织会议时大家的情绪。他写道："只有一件事是合理且明确的，几乎每个人都对美国感到非常愤怒[65]，或者，至少对它产生了新的怀疑。"几天后，《纽约时报》专栏作家伦纳德·西尔克这样说："外交官的语言往往是委婉的[66]，对问题也总是轻描淡写。然而，会议期间的担忧是真实存在的，与会者在走廊和休息室里表达了这种担忧。如果不迅速采取行动结束这场危机，世界经济以及各国之间的政治和军事联盟将受到严重损害。"

康纳利在向国际货币基金组织代表的讲话中作出了一个重大让步，即他首次提出了美国取消进口附加税的条件。为了让每个人都能清楚地判断各种货币的真实价值，他告诉与会代表，华盛顿方面希望看到一个不受各方摆布的"干净"浮动汇率制度。也就是说，每个国家都应该允许其货币在自由市场中确定各自的汇率水平，没有任何政府再去干预或控制这一过程。这样，每个人都可以看到市

戴维营三天

场是如何确定货币价值的，新的货币调整也就完成了。康纳利当然希望出现这样一种可能，即在各国政府不购买美元以及不同时出售本国货币来支撑美元的情况下，美元大幅贬值。康纳利还提出了取消进口附加税的另一个条件：美国需要立即获得具体的贸易优惠，即得到外国政府开放其市场的承诺，对美国部分出口产品实行一定数量的关税或配额减免。康纳利说，如果满足这两个条件，美国将取消进口附加税[67]。经济学家、英国前外交官，现为记者的彼得·杰伊（Peter Jay）在为《金融时报》撰文中这样写道："康纳利先生清楚地表明，美国非常认真地想要消除其国际收支逆差，一方面是通过汇率，另一方面是要对日本和欧洲共同体的不公平贸易采取严厉措施。"

康纳利的讲话并没有引起各国财政部长和央行行长的注意[68]。他们不想放弃"肮脏"浮动汇率制度，也不想在这样的压力下针对贸易协议进行谈判。因此，他们要求无条件取消进口附加税。他们仍然觉得美国在改善贸易收支方面的要求十分离谱。他们决定，在整个协议中，有一部分必须要存在，即美元要对黄金贬值。

在国际货币基金组织会议上达成的唯一共识是，需要将未来大规模的贸易和国防改革与即刻的汇率调整区分，并立刻作出一些切实的贸易让步。这一长期议程包括讨论黄金的作用以及各国政府必须允许本国货币在商定的平价上下浮动的灵活性。在贸易领域，该议程包括谈判减少阻碍贸易的非关税壁垒，如大量的国家卫生和安全条例。在国防方面，该议程包括其他国家应实质性地增加国防开支。但当十国集团财政部长和央行行长在试图解决美元问题时，这些更广泛和更深层次的问题均被搁置了起来。在美元问题上，美国及其盟友仍处于僵局。

第十六章

终点线

有关国际货币谈判的最终决定是在10月和11月由政府内部敲定的。在这两个月里,尼克松总统和他的顾问们,特别是约翰·康纳利、亨利·基辛格、阿瑟·伯恩斯、乔治·舒尔茨、保罗·沃尔克和彼得·彼得森进行了一系列的内部博弈和妥协。像往常一样,尼克松总统是最后的仲裁者。

第一个问题是这些争论的点都涉及对康纳利鲁莽笨拙的站位以及他密不透风保守的谈判风格的不满。例如,当谈到这位得克萨斯人的战术和战略时,彼得森认为康纳利在谈判中的涉及面过于广泛,以至于他不知道美国真正需要什么,更没能考虑清楚美国应该做出怎样的权衡。8月下旬,彼得森告诉总统,康纳利和沃尔克缺乏全局观[1],把一切都托付给他们和其财政部的团队是危险的。彼得森撰写了一系列备忘录,阐述了彻底审视货币、贸易、国防目标的必要性,以及它们之间的关系。他总结了行政当局内部存在的所有立场及分歧,列出了一系列有待解决的问题[2]:进口附加税的有效期应该多长?美国最终应该使美元对黄金贬值吗?如果答案是肯定的,那么贬值幅度应该是多少?同盟国应该在多长时间内对货币问题、贸易问题、国防问题作出实质性让步?每个问题中作出让步的时间是相同的吗?为了加强多边战略,必须采取哪些双边行动?通过提出这些基本问题，彼得森试图向尼克松表明，康纳利和沃尔克的想法太激进了，无法达成统一的政府战略。

第二个问题是应该用什么来取代布雷顿森林体系。沃尔克和伯恩斯支持回归原有的汇率制度，只需在原有基础上重新调整汇率，并增加汇率的灵活性。舒尔茨和麦克拉肯则希望利用这一时机，果断地朝着自由浮动汇率的方向迈进。几个月前，美国财政部做过的一项研究表明，要想扭转国际收支状况使其达到预期目标，美元兑黄金的汇率需要贬值13%—15%。伯恩斯和沃尔克支持美元进行一次性贬值，然后恢复固定汇率制度，这意味着以美元计算的黄金价格将会上涨，每盎司黄金需要超过35美元才能买到，从而降低每单位美元的黄金价值。沃尔克希望黄金在国际主要货币资产中的地位逐渐被特别提款权取代。而伯恩斯对黄金的立场没有那么明确，尽管像许多央行行长一样，他也赞成尽可能少地去改变。舒尔茨和麦克拉肯的立场则与之截然不同，他们认为，应该让市场决定美元价值，黄金不应该再在汇率制度中发挥作用。康纳利则专注于更全面的一揽子计划。虽然在汇率问题上康纳利与沃尔克的观点一致，但他也注意到了贸易和防务协议的重要性，他认为，对于总统在国内的政治成功，贸易和国防问题比汇率问题更为重要。康纳利一直坚信，大多数美国人对国际金融领域发生的事情不感兴趣，因为这些问题晦涩难懂。康纳利还反对让美元贬值，因为只有国会才能改变黄金价格，他担心议员们会在一些使黄金升值而美元贬值的法案上附加太多的保护主义条款。

第三个问题是关于进口附加税给外交带来的压力迅速扩张，这个分歧很快受到了关注，亨利·基辛格也卷入了这场争论。

9月27日（星期一），彼得森仍然对康纳利处理谈判的方式感到不安，他打电话给基辛格，问他是否知道尼克松总统对于由康纳利的策略而导致外交政策的紧张局势有何想法。基辛格说，总统完

第十六章 终点线

全没有意识到国外发生了什么事情[3]。9月28日（星期二），霍马茨给基辛格写信说："美国政府内部有部分势力希望不惜任何政治代价榨干西欧和日本的利益[4]，而另一部分则认为应该在没有补偿金的情况下取消进口附加税，两派政治力量针锋相对，但强硬派的观点将会被采纳。"尽管基辛格对国际货币政策没有明确的看法，但他开始担心联邦之间日益加深的裂痕，尤其是在尼克松将于下一年对北京和莫斯科进行两次历史性访问的时候。伯恩斯和彼得森都赞同基辛格的观点，认为康纳利给美国的贸易伙伴国施加了太大压力。他们认为进口附加税很容易引火烧身，伯恩斯特别警告基辛格说[5]，西德正准备采取报复性贸易措施，比如对美国出口的产品实行严格的配额制，到了那时可能会出现贸易保护主义螺旋上升的情况。同样地，进口附加税也开始严重打击西欧的出口[6]。西德担心，如果延长征收进口附加税，西德对美国的销售额将下降30%。欧洲共同体估计，他们可能会因此失去30万个工作岗位。最为重要的是，西欧经济正在进入衰退期，基辛格担心，如果美国受到指责，欧美之间的紧张局势将会进一步恶化。

事实上，欧洲共同体成员国正试图联合起来反对美国的强硬政策。华盛顿方面不希望自己在汇率谈判中施加的压力将西欧推入一个全面反对美国政策的阵营。基辛格还考虑到了日本的特殊性，这个国家的海外市场和军事安全几乎完全依赖美国。除了对尼克松将要访问中国的声明感到震惊和尴尬以外，8月15日美国单方面的措施更是让东京方面出乎意料。此外，东京方面还承受着与美国就纺织品出口配额达成协议的巨大压力。由此，基辛格对谈判的焦虑一直在上升，多年后他回忆道："我开始意识到，可能需要施加一些压力[7]来促成严肃的谈判"，"我希望在争论达到目的后结束这种对峙，并防止在谈判中经济问题完全盖过外交政策问题成为主导因素"。

与西欧盟友一样，基辛格也不赞同康纳利的观点，即设定一个总体目标——美国贸易逆差达到130亿美元的扭转——却不具体说明各国政府应如何实现这一目标。基辛格更希望美国提出一个详细的计划，正如美国在历史上所做的那样。虽然他小心翼翼地避免批评康纳利，但他还是想让尼克松意识到国外不断升级的紧张局势。9月30日（星期四），基辛格告诉尼克松总统："我必须更频繁地与康纳利碰头[8]"，"因为这位得克萨斯人并没有真正的外交手腕"。基辛格还用另一种方式提醒总统，他单独找到康纳利，试图通过外交手段让他理解外交政策的利害关系，然后向尼克松报告了他所做的努力。例如，11月15日（星期一），基辛格向总统汇报："我去见了康纳利，告诉他我不是作为总统使者来的，而是以你朋友这一身份来的[9]。"基辛格继续总结他对康纳利说的话："你现在已经打破了整个体系[10]。除了你，没人有勇气这么做……现在我表明我的看法，如果你想脱颖而出成为一名政治家，那么在打破这个体系之后，你必须考虑如何重建它。"

在各位顾问之间的各种冲突和紧张气氛中，尼克松的做法却让人摸不着头脑。例如，在一次会议中，他支持彼得森的建议，认为康纳利的个人行为应受到跨部门指导和约束。还有一次，尼克松告诉基辛格，一定要把外交政策纳入讨论范围。他还担心基辛格和伯恩斯对盟友态度软化，于是让舒尔茨给他们鼓劲，不能让他们放弃基本立场。有时，他赞成康纳利延长进口附加税的政策，但后来他又同意伯恩斯的看法，认为康纳利所说的征收附加税的时限太长了。尼克松会指责美国的盟友，并说应该好好教训一下他们，而随后他又会转变态度，认为有必要保护与西欧和日本之间的政治及军事关系。唯一不变的是，尼克松总是明确表示康纳利是负责人。他的意图很简单：在他的经济团队中，康纳利是唯一一个与他有着相同政治直觉的人，而且康纳利密切关注着尼克松在1972年的连任情况。

尼克松这种摇摆不定的态度并不令人惊讶。毕竟，尼克松必须

第十六章 终点线

权衡多个因素——经济、外交政策、国际货币与贸易谈判,以及关于 1972 年连任的问题。对他来说,经济复苏、就业增加、通货膨胀下降和国际收支取得平衡都很重要,此外,他将访问北京和莫斯科视为伟大的胜利。对他来说,维持戴维营会议结束后的局势,以及在国内国外保持伟大领导人的光环也是至关重要的。可能在未来的某一天,其中一件事情的优先性会超过另一件事,但是不会有人像尼克松一样需要考虑如此多的问题和责任。

而随着 10 月一天天过去,进入 11 月,康纳利的策略开始让尼克松感到担忧。不仅是基辛格、伯恩斯、彼得森和舒尔茨,总统在华尔街的朋友也向他表达了他们对国外日益紧张的经济局势感到焦虑。彼得森对尼克松说,他收到许多商业领导人的来电,他们认为美国政府不了解股票市场的不稳定行情以及其他干扰经济的不确定性因素,他们要求彼得森让总统和康纳利"冷静下来",改善剑拔弩张的状态,改变对货币和贸易谈判"满不在乎"的态度[11]。尼克松还收到了美国驻法国大使亚瑟·沃森(Arthur Watson)和驻西德大使肯尼斯·拉什(Kenneth Rush)的电报[12],电报中提到,美国的压力在他们所驻扎的国家引起了最高政治领导层的强烈不满。

11 月 1 日(星期一),霍马茨建议基辛格说服深受总统信任和各方尊重的舒尔茨[13],让他相信,在事态失控之前尽快结束谈判才符合美国的最大利益。而这意味着结束征收进口附加税以换取其他国家货币的重新估值和一些小的贸易让步,以及西德和日本提出的关于增加国防开支的一些温合提议。事实上,舒尔茨也赞同这一观点[14]。他认为,如果解决方案中暂时未能达成的部分可以在稍后的阶段中达成,那么应该先接受这一半已经达成共识的方案。

接下来的一周,基辛格向尼克松描述了谈判的情况:"我们不告诉其他国家我们想要做什么,这使得所有的国家联合起来反对我们[15]……如果我们与自由世界里的每一个国家为敌……我们将会破坏整个世界自由竞争的体系。"基辛格尤其担心康纳利的做法,因为他多次公开声明进口附加税将长期有效[16]。

谈判逐渐进入最后阶段,特别是11月22日、23日和24日在白宫椭圆形办公室举行的会议中[17],尼克松、康纳利、基辛格和舒尔茨之间展开了激烈的争论。在即将到来的12月,尼克松计划会见几个国家的元首,向他们简要介绍他访问北京和莫斯科的情况。然而,11月23日(星期二),在椭圆形办公室讨论关于即将举行的国家元首会晤时,基辛格告诉尼克松,除非国际经济问题事先得到解决,否则这些会议将会很棘手。(我采访过的一位人士认为,基辛格或他的一位高级幕僚可能曾经鼓励西欧领导人采取这种强硬政策,因为他们知道只有这样他们关心的问题才会引起尼克松的关注,这也能为结束这场决定性的经济谈判提供一个契机。然而我未能证实这一说法。)

康纳利感受到了政治风向。他知道尼克松即将在北京和莫斯科进行的访问有多重要,所以他抢先发起了一个可能引发争议的讨论,提出了一条可以继续推进的建议。他解释说,下一次财政部长会议将于11月在罗马举行,而只有在美国同意美元对黄金贬值的情况下他才能达成协议。康纳利承认,在贸易和国防问题上,最终结果可能不会事事如他或尼克松所愿,但现在美国可以先结束谈判,把许多争议问题留到下一阶段的谈判来处理。

尼克松欣然接受了这个建议,并指出:"先在货币方面达成协议[18]","就说贸易协议会晚些时候达成[19]"。他们同意康纳利将在罗马启动谈判,而且尼克松也将很快与法国总统蓬皮杜举行第一次会晤。蓬皮杜曾是一名银行家,了解所有货币和贸易问题,在欧洲共同体内的影响力超过其他任何一位国家元首。随后,尼克松将与蓬皮杜达成一项框架性协议,康纳利可以在之后的会议上与他的谈判对手补充完整后面的细节。"我和蓬皮杜讨论了一些事情[20],保留了一部分他想要的内容",尼克松在康纳利和基辛格面前自言自语,"必须做些事情让他觉得可信[21]……然后我们回来把事情交给约翰,让约翰去解决这个棘手的问题"。一切都可以在1971年之内完成,这是尼克松的计划。

11月25日,《纽约时报》发表了一篇文章——《尼克松对货币谈判充满希望》(Nixon Is Hopeful on Money Talks)[22],提到了即将在罗马召开的财政部长和央行行长会议。以12月中旬尼克松与蓬皮杜的会晤作为起点,领导会晤的日程几乎被公开,形势正在转变。

十国集团部长级会议的第三次会议于11月29日至12月1日在罗马正式举行,第一次是于9月中旬在伦敦举行,第二次是在9月底至10月初的国际货币基金组织会议期间举行的。在前往意大利的路上,康纳利向沃尔克透露,尼克松曾鼓励他达成协议,并授权他让美元适度贬值以达成协议。康纳利解释说,尼克松想在12月的总统会晤上与蓬皮杜达成实际协议。因此,财政部长将不得不为达成货币贬值打开一扇门,并试探其他国家的反应,但不会达成实际协议。在会议开始前,康纳利和沃尔克讨论了如何协调这一策略,并设计了一套各自将会用到的谈话策略。

罗马会议在离台伯河(Tiber River)不远的科尔西尼宫(Palazzo Corsini)举行[23],这座建于1730年至1740年的优雅建筑是一座建于15世纪庄园的延伸部分。会议室有一张华丽的长方形大桌子,房间里有大理石地板、意大利风格的艺术墙壁和高高的拱形天花板。很显然,人们希望这次会议可以比之前的十国集团会议取得更大进展。英国《金融时报》的保罗·刘易斯(Paul Lewis)写道:"这些迹象表明,尼克松总统现在迫切希望解决他8月15日新政策引发的全球货币危机[24]。"同一份报纸上的一篇文章提到另一个观点:"在经济纷争导致联盟分裂之际,尼克松不能指望在莫斯科和北京还以整个西方国家发言人的身份出现[25],因为经济上的纷争正在分裂这个联盟，但现在看来他一定会寻求能够代表这一身份的巧妙方法，"文章指出，"美国或多或少坚持自己政见的时代已经过去了，但西欧可以脱离美国处理事情的时代还没有到来。美欧双方都需要作出让步"。

本次十国集团部长级会议正式于 11 月 29 日下午 3 时 30 分开始。因为十国集团的主席是轮流担任的，而这次特别会议恰好轮到康纳利担任主席，这便意味着保罗·沃尔克将成为美国的官方代表。起初，会议进程缓慢。意大利和西德的代表做了冗长且乏味的陈述，叙述了自戴维营会议以来发生的一切。甚至在某一时刻，康纳利听得都快要睡着了。第二天早上，沃尔克总结了美国的要求。他将美国贸易收支转变的规模目标从 130 亿美元调整为 90 亿美元。沃尔克表示，尽管这一目标规模对美国来说还不够，但如果其他国家愿意就本国货币重新估值并加紧进行严肃认真的谈判，美国则愿意勉强接受这一差额。当美国的要求得到满足后，华盛顿方面将取消进口附加税。沃尔克还提到其他国家在贸易和防务方面向美国作出一些让步也是有必要的。在场的各国官员中，没有一位被沃尔克的讲话所感动，因为在他们看来，这只是美国对原有立场的重申。

随后，作为十国集团主席的康纳利建议休会，并于第二天再开会。那天下午，他和沃尔克完善了如何打破僵局的计划。当会议在 12 月 1 日（星期三）重新开始时，法国经济和财政部长瓦莱里·吉斯卡尔·德斯坦表示，除非美国愿意做出一些"贡献"，否则没有什么可讨论的，即华盛顿方面必须同意让美元对黄金进行一定程度的贬值。实际上，瓦莱里·吉斯卡尔·德斯坦只是在玩"角色扮演"而已。他事先已经从法国外交部长的汇报中了解到，让美元贬值的想法现在还无法进一步实现，因此，美元贬值取得突破性进展的可能性留给了即将到来的尼克松-蓬皮杜会晤。

康纳利俯身对沃尔克耳语了几句。很明显，他们之间传递了某些信息。沃尔克随后向大家说[26]："好吧，假设，只是假设，我们愿意讨论黄金价格,"他的意思是美国愿意让美元对黄金贬值,"如果我们把黄金价格提高10%或15%,你们觉得怎样?"(他的意思是:如果美元对黄金贬值10%到15%,他们会怎样想。)

康纳利立即打断沃克尔的话,"好吧,问题已经提出来了,"康纳利说,"假设美元贬值10%,你们会怎么做?"

这是一个历史性时刻,是自布雷顿森林体系确立美元兑黄金的汇率以来,美元贬值首次被正式提出。随后全体陷入了沉默。沃尔克回忆说,接下来的一个小时里,"没有回应,没有讨论[27],没有人试图改变话题,没有人要求休息……只有一片寂静。有些人默默地抽烟,有些人跟同事窃窃私语,有些人则坐立不安"。现场的反应表明,没有一个国家的部长能预料到美国会作出这样的让步,因此没有一个部长提前得到了本国政府的指示,更不知道该作何回应。

最后,西德经济事务和财政部长卡尔·席勒(Karl Schiller)打破了寂静。他说,如果美元对黄金贬值10%[28],西德可以在现有基础上再升值2%,也就是说马克汇率调整的幅度为12%。稍做停顿后,英国财政大臣(相当于财政部长)安东尼·巴伯(Anthony Barber)表示,他永远不会同意美国将货币贬值10%[29]。在他看来,这将使美国在国际贸易中竞争力过大。康纳利问:"那么什么是可以接受的呢[30]?"巴伯回答说5%。康纳利说,这一比例太低,不足以帮助美国的国际收支出现实质性的好转。会议讨论到这里就结束了,虽然没有明确的结果,但这正是康纳利和瓦莱里·吉斯卡尔·德斯坦想要的。因为这个问题早就准备由尼克松和蓬皮杜进行最终的决定。

会议结束时,改变美元兑黄金汇率(即贬值)的心理障碍已被突破。随着会议的结束,欧洲共同体承诺将进行长期、广泛的贸易谈判,并同意在北约框架内解决防务问题。正如最近国际货币基金组织会议上同意的那样,长期货币改革的议题被推迟到第二阶段谈判中,大家都知道这将需要很长时间。当前应该关注的是,汇率调整、可快速实现的贸易让步，以及在更好地分担国防开支方面态度的转变。用记者亨利·布兰登的话说，这是"万能的美元正式跌落神坛的时刻[31]"。虽然事实证明这是夸大其词，但这确实是自布雷顿森林体系以来，首次就主要货币汇率调整进行的正式多边谈判。

十国集团同意于12月17日至18日（星期五至星期六），在华盛顿再次会晤。到那时，尼克松将会见蓬皮杜，各方都对取得突破性进展抱有很大的希望。

12月13日至14日（星期一至星期二），尼克松与蓬皮杜的会晤[32]在葡萄牙属地亚速尔群岛（Azores）的特塞拉岛（Terceira Island）举行，亚速尔群岛位于北大西洋中部，由九个火山岛组成。在接下来的36个小时里，蓬皮杜与尼克松进行了几次双边会谈，但蓬皮杜不想让他的财政部长瓦莱里·吉斯卡尔·德斯坦参加。因为他们二人关系不好，而且瓦莱里·吉斯卡尔·德斯坦还是蓬皮杜潜在的政治对手。由于康纳利与瓦莱里·吉斯卡尔·德斯坦处在同等的谈判地位，因此出于外交礼节，许多会议康纳利也不能参加。而这样的外交礼节并不适用于尼克松的国家安全顾问，因此基辛格被推到了谈判的中心，取代了原有康纳利的位置。基辛格在回忆录中写道："就这样，我作为新手与蓬皮杜就货币危机的解决方案进行谈判[33]，而蓬皮杜是一位著名的金融专家、一位（前）职业银行家"，"即使在我最狂妄自大的时候[34]，我也不相信自己会因为对国际货币体系改革的贡献而被人们记住"。

而事实证明，与康纳利密切合作的基辛格成功地在谈判中发挥了关键作用。星期一上午，康纳利向基辛格简要介绍了关键问题和美国的底线。基辛格随后单独会见了蓬皮杜，随行的还有他们的翻译。基辛格告诉法国总统，他想知道法国的最低要求，并将把这些要求反馈给尼克松总统，然后才能给出答复。蓬皮杜表示同意，接下来基辛格与尼克松、康纳利和沃尔克就下一步行动进行了商议。

第十六章 终点线

午饭后,基辛格带着详细的建议回来,向蓬皮杜提出了一个折中的立场。然而双方的要求仍然相去甚远。

12月13日(星期一)晚上,葡萄牙总理举行了一场宴会。尼克松坐在蓬皮杜的右边,康纳利坐在左边。那天在蓬皮杜和基辛格的讨论中,最关键的分歧不是美国是否要让美元贬值,而是贬值的幅度,美元贬值的问题在罗马时就差不多决定了。晚餐时,康纳利和蓬皮杜进行了一次平静的谈判,最终达成了一致。如果美元要贬值,康纳利希望美元的贬值幅度是所能实现的最大值,因为美元汇率越低,美国的竞争力就越强。蓬皮杜一开始说,美元应该贬值6%[35],康纳利接着提出9.5%的贬值幅度,蓬皮杜回应提出7%,康纳利最后提出9%,双方在这里达成了一致。

第二天早上,蓬皮杜和基辛格在早餐时达成了协议——美元将对黄金贬值8.7%。

目前尚不清楚尼克松对货币谈判的关注程度有多少,因为他在这些会晤中的关注点都集中于宏大的政治战略。基辛格后来写道:"在谈判中尼克松并不在状态。"基辛格写道:"如果让他吐露真心[36],毫无疑问,他会说他其实根本不关心在新的货币体系中各种货币如何挂钩。"当然,尼克松已经疲于应对了,在亚速尔群岛的时候,他一直专注于防止印度和巴基斯坦之间发生战争,为此,他与基辛格的电报、电话和面对面的讨论不断。在与蓬皮杜的宴会结束后,他决定熬夜收听武装部队电台(Armed Forces Radio)播放的华盛顿红人队(Washington Redskins)与洛杉矶公羊队(Los Angeles Rams)的比赛。亚速尔时间凌晨4时20分[37],也是华盛顿时间凌晨12时20分,他唤醒了霍尔德曼,表达了对华盛顿红人队胜利的兴奋之情。

尽管尼克松并没有特别重视货币谈判,但是两位总统私下达成的协议确实包含了一些重要的细节[38]。美国令美元对黄金贬值8.7%,这意味着1盎司黄金将不再与35美元等价,而是等价于38美元。其他国家将被迫对其货币进行一定程度的重估，并且仍然有一些国家的货币将会贬值。法国既不会让本国货币对黄金贬值，也不会升值。

一旦汇率发生调整，货币汇率可以更灵活地上下波动。尼克松政府承诺大力捍卫新的美元汇率，特别是努力通过限制工资和物价管控来遏制通货膨胀，并通过大力提高对研发领域的投资来提高生产率。对协议执行不利的是，政府没有提到美国的货币政策和利率政策，这是美国在汇率问题上最有效的经济杠杆。然而，对于美国的贸易伙伴来说，最重要的还是美国将取消进口附加税和投资税收优惠中对外国公司具有歧视性的部分。

这项协议含蓄地承认，目前美国的"黄金兑换窗口"仍将关闭，黄金替代政策将在未来的货币改革谈判中进一步确定。会议再次商定，欧洲共同体将全力启动新一轮重要的贸易谈判。他们提到了最近的一次北约会议，该会议"代表了一种建设性的方法，可以更加充分地解决合理分担国防负担的问题"。

作为闭幕式的一部分，成员国官员们宣布，十国集团将于本周末，即12月17日（星期五）开始，在华盛顿重新召开会议，继续讨论细节问题。

12月14日下午晚些时候，当代表团抵达安德鲁斯空军基地时，尼克松委派康纳利对聚集的记者发言。康纳利说："客观地说，我认为两国总统的会晤推动了货币谈判向前迈出非常重要的一步"[39]，"本周末将举行的十国集团会议有望使我们更接近解决方案"[40]。《华盛顿邮报》的霍巴特·罗文（Hobart Rowen）欣喜若狂，他写道，"在亚速尔群岛达成的美法联合公报……是货币发展史上的重要时刻"[41]，他指出，这不仅清除了当前汇率调整的障碍，更打破了国际金融和贸易根本性改革谈判的僵局。《华盛顿邮报》的一篇文章抓住了这一事件的本质，"在亚速尔群岛达成的美法联合公报是经济领域的关岛主义（即'尼克松主义'）。"[42]他说，"这提醒了其他国家[43]，美国现在对国家利益的定义更为严格……就国内而言，首先是高水平而稳定的就业，与我们的对外职责相比，就业问题更为重要。货币贬值是一种理性和有益的调整，具有技术性，并且迎合了目前国内蔓延的情绪。"

在第二天的晨会上[44]，尼克松向康纳利和基辛格阐述了公共关系的必要性。他要确保大家知道，他在汇率、贸易和国防开支这三个问题上都打出了重拳。尼克松希望媒体能够表达出他想要创造更多就业机会的坚定决心。在货币贬值问题上，他希望媒体从美国现在更具竞争力的角度来报道，而不是从削弱美国实力或世界地位的角度来报道。他希望不要再提美元贬值，而应该说美元之前是被高估了。霍尔德曼在日记里记录了总统或康纳利（他不确定是谁了）说过有必要弄清楚最近几天都发生了什么[45]。他们中一人说："（媒体）应该有一篇深度报道，说明没有人质疑美国在自由世界的政治和军事领导地位。""现在美国在货币和金融领域也处于领导地位。我们应该把亚速尔群岛比作关岛，将这描述为更广泛意义的责任分担。"尼克松、康纳利和基辛格在舆论中又一次获得成功，他们表示，他们在调整汇率方面取得了成功。他们迫使西欧人重点关心贸易问题。关于提高盟国军费开支比例的问题，他们将在北约取得进展。他们不断地重复这些论点，使自己相信在戴维营的决定确实是一个重大的成功。

康纳利从亚速尔群岛回来后，就开始为定于那个周末举行的十国集团会议寻找合适的地点。他选择了国家广场（National Mall）的史密森学会（Smithsonian Institution），他觉得这座建筑正符合会议的基调。这座建筑始建于南北战争之前，是美国最接近城堡的建筑[46]，红色砂岩结构，有很多塔楼和圆形拱门，并且有着44英尺高的天花板和又高又窄的窗户。

尼克松呼吁重要的参议员和国会议员支持美元对黄金的贬值。

他得到了相当多的支持[47],并得到了国会迅速采取行动的承诺,即一旦他提交法案,国会就立即批准调整黄金价格。对于即将公布的汇率政策,商界的反应也是积极的[48]。首席执行官们指出,结束不稳定的汇率是推动新投资和扩大贸易的关键。他们希望外国投资者进入美国,购买以贬值后的美元计价的资产,或投资于土地和工厂。考虑到外国货币升值了,投资美国企业将更便宜。因此,首席执行官们认为美国许多公司的股价将上涨,并且将进一步推动股票市场普遍上涨。

12月16日(星期四),十国集团的财政部长和央行行长们陆续抵达华盛顿。第二天会议开始时,美元价值在全球市场上开始下跌[49],这表示银行和投资者预期美元将贬值。例如,在罗马以及史密森学会开展的会议期间,美元兑西德马克的汇率下跌超过12.5%,兑日元的下跌幅度也几乎相同。

此时康纳利仍然是十国集团的轮值主席,因此他主持了此次的所有会议。12月17日(星期五)早上,当他来到会议地点时,他告诉记者:"我们已经准备好推进谈判并达成最终协议[50],"随后他补充说,"我不能完全确定我们能做到,我不想对结果过于乐观。"事实上,在会谈的第一天,几乎没有取得任何进展。代表们面临四个难题。

第一个问题是美元应该贬值多少。这不仅需要包括美元相对于黄金要贬值多少,还包括其他货币相对于美元要升值多少,因为重要的是美元贬值和其他货币升值之间的差距。在亚速尔群岛会议上,美国同意美元对黄金贬值8.7%,而法国法郎对美元的价值不会发生变化(换句话说,法郎对黄金既不会贬值,也不会升值)。但两位总统没有就西德马克或日元的币值重估进行谈判,更不用说其他几十种货币了。因此,有必要就货币问题达成更全面的协议。

第二个问题是贸易。一直以来,美国都坚持认为,其国际收支

第十六章　终点线

赤字的很大一部分是欧洲共同体和日本的保护主义造成的。然而，自罗马会议以来，人们已经清楚地认识到，根本性的贸易改革所需要的时间远远超过汇率调整。在史密森学会的谈判中，美国面临的问题是如何让美元贬值，以及如何在迅速达成小的贸易让步的同时，让西欧和日本作出确定性承诺，在未来继续就更广泛的贸易让步进行谈判。

第三个问题是8月15日以来没有受到太多关注的问题。聚集在史密森学会的所有官员都清楚，美国承诺将国外央行的过剩美元兑换成黄金的日子已经一去不复返了。因为美国实际上根本没有足够的黄金储备用以兑换。但是外国政府希望能够将他们多余的美元转换成某种储备货币。那美国能够提供什么呢？是黄金、外币与国际货币基金组织特别提款权的组合吗？外国代表们认为，华盛顿方面必须作出一些承诺，否则怎样阻止美国从美元贬值中榨取利益，还迫使外国政府持有更多的美元？华盛顿方面并不否认美元与其他资产可兑换的必要性，只是要求在汇率调整完成之后，在长期货币改革的背景下考虑这个问题。

第四个问题是诚信问题，或者说是缺乏诚信的问题。为了使美元对黄金贬值，美国国会必须通过一项授权法律。外国代表们希望美国保证这种情况一定能发生。他们担心由于国内政治原因，美国政府将会一再推迟提交立法。与此同时，康纳利希望西欧和日本能确保在美国国会就黄金问题采取行动之前，在贸易问题上采取行动。因此，他认为是否将有关美元贬值的法案提交国会，将取决于是否进行贸易谈判。所以，与会者陷入了一个"先有鸡还是先有蛋"的谈判困境。

12月17日（星期五）是谈判的第一天，结果很糟糕。"每个人都想维护本国利益[51]，每位代表的民族主义都过分明显了。"亨利·布兰登写道。汇率调整本身就是复杂的，这不仅涉及每个国家如何与美国竞争的问题,也涉及它们如何与其他国家竞争的问题。例如,法国希望西德马克对法郎最大限度地升值,这样法国产品在西德就会更便宜。当然,西德的想法正好相反。于是史密森学会会议的谈判变得"三维化"了。康纳利向作家马丁·梅耶(Martin Mayer)回忆说[52],这次谈判的大部分时间都是在休会中度过的,因为财政部长们都在与本国政府商议对策,而欧洲共同体的六个成员国也在努力寻找一个共同的立场。

直到第二天,12月18日(星期四),谈判才真正启动。西欧国家彼此之间也未能达成共识,西德经济事务和财政部长卡尔·席勒与法国经济和财政部长瓦莱里·吉斯卡尔·德斯坦均向康纳利表示,美国必须采取强硬手段,一个一个地攻破西欧各国代表团。毕竟,这是自布雷顿森林体系以来,各国第一次谈判本币兑美元的汇率,而且谈判各国之间的汇率。这激起了康纳利的兴致,他喜欢激烈的讨价还价。"他哄骗、威胁、甚至是粗暴地对待这些部长们[53],"布兰登说,"他或许不是(不曾是)货币奇才,也不是金融战略家,但事实证明,他是一位卓越的谈判家,他知道如何从那些本就空虚的国库的看守者身上榨出最后一滴血。"

首先,康纳利无法让日本人让步[54]。他找到席勒,建议西德将马克市值重估14%。席勒问法国在这个问题上将会怎么做。康纳利表示,他们不会让货币升值或贬值,就像尼克松和蓬皮杜在亚速尔群岛会晤上达成的那样。席勒接着又问意大利会怎样?日本会怎样?康纳利向他保证,他将要求日本的币值调整幅度至少比西德高出3个百分点。这位财政部长从一个代表团到另一个代表团,冷静而有力地就一项又一项协议进行谈判,并且明确表示如果达不到美国需要的美元贬值幅度,就不可能达成任何协议。

康纳利在一间小会议室里会见了日本代表团。他首先要求东京方面将日元升值19.2%。日本断然拒绝。康纳利接着让步到18%,

第十六章 终点线

但仍然无法说服他们，于是康纳利将日元升值幅度进一步妥协到17%。日本仍然拒绝。最后，一位日本官员解释说，在1930年，他们的一位财务大臣将日元升值了17%，而大众却认为正是这一举动引发了日本的经济衰退，导致这位大臣被暗杀。康纳利停顿了一下，他明白迷信的力量。于是康纳利问，16.9%的升值幅度如何？交易就此达成。这也标志着全面协议将最终达成。

《史密森协议》被视为是对《布雷顿森林协议》进行重大改革的第一阶段措施。包括美国在内的所有官方代表都认为，没有人会觉得这一协议包含了一套完整的改革措施。签署《史密森协议》的目的在于为今后就此展开的谈判奠定基础。同样，尼克松、康纳利和其他美国官员在主要的贸易自由化问题上的坚定决心，不会因为西欧同意立即讨论而得到满足。在这方面，谈判有必要继续下去。美国代表团知道，他们在亚速尔群岛和史密森会议上同意的汇率调整幅度小于美国扭转不断增长的贸易赤字所需的幅度。尽管如此，几乎所有史密森会议的参会人员都认为，他们已经尽其所能应对8月15日的冲击，并达成了一项具有历史意义的协议。

各国不得不同意汇率制度的重新调整[55]。美元将对黄金贬值，现在1盎司黄金的价格是38美元而不是35美元。然而，由于涉及的货币多种多样，各进口市场的规模也各不相同，因此计算美元的总结果会更加复杂。尽管日本和西德同意其货币对黄金大幅升值，但其他国家，如英国和法国（同样也是美国进口的大市场）决定不将其货币对黄金贬值或升值。还有一些国家，如意大利和瑞典的货币，实际上贬值了。世界上很大一部分国家也继续将本国货币与美元挂钩，这削弱了美元贬值本来可以带来的优势。加拿大是美国最大的市场之一，他们则完全拒绝固定汇率，只允许加元对所有其他货币的汇率自由浮动。专家们用"贸易加权"汇率来衡量汇率对贸易的真实影响。这样，当拨开晦涩而复杂的汇率计算迷雾时，美元对所有国家货币实际的整体贬值幅度略低于 8%[56],而对最大和最富有的国家来说,美元的贬值幅度约为 10%。更具体地说,自从 1971 年 8 月 15 日沃尔克和康纳利开始与十国集团的其他成员国谈判之后,就表示美国对汇率调整的态度是坚决的,汇率调整可令美国贸易逆差出现 130 亿美元的积极变化。考虑到美国预测的潜在贸易趋势是负面的,以及海外军事开支和对外援助成本会增加,这一数额将使美国经济从赤字变为略有盈余。然而,根据《史密森协议》,美联储估算贸易平衡只能比 1972 年的水平改善 80 亿美元。这种情况下美国的财政不会有任何盈余。

一旦汇率调整生效,在各国货币不得不进行正式贬值或升值之前,将会有更大的自由空间围绕新的固定汇率波动。在最初的《布雷顿森林协议》中,这个波动幅度是 1%,而现在允许一国货币比固定汇率水平升值或贬值 2.25%,总计达到 4.5%。在可预见的未来,除了国际货币基金组织的一些小型技术性交易,美元将不能再兑换成黄金或其他任何东西。美元兑黄金的问题将在以后的货币谈判中进一步敲定。

美国已经同意取消进口附加税,并且还将废除投资税优惠中那些只对美国公司优惠的部分,即所谓的"购买美国货"优惠。

然而,还有一个关键问题是,各国货币如何维持自身新的固定汇率。他们应该遵守什么规则?执行机制是什么?法国总统蓬皮杜在亚速尔群岛会议上向尼克松总统明确表示,新的安排要求美国整顿自己的经济秩序,特别是在控制通货膨胀方面,尼克松同意了。但他会落实吗?目前处于谈判第二阶段且极具争议的工资和物价管控会奏效吗?阿瑟·伯恩斯会提高利率以防止经济过热吗?还是说他会屈服于尼克松的压力,降低利率以使经济和就业在 11 个月后的美国总统选举前实现增长?更广泛的货币和贸易谈判将需要多长时间? 1971 年 8 月 15 日的公告使布雷顿森林体系进入了一个新时代,但许多根本问题仍未得到解决。不过,就目前而言,所有人都对现有的结果感到满意。至于其他因素,他们已经筋疲力尽,也无法再做更多事情了。

康纳利从霍尔德曼那里得到消息,如果谈判成功,尼克松便愿意出席会议。但直到中午12时45分,康纳利才打电话给霍尔德曼表示自己也不确定这次能否结束谈判,十国集团可能不得不在下个月再次开会。但谈判的风向突然又发生了转变。康纳利又打电话给霍尔德曼说,最终还是达成了协议。

因此尼克松在下午5时37分到达会场并向代表们发表了讲话。全部与会者来到史密森学会的另一场馆——美国国家航空航天博物馆(National Air and Space Museum)。总统站在莱特兄弟于1903年试飞的飞机前说[57]:"我非常荣幸地代表十个国家的财政部长和其他参与其中的代表们宣布[58],世界历史上最重要的货币协定达成了。"这一夸张的说法,经常被拿来引用和嘲笑。然而,多年后,保罗·沃尔克对它重新进行了评价。"虽然这句话经常被人们拿出来嘲弄[59],"他写道,"但据我所知,事实上,这么多国家在同一时间就一套汇率达成一致意见是前所未有的。"

尼克松接着介绍了当时的历史背景。"当我们将该协议与布雷顿森林体系相比较时[60]……我们就可以看到这一成就是多么伟大,"他解释说,"布雷顿森林体系诞生之时,正值二战刚刚结束,美国在世界经济事务中占据主导地位……幸运的是,现在我们的世界是一个经济更发达的世界,不仅有美国一个经济强大的国家,还有欧洲、日本、亚洲、加拿大和北美的国家,所有这些国家的经济都很强大,都是强大的竞争对手,因此,在这些会议上,就货币问题而言,同样强大的国家之间有必要进行谈判。"可以肯定的是,尼克松夸大了事实,因为实际上并不存在真正可以与美元进行较量的竞争对手,此外,美国在政治和经济影响力方面仍然拥有绝对优势。然而,他仍然表示，美国认识到在过去 25 年里世界发生了根本性的变化，美国必须对自己承担的责任以及谈判方式作出调整。很显然，美元的贬值已经昭示了这一切。

当天晚些时候举行了一场新闻发布会，康纳利谈到了推进谈判进程是如何艰难，以及美国取得了多大的进展，毕竟美国曾经发誓绝不让货币贬值。"但我们很高兴事情解决了[61]，每个人都很高兴，"他说，"我们将恢复一定程度的稳定。"

这项协议在美国相当受欢迎。一个重要的汇率调整已经实现，而这将有益于美国的出口，同时美国的国外投资也会扩大。在这两种情况下，美国的贸易平衡问题会得到改善，就业机会也会增加，美国黄金储备的压力也就不复存在了。这为进一步就根本性国际货币改革谈判奠定了基础，同样也为贸易方面改革的谈判奠定了基础。美国也在向盟国施加压力，要求他们负担更多的国防开支，北约也准备继续推进此事。

商业情绪高涨。摩根担保信托公司（Morgan Guaranty Trust）的一位高管表示："在经历了数月的谈判和这么多的不确定性之后[62]，该协议让各地的银行家和商人们都松了一口气。"IBM 董事长托马斯·文森特·利尔森（Thomas Vincent Learson）赞扬了更可预测的汇率对于开展国际业务的重要价值[63]。曾任肯尼迪政府和林登·约翰逊政府财政部副部长的罗伯特·罗萨称赞该协议"干得非常好"[64]。

该协议也提振了西欧之间的商业情绪。《纽约时报》的克莱德·法恩斯沃斯写道："从本质上说，该协议消除了一种令人痛苦的不确定性[65]，这种不确定性已经在欧洲董事会中对抑制资本投资增长产生了影响。"他写道，他有一种直觉[66]，西欧持有的数十亿美元将回流到美国，进入繁荣的股市或找到其他的投资机会。

当时，世界也同时避免了贸易保护主义的大幅抬头。这也为尼克松与中国和苏联的首脑会谈奠定了更加坚实的基础。

第十六章 终点线

但事实证明,《史密森协议》并非想象中的那样成功。12月18日（星期六），当沃尔克听到尼克松总统在国家航空航天博物馆自信满满的讲话时，他想起了刚刚谈判的内容，并向一位同事吐露了心声，"但愿它能持续3个月"。[67]事实上，他的悲观是有道理的，因为协议很快就破裂了。

第十七章

远见

12月18日（星期六），《史密森协议》签订后[1]，国际货币基金组织立即赋予了该协议法律效力，使其对自由世界中几乎所有的国家都有效。对于关心外交政策的美国人来说，强硬的经济谈判并没有破坏政治联盟，这让他们都松了一口气。亨利·基辛格在他的回忆录中写道："尼克松在8月15日的单方面决定取得了预期的效果[2]。盟国的凝聚力虽然被弱化，但并未瓦解。"之后，随着资金从西欧和日本涌入，美国股市飙升[3]。霍巴特·罗文在《华盛顿邮报》上写道："这一系列伟大的事情始于8月15日[4]……可以被认为是美国经济史上的乐观篇章。"

然而，该协议也不乏批评者。《华尔街日报》对各国一起恢复固定汇率的做法表示怀疑[5]，他们认为对于快速增长的全球经济而言，各国都在激烈地争夺竞争优势，世界需要的是一项允许货币之间汇率自由波动的协议。在政府内部，也同样有一些不满的声音。舒尔茨哀叹失去了转向浮动汇率的机会。康纳利的抱怨则与之不同，他认为，美元贬值的幅度还不够[6]，他在回顾协议时说道："我们应该让日元升值36%[7]，应该比西德和法国的货币升值更多。这一切都给我们带来了困扰。"（为写这本书，笔者采访了很多人，其中一个人对戴维营会议及之后发生的许多事情都有敏锐的观察。他告诉笔者，

第十七章 远见

康纳利被尼克松和基辛格在外交方面的考虑所束缚,他对此感到很痛苦。根据这一说法,这位财政部长希望进口附加税的实行时间更长一点,并对盟国施加更大压力,即使这意味着谈判将延长数月也值得。笔者不能肯定这是一个完全准确的观点,尽管它看起来确实有道理。)保罗·沃尔克对币值调整的幅度持类似观点。他后来写道:"即使我们在贸易谈判中成功打开了日本和欧洲市场,但(货币贬值)仍未达到一个可以使美国的国际收支恢复平衡的程度。"

沃尔克还对美国政府、美联储和一些外国政府的真实意图感到失望。他说,从协议达成的那一刻起,"缺少的是可以令这一切真实生效的承诺"[8]。他的意思是,各国政府没有严格作出承诺,通过购买和出售彼此的货币来维持新的汇率安排;他们也没有打算通过调整其利率来控制资本流动。沃尔克预计,华盛顿方面对货币问题的高度关注最终会消散。他写道:"尼克松和大多数总统一样[9],对那些可能限制其自主性的货币问题感到反感。我听到,而且不止一次听到他说,改革后货币体系的唯一目标,是不希望'再发生任何危机'。"这句话的意思是:如果《史密森协议》暂时平息了危机,尼克松就会转向其他事情,而确保该协议发挥作用并非他的关注点之一。

法国总统蓬皮杜也有忧虑,尤其是对于华盛顿方面。12月22日(星期三),也就是《史密森协议》签署后的第4天,他在一次电视采访中公开表达了他的担忧。提到在亚速尔群岛首脑会议上作出的承诺,蓬皮杜说尼克松曾承诺在汇率得到调整后将支持新的汇率制度。对蓬皮杜来说,这意味着当美元在国际市场上贬值时,美国财政部将购买美元,以确保美元的价值维持在商定的水平。这也意味着美联储不会允许美国国内利率水平过分低于其他主要国家的利率水平,因为这会降低持有美元的吸引力。如果美国加大对资本外流的管控,防止美元涌入国际市场,并通过限制供给来维护美元价值,蓬皮杜也会感到高兴。然而，这一切都没有发生。法国总统抱怨说："美国首先必须遵守其所作出的承诺[10]，即要通过自己的努力来恢复国际收支平衡，而不是仅仅依靠贬值这一机械的方式。在美国的国际收支恢复平衡之前，讨论新的国际货币体系是没有用的。"

许多观察家还强调了十国集团承诺，将对关于贸易和金融方面的根本性改革进行谈判，这至关重要。《华盛顿邮报》发表社论称："新的美元汇率是解决美国在国际经济中所遇困境的一个最佳方案[11]，但值得注意且必须强调的是，这仅仅是一种临时解决方案。能否真正成功，将取决于对后续协议的商定。"而需要通过这些长期协议来处理的问题非常多，这表明仍有许多困难需要解决。《纽约时报》的伦纳德·西尔克写道："造成过去几年货币危机的根本问题尚未得到根本解决[12]。"在文章中他列举了一些相关问题，包括：美国不再支持用黄金来兑换美元，那么对于那些持有约600亿美元外汇储备的外国政府来说[13]，要用什么来取代黄金呢？如何确保通过货币买卖或改变利率政策来稳定汇率？如何让有国际收支盈余的政府采取行动减少盈余，就像有赤字的政府需要采取行动缩小赤字规模一样？如何确保全球货币体系中存在足够的储备，以适应日益增多的贸易量？关于贸易体制根本性变革的谈判何时开始，谈判是否会处理那些有巨大争议的问题，比如欧洲共同体的农业补贴或日本严重的保护主义规定？即将退休的保罗·麦克拉肯说，世界现在面临的是一个系统性的问题，而不仅仅是美元上问题。[14]

1971年11月14日（星期日），就在《史密森协议》签订的一个多月前，尼克松为期三个月的工资和物价冻结措施变成了一个全面的工资和物价管控计划。尽管这些限制措施抑制了1972年不断恶化的通货膨胀——这是政府在选举年的关键目标——但无法避免管控计划所带来的范围更广且必须面对的固有难题。随着工资和物价管控范围的扩大和深化，官僚主义出现并蔓延开——而这正是尼克松所担心并曾承诺不会发生的事情。公平对待企业和劳工，以及公平处理数百项受到"特殊照顾"的请求，这使得管控计划难以有效落实。事实上，即便是最精明的政客和公务员，也无法用这种管控手段来管理庞大而复杂的美国经济。该计划让人们产生了一种错觉[15]，即通过政府法令抑制工资和物价，可以抵消由于扩张性的财政和货币政策所带来的通货膨胀。这个管控计划经历了几个阶段，甚至在1974年被国会终止之前还执行了一次冻结措施。毋庸置疑的是，当管控解除后，受到抑制的物价得到释放，通货膨胀卷土重来，并呈现出一种报复性趋势。

总统会全力以赴确保他在1972年11月，也就是史密森会议后的第11个月，继续连任。没有人怀疑这一点，但对他能否连任影响最大的是国家经济情况，尤其是低失业率的问题。1971年8月15日的决定确实提升了尼克松的形象，使他树立了在应对国内和国际重大经济挑战过程中负责任的领导人形象。有了这些成就，总统可能会忽视国际货币改革的进程，因为出现美元危机的可能性降低或至少被推迟了。现在，形成直接对比的是，尼克松在1971年8月15日的演讲中已宣布将限制政府预算，但实际情况是，政府的预算赤字规模越来越大。事实上，他宣布的所有减税措施都得以落实，只是几乎没有执行任何财政限制措施。同时，总统还无情地向阿瑟·伯恩斯施压[16]，要求他降低利率。

1972年开始，美国经济出现复苏。住房和消费支出高涨。财政和货币刺激政策正在助力经济增长[17]。《商业周刊》抓住了尼克松的想法。"尼克松总统决定下一剂猛药来刺激经济，使其飞速发展[18]，"文章称，"他刺激经济的工具是传统的财政政策和货币政策，但他使用这些工具的方式在现代历史上是如此的独一无二。"该文章还指出，未来可能会出现惊人的预算赤字，而且美联储正在努力"通过各种手段而不是攻击和打压"，将资金注入经济。

尼克松向伯恩斯施压想要降低利率已经成为一个众所周知的事情，这也体现了一位总统如何能如此严重地削弱美联储的独立性，以至于在尼克松之后没有任何一位总统像他一样，给美联储的独立性造成如此的冲击（直到特朗普总统不断对美联储主席杰罗姆·鲍威尔进行人身攻击和公开指责）。美联储随后几年的宽松货币政策常常被指责是造成20世纪70年代中后期和80年代初期恶性通货膨胀的主要原因。在《史密森协议》签署后的一年里[19]，美国的低利率导致更多资本流向利率较高的国家，从而将美元汇率进一步降低到美元贬值后设定的新水平之下。无论伯恩斯和美联储官员的动机是什么，可以想象的是，外国政府会认为华盛顿方面已将其在亚速尔群岛和史密森会议上所作出的承诺抛诸脑后。他们甚至还会认为，美国是故意压低美元汇率，以使美元贬值的幅度大于史密森会议上决定的幅度。

1972年美国强劲的经济增长、对北京和莫斯科的成功访问，以及从越南的大规模撤军，都帮助尼克松在1972年11月以压倒性的票数赢得了连任，除了马萨诸塞州，他赢得了其他所有州的支持。从那时起，正如我们现在所知道的那样，政府慢慢陷入了水门事件的悲惨境地，一直到尼克松于1974年8月8日宣布辞职，这种状况才结束。

西欧更是认为美国缺乏货币改革的紧迫性[20]，放任预算赤字的规模不断扩大，并维持低利率水平。在《史密森协议》达成的仅仅两个月后，蓬皮杜总统第二次指责尼克松。他在一封写给美国总统的私人信件中，表达了对华盛顿方面的失望，他写道："我觉得有必要向你说明……我对国际货币形势的演变感到不安。"蓬皮杜指责华盛顿方面未能履行在亚速尔群岛会议和史密森会议中达成的协议——维持美元汇率。不仅如此，华盛顿方面还暗中采取了浮动汇率制度，这是法国难以接受的。尼克松在2月16日（星期三）的回

第十七章 远见

复中毫无歉意地说[21]:"如果不是因为去年12月达成的协议,国际货币体系乃至整个自由世界都将发生灾难性的事件,你自己也提到了《史密森协议》的历史作用,它只能让我们在通往新危机的道路上稍做休整,但无法真正带我们离开通往危机的这条路。"尼克松赞扬了美国推动经济更快增长的政策,以及他旨在抑制通货膨胀对工资和物价的管控措施。此外,尼克松告诉蓬皮杜,其担忧的许多问题都将在货币谈判的后期阶段得以解决。随后,他向蓬皮杜抱怨,是西欧一直在拖延消除贸易壁垒。

1972年5月16日(星期二),约翰·康纳利辞职了,他认为自己作为财政部长已经做得足够好了,并希望进一步提升自己的政治地位,甚至希望在当年晚些时候的竞选中,取代斯皮罗·西奥多·阿格纽(Spiro Theodore Agnew)成为尼克松的副总统。相反,低调的乔治·舒尔茨被正式任命为所有经济政策相关部门和机构的负责人。然而,全球货币改革已然后劲不足,原因在于:舒尔茨缺少康纳利的执行力和个人魅力;尼克松全神贯注于对北京和莫斯科的高调访问,忽略了其他方面;政府主要关注在1972年和1973年美元流出美国的情况下如何刺激国内经济;以及尼克松对选举连任的痴迷。考虑所有这些因素,美国在国际货币谈判中的领导地位下降也就不足为奇了。因此,《史密森协议》在缔结后不久便开始瓦解。

1972年6月23日(星期二),也就是《史密森协议》签署仅仅6个月之后,英国首先正式撕毁谈判结果[22],英镑再次贬值。按照他们在12月下旬达成的谈判结果,英镑汇率被高估了,这导致英国根本无法抑制不断增加的贸易赤字。但现在尼克松已经对货币问题失去了兴趣。那天,白宫的录音机录下了以下对话[23]。

霍尔德曼:你看到报告了吗?昨晚英国调整了英镑汇率。
尼克松:不,我不认为会这样,他们这么做了吗?

霍尔德曼：他们这样做了。

尼克松：贬值？

霍尔德曼：是的。（白宫助理）彼得·弗拉尼根（Peter Flanigan）那里有一份报告。

尼克松：我对这并不关心。

霍尔德曼：你要指责他们吗？

尼克松：不，我不在乎。我们对此也无能为力。

霍尔德曼：（美联储主席）伯恩斯对投机意大利里拉的行为感到担忧。

尼克松：我才不在乎意大利里拉呢。

那年夏天，新上任的财政部长乔治·舒尔茨试图恢复美国的领导地位。他仍然希望建立一个浮动汇率制度，但作为美国政府的一员，他明白就自由市场而言，美国的盟友们与自己的立场并不一致。于是他谨慎地推动了一个宏大的谈判计划，其中涉及货币可以有更大的灵活性，即可以在彼此之间的固定汇率上有一定的上下波动空间。舒尔茨还提出了另一个支持对汇率采取自由放任政策的观点：他提议让那些希望本国货币可以自由浮动的国家这样做，尽管美国目前还不会。他的提议形成了一套严密的协议框架，比在史密森会议中达成的协议要灵活得多，但距他所希望的全面浮动汇率制度仍有一段距离。作为国际货币体系的核心，美国放弃与黄金之间固定汇率的时机还不成熟，但在舒尔茨看来，这一天迟早会到来。然而，他的提议几乎没有取得进展[24]。实际上，没有哪个政府愿意动用汇率政策或采取其他措施，来捍卫史密森会议上商定的固定汇率。相比于保持稳定的汇率，每个国家的国内事务都处于政府决策中的优先位置。

最重要的是，美国自身并没有采取任何行动来维护这一体系，

第十七章 远见

且无视了之前所有对国际收支平衡的考虑。因此，全世界开始抛售美元，导致美元价值降低。在舒尔茨提出建议后不到4个月，华盛顿方面不得不决定再次让美元贬值。

1973年2月7日（星期三）晚上，保罗·沃尔克离开华盛顿进行秘密的"旋风式"访问。五天内，他飞行了31 000英里[25]，与东京、伦敦、巴黎、罗马和波恩方面的官员进行了磋商。这与1971年8月15日（星期日）的单边主义演讲大相径庭，因为这一次沃尔克事先与美国的主要经济和政治伙伴私下谈论了华盛顿方面的计划，并在美国采取行动之前征求了他们的同意。1973年2月12日（星期一），他一回国，美国就宣布，在史密森会议达成的美元兑黄金汇率的基础上，美元再贬值10%。随着美元进行第二次贬值，所有人都对那些基于固定汇率的协议能否持久失去了信心。1973年2月12日（星期一），日本、意大利和瑞士的货币汇率开始波动，到3月16日（星期五），几乎所有西欧国家的货币汇率都开始了波动，众多外汇市场随之关闭。

然后，严重且始料未及的全球性经济混乱开始了。从1973年10月10日至17日，石油输出国组织（OPEC）将石油价格提高了50%以上[26]，到1973年12月底，石油价格已经翻了两番。由于能源在所有经济体中都占据着中心地位，因此石油价格的飙升成为一系列经济混乱的开始：通货膨胀、经济衰退、债务规模上升、竞争形势变化。突然之间，西方国家、日本以及进口石油的发展中国家开始出现显著的贸易逆差，而沙特阿拉伯、委内瑞拉等石油出口国则出现了巨额贸易顺差。石油出口国无法有效利用突然增加的收入，石油消费国却需要为其不断增长的贸易逆差进行融资。因此，OPEC国家的盈余将不得不重新流回产生贸易逆差的国家，这对国际银行体系来说是一个巨大的挑战。与此同时，美国、欧洲共同体和日本在石油进口问题上由于立场不同，各自也采取了不同的财政政策、货币政策和能源政策，进而形成了不同的政策组合。再加上美国取消对工资和物价的管控措施，以及伯恩斯拒绝提高利率，石油价格急剧上涨，并导致了美国国内和国外的通货膨胀浪潮。全球农作物短缺和农产品价格飙升则进一步加剧了这一情况。这些综合性的挑战使得国内政策比任何回归固定汇率的想法都更为重要，同时，国内管控政策比固定汇率所需要的财政和货币政策也更重要。至此，全球金融体系已经彻底动摇。

在协议缔约的大约 24 个月后，以固定汇率为基础，要求每个国家都调整本国政策以支持固定汇率的《史密森协议》成了一纸空文，浮动汇率成为一种常态。保罗·沃尔克后来回忆道："一段时间以来，无论是好是坏[27]，布雷顿森林体系一直在维系着世界经济的固定结构、稳定性和秩序感，但这些似乎都消失了。"

1974 年 5 月 9 日（星期四），财政部长舒尔茨辞职，很大程度上是因为尼克松不顾他的反对，坚持继续实行工资和物价管控措施。接替他的是前华尔街债券交易员、坚定的自由市场倡导者威廉·爱德华·西蒙（William Edward Simon）。与舒尔茨不同，西蒙对寻找国家间的共同利益缺乏耐心。在 1975 年 9 月的国际货币基金组织年会上，他毫不掩饰美国的立场，他说："汇率浮动的权利必须清晰且不受阻碍[28]。"这明确了一点：美国不会支持回归固定汇率，即便有一个更加灵活的浮动区间。

4 个月后，1976 年 1 月 7 日至 8 日，在金斯敦（Kingston）缔结的《牙买加协议》（Jamaica Accords）是对《史密森协议》的延续。在国际货币基金组织协定条款的支持下，《牙买加协议》使浮动汇率制度合法化。在 1973 年美元第二次贬值后，作为货币用途的黄金价格为每盎司 42.22 美元，这个价格将被废除，此后黄金的价值将永远由市场决定。这意味着黄金不会再在货币事务中扮演任何特殊的角色，也并不会比中央银行想要储备的任何其他资产更为特殊。此外，

第十七章　远见

《牙买加协议》还制定了新的汇率浮动规则，或者说是关于国家之间更好地平衡盈余或赤字的规则，但没有设置任何有实质权力的执行机构。

石油危机、全球通货膨胀和经济衰退让货币体系改革的努力付之东流。正如经济学家约翰·威廉姆森（John Williamson）在1977年所写的那样，《牙买加协议》代表着"一个决定，要学会在一个过去几年里的一系列习惯和危机演化而来的非系统共存"。[29] 各国政府在调整汇率、决定外汇储备的数量和构成，以及如何调整赤字或盈余方面，几乎可以随心所欲。4年多之后，尼克松在1971年8月15日宣布的对一系列新货币秩序规则的探索最终以失败告终。

一些记者以更为外交化的表述方式说："换句话说，这将是一个非常宽松的体系[30]。在这个体系中，各国的行为标准和财务管理风格可能会有很大差异，不存在任何超越国家的权力可以阻止一个国家汇率的浮动或固定。"伦纳德·西尔克在《纽约时报》上写道。财政部长威廉·西蒙在会议结束后的鸡尾酒会上这样说："结束了，一切都好。"[31] 或许这反映了一个事实，即十国集团已经竭尽全力了或已经得到他们想要的了。

戴维营会议促成了《史密森协议》，而《史密森协议》进一步促成了《牙买加协议》和这项新协议的合法化，该协议允许汇率在几乎没有约束的情况下浮动。这似乎是极端动荡时期唯一可行的框架，而且无论如何，这是当时各国唯一能够接受的体系。但是在接下来的几年里，浮动汇率并没有阻止出现美元危机。1978年，在吉米·卡特（Jimmy Carter）担任总统期间，国内外对政府政策信心的持续低迷导致美元严重贬值，因此需要大规模的国际救援行动来提高美元价值。1985年，在罗纳德·里根的第二任期，为了遏制通货膨胀，利率被提升至极高水平，这使得美元变得强势起来，以致美国和其他主要工业化国家采取了一致的努力来压低美元价值。谈判在

戴维营三天

曼哈顿广场酒店（Plaza Hotel）举行，并达成了《广场协议》（Plaza Accord）。

截至 2020 年，《广场协议》是最后一次为了协调货币价值而做出并获得巨大成功的多边努力。该协议在一段时间内发挥了作用[32]，避免了一场大规模的保护主义浪潮，更不用说美国及其盟友之间潜在的政治"决裂"。然而，市场最终占据了主导地位，《广场协议》的影响也逐渐消散，更多的危机接踵而至。

20 世纪 80 年代，由于美元的升值，拉丁美洲那些大量借入美元的政府因无力偿还债务而破产。1987 年，美国股市崩盘，部分原因是美国和西德之间在贸易和货币问题上的争端。1995 年，由于墨西哥无法偿还其以美元计价的债务，为了防止银行业出现更大范围的灾难，华盛顿方面和国际货币基金组织不得不援助墨西哥。1997 年，始于泰国的货币动荡如野火般蔓延至亚洲各国以及其他大陆的新兴市场经济体，让美元坐上了过山车。紧随其后的是俄罗斯拖欠美国商业银行的美元债务，如果不加以平息，这些都可能对华尔街造成重大损害。

自经济大萧条以来，最大的全球金融危机发生在 2008 年。其影响持续了至少 10 年，并导致了另一场席卷整个欧元区的长期危机，先是西班牙和葡萄牙，然后转向希腊。

新冠肺炎疫情在长期可能产生另一场全球经济和金融灾难，因为全球经济增长缓慢，政府承担了前所未有的债务，央行将自己变成印钞机，破产的风险成倍增加，世界的生产力和劳动力需要一整代人才能恢复。2020 年 10 月 15 日，国际货币基金组织总裁克里斯塔利娜·格奥尔基耶娃（Kristalina Georgieva）在一次世界最高金融官员会议上谈到新冠肺炎疫情最终带来的破坏时表示，"现在我们面临着的是一个新布雷顿森林时刻"。[33]

有一点是可以肯定的：将会有更多的危机出现。有一些危机可能是因为金融系统内部的失败，比如不计后果的冒险，再加上银行准备金不足；有一些危机可能来自中国或欧元区货币走强对美元霸权的挑战；有一些可能来自数字货币或针对金融系统的大规模网络攻击；有一些可能来自后疫情时代的极端债务水平，以及利率的上升和融资成本的上升。但无论出于什么原因，无论是何种全球动荡，美元都将处于风暴的中心，如何管理美元将是我们所面临的挑战及解决方案的一部分。

第十八章

回顾那个周末

在那个周末，一小群人决定切断美元与黄金的联系，这是现代全球经济的一个关键转折点。尼克松政府在这三天内做出的决定使美元和国际货币体系自1944年《布雷顿森林协议》签订以来发生了根本性、结构性的变化。这不是一件小事。毕竟，美元是二战后欧洲和日本实现惊人复苏的核心，也是战后30年来美国空前繁荣的一个主要因素。美元不仅是美国工业和军事实力在全球的有力象征，也是衡量其他所有货币价值的标准。美元处于对外政策和对内政策的十字路口，影响着美国与世界的关系。同时，美元使大量国际贸易得以进行，影响国家经济增长、就业和产业结构。此外，在戴维营的决定不仅是历史上的重要篇章，而且代表了人们在国内外政治和经济变革的复杂环境中所能取得的最好成绩。

当然，没有哪套涉及根本性变革的政策是不存在合理争议的。因此，在解释为什么8月15日的提议应该被美国和世界视为一个具有积极意义的转折点之前，我们先来介绍一下那些合理的批评。

第一，对工资和物价的管控彻底失败。那个周末的决定中隐含着一个重大错误：实行工资和物价管控措施。平心而论，这些限制措施在当时非常流行，它们确实在一两年内抑制了物价上涨。伯恩斯支持这些措施，因为他觉得传统的货币政策行不通。康纳利也是

第十八章 回顾那个周末

赞成的,因为他看到了这些政策措施所带来的短期政治价值。沃尔克对此虽未发表评论但也表示同意,因为他确信最理想的情况并不会出现,即美联储不会提高利率以抑制通货膨胀。舒尔茨是一位狂热的自由市场主义倡导者,出于意识形态和一些实际原因,他坚决反对这些措施,尽管他最终默许甚至亲自管理了这些政策,但他自欺欺人地认为它们很快就会被取消。舒尔茨后来描述这些管制措施为"在糟糕的时间吃糟糕的药"。[1]

舒尔茨的观点被证明是正确的。这些管控措施很难公平地推行下去,因此导致了一种难以控制的官僚主义。他们给了政府一种错觉,即政府可以追求宽松的货币和财政政策——事实上政府确实这样做了。然而,最大的问题是,一旦取消这些管控措施,抑制物价和工资上涨的力量就会消失,导致尼克松政府一直在努力控制的通货膨胀再次出现,甚至比过去更加严重。如前文所述,美联储提高利息的措施并没有抵消工资和物价上涨的压力。尼克松也承认该措施的失败,在他的回忆录中为针对工资和物价措施的惨败进行了恰当的总结,他写道:"1971年8月15日决定实施(工资和物价管控)在政治上是必要的[2],在短期内也非常受欢迎","但从长远来看[3],我认为这是错误的。这笔账必须要还,而干预正常经济运行的代价无疑是高昂的"。

华盛顿方面忽视了导致美国竞争力下降的重要原因。如果说工资和物价管控是一种贿赂罪,那么没能关注导致美国竞争力下降的深层经济和社会原因就是一种渎职罪。尼克松希望美元贬值,并积极寻求更多开放的海外市场,其目的是提高美国的竞争力。但华盛顿方面未能解决许多深层次的根源性问题,这些问题超出了美元和贸易的范畴。政府犯了一个大错,他们把竞争力仅仅等同于国际收支,特别是双边贸易逆差,而不是更深层次的经济和社会原因。

在关于如何全面提高竞争力的提议中,大部分内容都是由彼得·彼得森制定的。在他 1971 年的研究《处于世界经济变局中的美国》中[4]，重点强调了对未来的投资，尤其是对技术和研发的投资，以及对那些因进口贸易而受到损失的工人进行再培训，但彼得森的建议基本上被忽略了。如果说要做什么改变的话，那就是应该有一个比彼得森提出的更全面的政策方案。其中应该包括，重新对那些受到美国生产外包影响的工人赋予新技能，以及因技术快速发展而失去工作的工人。正确的政策方案应该包括不断升级美国的交通网络并逐渐趋于现代化，包括公路、港口和机场。其他关键的改革应该包括投资中等教育和建立一个强大而有弹性的社会安全网，以帮助全体民众更好地度过全球市场波动时期。

第二，美国的行动过于单边主义。对尼克松政府政策的第二个批评是，其选择在没有与亲密盟友事先协商的情况下重组全球固定汇率框架。换言之，这是一种原始的单边行为。当时已经有太多的国家参与全球经济，因此需要更多地进行多边合作。毕竟，对西德、英国、法国、意大利、日本和其他美国的贸易和国防伙伴来说，这件事都涉及了自己的利益，他们认为尼克松是在他们的"伤口上撒盐"。对外征收全面关税，这与美国在全世界一直倡导自由贸易的态度相比，显得格格不入。这种单边主义会在全球市场和关键政治联盟中制造混乱。然而，对康纳利来说，这样的动荡并不算什么，他甚至将这些混乱和冲突视为美国维护自身利益的机会，阿瑟·伯恩斯反对这种傲慢的做法，保罗·沃尔克对此也感到担忧，基辛格也一直在努力缓解由此造成的紧张局势。至于尼克松，在这个问题上的态度则摇摆不定。

然而事实上，如果美国不事先制造这些冲击，就没有办法有效启动多边谈判。美国需要证明，除了谈判别无选择，而且必须快速开启谈判进程。如果不这样做，谈判的要求可能会遭到所有盟国的抵制。毕竟，这些国家在现有体系下一直是繁荣发展。如果他们被要求重估他们的货币价值,就会对他们高度依赖的出口造成不利影响。美国除了承诺更好地管理自己的经济,并没有给他们太多的好处,而欧洲和日本认为这本来就是美国应该做的。此外,如果尼克松的行为并没有在国际市场上引起全球贸易和投资的混乱,国际上就不会出现对于谈判的需求,各国更不可能坐在一起就汇率调整进行谈判。

国际货币体系一直在演变,地缘政治环境也在变化,市场本身也在变得更庞大、更复杂。世界面临的一个重大挑战就是如何适应这些变化。这些国家能顺利完成相应的转变吗,还是说严重的经济破坏和政治冲突是不可避免的?1971年夏天,华盛顿方面认为,粗暴的单边主义是实现变革的唯一途径。当然,这是一场赌博,但它奏效了。

第三,美国政府缺乏长期战略。华盛顿方面的缺点是,除了1971年8月15日的声明,没有提出一个真正的战略,彼得·彼得森也一直这么认为。造成这一政策缺陷的原因之一,是尼克松政府在8月15日之后的汇率安排问题上,没有形成一个统一的意见。总统的顾问们知道,需要进行重大改革以减轻美元的负担,但对于如何在长期内精准地达到这一目标,并没有达成共识。沃尔克和伯恩斯赞成对汇率重新进行调整,然后回到固定利率制。舒尔茨和麦克拉肯赞成永久的浮动汇率制度。康纳利专注于国内政治,支持所有的对外措施。基辛格专注于联盟的凝聚力,不管汇率制度如何变化,他都希望一切问题可以尽早解决。尼克松和基辛格一样,只想达成协议而不管内容是什么,他似乎一会儿一个想法,并支持所有人的观点。诚然,这是一个混乱的过程,但当你仔细审视各国政府的时候,你会发现大多数大型政府的决策过程都是如此。此外,华盛顿方面不可能清楚地知道其他国家会如何反应。因此,在政策调整和回应中需要保留一定的灵活性。在这种情况下,这届政府已经尽其所能了。

直到 1976 年《牙买加协议》诞生,才真正实现了在戴维营那个周末所作出的决定。不可否认的是,这是一场漫长而曲折的考验。但是,1971 年 8 月 13 日至 15 日作出的这些决定,打破了美国与其盟国之间存在的巨大政治惰性。尽管直到 1976 年的《牙买加协议》才正式确立了浮动汇率制度,但事实上,大多数国家在戴维营会议后的 15 个月内就开始浮动其汇率。《牙买加协议》是否更清晰、更快速地实现了从固定汇率制度向浮动汇率制度的转变?这说不清楚。也许在政治层面上,一系列的中间措施和一些试验是必要的。同时,考虑到涉及的重要国家数量众多,每个国家都有自己的政治制度和不同的经济和社会压力,因此这种过渡也是必不可少的。

第四,美国的政策导致了长达 10 年的通货膨胀。一些批评人士声称,除了不明智的工资和物价管控措施,放开汇率也是导致美国和西欧在 20 世纪 70 年代和 80 年代早期出现高通货膨胀率的重要原因。例如 10 年前,在戴维营会议 40 周年纪念日上,金融评论员罗杰·洛温斯坦(Roger Lowenstein)写道:"'尼克松冲击'是导致大通胀的核心原因。"[5] 不久之后,经济史学家刘易斯·勒曼(Lewis Lehrman)在《华尔街日报》撰文描述了自戴维营会议以来,美元对黄金的总体贬值幅度是多少,并将"美国历史上最糟糕的通货膨胀"[6] 归咎于尼克松的决定。

的确,20 世纪 70 年代通货膨胀的急剧上升,对经济和数百万人的生活造成了大范围的冲击和破坏。如果美元与黄金挂钩制度的解体需要对此负责的话,那么这当然只是其中一个因素,而且可能是一个次要因素。油价上涨带来的价格压力才是罪魁祸首,缺乏强有力的货币政策也是原因之一。后者产生的原因是由于尼克松对阿瑟·伯恩斯持续施压,并要求他在 1972 年将利率维持在较低水平,但这只是为了确保其可以连任。如果尼克松政府有足够的政治勇气,

第十八章 回顾那个周末

接受经济增长严重放缓的代价，他其实可以通过提高利率来遏制通货膨胀。事实上，当沃尔克在卡特执政时期担任美联储主席时就是这么做的。这虽然导致了严重的经济衰退，但通货膨胀率大幅下降。他也没有考虑这一做法对于浮动汇率下的美元可能产生的影响。当美国的高利率导致美元飙升时，里根政府将十国集团首脑召集在一起，就临时货币调整进行了谈判。

第五，美国政府令国际货币体系唯一的支柱坍塌了。一些对戴维营周末会议持批评态度的人抱怨说，美元不再与黄金挂钩，所有货币之间的联系就没有了标准。自古以来，黄金或其他贵金属就被用作货币或货币的有形抵押品。那些主张货币应由硬资产支撑的人担心，如果没有这种联系，政府将不再遵守规则，政府会毫无节制地印制钞票，并通过疯狂地通货膨胀导致货币贬值。虽然通货膨胀在20世纪70年代确实飙升了，但至少在过去的30年里，通货膨胀并不是一个棘手的问题。

那些哀叹美元与黄金脱钩的人，往往指向的是20世纪30年代金本位制度崩溃，失控的汇率导致了极具破坏性的保护主义。的确，1971年8月15日之后，世界进入了法定货币时代，即没有任何实物支持的货币时代。然而，这对世界经济没有产生太大影响。在1971年夏天前后，我们经历了经济衰退时期和快速增长时期。这说明，无论在以前还是现在，无论货币是否有黄金支撑，金融危机都会存在。在戴维营会议之后，世界经济继续增长，贸易越发繁荣。不管怎样，到1971年夏天，对金本位制的争论已变得毫无意义。各国央行都没有足够的贵金属来支撑全球商业交易的迅速增长，也没有人知道哪种抵押品可以取代黄金。事实上，用黄金或其他金属来支撑货币的巨大风险在于，这类商品的供应不足以支持商业的扩张，甚至还可能会限制世界经济的增长，并导致通货紧缩、物价下跌。投资者会因为担心收益递减而停止投资，消费者会因为期待明天价格更便宜而停止购买。整个经济机制会停止运转。不管怎样,现在我们即将进入一个数字化货币的世界,将美元与黄金或任何金属挂钩似乎不仅过时,而且奇怪。

第六,一切都是为了选举。可以说,尼克松和康纳利改革国际货币体系完全是为了即将到来的总统选举。这里没有反驳的理由,但如果不承认每届政府都会遵循政治选举的规则,那就太天真了。此外,美国当时的国家安全和经济负担也迫使尼克松必须采取行动。回顾历史,即使没有选举,他也没有太多选择,只能通过努力推动一个方案来减轻美元的压力。因为国库根本没有充足的黄金。

然而,当回顾整个故事时,戴维营会议可以被视为取得了一个令人瞩目的成就,原因至少有以下四个。

第一,对美国来说,黄金已经成为一种难以承受的负担,而浮动汇率制度对美国来说是有利的。最终结果证明了浮动汇率制度远比固定汇率制度更有利于美国和世界。诚然,尽管华盛顿方面采用了重新调整的新汇率,并使各国货币在汇率波动中有更大灵活性,但他最初是打算维持固定汇率的。同样,这一计划从未实现。最终的结果是,在当今世界,主要货币之间的汇率相互浮动,而政府的干预能力微乎其微。这是沃尔克和伯恩斯的失败,也是舒尔茨和麦克拉肯的胜利。在复杂的国际经济世界里,要想一步跨越两个时代是不可能的。因为有太多国家参与其中,更不用说错综复杂的市场了。华盛顿方面经过反复试错,终于确定了正确的制度,这也是它必须做到的。

这就是为什么允许各国货币相互浮动的汇率制度符合美国的利益:固定汇率制度假设政府会调整其财政和货币政策,以确保汇率稳定。例如,假设由于美元在世界市场上不断贬值,同时美元因为美国经济衰退而从美国流出,在这种情况下,美联储将有义务提高利率,以吸引美元流入美国,但是更高的利率会进一步削弱经济。

第十八章　回顾那个周末

这意味着无法将促进国内经济增长和创造就业作为政府的优先目标。从本质上说，固定汇率意味着政府要更多地关注如何扩张国际贸易规模，而不是解决国内问题。对于像美国这样具有如此经济规模的国家，贸易总额占国内生产总值的比重相对较小，因此固定汇率的这一要求在政治上是不可能实现的，美国需要优先考虑国内经济和社会需求的变动。（20世纪70年代初，贸易总额占国内生产总值的比例约为5%。如今，这一比例接近20%。但无论在何时，美国对贸易的依赖程度都远低于加拿大、英国、西德和日本等国。）

平心而论，华盛顿方面从来不会按规则行事，也没有使用过管理美元汇率的货币和财政政策。对于其他希望美国为其政策承担更多责任的国家来说，这是一个巨大的问题。

无论如何，被国际社会认可的浮动汇率制度，从定义上讲，并不要求一国通过调整国内政策来维持，这相当于给了美国一份官方许可，允许在本国内推行其需要的政策。当然，如果国际规则的缺失导致美国放弃所有的规则，逐渐减少贸易和预算赤字，就好像它们无关紧要一样，那将是一场悲剧。然而，这不能归咎于戴维营会议所作出的决定，而是在于华盛顿政府的行政部门和国会如何执行这些决定。

此外，在全球经济不断变化之际，固定汇率制度会给货币关系造成巨大压力。无论是金融危机、繁荣与萧条、贸易战、自然灾害的影响，还是政治紧张而导致的冲击，各国都需要更大的灵活性来管理本国货币，以避免频繁贬值或升值带来的政治问题和经济影响。相反，浮动汇率制度允许各国以一种平稳且从容的方式适应世界经济的重大变化。

第二，美元继续占据主导地位，享有经济和外交方面所有的好处。尽管美元在1971年8月15日之后出现波动，但美元仍占各国央行外汇储备的60%左右，至今仍然是国际贸易和国际借贷中最重要的货币。美国国债和国库券一直被认为是世界上最安全的金融资产。因此，世界各地对美元都有需求，这使得美国可以相当轻松地以较低利率获得融资，以应对赤字。在外交方面，美元一直是美国形象和软实力的核心部分。

美元将会面临来自人民币、欧元甚至数字货币的新挑战，但这并不是浮动汇率制度的原因。美元的优势取决于许多方面，如：美国经济实力，美国资本市场的广度和深度，投资者和外贸人员对美联储等关键机构的信心以及美国的法治情况。美元的作用最终也取决于政府政策的质量，即领导力、经验和知识。然而，值得思考的是，财政部、联邦储备委员会和金融监管机构是否会不仅在短期内管理经济，还会对更遥远的未来感到担忧？他们是否考虑到美国与世界其他国家的相互依赖关系？事实上，美元的走势将更多地取决于这些问题的答案，而非汇率制度的性质。

第三，危险的保护主义被压制了。1971年那个周末的决定刺激了贸易发展，使世界免于一场正在酝酿的灾难，就像20世纪30年代由于贸易保护主义螺旋上升而导致的灾难一样。戴维营会议的决定使国际贸易更加平衡。一方面是制定了更现实的汇率水平。另一方面，华盛顿方面在1973年至1979年领导了新一轮的全球贸易谈判，即所谓的"东京回合"，这一谈判在历史上首次解决了大量关于非关税壁垒的问题。与此同时，美国在自己的立法中嵌入了一些防御措施，以打击非法贸易和商品倾销行为。这让国会觉得美国有能力更好地恢复其传统的自由贸易政策。

第四，布雷顿森林体系的精神得以保留。令人惊讶的是，戴维营会议的决定并没有破坏盟国之间的合作。事实上，经历了最初的紧张时期，他们的合作反而进一步加强了。8月15日的讲话敲响了警钟，世界经济需要进行重大变革，并需要每个人的参与。因此，戴维营会议的决定使各国财政部长、央行行长、贸易部长、发展机

第十八章 回顾那个周末

构负责人和国家元首之间的合作更为紧密，并持续了数年。像世界银行和国际货币基金组织这样的国际机构在全球经济中的作用越来越重要。

1971年4月，彼得·彼得森描述了当时美国的目标。"新体系必须以共同引领、共负责任和共担风险为特征，"[7]他说，"该体系将充分认识并深深扎根于一个不断明确的事实[8]，即美国面临的是一个相互依存且竞争日益激烈的世界经济，其目标是实现相互共享的繁荣。"戴维营会议的决定是推进这一愿景的主要催化剂。

事实上，在戴维营会议之后的10年里，针对如何管理迅速变化的世界经济，人们进行了前所未有的深入思考。在世界各地的智库和国际论坛上[9]，从布鲁金斯学会（Brookings Institution）到联合国，从总部设在巴黎的经济合作与发展组织（OECD）到总部设在日内瓦的关税及贸易总协定，这些世界各地的智库论坛和国际论坛中接二连三的报告提出了关于国际货币关系未来的想法，包括贸易、经济发展、环境，以及国际组织的管理。

但人们也在思考，如果没有打破僵化的固定汇率制度，这种多边合作的繁荣是否会出现，因为货币一直是国际经济活动的主要推动者，可以说是国际经济活动的循环系统。

从本质上讲，1971年8月13日至15日的那个周末，美国使用了今天我们所说"美国优先"的权力，但这并不是要破坏已有国际合作的结构，而是要重新平衡其中的力量。其目的不是要摧毁二战后建立的联盟和组织，而是要在关键国家之间重新分配责任，使这些联盟和组织发挥其作用。其目标不是破坏，而是调整和实现现代化。

这一成功是历史发展趋势的结果，还是尼克松政府的才能的体现？答案是：两者都有。当然，在此之前，华盛顿方面受到的政治和经济压力已经至少持续了10年，并在1971年达到了顶峰。与此同时，尼克松的经济团队拥有丰富的经验、技能和观点，可以推动美国朝正确的方向前进。特别是康纳利，他激励人们作出明智的决定。如果没有他，美国可能不会对国际体系造成如此有针对性和戏剧性的冲击。然而，尼克松和基辛格也从未停止寻求适当的外交政策。此外，舒尔茨和麦克拉肯提出了自由市场的观点；彼得森提出了全面的战略观点；沃尔克带来了全球金融如何实际运作的详细知识。有时，他们会有分歧，背着对方寻求总统的帮助以削弱对方。但最终，一种为公众服务的意识激励了他们所有人。很难想象能有一个团队比他们更有能力应对当时面临的挑战。

总的来说，戴维营的那个周末是美国必须从一个时代向另一个时代进行根本性转变的一部分。它搭建了一座桥梁，从战后的第一个25年（当时的重点是重建被破坏的国民经济和一个正常运转的世界经济体系）过渡到一个新的环境。在这个新环境中，盟国之间的权力和责任必须重新调整，美国的负担将得到更公平的分配，新环境需要以多边合作来取代华盛顿方面的单边命令。

今天，我们再次处于一个相似的重大转变中。就在不久前，世界上大多数国家还认为，不断发展的全球化和不断扩大的国际经济合作是这个时代的主流。但现在，我们正朝着一个不同的方向前进，在此过程中，重建国内经济增长引擎和社会安全网络被置于国际事务之上。现在，我们生活在这样一个世界里，美国和中国这两个最大、最重要的国家正走向"冷战"，或者更糟的局面。与此同时，导致全球重大转变的其他因素也同样显而易见：一场一个世纪以来最严重的病毒大流行，引发了数万亿美元的公共投资，而这必将带来大范围的经济重构；从化石燃料时代向清洁能源时代转变所带来的巨大冲击；社会人口结构从白人占主导地位向多种族共同主导的快速转变；在技术转变中，人工智能和机器学习几乎将改变一切。所有这些趋势与转变都将给全球经济的运作，特别是国际汇率和货币体系带来巨大的压力。

　　1971年和今天还有另一个相似之处。在戴维营，尼克松政府故意给当时的自由世界造成巨大冲击。此举在当时被认为是让其他国家接受金融和贸易根本性变革的唯一途径。毫不夸张地说，特朗普政府通过打破与盟友的长期关系、退出国际协议和组织、蔑视一切国际合作的方式，制造了更大的冲击。在笔者看来，这些都是不明智的行为，且极具破坏性。然而，"特朗普冲击"为本届拜登政府创造了一个机会，本届政府可以"收拾残局"并建立一套新的全球规则以应对未来艰巨的任务。这包括重建美国经济并使其惠及所有公民、与中国和俄罗斯等大国打交道、管理和改善贸易和金融安排、应对气候变化和加强公共健康基础设施建设等一系列国际问题。这是拜登总统面临的最大挑战。

作者手记

过去的30年里，围绕全球议题，我写了许多相关的书籍，包括美国、德国和日本之间的竞争；中国、印度和巴西等大型新兴市场国家的崛起；商业领袖在社会中的作用；通过10个人的生活讲述全球化的故事。尽管如此，我还是暗自欣赏那些只关注于某一特定事件的作者，他们通过具体的描述使整个故事生动起来，并借此让读者理解其中蕴含的更为重要的历史意义。而我则是第一次尝试通过这种方式写一本书。

我选择描述1971年8月13日至15日那个周末发生的故事，是因为自20世纪70年代初期以来，我的专业兴趣与之契合。1973年年底，戴维营会议的两年后，我在尼克松政府中谋得一份工作，并开始了我的职业生涯。自那以后，在尼克松、福特、卡特和克林顿政府时期，我的工作一直与国际经济和金融政策相关。多年来，我一直作为一名投资银行家参与到国际金融事务中。同时，我也是耶鲁大学管理学院的教授和院长，教授有关全球经济的课程。

事实上，从大学时代起，我就很清楚我想要的职业生涯是什么样的。我对公共政策与金融商业的交叉领域很感兴趣，并想在国际经济和外交政策相结合的领域内工作。我想同时涉足"现实世界"和"理想世界"。幸运的是，我做了所有那些我想做的事情。此外，在这本书中，我还有幸描写了其他同样经历过这些事情的人。

为广大的读者撰写一本有关经济问题的书，这本身就是一项挑战，而围绕历史、政治和外交政策背景进行撰写，则更加困难。我在尽量保证准确性的前提下，最大可能保持经济层面的非技术性，并试图以尼克松及其团队所看到的那些不完美和简单化的方式来描绘经济。在这方面，我遇到的一个障碍是要清晰地梳理一些问题：借助自身的知识和经验，理清戴维营中的每个人可以给会议带来什么；他们权衡的因素是什么以及他们出于有意或无意而丢弃的因素是什么；他们看待眼前问题的视角是什么。

从大量的采访中，我获得了很多个人观点（详见参考文献中的"作者访谈"部分）。然而，50年是一段很长的时间。我记得在我和舒尔茨的会谈中，他告诫我不要过分信赖他所说的话，因为人倾向于记住美好的事情，而忘记那些不好的事情。他的警告让我必须小心地使用这些受访者的回忆和书面记录。

在我写这本书的几年里，美国政府以及它处理我所描述的那些事件的方式让我感到有些自豪。我讲述的是一个与政府官员相关的故事，他们不仅高度敬业，还竭尽所能维护公众利益。作为一个曾在多届政府中任职的人，我总觉得政府中有许多才华横溢、富有献身精神的人（就像在戴维营的那些人一样），以及许多与其一同工作的人们，他们出众的才能、丰富的经验以及对美国问题和未来的关切让人备受鼓舞。因此，在写这本书的4年时间里对于研究、写作、编辑，以及与本书相关的所有其他工作，我都满怀期待。

致　谢

我要感谢以下几位,他们对本书早期的书稿提供了非常有建设性的意见,他们是:罗伯特·佐利克(Robert Zoellick),弗雷德·伯格斯坦,马克·莱文森(Marc Levinson),本·斯泰尔(Benn Steil),埃德温·杜鲁门(Edwin Truman)和苏珊·施瓦布(Susan Schwab)。

同时,我也要对我采访过的各方人士深表感激。

哈珀柯林斯出版社的编辑乔纳森·乔(Jonathan Jao)从我们合作编写这本书的第一天起就给予了我非常宝贵的帮助。他耐心指导我将本书从900页的初稿一直修正到最终的图书版本,帮助我塑造了全书的基调和结构,并删除了我最初不愿舍弃的内容。他是一位负责且称职的编辑。此外,哈珀柯林斯出版社的萨拉·豪根(Sarah Haugen)在此过程中发挥了重要的监督作用,这对我十分有帮助。

我的经纪人,来自莱文|格林伯格|罗斯坦文学社(the Levine | Greenberg | Rostan Literary Agency)的詹姆斯·莱文(James Levine)也很出色,他所提供的帮助无人能比。詹姆斯不仅阅读了每一份文稿,还给予我诸多经过深思熟虑的判断和评论,并且愿意随时就任何话题与我进行交流。他是一位优秀的经纪人。

我非常感谢耶鲁大学的研究生斯蒂芬妮·波斯纳(Stephanie

Posner），她进行了大量的事实核查、校对和编辑工作，和她共事很愉快。

最重要的是，我要感谢我在耶鲁大学的特别助理凯利·杰瑟普（Kelly Jessup）。她在研究、文档检索、与总统图书馆的沟通、采访安排、编辑建议以及书中涉及的所有其他事情上都给予了我帮助，同时还参与了大量注释和参考书目等工作。

此外，有一组资料对我帮助极大，其中最重要的是我所进行的采访，可参见"作者访谈"部分，其他的重要资料包括：罗伯特·所罗门（Robert Solomon）的著作《国际货币体系：1945—1981》(The International Monetary System, 1945—1981)，哈罗德·詹姆斯（Harold James）的著作《自布雷顿森林体系以来的国际货币合作》(International Monetary Cooperation Since Bretton Woods)，迈克尔·波尔多（Michael Bordo）和巴里·艾肯格林（Barry Eichengreen）共同编写的《布雷顿森林体系回顾：国际货币改革的教训》(A Retrospective on the Bretton Woods System: Lessons for International Monetary Reform)，弗雷德·伯格斯坦的几本著作和大量文章（参见"文章和书籍章节"部分），艾伦·马图索的著作《尼克松的经济：繁荣、萧条、美元和选票》(Nixon's Economy: Booms, Busts, Dollars, and Votes)，威廉·萨菲尔的著作《坠落之前：水门事件前白宫的内景》(Before the Fall: An Inside View of the Pre-Watergate White House)，保罗·沃尔克和行天丰雄共同编写的《时运变迁：世界货币和对美国领导地位的威胁》(Changing Fortunes: The World's Money and the Threat to American Leadership)，以及源自沃尔克的其他一些参考资料，阿瑟·伯恩斯的著作《尼克松政府内部：1969—1974 阿瑟·伯恩斯的秘密日记》(Inside the Nixon Administration: The Secret Diary of Arthur Burns, 1969—1974)，理查德·尼克松的著作《尼克松回忆录》(The Memoirs of Richard Nixon)，亨利·基辛格的著作《白宫岁月》

（White House Years），亨利·布兰登的著作《美国力量的收缩：尼克松和基辛格如何改变未来外交政策的内幕》（The Retreat of American Power: The Inside Story of How Nixon and Kissinger Changed Foreign Policy for Years to Come），卢克·A.尼科特（Luke A. Nichter）的著作《理查德·尼克松和欧洲：战后大西洋世界的重塑》（Richard Nixon and Europe: The Reshaping of the Postwar Atlantic World）。此外，林登·约翰逊图书馆（the LBJ Library）中约翰·康纳利的论文，尼克松图书馆（the Nixon Library）中尼克松、彼得森、霍尔德曼和麦克拉肯的一些论文以及沃尔克在纽约联邦储备银行（the Federal Reserve Bank of New York）的文件都为我提供很大帮助。

在此期间，有两本通用参考著作被证明是无价的：其中一套是由美国国务院编辑的《美国外交关系 1969—1976 年》（Foreign Relations of the United States）丛书第 3 卷，另一本是由美国总务管理局汇编并认可从美国政府印刷局获得的《美国总统公共文件：理查德·尼克松》（Public Papers of the Presidents of the United States: Richard Nixon）（1969 年、1970 年和 1971 年）。另外，我受益于彼得·彼得森 1971 年的一份题为《世界经济变化中的美国》（The United States in the Changing World Economy）的报告。同样我也受益于乔安妮·戈瓦（Joanne Gowa）的博士论文《解释大规模政策变化：1971 年关闭黄金窗口》（Explaining Large Scale Policy Change: Closing the Gold Window, 1971），克里斯坦·托马斯·里特（Christen Thomas Ritter）的博士论文《关闭黄金窗口：黄金、美元和尼克松外交经济政策的制定》（Closing the Gold Window: Gold, Dollars, and the Making of Nixonian Foreign Economic Policy），以及汤姆·福博德（Tom Forbord）的博士论文《放弃布雷顿森林体系：美国国际货币政策的政治经济学》（The Abandonment of Bretton Woods: The Political Economy of U.S. International Monetary Policy）。

最后，我还要感谢耶鲁大学藏书馆（the Beinecke Rare Book and Manuscript Library at Yale）提供的几份文件，包括不同版本的《财富》（*Fortune*）杂志。

关键人物和职位

下列是书中主要人物的姓名和职位。姓名前有星号（*）的人物在1971年8月13日至15日参加了戴维营会议。（按姓名拼音排序）

*阿诺德·韦伯：1970年至1971年任美国行政管理和预算局副局长；在1971年底担任了90天生活费用委员会的执行理事。

*阿瑟·弗兰克·伯恩斯：1970年1月31日至1978年3月8日任美国联邦储备委员会主席。

安东尼·巴伯：1970年至1974年任英国财政大臣。

*保罗·阿道夫·沃尔克：1969年1月20日至1974年4月8日任美国财政部负责货币事务的副部长。

*保罗·麦克拉肯：1969年2月4日至1971年12月31日任美国经济顾问委员会主席。

*彼得·乔治·彼得森：1971年1月至1972年2月任美国总统国际经济事务助理和白宫国际经济政策委员会执行主任。

C.弗雷德·伯格斯坦：1969年1月至1971年6月就职于美国国家安全委员会，任国际经济事务副主任。

*哈利·罗宾斯·霍尔德曼：1969年1月20日至1973年4月

30日担任尼克松总统的白宫办公厅主任。

*赫伯特·斯坦：1969年1月至1974年8月先为美国经济顾问委员会成员后任该委员会主席。

亨利·阿尔弗雷德·基辛格：1969年1月20日至1975年11月3日任美国总统国家安全顾问。

亨利·罗斯：1955年1月3日至1983年1月3日为美国威斯康星州民主党众议员议员，任国际汇兑和支付联合经济小组委员会主席。

卡尔·席勒：1966年至1972年任西德经济部长，1971年至1972年兼任西德财政部长。

*卡斯帕·温伯格：1970年7月至1972年5月任美国管理和预算办公室副主任。

*肯尼思·威拉德·达姆：1971年至1973年任美国行政管理和预算局助理局长，主管国家安全和国际事务。

*理查德·米尔豪斯·尼克松：1969年1月20日至1974年8月9日为第37任美国总统。

罗伯特·霍马茨：1969年至1977年任美国国家安全委员会高级职员。

罗伯特·罗萨：1961年至1964年任美国财政部负责货币事务的副部长；1965年至1991年为布朗兄弟哈里曼公司合伙人。

*迈克尔·布拉德菲尔德：1968年至1975年任美国财政部副法律顾问。

*乔治·普拉特·舒尔茨：1969年1月22日至1970年7月1日任美国劳工部长；1970年7月1日至1972年6月11日任美国行政管理和预算局局长，1972年6月12日至1974年5月8日任美国财政部长。

乔治·让·蓬皮杜：1969年6月20日至1974年4月2日担任

法国总统。

瓦莱里·吉斯卡尔·德斯坦：1969年至1974年任法国经济财政部长；1974年至1981年担任法国总统。

*威廉·萨菲尔：1969年至1973年为尼克松总统的演讲撰稿人。

行天丰雄：1955年至1989年为日本财务省官员，1986年至1989年任财务省主管国际事务的副大臣。

雅各布·贾维茨：1957年1月3日至1981年1月3日任代表纽约的联邦参议员。

亚伯拉罕·里比科夫：1963年1月3日至1981年1月3日为美国康涅狄格州民主党参议员。

*约翰·包登·康纳利：1971年2月11日至1972年6月12日任美国财政部长。

*约翰·丹尼尔·埃利希曼：1969年1月20日至1973年4月30日任美国总统法律顾问及国内政策顾问。

约翰·佩蒂：1968年5月至1972年2月任美国财政部负责国际事务的助理部长。

注　释

引　言

[1] 本书中所有具体日期和时间来自 1971 年的总统日记、白宫中央档案、工作人员与办公室文件、总统文件和档案办公室以及位于加利福尼亚州约巴林达的理查德·尼克松总统图书馆与博物馆。关于这个条目，见 August 15, 1971, Box RC-8, folder "President Richard Nixon's Daily Diary August 1, 1971-August 15, 1971"。

[2] 关于这架直升机的所有信息来自 2019 年 8 月 14 日在尼克松图书馆和博物馆的个人参观，以及 Plus Book#31, White House photo collection in RMN Library。

[3] Christen Thomas Ritter, "Closing the Gold Window: Gold, Dollars, and the Making of Nixonian Foreign Economic Policy" (diss., University of Pennsylvania, 2007), 271.

[4] William Safire, *Before the Fall: An Inside View of the Pre-Watergate White House* (Garden City, NY: Doubleday, 1975), 510.

[5] 那时还没有欧元，每个欧洲国家都有自己的货币。

[6] 关于两次世界大战之间更完整的描述，见 C. Fred Bergsten, *The Dilemma of the Dollar: The Economics and Politics of United States International Monetary Policy* (New York: New York University Press, 1975), 46-79; Ragnar

Nurkse, *International Currency Experience: Lessons of the Interwar Period* (New York: League of Nations, 1944), 113-36; and Douglas A. Irwin, *Clashing Over Commerce: A History of U.S. Trade Policy* (Chicago: University of Chicago Press, 2017), 330-413。

[7] John F. Kennedy, "A Special Message from President Kennedy to Congress," July 18, 1963, in Robert V. Roosa, *The Dollar and World Liquidity* (New York: Random House, 1967), 319.

[8] Lyndon B. Johnson, in Roosa, *The Dollar and World Liquidity*, 348.

[9] 我使用的黄金数据来自美国黄金委员会, "Volume I," in *Report to the Congress of the Commission on the Role of Gold in the Domestic and International Monetary Systems*, March 1982, and Richard Nixon, *International Economic Report of the President 1974* (Washington, DC: U.S. Government Printing Office, 1974), 另有说明除外。这些报告与各行政部门发布的多项报告一致。如果存在任何争议或不一致的空间, 则是与1971年的外债规模有关。在那一年, 笔者只使用外国央行和政府持有的债务, 这是20世纪60年代的惯例。如果算上所有海外持有的美元, 那么1971年美国黄金储备与总负债之间的缺口要大得多。

[10] 例如, 参见Richard M. Nixon, *RN: The Memoirs of Richard Nixon* (New York: Grosset and Dunlap, 1978), 516-22; Safire, *Before the Fall*, 509-28; Henry Kissinger, *White House Years* (Boston: Little, Brown and Company, 1979), 949-67; George P. Shultz and Kenneth Dam, *Economic Policy Beyond the Headlines* (Stanford, CA: Stanford Alumni Association, 1977), 109-33; Paul Volcker and Toyoo Gyohten, *Changing Fortunes: The World's Money and the Threat to American Leadership* (New York: Times Books, 1992), 59-100; Henry Brandon, *The Retreat of American Power: The Inside Story of How Nixon and Kissinger Changed Foreign Policy for Years to Come* (New York: Doubleday, 1973), 218-46; Allen J. Matusow, *Nixon's Economy: Booms, Busts,*

注 释

Dollars and Votes (Lawrence, KS: University Press of Kansas, 1998), 149-81; John S. Odell, *U.S International Monetary Policy: Markets, Power, and Ideas as Sources of Change* (Princeton, NJ: Princeton University Press, 1982), 165-340; and PhD dissertations by the following: Joanne Gowa, "Explaining Large Scale Policy Change: Closing the Gold Window, 1971" (Princeton University, 1980), Thomas Austin Forbord, "The Abandonment of Bretton Woods: The Political Economy of U.S. International Monetary Policy" (Harvard University, 1980), and Christen Thomas Ritter, "Closing the Gold Window: Gold, Dollars, and the Making of Nixonian Foreign Economic Policy" (University of Pennsylvania, 2007)。

[11] William Greider, *Secrets of the Temple*: *How the Federal Reserve Runs the Country* (New York: Simon and Schuster, 1987), 334.

第一部分 "巨幕"拉开

第一章 尼克松上任

[1] David S. Broder, "Nixon Wins With 290 Electoral Votes, " *Washington Post*, November 7, 1968.

[2] James Reston, "From Promise to Policy: Many Pitfalls Await Efforts by Nixon to Redeem Pledges and Unify Nation, " *New York Times*, November 7, 1968.

[3] 这句话和下面引用的话出自 Richard Reeves. *Prasident Nixon: Alone in the White House*.[e-book] (New York: Simon and Schuster, 2001), "Introduction"。

[4] Electronic Records Reference Report, Vietnam War U.S. Military Fatal Casualty Statistics, Military Records, National Archives, https://www.archives.gov/research/military/vietnam–war/casualty–statistics.

[5] Reeves, *President Nixon* [e-book], "Introduction."

[6] 例如，可参见 James A. Johnson, "The New Generation of Isolatioinists,"

Foreign Affairs 49, no. 1 (October 1970): 136-46。

[7] Kissinger, *White House Years*, 161.

[8] 参见 Richard N. Cooper, "Trade Policy Is Foreign Policy, " *Foreign Policy*, no. 9 (1972)：18-36。

[9] Abraham Ribicoff, Trade Policies in the 1970s: *Report by Senator Abraham Ribicoff to the Committee on Finance, United States Senate*, S.Prt. 92-1 (Washington, DC：U.S. Government Printing Office, 1971), 11.

[10] 例如，参见总统的 "First Annual Report to the Congress on United States Foreign Policy for the 1970s, February 18, 1970,"doc. 45 in *Public Papers of the Presidents of the United States: Richard Nixon*, 1970 (Washington, DC: U.S. Government Printing Office, 1971)。

第二章 经济危机

[1] 计算结果源于 United States President and Council of Economic Advisers, *Economic Report of the President (1972)* (Washington, DC: U.S. Government Printing Office, 1972), Table B-1, "National Income or Expenditure," 195, and Table B-87, "U.S. Balance of Payments, " 296。

[2] World Bank Group, "Trade (% of GDP)—Germany, " chart, World Bank, https://data.worldbank.org/indicator/NE.TRD.GNFS.ZS?end=2018&locations=DE&start=1960&view=chart; World Bank Group, "Trade (% of GDP)—Japan, " chart, World Bank, https://data.worldbank.org/indicator/NE.TRD.GNFS.ZS?end=2018&locations=JP&start=1960&view=chart.

[3] United States President and Council of Economic Advisers, *Economic Report of the President (1972)*, 41.

[4] United States President and Council of Economic Advisers, *Economic Report of the President (1971)* (Washington, D. C.: U.S. Government Printing Office, 1971), 23-27.

注　释

[5] United States President and Council of Economic Advisers, *Economic Report of the President (1971)*, 28.

[6] United States Congress, "Report of the Joint Economic Committee, Congress of the United States, on the February 1971 Economic Report of the President" (Washington, DC: U.S. Government Printing Office, 1971), 37.

[7] Matusow, *Nixon's Economy*, 82.

[8] United States President and Council of Economic Advisers, *Economic Report of the President (1971)*, 3.

[9] Matusow, citing *Newsweek*, January 25, 1971, in his *Nixon's Economy*, 93.

[10] Richard M. Nixon, *RN: The Memoirs of Richard Nixon* [e-book] (New York: Simon and Schuster, 2013), "1971."

[11] Terry Robards, "Elections Viewed Lacking as an Economic Mandate," *New York Times*, November 5, 1970.

第三章　对美元的挤兑

[1] Peter G. Peterson, "The United States in the Changing World Economy" (Washington, DC: U.S. Government Printing Office, 1971), 10.

[2] Gottfried Haberler, "Report of Task Force on U.S. Balance of Payments to the President-Elect" (Unpublished, January 1969), 14, RMN Presidential Library.

[3] Matusow, *Nixon's Economy*, 143.

[4] Volcker and Gyohten, *Changing Fortunes*, 73.

[5] Brandon, *The Retreat of American Power*, 244.

[6] 本章节的资料来源包括：Robert Solomon, *The International Monetary System, 1945—1981* (New York: Harper and Row, 1982); Harold James, *International Monetary Cooperation Since Bretton Woods* (Washington, DC: International Monetary Fund and Oxford University Press, 1996) ; Charles A. Coombs, *The Arena of International Finance* (New York: Wiley, 1976) ; Luke A. Nichter,

Richard Nixon and Europe: *The Reshaping of the Postwar Atlantic World* (Cambridge, UK, and New York: Cambridge University Press, 2017); 以及同时代的报刊文章。

［7］ "Gold Outglittlers the West German Mark On World Markas; Speculators Sit Tight,"*Wall Street Journal,* May 13, 1971.

［8］ Nichter, *Richard Nixon and Europe,* 46.

［9］ Nichter, *Richard Nixon and Europe,* 47.

［10］ Coombs, *The Arena of International Finance,* 214.

第二部分 "演员"阵容

第四章 理查德·米尔豪斯·尼克松

这章的参考来源包括：Nixon, RN; Reeves, *President Nixon* [e-book]; Elizabeth Drew, *Richard M. Nixon* (New York: Times Books, 2007)；Safire, *Before the Fall*; H. R. Haldeman, *The Haldeman Diaries*: *Inside the Nixon White House* (New York: G. P. Putnam's, 1994)；Matusow, *Nixon's Economy*; Herbert Stein, *Presidential Economics*: *The Making of Economic Policy from Roosevelt to Reagan and Beyond* (New York: Simon and Schuster, 1984)；extensive reporting from the *New York Times, Washington Post,* and *Wall Street Journal*；以及作者对亨利·基辛格、乔治·舒尔茨和保罗·沃尔克的访谈内容。

［1］ 这是他们在1969年1月1日的平均年龄。

［2］ Roscoe Drummond, "Nixon Appointments Aim to Win Support of Center," *Washington Post,* December 18, 1968.

［3］ Drummond, "Nixon Appointments Aim to Win Support of Center."

［4］ Safire, *Before the Fall.*

［5］ James Reston, "A Remarkable Comeback for Nixon," *New York Times,* August 9, 1968.

［6］ Richard Nixon, "Informal Remarks in Guam with Newsmen, July 25, 1969, " doc. 279 in *Public Papers of the Presidents of the United States: Richard Nixon, 1969* (Washington, DC: U.S. Government Printing Office, 1971) ; 参见 Nixon, *RN*, 394。

［7］ Kissinger, *White House Years*, 225.

［8］ 这句话和下面引用的话均出自 Brandon, *The Retreat of American Power*, 81。

［9］ Reeves, *President Nixon* [e-book], chapter 2.

［10］ Stein, *Presidential Economics*, 138.

［11］ Reeves, *President Nixon* [e-book], chapter 11.

［12］ Matusow, *Nixon's Economy*, 16.

［13］ Matusow, *Nixon's Economy*, 16.

［14］ Richard M. Nixon, "ThePresident's News Conference of January 27, 1969," doc. 10 in *Public Papers of the Presidents of the United States: Richard Nixon, 1969.*

［15］ Richard M. Nixon, "Address to the Nation on the Rising Cost of Living, October 17, 1969," doc. 395 in *Public Papers of the Presidents of the United States: Richard Nixon, 1969.*

［16］ Paul A. Samuelson, "Gold, " *Newsweek*, October 14, 1968.

［17］ Paul A. Samuelson, "The New Economics, " *Newsweek*, November 25, 1968.

［18］ "Editorial Note, March 2, 1970 (Nixon Memo to Haldeman on International Economic Policy)," doc. 38 in *Foreign Relations of the United States*, 1969—1976, vol. 3, *Foreign Economic Policy; International Monetary Policy*, 1969—1972 (Washington, DC: U.S. Government Printing Office, 2001).

［19］ Edwin L. Dale Jr., "David Kennedy Hedges on $35 Gold, " *New York Times*, December 18, 1968.

［20］ Hobart Rowen, "Fear of Rising Gold Price Persists Despite Disclaimer, " *Washington Post*, December 19, 1968.

［21］ Matusow, *Nixon's Economy*, 126.

[22] Richard M. Nixon, "Remarks to Top Personnel at the Department of the Treasury, February 14, 1969," doc. 49 in *Public Papers of the Presidents of the United States: Richard Nixon, 1969*.

[23] Richard M. Nixon, "The President's News Conference of February 6, 1969," doc. 34 in *Public Papers of the Presidents of the United States: Richard Nixon, 1969*.

[24] Nixon, "The President's News Conference of February 6, 1969."

[25] "Information Memorandum from C. Fred Bergsten of the National Security Council Staff to the President's Assistant for National Security Affairs (Kissinger), April 14, 1969,"doc. 19 in *Foreign Relations of the United States, 1969—1976*, vol.3, *Foreign Economic Policy; International Monetary Policy, 1969—1972* (Washington, DC：U.S. Government Printing Office, 2001).

[26] Matusow, *Nixon's Economy*, 35.

[27] 这句话和下面的描述引自 Safire, *Before the Fall*, 599。

[28] 描述及引用自 Reeves, *President Nixon* [e-book], chapter 3。

[29] Safire, *Before the Fall*, 103.

[30] 引语和基辛格的阐述均引自 Winston Lord, *Kissinger on Kissinger: Reflections on Diplomacy, Grand Strategy, and Leadership* [e-book] (New York: All Points Books, 2019), chapter 1。

[31] R. W. Apple Jr., "The 37th President; Richard Nixon, 81, Dies; A Master of Politics Undone by Watergate," *New York Times*, April 23, 1994.

[32] 对这个场景的描述引自于 Safire, *Before the Fall*, 603。

[33] Reeves, *President Nixon* [e-book], chapter 1.

[34] Safire, *Before the Fall*, 619.

[35] Reeves, *President Nixon* [e-book], "Introduction."

[36] 引自 John Herbers, "The 37th President; In Three Decades, Nixon Tasted Crisis and Defeat, Victory, Ruin and Revival," *New York Times*, April 24, 1994。

［37］ Brandon, *The Retreat of American Power*, 63.

［38］ Juan Cameron, "Richard Nixon's Very Personal White House, " *Fortune*, July 1970，本段中所有引述都源于此。

第五章 小约翰·包登·康纳利

关于康纳利的这一章，我从采访与康纳利密切共事或在他德州期间认识他的人中受益匪浅：拉里·坦普尔（2018年1月24日）、本·巴恩斯（Ben Barnes）（2018年1月12日）、朱利安·里德（Julian Read）（2018年1月24日）、詹姆斯·贝克（James Baker）（2017年11月28日）。有关访谈的更多细节，请参阅312页"作者访谈"。我还采访了那些与他当财政部长时直接工作的人：C.弗雷德·伯格斯坦（2017年10月5日），约翰·佩蒂（2017年10月11日和11月9日），迈克尔·布拉德菲尔德（Michael Bradfield）（2017年7月12日），保罗·沃尔克（2017年7月26日），和罗伯特·霍马茨（2017年7月12日和12月11日）。此外，我还参考了小詹姆斯·莱斯顿为康纳利写的传记《孤星：约翰·康纳利的一生》(*The Lone Star: The Life of John Connally*) (New York: Harper and Row, 1989) 和康纳利的回忆录《历史的阴影：美国的奥德赛》(*In History's Shadow*: *An American Odyssey*) (New York: Hyperion, 1993)。

［1］ Hobart Rowen, "Profiles of the Nixon Cabinet: David M. Kennedy, " *Washington Post*, December 12, 1968.

［2］ Nixon, *RN*, 339.

［3］ Stephen E. Ambrose and Douglas Brinkley, *Rise to Globalism*: *American Foreign Policy Since 1938* (New York: Penguin Books, 1997), 3.

［4］ Safire, *Before the Fall*, 498.

［5］ Peter G. Peterson, *The Education of an American Dreamer*: *How a Son of Greek Immigrants Learned His Way from a Nebraska Diner to Washington, Wall Street, and Beyond* [e-book] (New York: Hachette Book Group, 2009), chapter 7.

[6]　Safire, *Before the Fall*, 497.

[7]　Kissinger, *White House Years*, 951.

[8]　2018 年 1 月 24 日作者对拉里·坦普尔的采访。

[9]　对于该事件的描述引自 Paul Burka, "The Truth About John Connally, " *Texas Monthly*, November 1979。

[10]　该引述及下面的内容均引自 Connally, *In History's Shadow*, 221。

[11]　Reston, *The Lone Star*, 175.

[12]　Reston, *The Lone Star*, 302.

[13]　Reston, *The Lone Star*, 418.

[14]　Reston, *The Lone Star*, 343.

[15]　Burka, "The Truth About John Connally." .

[16]　Burka, "The Truth About John Connally." .

[17]　Kissinger, *White House Years*, 951.

[18]　Richard M. Nixon, "Remarks on Plans to Nominate Secretary Kennedy as Ambassador-atLarge and Governor Connally as Secretary of the Treasury, December 14, 1970," doc. 460 in *Public Papers of the Presidents of the United States*: *Richard Nixon*, 1970.

[19]　Richard Whalen, "The Nixon-Connally Arrangement," *Harper's*, August 1971.

[20]　Safire, *Before the Fall*, 504.

[21]　Safire, *Before the Fall*, 504.

[22]　作者 2017 年 12 月 11 日对罗伯特·霍马茨的采访。

[23]　Brandon, *The Retreat of American Power*, 229.

[24]　Gowa, "Explaining Large Scale Policy Change, " 188-89.

[25]　对于该事件的阐述引自 "Connally's Hard Sell Against Inflation, " *BusinessWeek*, no. 2184 (July 10, 1971)。

[26]　Reston, *The Lone Star*, 403.

[27]　Peterson, "The United States in the Changing World Economy, " 8.

［28］ 数据来自 Robert Scalapino, *American–Japanese Relations in a Changing Era* (Washington, DC: Georgetown University, Center for Strategic and International Studies, 1972), 20。

［29］ U.S. Commission on International Trade and Investment Policy (Williams Commission), *United States International Economic Policy in an Interdependent World*; *Report to the President* (Washington, DC: U.S. Government Printing Office, 1971), 65.

［30］ 作者 2017 年 7 月 12 日对美国财政部前副法律顾问迈克尔·布拉德菲尔德的采访。

［31］ Connally, *In History's Shadow*, 235.

［32］ 作者 2017 年 11 月 9 日对约翰·佩蒂的采访。

［33］ 该引述及下面的内容均引自 Volcker and Gyohten, *Changing Fortunes*, 72。

［34］ 沃尔克和康纳利的互动出自于作者 2017 年 7 月 26 日对保罗·沃尔克的采访。

［35］ 作者 2017 年 10 月 5 日对弗雷德·伯格斯坦的采访，伯格斯坦出席了戴维营会议。

第六章　保罗·阿道夫·沃尔克

关于沃尔克的背景，主要参考自 William L. Silber, Volcker: The Triumph of Persistence (New York: Bloomsbury Press, 2012); Volcker and Gyohten, Changing Fortunes; 以及我在 2008 年 1 月 28 日至 2010 年 3 月 24 日对保罗·沃尔克的访谈，美联储口述历史项目 2008-March 24, 2010, Federal Reserve Board Oral History Project, https://www.federalreserve.gov/aboutthefed?files/paul-a-volcker-interview-20080225.pdf [hereafter: "Volcker Oral History Project"]; and Paul Volcker and Christine Harper, Keeping At It: The Quest for Sound Money and Good Government (New York: Public Affairs, 2018). 此外，我还从以下我本人参与的访谈中获益很多，包括对保罗·沃尔克本人的访谈（2017 年 7 月 26 日）、迈克尔·布

拉德菲尔德（2017年7月12日）、约翰·佩蒂（2017年10月11日和11月9日）、罗伯特·霍马茨（2017年7月12日和12月11日）、弗雷德·伯格斯坦（2017年10月5日）。

［1］ Greider, *Secrets of the Temple*, 68.

［2］ Neil Irwin, "Paul A. Volcker, Fed Chairman Who Curbed Inflation by Raising Interest Rates, Dies at 92，" *Washington Post*, December 9, 2019.

［3］ Greider, *Secrets of the Temple*, 68.

［4］ 对于该事件的描述引自 Silber, *Volcker,* 55; and Volcker and Gyohten, *Changing Fortunes,* 64。

［5］ 作者2017年7月11日对迈克尔·布拉德菲尔德的采访，以及2017年10月11日和11月9日对约翰·佩蒂的采访。

［6］ Gowa, "Explaining Large Scale Policy Change，" 110.

［7］ Volcker Oral History Project, 49.

［8］ Volcker Oral History Project, 51.

［9］ Silber, *Volcker*, 53.

［10］ Silber, *Volcker*, 53.

［11］ 参见 "Memorandum from Secretary of the Treasury Kennedy to President Nixon, June 23, 1969 (Includes Paper 'Basic Options in International Monetary Affairs,' by Paul Volcker)，" doc. 130 in *Foreign Relations of the United States*, 1969-1976, vol. 3, *Foreign Economic Policy*; *International Monetary Policy*, 1969-1972 (Washington, DC: U.S. Government Printing Office, 2001)。

［12］ Silber, *Volcker*, 62.

［13］ Gowa, "Explaining Large Scale Policy Change，" 289-90.

［14］ Silber, *Volcker*, 67.

［15］ Silber, *Volcker*, 67.

［16］ Volcker and Gyohten, *Changing Fortunes*, 67.

［17］ Forbord, "The Abandonment of Bretton Woods，"107.

[18] Silber, *Volcker*, 84-85.

第七章 阿瑟·弗兰克·伯恩斯

关于阿瑟·伯恩斯的背景资料，我主要参考了 *Inside the Nixon Administration: The Secret Diary of Arthur Burns*, 1969-1974, edited by Robert H. Ferrell (Lawrence, KS: University of Kansas Press, 2010); Wyatt C. Wells, *Economist in an Uncertain World: Arthur F. Burns and the Federal Reserve*, 1970-1978 (New York: Columbia University Press, 1994); Arthur F. Burns, *Reflections of an Economic Policy Maker: Speeches, Congressional Statements: 1969-1978* (Washington, DC: American Enterprise Institute, 1978); Stephen H. Axilrod, *Inside the Fed: Monetary Policy and Its Management, Martin Through Greenspan to Bernanke* (Cambridge, MA: The MIT Press, 2011); Matusow, *Nixon's Economy*; Stein, *Presidential Economics*; Leonard S. Silk, *Nixonomics: How the Dismal Science of Free Enterprise Became the Black Art of Controls* (New York: Praeger Publishers, 1972); Nixon, *RN*; James L. Pierce, "The Political Economy of Arthur Burns," *The Journal of Finance 34*, no. 2 (1979): 485-96; Burton A. Abrams, "How Richard Nixon Pressured Arthur Burns: Evidence from the Nixon Tapes," *Journal of Economic Perspectives* 20, no. 4 (2006): 177-88。

[1] Wells, *Economist in an Uncertain World*, 7.

[2] John Pierson, "White House Power: Arthur Burns Provides Conservative Influence on Domestic Programs," *Wall Street Journal*, May 20, 1969.

[3] "How Burns Will Change the Fed," *BusinessWeek*, October 25, 1969.

[4] "How Burns Will Change the Fed."

[5] Wells, *Economist in an Uncertain World*, 45.

[6] Wells, *Economist in an Uncertain World*, 49.

[7] John Ehrlichman, *Witness to Power: The Nixon Years* (New York: Simon and Schuster, 1982), 248-49.

[8] 这段尼克松和伯恩斯的对话来自 Ehrlichman, *Witness to Power*, 248-49。

［9］　Axilrod, *Inside the Fed*, 58.

［10］　引自 Lawrence A. Malkin, "A Practical Politician at the Fed, " Fortune 83 (May 1971), 260。

［11］　Burns, *Inside the Nixon Administration*, 42 (May 22, 1971).

［12］　Matusow, *Nixon's Economy*, 20.

［13］　以下对话来自美国参议院、银行和货币委员会和第 91 届国会,"Nomination of Arthur F. Burns: Hearing Before the Committee on Banking and Currency"（December 18, 1969), 5。

［14］　Burns, *Inside the Nixon Administration*, 37 (Monday, March 8, 1971).

［15］　Burns, *Inside the Nixon Administration*, 37 (Monday, March 8, 1971).

［16］　Burns, *Inside the Nixon Administration*, 39 (Sunday, March 21, 1971).

［17］　这段话中的引用都来自 Burns, *Inside the Nixon Administration*, 44-48 (Thursday, July 8, 1971)。

［18］　Burns, *Inside the Nixon Administration*, 28 (November 23, 1970).

［19］　Burns, *Inside the Nixon Administration*, 5.

［20］　Burns, *Inside the Nixon Administration*, 8.

［21］　Burns, *Inside the Nixon Administration*, 33.

［22］　Burns, *Inside the Nixon Administration*, 37.

［23］　Burns, *Inside the Nixon Administration*, 121.

［24］　Burns, *Inside the Nixon Administration*, 43.

［25］　Burns, *Inside the Nixon Administration*, 124.

［26］　Burns, *Inside the Nixon Administration*, 62.

［27］　Richard M. Nixon, "Remarks at the Swearing in of Dr. Arthur F. Burns as Chairman of the Board of Governors of the Federal Reserve System, January 31, 1970, " doc. 21 in *Public Papers of the Presidents of the United States: Richard Nixon, 1970*.

［28］　Nixon, "Remarks at the Swearing in of Dr. Arthur F. Burns as Chairman of the

Board of Governors of the Federal Reserve System, January 31, 1970."

[29] Arthur Burns, "Remarks of the President and Dr. Arthur F. Burns at the Swearing in of Dr. Burns as Chairman, January 31, 1970," *Weekly Compilation of Presidential Documents 6*, no. 5 (Washington, DC: U.S. Government Printing Office, 1970), 98.

[30] Ehrlichman, *Witness to Power*, 250.

[31] Matusow, *Nixon's Economy*, 62.

[32] Matusow, *Nixon's Economy*, 62.

[33] Arthur F. Burns, "Inflation: The Fundamental Challenge to Stabilization Policies: Remarks before the Seventeenth Annual Monetary Conference of the American Bankers Association, Hot Springs, Virginia, May 18, 1970," in his *Reflections of an Economic Policy Maker*, 91-102.

[34] Matusow, *Nixon's Economy*, 67.

[35] Erwin C. Hargrove and Samuel A. Morley, eds., *The President and the Council of Economic Advisers*: Interviews with CEA Chairmen (Boulder, CO: Westview Press, 1984), 316.

[36] Albert R. Hunt, "Leaders' Lament: Business Council's Inflation Gripes May Renew Nixon Leadership Issue," *Wall Street Journal*, October 19, 1970.

[37] 来自作者2017年10月6日对肯·麦克莱恩（Ken McLean）的访谈；以及 and Matusow, *Nixon's Economy*, 67。

[38] Ehrlichman, *Witness to Power*, 250.

[39] Burns, *Inside the Nixon Administration*, 29 (November 20, 1970).

[40] Richard M. Nixon, "Remarks at the Annual Meeting of the National Association of Manufacturers, December 4, 1970," doc. 447 in *Public Papers of the Presidents of the United States: Richard Nixon, 1970*.

[41] Arthur F. Burns, "The Basis for Lasting Prosperity, Address by Arthur F. Burns in the Pepperdine College Great Issues Series, December 7, 1970," in his

Reflections of an Economic Policy Maker, 103-15.

［42］ Leonard S. Silk, "The Accord of 1970,"*New York Times,* December 9, 1970.

［43］ "Nixon Is Shifting to a Harder-Hitting Game, " *BusinessWeek*, no. 2154 (December 12, 1970).

［44］ United States President and Council of Economic Advisers, *Economic Report of the President* (*1971*), 7.

［45］ United States President and Council of Economic Advisers, *Economic Report of the President* (*1971*), 80.

［46］ Stein, *Presidential Economics,* 156.

［47］ Stein, *Presidential Economics,* 156.

第八章 乔治・普拉特・舒尔茨

关于舒尔茨的背景资料，我主要参考了 George P. Shultz, *Turmoil and Triumph*: *My Years as Secretary of State* [e-book] (New York: Scribner's, 1993) ; George P. Shultz, *Learning from Experience* (Stanford, CA: Hoover Institution Press, 2016); Matusow, *Nixon's Economy*; "Hearing Before the Committee on Labor and Public Welfare on George P. Shultz to Be Secretary of Labor (1969) "; 在《纽约时报》《华尔街日报》和《商业周刊》上刊登的大量人物传记；以及我对乔治・舒尔茨本人（2017 年 8 月 16 日）以及他的两位副手阿诺德・韦伯（2017 年 8 月 14 日）和肯尼思・达姆（2017 年 7 月 18 日）的个人采访。

［1］ 这句和下面的引用自 James M. Naughton, "Shultz Quietly Builds Up Power in Domestic Field, " *New York Times,* May 31, 1971。

［2］ "The Architect of Nixon's New Economics, " *BusinessWeek,* March 20, 1971.

［3］ John Pierson, "Who's in Charge? Coming Cabinet Moves Point Up the Big Decline of Secretaries' Role, " *Wall Street Journal,* November 20, 1970.

［4］ "The Architect of Nixon's New Economics."

［5］ Naughton, "Shultz Quietly Builds Up Power in Domestic Field."

注 释

［6］ Bruce Winters, "Shultz Noted as a Skilled, Cool Labor Secretary," *The Baltimore Sun*, June 11, 1970.

［7］ "The Architect of Nixon's New Economics."

［8］ "The Architect of Nixon's New Economics."

［9］ Volcker and Gyohten, *Changing Fortunes*, 118.

［10］ Matusow, *Nixon's Economy*, 29.

［11］ Safire, *Before the Fall*, 265.

［12］ Stein, *Presidential Economics*, 145.

［13］ Haldeman, *Haldeman Diaries*, 70 (February 12-15, 1971).

［14］ Safire, *Before the Fall*, 491.

［15］ 参见 Johan Van Overtveldt, *The Chicago School: How the University of Chicago Assembled the Thinkers Who Revolutionized Economics and Business* (Chicago: Agate, 2007), "Introduction," 1-17。

［16］ 这句话和以下内容摘自"The Architect of Nixon's New Economics"。

［17］ 2017年8月16日，笔者对乔治·舒尔茨的采访。舒尔茨在采访中表达了对康纳利和基辛格的看法。

［18］ Matusow, *Nixon's Economy*, 27.

［19］ "The Architect of Nixon's New Economics."

［20］ 差不多半个世纪之后，在笔者2017年夏天对舒尔茨的采访中，他向作者强调了这篇演讲，并给了笔者一份他计划发表的新演讲的副本，其中他还提到了最初的演讲。

［21］ George P. Shultz, "Prescription for Economic Policy: 'Steady As You Go,'" Address Before the Economic Club of Chicago, April 22, 1971, https://web.stanford.edu/~johntayl/Shultz%20on%20Steady%20As%20You%20Go.pdf.

第九章　彼得·乔治·彼得森

作为本章的背景，我使用了 Ken Auletta, *Greed and Glory on Wall Street: The*

Fall of the House of Lehman (New York: Random House, 1986), 35-37；Peterson, *Education of an American Dreamer*；各种讣告，包括 Robert D. Hershey Jr., "Peter G. Peterson, a Power from Wall St. to Washington, Dies at 91," *New York Times*, March 20；《商业周刊》和《财富》刊登了大量有关彼得森的文章；以及我对尼克松政府同时代人的采访。

[1] Peterson, *Education of an American Dreamer*, chapter 7, "Washington: Round One."

[2] Richard M. Nixon, "Remarks Announcing Appointment of Peter G. Peterson as Assistant to the President for International Economic Affairs and Executive Director, Council on International Economic Policy, January 19, 1971，"doc. 19 in *Public Papers of the Presidents of the United States*: *Richard Nixon, 1971* (Washington, DC: U.S. Government Printing Office, 1972).

[3] Peterson, *Education of an American Dreamer*, chapter 7, "Washington: Round One."

[4] "Mr. Peterson's Assignment," *Fortune*, March 1971.

[5] Safire, *Before the Fall*, 497.

[6] 引自 2017 年 10 月 11 日和 11 月 9 日，作者对约翰·佩蒂的采访。

[7] 在接下来的章节中，我使用了该报告的一个机密版本，Peter G. Peterson, "The United States in the Changing World Economy (Confidential Version)," April 1971, Box 108477, Papers of Paul A. Volcker, New York Federal Reserve Archive；公开版本见 Peterson, "The United States in the Changing World Economy," and a description in Matusow, *Nixon's Economy*, 132-39。

[8] Matusow, *Nixon's Economy*, 137, referring to Ehrlichman notes taken on July 27, 1971. 之后的两个引用也引自同一来源。

[9] Matusow, *Nixon's Economy*, 136.

[10] Matusow, *Nixon's Economy*, 136, 引用 Haldeman, *Haldeman Diaries* (June 27, 1971)。

注　释

［11］ John Pierson, "Trade Tightrope: Nixon Aide Peterson Has Controversial Ideas on Overseas Dealings, " *Wall Street Journal,* July 6, 1971.

［12］ Matusow, *Nixon's Economy*, 133.

［13］ Juan Cameron, "The Last Reel of 'Mr. Peterson Goes to Washington, '" *Fortune*, March 1973.

［14］ Peter G. Peterson, "Memorandum for the President: Projecting the Future Development of the U.S, " July 12, 1971, CIEP Folder, National Archives at College Park, College Park, MD.

［15］ Peterson, "Memorandum for the President, " July 12, 1971.

［16］ Peterson, "Memorandum for the President, " July 12, 1971.

［17］ Peterson, "Memorandum for the President, " July 12, 1971.

［18］ Peterson, *Education of an American Dreamer*, chapter 7, "Washington: Round One."

［19］ Kissinger, *White House Years*, 952.

［20］ Auletta, *Greed and Glory on Wall Street*, 38.

［21］ Cameron, "The Last Reel of 'Mr. Peterson Goes to Washington.'" 除此之外，这些观点也来自于2017年8月14日笔者对乔治·舒尔茨和2017年10月11日和11月9日对他副手阿诺德·韦伯的采访。

［22］ Peterson, *Education of an American Dreamer*, chapter 7, "Washington: Round One."

第十章　其他的参与者——保罗·麦克拉肯和亨利·艾尔弗雷德·基辛格

对于这一章，我参考了几本书，包括以下几本书。关于保罗·麦克拉肯的书有：西德尼·L.琼斯（Sidney L. Jones）的《公共和私人经济顾问：保罗·W.麦克拉肯》（*Public and Private Economic Advisor: Paul W. McCracken*）（Lanham, MD：University Press of America, 2000）；赫伯特·斯坦的《总统经济学》（*Presidential Economics*）；哈格罗夫（Hargrove）和莫雷（Morley）编写的《经济顾问委员会：

与经济顾问委员会主席的访谈》(*The President and the Council of Economic Advisers: Interviews with CEA Chairmen.*)。关于亨利·基辛格的书有：基辛格的《白宫岁月》(*White House Years*)；沃尔特·艾萨克森的《基辛格传》(*Kissinger: A Biography*)(New York：Simon and Schuster, 1992)；罗伯特·达莱克（Robert Dallek）的《尼克松和基辛格：权力伙伴》(*Nixon and Kissinger: Partners in Power*)(New York: HarperCollins, 2007)；以及大卫·J. 罗斯科普夫（David J. Rothkopf）的《掌管世界：国家安全委员会和美国权力机构的内幕》(*Running the World: the Inside Story of the National Security Council and the Architects of American Power*)(New York: Public Affairs, 2005)。

［23］ 引用自 Kermit Gordon, ed., Agenda for *the Nation: Papers on Domestic and Foreign Policy Issues* (Washington, DC: Brookings Institution, 1968), 597。

［24］ 引用自 Gordon, ed., *Agenda for the Nation*, 597。

［25］ 引用自 Rothkopf, *Running the World*, 45。

［26］ 引用自 2017 年 10 月 5 日，作者对弗雷德·伯格斯坦的采访内容。

第二部分 "正剧"上演——那个周末的故事

第十一章 门口的狼

［1］ 引用自 Don Oberdorfer and Frank C. Porter, "Connally Urges Tough Trade Stance," *Washington Post*, April 26, 1971。

［2］ Oberdorfer and Porter, "Connally Urges Tough Trade Stance."

［3］ John B. Connally, "Mutual Responsibility for Maintaining a Stable Monetary System, Address by John B. Connally Before the American Bankers Association at Munich, Germany on May 28," in *Department of State Bulletin* LXV, no. 1672 (Washington, DC: U.S. Government Printing Office, 1971), 45.

［4］ Connally, "Mutual Responsibility for Maintaining a Stable Monetary System," 46.

注　释

[5] Connally, "Mutual Responsibility for Maintaining a Stable Monetary System."

[6] Nichter, *Richard Nixon and Europe*, 47.

[7] Hobart Rowen, "U.S. Going Protectionist Following Monetary Crisis, " *Washington Post*, June 7, 1971.

[8] Clyde H. Farnsworth, "Dollar Challenged, " *New York Times*, May 28, 1971.

[9] Volcker and Gyohten, *Changing Fortunes*, 75.

[10] 以下部分主要基于：Volcker and Gyohten, *Changing Fortunes*; Volcker and Harper, *Keeping at It*; Silber, *Volcker*; Volcker Oral History Project; John S. Odell, "Going Off Gold and Forcing Dollar Depreciation, " chapter 4 in his *U.S International Monetary Policy*; "Paper Prepared in the Department of the Treasury: 'Contingency,' May 8, 1971， " doc. 152 in *Foreign Relations of the United States, 1969-1976*, vol. 3, *Foreign Economic Policy; International Monetary Policy, 1969-1972* (Washington, DC: U.S. Government Printing Office, 2001)；Papers of Paul A. Volcker, Box 108477, New York Federal Reserve Archive；2017年7月26日，作者对保罗·沃尔克的采访；2017年10月11日和11月9日，作者对约翰·佩蒂的采访；2017年7月12日，作者对迈克尔·布拉德菲尔德的采访。

[11] Volcker and Harper, *Keeping at It*, 67.

[12] Volcker and Harper, *Keeping at It*, 67.

[13] "Paper Prepared in the Department of the Treasury: 'Contingency, ' May 8, 1971."

[14] "Paper Prepared in the Department of the Treasury: 'Contingency, ' May 8, 1971."

[15] Joanne Gowa, *Closing the Gold Window: Domestic Politics and the End of Bretton Woods* (Ithaca, NY: Cornell University Press, 1983), 190; Volcker and Gyohten, *Changing Fortunes*, 75；2017年7月26日，作者对保罗·沃尔克的采访。

[16] "Paper Prepared in the Department of the Treasury: 'Contingency, ' May 8, 1971."

[17] Paul McCracken, "Memorandum from the Chairman of the Council of Economic Advisers (McCracken) to President Nixon, June 2, 1971, " doc. 157 in *Foreign Relations of the United States, 1969—1976*, vol.3, *Foreign Economic Policy*; *International Monetary Policy, 1969—1972* (Washington, DC: U.S. Government Printing Office, 2001).

[18] Paul McCracken, "Memorandum for the President, Subject: Quadriad Meeting—Monday, June 14, 1971, " June 14, 1971, FRASER (Federal Reserve System digital library), https://fraser.stlouisfed.org/archival/1173/item/3391.

[19] Volcker and Gyohten, *Changing Fortunes*, 75.

[20] Haldeman, *Haldeman Diaries*, 307.

[21] Ehrlichman, *Witness to Power*, 260.

[22] Ehrlichman, *Witness to Power*, 260.

[23] John B. Connally, "Remarks of Secretary of the Treasury John B. Connolly, Jr., at a Press Conference Following a Series of Discussions by Administration Officials on Economic and Budget Matters, June 29, 1971, " in *Weekly Compilation of Presidential Documents 7*, no. 27 (Washington, DC: U.S. Government Printing Office, 1971), 1002-4.

[24] Silk, *Nixonomics*, 17.

[25] Matusow, *Nixon's Economy*, 144.

[26] Nixon, *RN*, 518.

[27] Nixon, *RN*, 518.

[28] 这项测验与盖洛普民意测验（Gallup Poll）的数据来自 Ritter, "Closing the Gold Window, " 234。

[29] Arthur F. Burns, "Statement Before the Joint Committee of the U.S. Congress,

July 23, 1971('The Economy in Mid-1971'), " in his *Reflections of an Economic Policy Maker*, 117-127.

[30] Silk, *Nixonomics*, 57.

[31] "The Administration Takes on the Fed, " *BusinessWeek*, July 31, 1971.

[32] "The Administration Takes on the Fed."

[33] Richard F. Janssen and Albert R. Hunt, "War of Nerves Quickens: White House Hints It Plans Attack on Reserve Board's Independence, " *Wall Street Journal*, July 29, 1971.

[34] Richard M. Nixon, "The President's News Conference of August 4, 1971, " doc. 250 in *Public Papers of the Presidents of the United States: Richard Nixon, 1971*, 849-61.

[35] Burns, *Inside the Nixon Administration*, 50 (August 22, 1971).

[36] Richard M. Nixon, "Remarks to Midwestern News Media Executives Attending a Briefing on Domestic Policy in Kansas City, Missouri, July 6, 1971, " doc.222 in *Public Papers of the Presidents of the United States: Richard Nixon, 1971*.

[37] Nixon, "Remarks to Midwestern News Media Executives, " 807.

[38] Nixon, "Remarks to Midwestern News Media Executives, " 812.

[39] Nichter, *Richard Nixon and Europe*, 50.

[40] Nichter, *Richard Nixon and Europe*, 53.

[41] Nichter, *Richard Nixon and Europe*, 53. 本段所述，包括引文在内，为两人的谈话内容。

[42] "Price of Gold Soars on Global Markets Following U.S. Report, " *Wall Street Journal*, July 28, 1971.

[43] Clyde H. Farnsworth, "Gold Price Rises to a 2-Year High, " *New York Times*, July 28, 1971.

[44] Clyde H. Farnsworth, "Health of Dollar Stirs New Worry, " *New York Times*,

July 30, 1971.

［45］ Peterson, "The United States in the Changing World Economy, " 10; Matusow, *Nixon's Economy*, 145.

［46］ 8月2日至8月13日之间举行了各种会议。作者依据的文献有 Nichter, *Richard Nixon and Europe*, Douglas Brinkley and Luke A. Nichter, eds., *The Nixon Tapes*: *1971—1972* (Boston: Mariner Books, Houghton Mifflin Harcourt, 2014); Ritter, "Closing the Gold Window"; Silber, *Volcker*; Paul Volcker's Papers at the New York Federal Reserve Archive; and H. R. Haldeman, H. R. Haldeman Diaries Collection, Richard Nixon Presidential Library and Museum, Yorba Linda, CA [hereafter "Haldeman Diaries Collection RMN Library"]。

［47］ Silber, *Volcker*, 83.

［48］ Nixon, *RN*, 518.

［49］ Nixon, *RN*, 518.

［50］ Ohlmacher, "The Dissolution of the Bretton Woods System Evidence from the Nixon Tapes, August-December 1971" (honor's thesis, University of Delaware, 2009), 10.

［51］ Ohlmacher, "The Dissolution of the Bretton Woods System Evidence from The Nixon Tapes, "10.

［52］ Ritter, "Closing the Gold Window, " 238-39.

［53］ Haldeman, *Haldeman Diaries*, 335-36 (August 2, 1971).

［54］ Ritter, "Closing the Gold Window, " 243-45.

［55］ "Editorial Note, "doc. 164 in *Foreign Relations of the United States, 1969-1976*, vol.3, *Foreign Economic Policy*; *International Monetary Policy, 1969-1972* (Washington, DC: U.S. Government Printing Office, 2001).

［56］ 关于工资问题的细节见 Silk, *Nixonomics*, 71。

［57］ "Action Now to Strengthen the U.S. Dollar: Report of the Subcommittee on International Exchanges and Payments of the Joint Economic Committee,

Congress of the United States, " August 1971 (Washington, DC: U.S. Government Printing Office, 1971), 13.

[58] Allan H. Meltzer, *A History of the Federal Reserve*, Vol. 2, Book 2, 1970-1986 (Chicago：University of Chicago Press, 2009), 751.

[59] Nichter, *Richard Nixon and Europe*, 56.

[60] Ritter, "Closing the Gold Window, " 246.

[61] Paul McCracken, "Memorandum for the President, " August 9, 1971, FRASER, https://fraser.stlouisfed.org/archival/1173#3382.

[62] Volcker and Gyohten, *Changing Fortunes*, 76.

[63] C. Gordon Tether, "$—When Something Has Got to Give, " *Financial Times*, August 10, 1971.

[64] C. Gordon Tether, "$—When Something Has Got to Give."

[65] Dan Dorfman, "Heard On the Street, " *Wall Street Journal*, August 11, 1971.

[66] Coombs, *The Arena of International Finance*, 217.

[67] James, *International Monetary Cooperation Since Bretton Woods*, 218.

[68] Robert D. Hormats, "Information Memorandum from Robert Hormats of the National Security Council Staff to the President's Assistant for National Security Affairs (Kissinger), August 13, 1971, " doc. 167 in *Foreign Relations of the United States, 1969—1976*, vol. 3, *Foreign Economic Policy*; *International Monetary Policy, 1969-1972*(Washington, DC: U.S. Government Printing Office, 2001).

[69] 参见 Coombs, *The Arena of International Finance*, 218; Nichter, *Richard Nixon and Europe*, 57-93。

[70] Volcker and Gyohten, *Changing Fortunes*, 76.

[71] Silber, *Volcker*, 84-85; Ritter, "Closing the Gold Window, "257; Brinkley and Nichter, eds, *The Nixon Tapes: 1971-1972*, 231-61. 本章节中对会议的描述和对话都引用此。

［72］ Brinkley and Nichter, *The Nixon Tapes*, 235 (August 12, 1971).

［73］ Ritter, "Closing the Gold Window," 261.

［74］ 引自 Brinkley and Nichter, *The Nixon Tapes*, 240。

［75］ Brinkley and Nichter, *The Nixon Tapes*, 243.

［76］ Brinkley and Nichter, *The Nixon Tapes*, 252.

［77］ Brinkley and Nichter, *The Nixon Tapes*, 250.

［78］ Brinkley and Nichter, *The Nixon Tapes*, 260.

［79］ Brinkley and Nichter, *The Nixon Tapes*, 252.

［80］ Brinkley and Nichter, *The Nixon Tapes*, 260.

［81］ Haldeman, *Haldeman Diaries*, 340 (August 13, 1971).

第十二章　8月13日，星期五

本章及之后两章的大部分内容都是基于日记和当时的记录，包括尼克松的白宫办公厅主任哈利·罗宾斯·霍尔德曼、白宫演讲稿撰写人威廉·萨菲尔和美联储主席阿瑟·伯恩斯，他们都参加了那次会议。此外，我还采访了以下几个人，这里列出他们在戴维营会议时的职位：财政部副部长保罗·沃尔克、行政管理和预算局局长乔治·舒尔茨、行政管理和预算局副局长阿诺德·韦伯（Arnold Weber）和肯尼斯·达姆（Kenneth Dam）、财政部副法律顾问迈克尔·布拉德菲尔德（Michael Bradfield）。我还采用了经济顾问委员会主席保罗·麦克拉肯（Paul McCracken）、经济顾问委员会成员赫伯特·斯坦（Herbert Stein）、总统助理彼得·彼得森（Peter Peterson）、白宫办公厅主任霍尔德曼和国内委员会主任约翰·埃利希曼（John Ehrlichman）的书面回忆，他们也都参加了会议。我还采访了财政助理部长约翰·佩蒂（John Petty）、国家安全委员会（NSC）工作人员罗伯特·霍马茨（Robert Hormats）和财政顾问艾伦·沃尔夫（Alan Wolff），他们三人在会议期间在华盛顿"守住了堡垒"，并在星期日出席了白宫的新闻发布会和总统的现场演讲。同时，我也使用了一些二手资料，包括尼克松、康纳利、伯恩斯、沃尔克和基辛格的传记和回忆录，脚注中提到的

注 释

其他人，以及在事件发生后不久发表在《生活》(Life)杂志上的一篇文章，这篇文章是根据白宫记者休·塞迪（Hugh Sidey）在那个周末采访的内容撰写的。并不是所有的描述都能完全和事实吻合，但我已经尽最大的努力去调和它们，忽略异常情况，并解释了所发生的事情。在对话方面，没有录音带或会议的官方记录，但萨菲尔在他的书《秋天之前》(Before the Fall)中速记并转录了对话的部分内容。当他所记录的对话得到所有其他可得信息的印证时，我才将其列入书中。

[1] Haldeman, diary entry, August 13, 1971, Haldeman Diaries Collection RMN Library, 1.

[2] Stein, *Presidential Economics*, 177.

[3] Shultz and Dam, *Economic Policy Beyond the Headlines*, 119.

[4] 2017年8月16日，作者采访乔治·舒尔茨时舒尔茨的回忆。

[5] Safire, *Before the Fall*, 509.

[6] Safire, *Before the Fall*, 509.

[7] Hugh Sidey, "The Economic Bombshell," *Life*, August 27, 1971, 20.

[8] "U.S. Gold Stock and World Monetary Gold Holdings," August 15, 1971, FRC Box 7, Treasury, Records of Secretary of the Treasury George P. Shultz, 1971-74, National Archives, Washington, DC.

[9] Peterson, "The United States in the Changing World Economy," 10.

[10] Coombs, *The Arena of International Finance*, 218; Meltzer, *A History of the Federal Reserve*, 2: 754; Brandon, *The Retreat of American Power*, 225.

[11] Haldeman, diary entry, August 13, 1971, Haldeman Diaries Collection RMN Library, 2.

[12] Haldeman, diary entry, August 13, 1971, Haldeman Diaries Collection RMN Library, 2.

[13] Haldeman, diary entry, August 13, 1971, Haldeman Diaries Collection RMN Library, 3.

[14]　Haldeman, diary entry, August 13, 1971, Haldeman Diaries Collection RMN Library, 2.

[15]　Sidey, "The Economic Bombshell, " 20.

[16]　Safire, *Before the Fall*, 512.

[17]　Safire, *Before the Fall*, 513.

[18]　Safire, *Before the Fall*, 513.

[19]　Haldeman, diary entry, August 13, 1971, Haldeman Diaries Collection RMN Library, 2.

[20]　Safire, *Before the Fall*, 513.

[21]　Safire, *Before the Fall*, 514.

[22]　Safire, *Before the Fall*, 514.

[23]　Safire, *Before the Fall*, 514.

[24]　Sidey, "The Economic Bombshell."

[25]　Haldeman, diary entry, August 13, 1971, Haldeman Diaries Collection RMN Library, 3.

[26]　Safire, *Before the Fall*, 514-15.

[27]　Safire, *Before the Fall*, 515.

[28]　Haldeman, diary entry, August 13, 1971, Haldeman Diaries Collection RMN Library, 4.

[29]　Haldeman, diary entry, August 13, 1971, Haldeman Diaries Collection RMN Library, 4.

[30]　改述自 Safire, *Before the Fall*, 517； Haldeman, diary entry, August 13, 1971, Haldeman Diaries Collection RMN Library, 12-13。

[31]　Safire, *Before the Fall*, 517.

[32]　Burns, *Inside the Nixon Administration*, 52 (August 22, 1971) .

[33]　Burns, *Inside the Nixon Administration*, 53 (August 22, 1971) .

[34]　Matusow, *Nixon's Economy*, 153.

［35］ Haldeman, diary entry, August 13, 1971, Haldeman Diaries Collection RMN Library, 6.

［36］ Safire, *Before the Fall*, 518.

［37］ 沃尔克和舒尔茨的对话摘要参考自 Safire, *Before the Fall*, 518。

［38］ Safire, *Before the Fall*, 519.

［39］ Safire, *Before the Fall*, 519.

［40］ 作者 2017 年 7 月 12 日对迈克尔·布拉德菲尔德的采访。

［41］ Haldeman, diary entry, August 13, 1971, Haldeman Diaries Collection RMN Library, 6.

第十三章　8月14日，星期六

［1］ "The Weather," *Frederick News Post*, August 14, 1971.

［2］ 来自 Safire, *Before the Fall*, 519。

［3］ 描述来自 Haldeman, diary entry, August 14, 1971, Haldeman Diaries Collection RMN Library, 1。

［4］ 关于泳池互动的记录来自 Safire, *Before the Fall*, 518。

［5］ Haldeman, diary entry, August 14, 1971, Haldeman Diaries Collection RMN Library, 1.

［6］ Haldeman, diary entry, August 14, 1971, Haldeman Diaries Collection RMN Library, 1.

［7］ Haldeman, diary entry, August 14, 1971, Haldeman Diaries Collection RMN Library, 1.

［8］ Haldeman, diary entry, August 14, 1971, Haldeman Diaries Collection RMN Library, 2.

［9］ Haldeman, diary entry, August 14, 1971, Haldeman Diaries Collection RMN Library, 2.

［10］ Safire, *Before the Fall*, 3.

[11]　2017年11月15日笔者对李·休布纳的采访；David Gergen, *Eyewitness to Power: The Essence of Leadership, Nixon to Clinton* (New York: Simon and Schuster, 2000), 53。

[12]　Safire, *Before the Fall*, 350.

[13]　Safire, *Before the Fall*, 345.

[14]　2017年11月15日和2018年2月1日笔者对李·休布纳。

[15]　2017年11月15日和2018年2月1日笔者对李·休布纳；David Gergen, An Oral History Interview with David Gergen, interview by Timothy J. Naftali, audio, August 5, 2009, RMN Library。

[16]　Gergen, *Eyewitness to Power*, 55.

[17]　Reeves, *President Nixon* [e-book], "Introduction."

[18]　引用自理查德·M. 尼克松"向全国发表讲话，"Address to the Nation Announcing Decision to Resign the Office of the President of the United States, August 8, 1974，" American Presidency Project, https://www.presidency.ucsb.edu/documents/address-the-nation-announcing-decision-resign-the-office-president-the-united-states。

[19]　Lee Huebner, "The Checkers Speech After 60 Years," *The Atlantic*, September 22, 2012.

[20]　Safire, *Before the Fall*, 343.

[21]　Jon Marshall, "Nixon Is Gone, but His Media Strategy Lives On," *The Atlantic*, August 4, 2014.

[22]　Don Oberdorfer, "Nixon's Economic Advisers Called to Weekend Sessions," *Washington Post*, August 14, 1971.

[23]　H. Erich Heinemann, "Chaotic Trading Weakens the Dollar," *New York Times*, August 14, 1971.

[24]　Heinemann, "Chaotic Trading Weakens the Dollar."

[25]　在这一部分，三本关于戴维营的书对作者有很大帮助，分别是：W. Dale

Nelson, *The President Is at Camp David* (Syracuse, NY: Syracuse University Press, 1995); Michael Giorgione, *Inside Camp David*: *The Private World of the Presidential Retreat* (New York: Little, Brown and Company, 2017); Jack Behrens, *Camp David Presidents*: *Their Families and the World* (Bloomington, IN: AuthorHouse, 2014); 以及 by H. R. Haldeman, Box 175, Alpha Subject Files, White House Special Files, Staff Member Office Files, RMN Library。

[26] Stein, *Presidential Economics*, 176.

[27] Richard M. Nixon, *In the Arena*: *A Memoir of Victory*, *Defeat*, *and Renewal* (New York: Simon and Schuster, 1990), 162.

[28] Cited in Giorgione, *Inside Camp David*, 157.

[29] 2018年1月19日作者对戴维营保安查尔斯·诺兰（Charles Nolan）和丹尼斯·莫里斯（Dannis Morris）的采访内容。

[30] Michael Giorgione, "Inside Camp David, " article excerpt, *The National*, n.d., http://www.amtrakthenational.com/inside-camp-david.

[31] 本文细节摘自2018年1月19日笔者对戴维营保安查尔斯·诺兰和丹尼斯·莫里斯的采访内容。

[32] 在以下部分参考了 handwritten notes of John Ehrlichman found in John D. Ehrlichman, Box 6, Notes of Meetings with President, 1969—1973, Staff Member Office Files, White House Special Files, RMN Library; plus notes from Haldeman and Safire in same file。

[33] Safire, *Before the Fall*, 522.

[34] Safire, *Before the Fall*, 522.

[35] Safire, *Before the Fall*, 522.

[36] Kissinger, *White House Years*, 954.

[37] Kissinger, *White House Years*, 954.

[38] 笔者2017年7月12日和12月11日对罗伯特·霍马茨的访谈。

[39] Nixon, *RN*, 520.

[40]　Safire, *Before the Fall*, 522.

[41]　Safire, *Before the Fall*, 518.

[42]　Safire, *Before the Fall*, 524.

[43]　Haldeman, *Haldeman Diaries*, 346 (August 14, 1971).

[44]　这句话和紧接着霍尔德曼的话来自 Haldeman, *Haldeman Diaries*, 346。

[45]　Safire, *Before the Fall*, 524.

[46]　Burns, *Inside the Nixon Administration*, 53 (August 22, 1971).

第十四章　8月15日，星期日

[1]　笔者2017年7月12日对迈克尔·布拉德菲尔德的访谈。

[2]　Haldeman, diary entry, August 15, 1971, Haldeman Diaries Collection RMN Library, 1.

[3]　笔者2017年7月12日对迈克尔·布拉德菲尔德的访谈。

[4]　Safire, *Before the Fall*, 525.

[5]　这一段摘自 Safire, *Before the Fall*, 525。

[6]　Safire, *Before the Fall*, 527.

[7]　Safire, *Before the Fall*, 527.

[8]　出自笔者2017年7月12日和12月11日对罗伯特·霍马茨的访谈记录。

[9]　Richard Nixon, "Telegram From the Department of State to the Embassy in Germany, August 16, 1971，" doc. 169 in *Foreign Relations of the United States, 1969—1976*, vol. 3, *Foreign Economic Policy; International Monetary Policy, 1969—1972* (Washington, DC: U.S. Government Printing Office, 2001) .

[10]　作者2017年10月11日和11月9日对约翰·佩蒂的访谈。

[11]　Papers of Paul A. Volcker, Box 108477, New York Federal Reserve Archive.

[12]　时间线和引文来自 Nichter, *Richard Nixon and Europe*, 66。

[13]　John B. Connally, George P. Shultz, and Paul W. McCracken, "Press Conference of Hon. John M. [*sic*] Connally, Secretary of the Treasury; Hon.

George P. Shultz, Director, Office of Management and Budget; and Hon. Paul W. McCracken, Chairman, Council of Economic Advisers, the East Room, August 15, 1971, " August 15, 1971, FRC Box 7, Records of Secretary of the Treasury George P. Shultz, 1971-1974, Record Group 56, National Archives at College Park, College Park, MD.

[14] 参见 Connally, Shultz, and McCracken, "Press Conference of Hon. John M. [sic] Connally, Secretary of the Treasury; Hon. George P. Shultz, Director, Office of Management and Budget; and Hon. Paul W. McCracken, Chairman, Council of Economic Advisers, fte East Room, August 15, 1971."

[15] 关于玛丽娜·冯·诺依曼·惠特曼的细节描述，出自于作者2017年12月2日对其的访谈，以及 Marina von Neumann Whitman, *The Martian's Daughter: A Memoir* (Ann Arbor, MI: University of Michigan Press, 2012), 125。

[16] 关于赫伯特·斯坦与艾伦·格林斯潘的对话描述，出自于作者2017年11月15日时对艾伦·格林斯潘的访谈。

[17] Matusow, *Nixon's Economy*, 168.

[18] 作者2017年7月26日对保罗·沃尔克的访谈。

[19] Volcker and Gyohten, *Changing Fortunes*, 92.

[20] 关于尼克松的讲话描述的是基于讲话的视频内容（新经济政策：和平的挑战），见 https://youtu.be/ye4uRvkAPhA。

[21] 演讲细节摘自 President's Personal File, Box 68, President's Speech File, RMN Library。

[22] Richard M. Nixon, "Address to the Nation Outlining a New Economic Policy: fte Challenge of Peace, " doc. 264 in *Public Papers of the Presidents of the United States: Richard Nixon, 1971*.

[23] Safire, *Before the Fall*, 527.

[24] Safire, *Before the Fall*, 522.

［25］ Silk, *Nixonomics*, 64.

［26］ 对李·休布纳的观察出自于作者 2017 年 11 月 15 日和 2018 年 2 月 1 日对其的访谈。

［27］ "Memorandum for the President from Herbert C. Klein, August 16, 1971," Box 68, Presidential Speech File, President's Personal Files, RMN Library.

［28］ 对康纳利、沃尔克、佩蒂和施韦策观看演讲的描述来自作者 2017 年 10 月 11 日和 11 月 9 日对约翰·佩蒂的访谈。

［29］ 这一段的引用和描述来自 Volcker and Gyohten, *Changing Fortunes*, 79-80。

［30］ "President Nixon's Speech on the Economy" aka "Nixon Shock Speech," with NBC commentary; ABC commentary featuring Paul McCracken; CBS commentary (8/15/1971), WHCA—4582, White House Communications Agency Videotape Collection, RMN Library.

［31］ Papers of Paul A. Volcker, Box 108477, New York Federal Reserve Archive.

［32］ "The New Activist in Central Banking," *Business Week*, no. 2193, September 11, 1971.

第四部分　尾　声

第十五章　余波

［1］ Matusow, *Nixon's Economy*, 156.

［2］ Matusow, *Nixon's Economy*, 156.

［3］ Matusow, *Nixon's Economy*, 156.

［4］ Papers of John B. Connally, Folder: "JBC Memorandum from the House," Lyndon Baines Johnson Presidential Library, Austin, TX.

［5］ "Call to Economic Revival," *New York Times*, August 16, 1971.

［6］ "Nixon's Grand Design for Recovery," *Time*, August 30, 1971.

［7］ "Exploring the New Economic World," *Time*, August 30, 1971.

注 释

[8] "The Dollar: A Power Play Unfolds, " *Time*, August 30, 1971.

[9] "Nixon's Grand Design for Recovery."

[10] "The Drastic Plan to Save the Dollar, " *Business Week*, August 21, 1971.

[11] "Problems of Attitude, " *Wall Street Journal*, August 17, 1971.

[12] "The Dollar: A Power Play Unfolds."

[13] Matusow, *Nixon's Economy*, 157.

[14] Matusow, *Nixon's Economy*, 157.

[15] Damon Stetson, "Unions Reject No—Strike Appeal, " *New York Times*, August 19, 1971.

[16] 有关官员和政府首脑缩短假期的报道，请参见 "The Dollar: A Power Play Unfolds"。

[17] Matusow, *Nixon's Economy*, 168.

[18] "Squeeze on Japan, " *New York Times*, August 20, 1971.

[19] 这一段中关于日本相信美国不会关闭"黄金兑换窗口"的描述，参见 Volcker and Gyohten, *Changing Fortunes*, 91-95。

[20] 来自德国大使馆汇编的新闻摘要， "German Press Review, August 18, 1971, " RMN Library。

[21] "German Press Review, August 18, 1971."

[22] Kissinger, *White House Years*, 955.

[23] 作者 2017 年 11 月 12 日对瓦莱里·吉斯卡尔·德斯坦的访谈。

[24] Brandon, *The Retreat of American Power*, 240.

[25] Brandon, *The Retreat of American Power*, 240.

[26] Haldeman, diary entry, August 16, 1971, Haldeman Diaries Collection RMN Library.

[27] Paul McCracken, "Memorandum for the President, August 16, 1971, " RMN Library.

[28] John B. Connally, "Statement by Secretary of the Treasury John B. Connally

at the Opening of a News Conference, August 16, 1971,"Papers of John B. Connally, 49-191C, Press Conference—Major Economic Programs, Monday, 8/16/71, Lyndon Baines Johnson Presidential Library, Austin, TX.

[29] 以下描述沃尔克在伦敦的活动,出自作者2017年7月26日对保罗·沃尔克的采访。Volcker and Gyohten, *Changing Fortunes*, 81; Silber, *Volcker*, 92-93; "Memorandum of Conversation, Subject: President Nixon's New Economic Program, August 16, 1971,"doc. 170 in *Foreign Relations of the United States, 1969—1976*, vol. 3, *Foreign Economic Policy; International Monetary Policy, 1969—1972* (Washington, DC: U.S. Government Printing Office, 2001)。

[30] "Memorandum of Conversation, Subject: President Nixon's New Economic Program, August 17, 1971,"doc. 171 in *Foreign Relations of the United States, 1969—1976*, vol. 3, *Foreign Economic Policy; International Monetary Policy, 1969—1972* (Washington, DC: U.S. Government Printing Office, 2001).

[31] "Memorandum of Conversation, Subject: President Nixon's New Economic Program, August 17, 1971."

[32] 作者2018年7月10日对亨利·基辛格的访谈;Kissinger, *White House Years*, 955。

[33] 引用自 Dallek, *Nixon and Kissinger*, 318。

[34] 引用自 Dallek, *Nixon and Kissinger*, 318。

[35] 作者2018年7月10日对亨利·基辛格的访谈。

[36] 这通电话会议的内容和意图出自作者2017年7月12日和12月11日对罗伯特·霍马茨,以及2018年6月7日对理查德·库珀的电话访谈。

[37] "Nixon's Grand Design for Recovery."

[38] 出自作者2017年10月5日对C.弗雷德·伯格斯坦的访谈。

[39] 出自作者2017年10月5日对C.弗雷德·伯格斯坦的访谈。

[40] 引用自 Richard M. Nixon, "Address to the Congress on Stabilization of the

Economy, September 9, 1971, " doc. 287 in *Public Papers of the Presidents of the United States*: *Richard Nixon*, 1971。

[41] 以下引用自 Nichter, *Richard Nixon and Europe*, 74。

[42] Richard M. Nixon, "The President's News Conference of September 16, 1971, " doc. 292 in *Public Papers of the Presidents of the United States*: *Richard Nixon, 1971.*

[43] 对这次会议的详细描述，见 Volcker and Gyohten, *Changing Fortune*s, 81-83; Matusow, *Nixon's Economy*, 169; Silk, *Nixonomics*, 100-102; Martin Mayer, *The Fate of the Dollar* (New York: Times Books, 1980), 192-94; Solomon, *The International Monetary System, 1945—1981*, 193, 198-99; author's interview of Paul Volcker, July 26, 2017; Paul A. Volcker, "Telegram from the Embassy in the United Kingdom to the Department of State, September 17, 1971, " doc. 175 in *Foreign Relations of the United States, 1969—1976*, vol. 3, *Foreign Economic Policy*; *International Monetary Policy, 1969—1972* (Washington, DC: U.S. Government Printing Office, 2001) ; John B. Connally, "Secretary Connally's Statement at G-10 Meeting, " September 15, 1971, Papers of John B. Connally, 49-191C: G-10 Meetings—London 9/15, 16, 17/71, Lyndon Baines Johnson Presidential Library, Austin, TX；以及不同报纸上的分别引用。

[44] 以下引用自 Clyde H. Farnsworth, "Economic Ministers Are Facing a Rough Monetary Confrontation in the Group of 10 Meeting in London, " *New York Times*, September 15, 1971。

[45] "Text of Connally Talk to Rich Nations in London, " *Washington Post*, September 26, 1971.

[46] Connally, "Secretary Connally's Statement at G-10 Meeting."

[47] Connally, "Secretary Connally's Statement at G-10 Meeting."

[48] Connally, "Secretary Connally's Statement at G-10 Meeting."

[49] "Group of 10 Fails to Win Monetary Accord as U.S. Holds Out for Full Nixon Package," *Wall Street Journal*, September 17, 1971.

[50] William Keegan, "Group of Ten Talks End in Gridlock, " *Financial Times*, September 17, 1971.

[51] "Bargaining Tool or Bludgeon?", *New York Times*, September 17, 1971.

[52] John M. Lee, "$13 Billion Gain Sought to Spur Payment to U.S., " *New York Times*, September 16, 1971.

[53] 此次内阁会议的部分的内容引自于 Haldeman, diary entry, September 24, 1971, Haldeman Diaries Collection RMN Library; with one exception, from Burns, *Inside the Nixon Administration*, 57 (October 7, 1971 entry)。

[54] Burns, *Inside the Nixon Administration*, 57 (October 7, 1971).

[55] Haldeman, diary entry, September 24, 1971, Haldeman Diaries Collection RMN Library.

[56] Haldeman, diary entry, September 24, 1971, Haldeman Diaries Collection RMN Library.

[57] Haldeman, diary entry, September 24, 1971, Haldeman Diaries Collection RMN Library.

[58] 本节内容出自于作者对美国国会前助理们的访谈：Robert Cassidy, former staff member, Senate Finance Committee (October 18, 2017); Frank Cummings, former staff member to Sen. Jacob Javits (December 6, 2017); Jane D'Arista, former staff, Joint Economic Committee (October 12, 2017); James Galbraith, former staff, Joint Economic Committee (November 27, 2017); Ken Guenther, former staff member to Sen. Jacob Javits (December 6, 2017); Jerry Jasinowski, former staff, Joint Economic Committee (October 5, 2017); Tom Korologos, former congressional staff for President Nixon (October 6, 2017); Karin Lissakers, former staff, Senate Subcommittee on Foreign Economic Policy (October 19, 2017); and Ken McLean, former staff member

to Sen. William Proxmire (October 6, 2017)。

[59] *The President's New Economic Program: Hearings Before the Joint Economic Committee*, 92nd Cong., Part 1 (1971), August 19, 1971, 1.

[60] *The President's New Economic Program.*

[61] *The International Implications of the New Economic Policy: Hearings Before the Subcommittee on Foreign Economic Policy of the Committee on Foreign Affairs*, 92nd Cong. (1971), September 16, 1971, 1.

[62] 以下亚伯拉罕·里比科夫和保罗·沃尔克的对话引自于 *International Aspects of the President's New Economic Policies*。

[63] 对舒尔茨、康纳利、沃尔克的描述引自于 Matusow, *Nixon's Economy*, 172; Volcker and Gyohten, *Changing Fortunes*, 82；以及作者2017年8月16日对乔治·舒尔茨和2017年7月26日对保罗·沃尔克的访谈。

[64] Volcker and Gyohten, *Changing Fortunes*, 82.

[65] Edwin L. Dale Jr., "Everyone Is Angry at the U.S. as I.M.F. Talks Begin, " *New York Times*, September 26, 1971.

[66] Leonard Silk, "Dollar Devaluation, " *New York Times*, September 29, 1971.

[67] 参见 John B. Connally, "Statement by the Governor of the Fund and Bank for the United States, " in *International Monetary Fund Summary Proceedings of the Twenty Sixth Annual Meeting of the Board of Governors, September 27-October 1, 1971*, 215-22。

[68] 引用自 Mayer, *The Fate of the Dollar*, 195。

第十六章　终点线

[1] Haldman, diary entry, August 26, 1971, Haldman Diaries Collection RMN Library, 1.

[2] Peter G. Peterson, "Memorandum to the President, Negotiating the New Economic Policy Abroad, September 23, 1971, " Council on International

Economic Policy file, RMN Library.

[3] *Nichter, Richard Nixon and Europe*, 76.

[4] Robert D. Hormats, "Information Memorandum from Robert Hormats of the National Security Council Staff to the President's Assistant for National Security Affairs (Kissinger), September 28, 1971, Subject: Progress in Developing USG Positions on International Aspects of NEP, " doc. 182 in *Foreign Relations of the United States, 1969–1976*, vol. 3, *Foreign Economic Policy; International Monetary Policy, 1969–1972* (Washington, DC: U.S. Government Printing Office, 2001).

[5] 作者2017年7月12日和12月11日对罗伯特·霍马茨的访谈。

[6] Matusow, *Nixon's Economy*, 173.

[7] Kissinger, *White House Years*, 957.

[8] *Nichter, Richard Nixon and Europe*, 84.

[9] *Nichter, Richard Nixon and Europe*, 89.

[10] *Nichter, Richard Nixon and Europe*, 89.

[11] Ritter, "Closing the Gold Window, " 332.

[12] *Nichter, Richard Nixon and Europe*, 89.

[13] Robert D. Hormats, "Information Memorandum from Robert Hormats of the National Security Council Staff to the President's Assistant for National Security Affairs (Kissinger), Subject: Talking Points for your Meeting with George Shultz, November 1, 1971, " doc. 188 in *Foreign Relations of the United States, 1969—1976*, vol. 3, *Foreign Economic Policy; International Monetary Policy, 1969–1972* (Washington, DC: U.S. Government Printing Office, 2001).

[14] Ritter, "Closing the Gold Window, " 342.

[15] 引用自 *Nichter, Richard Nixon and Europe*, 88。

[16] Ritter, "Closing the Gold Window, " 331-32.

[17] Matusow, *Nixon's Economy*, 174–75; Brandon, *The Retreat of American*

Power, 236; Solomon, *The International Monetary System, 1945—1981*, 201; Ritter, "Closing the Gold Window, " 364–65; "Editorial Note, " doc. 203 in *Foreign Relations of the United States, 1969–1976*, vol. 3, *Foreign Economic Policy; International Monetary Policy, 1969–1972* (Washington, DC: U.S. Government Printing Office, 2001).

[18] 引用自 Ritter, "Closing the Gold Window, " 364。

[19] 引用自 Ritter, "Closing the Gold Window, " 364。

[20] Ritter, "Closing the Gold Window, " 375.

[21] Ritter, "Closing the Gold Window, " 375.

[22] Edwin L. Dale Jr., "Nixon Is Hopeful on Money Talks, " *New York Times*, November 25, 1971.

[23] 关于罗马会议的部分是出自于作者 2017 年 7 月 26 日对保罗·沃尔克,以及 2017 年 11 月 21 日对瓦莱里·吉斯卡尔·德斯坦的访谈;Volcker and Gyohten, *Changing Fortunes*, 86–87; Solomon, *The International Monetary System, 1945—1981*, 201; Silber, *Volcker*, 99–100; Matusow, *Nixon's Economy*, 175; Reston, *The Lone Star*, 422–25; Ritter, "Closing the Gold Window, " 387-408; Nichter, *Richard Nixon and Europe*, 91; Brandon, *The Retreat of American Power*, 239; and "Editorial Note, " doc. 210 in *Foreign Relations of the United States, 1969–1976*, vol. 3, *Foreign Economic Policy; International Monetary Policy, 1969–1972* (Washington, DC: U.S. Government Printing Office, 2001)。

[24] Paul Lewis, "U.S. Monetary Views More Flexible, " *Financial Times*, November 29, 1971.

[25] 这句话和下面的话出自于 "Nixon's New Summitry, " *Financial Times*, November 30, 1971。

[26] 对沃尔克讲话和康纳利行为的评论和描述出自于 Volcker and Gyohten, *Changing Fortunes*, 85–86。

[27] Volcker and Gyohten, *Changing Fortunes*, 86.

[28] Silber, *Volcker*, 100.

[29] Reston, *The Lone Star*, 424.

[30] Exchange between Barber and Connally from Reston, *The Lone Star*, 424.

[31] Brandon, *The Retreat of American Power*, 239.

[32] 这部分关于亚速尔群岛的资料来源包括 Volcker and Gyohten, *Changing Fortunes*, 87-88; Reston, *The Lone Star*, 425; Silber, *Volcker*, 101-2; Kissinger, *White House Years*, 959-69; Brandon, *The Retreat of American Power*, 241; Ritter, "Closing the Gold Window," 408-18; Haldeman, diary entry, December 13, 14, and 15, 1971, *Haldeman Diaries* Collection RMN Library; Tad Szulc, "Letter from the Azores," *The New Yorker*, January 1, 1972; various documents, Box 108477, Papers of Paul A. *Volcker*, Federal Reserve Bank of New York Archives; "Editorial Note," doc. 219 in *Foreign Relations of the United States, 1969—1976*, vol. 3, *Foreign Economic Policy*; *International Monetary Policy, 1969—1972* (Washington, DC: U.S. Government Printing Office, 2001); "'Framework for Monetary and Trade Settlement,' Paper Agreed by President Nixon and President Pompidou," doc. 220 in *Foreign Relations of the United States, 1969—1976*, vol. 3, *Foreign Economic Policy*; *International Monetary Policy, 1969—1972* (Washington, DC: U.S. Government Printing Office, 2001); 以及作者在2018年7月10日对亨利·基辛格、2017年11月21日和2017年7月12日对瓦莱里·吉斯卡尔·德斯坦12月11日对罗伯特·霍马茨、2018年2月8日对爱德华·巴拉迪尔（Édouard Balladur）的访谈。

[33] Kissinger, *White House Years*, 960.

[34] Kissinger, *White House Years*, 960.

[35] Brandon, *The Retreat of American Power*, 241.

[36] Kissinger, *White House Years*, 961.

[37] Haldeman, *Haldeman Diaries*, 384 (December 14, 1971).

注　释

[38]　"'Framework for Monetary and Trade Settlement,' Paper Agreed by President Nixon and President Pompidou."

[39]　"Remarks of the President, Secretary of the Treasury John B. Connally, and Secretary of State William P. Rogers on Arrival at Andrews Air Force Base, December 14, 1971," *Weekly Compilation of Presidential Documents 7*, no. 51 (December 20, 1971), 1665.

[40]　"Remarks of the President, Secretary of the Treasury John B. Connally, and Secretary of State William P. Rogers on Arrival at Andrews Air Force Base, December 14, 1971."

[41]　Hobart Rowen, "New Patterns for Money: President Abandons Historic Stand," *Washington Post*, December 15, 1971.

[42]　"On Devaluation," *Washington Post*, December 15, 1971.

[43]　"On Devaluation."

[44]　Haldman, diary entry, December 15, Haldman Diaries, Collection RMN Library.

[45]　Haldman, diary entry, December 15, Haldman Diaries, Collection RMN Library.

[46]　对康纳利和史密森会议的描述来自 Silber, *Volcker*, 102; Volcker and Gyohten, *Changing Fortunes*, 88-89。

[47]　Richard F. Janssen, "Nixon Agrees to Formally Devalue Dollar in Azores Announcement with Pompidou," *Wall Street Journal*, December 15, 1971.

[48]　"The New Lineup: Devaluation of Dollar, Revaluation of Others Seen Aiding Economy," *Wall Street Journal*, December 15, 1971.

[49]　Clyde H. Farnsworth, "Dollar Sags Sharply as Nations Move Closer to Monetary Pact," *New York Times*, December 16, 1971.

[50]　Edwin L. Dale Jr., "Monetary Talks Make Slow Start：Group of 10 Finance Chiefs Meet—Connally Is Hopeful," *New York Times*, December 18, 1971.

[51] Brandon, *The Retreat of American Power*, 241-42.

[52] Mayer, *The Fate of the Dollar*, 200.

[53] 这句话以及后面的话出自 Brandon, *The Retreat of American Power*, 241-42。

[54] 这段对谈判的描述出自 Mayer, *The Fate of the Dollar*, 201; Reston, *The Lone Star*, 430-31; Volcker and Gyohten, *Changing Fortunes*, 96-97。

[55] 这一段描述是基于 Solomon, *The International Monetary System, 1945—1981*, 207-11; Meltzer, *A History of the Federal Reserve*, 2: 776; James, *International Monetary Cooperation Since Bretton Woods*, 237; "Text of Group of Ten Communique," *Department of State Bulletin* 66, no. 1698 (January 10, 1972): 32-34。

[56] Solomon, *The International Monetary System*, 1945-1981, 207-11。

[57] Richard F. Janssen, "The New Dollar：Devaluation of 8.57% Likely to Create Jobs, Help Nixon Summitry," *Wall Street Journal*, December 20, 1971.

[58] Richard M. Nixon, "Remarks Announcing a Monetary Agreement Following a Meeting of the Group of Ten, December 18, 1971," doc. 401 in *Public Papers of the Presidents of the United States: Richard Nixon, 1971*.

[59] Volcker and Gyohten, *Changing Fortunes*, 90.

[60] 与下文一起引自 Nixon, "Remarks Announcing a Monetary Agreement Following a Meeting of the Group of Ten, December 18, 1971."。

[61] 与下文一起引自 Hobart Rowen, "Monetary Agreement Reached: U.S. Devalues; Nixon Unveils Historic Pact," *Washington Post*, December 19, 1971。

[62] Douglas W. Cray, "Pact Encourages Business Experts," *New York Times*, December 19, 1971.

[63] Cray, "Pact Encourages Business Experts."

[64] William D. Smith, "U.S. Economists Hail Monetary Accord," *New York Times*, December 20, 1971.

[65] Clyde H. Farnsworth, "European Hopes Buoyed," *New York Times*, December

19, 1971.

［66］ Farnsworth, "European Hopes Buoyed."

［67］ Volcker and Gyohten, *Changing Fortunes*, 90.

第十七章　远见

［1］ Edwin L. Dale Jr., "Monetary Fund Approves World Currency Moves," *New York Times*, December 20, 1971.

［2］ Kissinger, *White House Years*, 962.

［3］ Terry Robards, "Currency Accord Sends Stocks Up in Heavy Trading," *New York Times*, December 21, 1971.

［4］ Hobart Rowen, "Devaluation: Presidential Midas Touch," *Washington Post*, December 20, 1971.

［5］ "Very Like a Whale," *Wall Street Journal*, December 20, 1971.

［6］ Volcker and Gyohten, *Changing Fortunes*, 89.

［7］ Mayer, *The Fate of the Dollar*, 203.

［8］ Volcker and Gyohten, *Changing Fortunes*, 90.

［9］ Volcker and Gyohten, *Changing Fortunes*, 104.

［10］ Adrian Dicks, "U.S. Must Abide by Its 'Moral Undertakings,' Says Pompidou," *Financial Times*, December 23, 1971.

［11］ "The Dollar Accord," *Washington Post*, December 21, 1971.

［12］ Leonard Silk, "What Now for Dollar?", *New York Times*, December 22, 1971.

［13］ 600亿美元是西尔克所写的数字，而美国财政部说这一数值是400亿美元。

［14］ H. Erich Heinemann, "The Dollar as Kingpin Is Dead: Any New Monetary System Will Give It Smaller Role," *New York Times*, December 20, 1971.

［15］ Matusow, *Nixon's Economy*, 198.

［16］ Abrams, "How Richard Nixon Pressured Arthur Burns," 177-88; Pierce, "The

Political Economy of Arthur Burns," 485–96.

[17] Matusow, *Nixon's Economy*, 165.

[18] "Nixon's Go-Go Economic Policies for '72," *BusinessWeek*, January 29, 1972.

[19] Silber, *Volcker*, 104-6.

[20] Solomon, *The International Monetary System, 1945—1981*, 217.

[21] "Letter from President Nixon to President Pompidou, February 16, 1972," doc. 224 in *Foreign Relations of the United States, 1969—1976*, vol. 3, *Foreign Economic Policy; International Monetary Policy, 1969—1972* (Washington, DC: U.S. Government Printing Office, 2001).

[22] 以下关于《史密森协议》破裂、浮动汇率最终合法化和"非制度"化改革的讨论在很大程度上基于 Volcker and Gyohten, *Changing Fortunes*, 101-28; Solomon, *The International Monetary System, 1945—1981*, 216-34; 以及作者在 2017 年 8 月 16 日对乔治·舒尔茨的访谈。

[23] Transcript of Richard Nixon tapes, Tape 741-002, June 23, 1972, Oval Office, 10: 04-11: 39, RMN Library. 谈话因篇幅限制而被缩减。

[24] Volcker and Gyohten, *Changing Fortunes*, 122-23.

[25] Solomon, *The International Monetary System, 1945—1981*, 230.

[26] Solomon, *The International Monetary System, 1945—1981*, 258.

[27] Volcker and Gyohten, *Changing Fortunes*, 102.

[28] Solomon, *The International Monetary System, 1945—1981*, 270.

[29] John Williamson, *The Failure of World Monetary Reform, 1971—1974* (New York: New York University Press, 1977), 73.

[30] Leonard Silk, "Shaping World Economy: A Managed System of Floating Rates Appears to Be I.M.F.'s Accepted Plan," *New York Times*, January 7, 1976.

[31] 引用自 Tom de Vries, "Jamaica, or the Non-Reform of the International Monetary System," *Foreign Affairs* 54, no. 3 (April 1976)。

[32] 作者对美国前财政部长詹姆斯·贝克（2017年11月28日）及其副部长大卫·穆尔福德（2017年12月5日）的采访。

[33] Kristalina Georgieva, "A New Bretton Woods Moment," IMF Annual Meeting, October 15, 2020.

第十八章　回顾那个周末

[1] Shultz and Dam, *Economic Policy Beyond the Headlines*, 85.

[2] 这句话和下面的话来自 Nixon, *RN*, 521。

[3] Nixon, *RN*, 521.

[4] Peterson, "The United States in the Changing World Economy."

[5] Roger Lowenstein, "The Nixon Shock," Bloomberg.com, August 4, 2011.

[6] Lewis E. Lehrman, "The Nixon Shock Heard 'Round the World," *Wall Street Journal*, August 15, 2011.

[7] Peterson, "The United States in the Changing World Economy," v.

[8] Peterson, "The United States in the Changing World Economy," v.

[9] 也可以看到，例如：1974年罗马联合国世界粮食大会，在此之前开展了多项研究和会议；1974年在布加勒斯特举行的联合国世界人口会议，该会议之前举行了多项国际研究和会议；1974年，国际能源机构在巴黎成立，致力于主要能源消费国之间的能源安全和合作；1977年成立了国际发展独立委员会（Independent Commission on International Development），由前西德总理维利·勃兰特（Willy Brandt)担任主席。

参考文献

专 著

[1] Alden, Edward. *Failure to Adjust: How Americans Got Left Behind in the Global Economy*. Lanham, MD: Rowman and Littlefield, 2017.

[2] Ambrose, Stephen E., and Douglas Brinkley. Rise to Globalism: American Foreign Policy Since 1938. 8th rev. ed. New York: Penguin Books, 1997.

[3] Auletta, Ken. *Greed and Glory on Wall Street*: *The Fall of the House of Lehman.* New York: Random House, 1986.

[4] Axilrod, Stephen H. *Inside the Fed: Monetary Policy and Its Management, Martin Through Greenspan to Bernanke*. Cambridge, MA: The MIT Press, 2011.

[5] Behrens, Jack. *Camp David Presidents: Their Families and the World*. Bloomington, IN: AuthorHouse, 2014.

[6] Bergsten, C. Fred. *The Dilemmas of the Dollar: The Economics and Politics of United States International Monetary Policy*. New York: New York University Press, 1975.

[7] Bergsten, C. Fred, and Joseph Gagnon. *Currency Conflict and Trade Policy: A New Strategy for the United States*. Washington, DC: Peterson Institute for

International Economics, 2017.

[8] Bergsten, C. Fred, and Russell Aaron Green, eds. *International Monetary Cooperation*: *Lessons from the Plaza Accord After Thirty Years*. Washington, DC: Peterson Institute for International Economics, 2016.

[9] Bergsten, C. Fred, and John Williamson, eds. *Dollar Overvaluation and the World Economy*. Washington, DC: Peterson Institute for International Economics, 2003.

[10] Bordo, Michael D., and Barry Eichengreen. *A Retrospective on the Bretton Woods System*: *Lessons for International Monetary Reform*. Chicago, IL: University of Chicago, 1993.

[11] Brandon, Henry. *The Retreat of American Power: The Inside Story of How Nixon and Kissinger Changed Foreign Policy for Years to Come*. New York: Doubleday, 1973.

[12] Brandon, Henry. *Special Relationships: A Foreign Correspondent's Memoirs from Roosevelt to Reagan*. New York: Scribner's, 2015.

[13] Brinkley, Douglas, and Luke A. Nichter, eds. *The Nixon Tapes: 1971–1972*. Boston: Mariner Books/Houghton Mifflin Harcourt, 2014.

[14] Burns, Arthur F. *Inside the Nixon Administration: The Secret Diary of Arthur Burns, 1969–1974*. Edited by Robert H. Ferrell. Lawrence, KS: University of Kansas Press, 2010.

[15] Burns, Arthur F. *Reflections of an Economic Policy Maker: Speeches, Congressional Statements : 1969–1978*. Washington, DC: American Enterprise Institute, 1978.

[16] Caro, Robert A. *Means of Ascent: The Years of Lyndon Johnson*. New York: Alfred A. Knopf, 1990.

[17] Connally, John B. *In History's Shadow: An American Odyssey*. New York: Hyperion, 1993.

［18］ Coombs, Charles A. *The Arena of International Finance*. New York: Wiley, 1976.

［19］ Cooper, Richard N. *The Economics of Interdependence: Economic Policy in the Atlantic Community*. Council on Foreign Relations Series. New York: Columbia University Press, 1968.

［20］ Dallek, Robert. *Nixon and Kissinger: Partners in Power*. New York: HarperCollins, 2007.

［21］ Destler, I. M. *American Trade Politics: System Under Stress*. Washington, DC: Institute for International Economics, 1986.

［22］ Drew, Elizabeth. *Richard M. Nixon*. New York: Times Books, 2007.

［23］ Ehrlichman, John. *Witness to Power: The Nixon Years*. New York: Simon and Schuster, 1982.

［24］ Farrell, John A. *Richard Nixon: The Life*. New York: Doubleday, 2017.

［25］ Ferguson, Niall. *Kissinger*. Vol. 1, *1923–1968: The Idealist*. New York: Penguin Press, 2015.

［26］ Fulbright, J. William. *The Arrogance of Power*. New York: Vintage Books, 1966.

［27］ Funabashi, Yōichi. *Managing the Dollar: From the Plaza to the Louvre*. 2nd ed. Washington, DC: Institute for International Economics, 1988.

［28］ Gagnon, Joseph E., and Marc Hinterschweiger. *Flexible Exchange Rates for a Stable World Economy*. Washington, DC: Peterson Institute for International Economics, 2011.

［29］ Gergen, David. *Eyewitness to Power: The Essence of Leadership, Nixon to Clinton*. New York: Simon and Schuster, 2000.

［30］ Giorgione, Michael. *Inside Camp David: The Private World of the Presidential Retreat*. New York: Little, Brown and Company, 2017.

［31］ Gordon, Kermit, ed. *Agenda for the Nation: Papers on Domestic and Foreign*

Policy Issues. Washington, DC: Brookings Institution, 1968.

[32] Greider, William. *Secrets of the Temple: How the Federal Reserve Runs the Country*. New York: Simon and Schuster, 1987.

[33] Haldeman, H. R. *The Haldeman Diaries: Inside the Nixon White House*. New York: G. P. Putnam's, 1994.

[34] Hargrove, Erwin C., and Samuel A. Morley, eds. *The President and the Council of Economic Advisers*: *Interviews with CEA Chairmen*. Boulder, CO: Westview Press, 1984.

[35] Hughes, Ken. *Chasing Shadows: The Nixon Tapes, the Chennault Affair, and the Origins of Watergate*. Charlottesville: University of Virginia Press, 2014.

[36] Ikenberry, G. John. *After Victory: Institutions, Strategic Restraint, and the Rebuilding of Order After Major Wars*. E-book. Princeton, NJ : Princeton University Press, 2001.

[37] Irwin, Douglas A. *Clashing Over Commerce: A History of U.S. Trade Policy*. Chicago, IL: University of Chicago Press, 2017.

[38] Isaacson, Walter. *Kissinger: A Biography*. New York: Simon and Schuster, 1992.

[39] James, Harold. *International Monetary Cooperation Since Bretton Woods*. Washington, DC: International Monetary Fund and Oxford University Press, 1996.

[40] James, Harold, and Juan Carlos Martinez Oliva, eds. *International Monetary Cooperation Across the Atlantic*. Frankfurt am Main: European Association for Banking and Financial History, 2007.

[41] Jones, Sidney L. *Public and Private Economic Advisor: Paul W. McCracken*. Lanham, MD: University Press of America, 2000.

[42] Kaufman, Henry. *On Money and Markets: A Wall Street Memoir*. New York: McGraw-Hill, 2000.

[43] Kissinger, Henry. *White House Years*. Boston: Little, Brown and Company, 1979.

[44] Levinson, Marc. *An Extraordinary Time: The End of the Postwar Boom and the Return of the Ordinary Economy*. New York: Basic Books, 2016.

[45] Lord, Winston. *Kissinger on Kissinger: Reflections on Diplomacy, Grand Strategy, and Leadership*. E-book. New York: All Points Books, 2019.

[46] Matusow, Allen J. *Nixon's Economy: Booms, Busts, Dollars, and Votes*. Lawrence, KS: University Press of Kansas, 1998.

[47] Mayer, Martin. *The Fate of the Dollar*. First Signet Printing edition. New York: Times Books, 1980.

[48] Meltzer, Allan H. *A History of the Federal Reserve*. Vol. 2, Book 2: 1970–1986. 3 vols. Chicago: University of Chicago Press, 2009.

[49] Nelson, W. Dale. *The President Is at Camp David*. Syracuse, NY: Syracuse University Press, 1995.

[50] Nichter, Luke A. *Richard Nixon and Europe: The Reshaping of the Postwar Atlantic World*. Cambridge, UK, and New York: Cambridge University Press, 2017.

[51] Nixon, Richard M. *In the Arena: A Memoir of Victory, Defeat, and Renewal*. New York: Simon and Schuster, 1990.

[52] Nixon, Richard M. *RN: The Memoirs of Richard Nixon*. New York: Grosset and Dunlap, 1978.

[53] Odell, John S. *U.S International Monetary Policy: Markets, Power, and Ideas as Sources of Change*. Princeton, NJ: Princeton University Press, 1982.

[54] Okun, Arthur M. *The Political Economy of Prosperity*. New York: W. W. Norton and Company, 1970.

[55] Peterson, Peter G. *The Education of an American Dreamer: How a Son of Greek Immigrants Learned His Way from a Nebraska Diner to Washington,*

Wall Street, and Beyond. E-book. New York: Hachette Book Group, 2009.

[56] Preeg, Ernest H. *The Trade Deficit, the Dollar, and the U.S. National Interest*. Indianapolis, IN: Hudson Institute, 2000.

[57] Reeves, Richard. *President Nixon: Alone in the White House*. E-book. Simon and Schuster, 2001.

[58] Reston, James, Jr. *The Lone Star: The Life of John Connally*. New York: Harper and Row, 1989.

[59] Roosa, Robert V. *The Dollar and World Liquidity*. New York: Random House, 1967.

[60] Rothkopf, David J. *Running the World: The Inside Story of the National Security Council and the Architects of American Power*. New York: Public Affairs, 2005.

[61] Safire, William. *Before the Fall: An Inside View of the Pre-Watergate White House*. 1st ed. Garden City, NY: Doubleday, 1975.

[62] Samuelson, Robert J. *The Great Inflation and Its Aftermath*. New York: Random House, 2010.

[63] Scalapino, Robert. *American-Japanese Relations in a Changing Era*. Washington, DC: Georgetown University Center for Strategic and International Studies, 1972.

[64] Sestanovich, Stephen. *Maximalist: America in the World from Truman to Obama*. New York: Vintage, 2014.

[65] Shultz, George P. *Learning from Experience*. Stanford, CA: Hoover Institution Press, 2016.

[66] Shultz, George P. *Turmoil and Triumph: My Years as Secretary of State*. E-book. New York: Scribner's, 1993.

[67] Shultz, George P., and Kenneth Dam. *Economic Policy Beyond the Headlines*. Stanford, CA: Stanford Alumni Association, 1977.

[68] Silber, William L. *Volcker: The Triumph of Persistence*. New York: Bloomsbury Press, 2012.

[69] Silk, Leonard S. *Nixonomics: How the Dismal Science of Free Enterprise Became the Black Art of Controls*. New York: Praeger Publishers, 1972.

[70] Solomon, Robert. *The International Monetary System*, 1945–1981. New York: Harper and Row, 1982.

[71] Steil, Benn. *The Battle of Bretton Woods: John Maynard Keynes, Harry Dexter White, and the Making of a New World Order*. Princeton, NJ: Princeton University Press, 2013.

[72] Stein, Herbert. *Presidential Economics: The Making of Economic Policy from Roosevelt to Reagan and Beyond*. New York: Simon and Schuster, 1984.

[73] Strange, Susan, and Christopher Prout. *International Monetary Relations*. Vol. 2, *International Economic Relations of the Western World*. London: Oxford University Press, 1976.

[74] Thomas, Evan. *Nixon: A Man Divided*. E-book. New York: Random House, 2015.

[75] Van Overtveldt, Johan. *The Chicago School: How the University of Chicago Assembled the Thinkers Who Revolutionized Economics and Business*. Chicago: Agate B2, 2007.

[76] Volcker, Paul, and Toyoo Gyohten. *Changing Fortunes: The World's Money and the Threat to American Leadership*. New York: Times Books, 1992.

[77] Volcker, Paul A., and Christine Harper. *Keeping at It: The Quest for Sound Money and Good Government*. New York: PublicAffairs, 2018.

[78] Wells, Wyatt C. *Economist in an Uncertain World: Arthur F. Burns and the Federal Reserve*, 1970-78. New York: Columbia University Press, 1994.

[79] Whitman, Marina von Neumann. *The Martian's Daughter: A Memoir*. Ann Arbor, MI: The University of Michigan Press, 2012.

[80] Williamson, John. *The Failure of World Monetary Reform, 1971–1974*. New York: New York University Press, 1977.

文章和书籍章节

[1] Abrams, Burton A. "How Richard Nixon Pressured Arthur Burns: Evidence from the Nixon Tapes." *The Journal of Economic Perspectives* 20, no. 4 (2006): 177–88.

[2] Abrams, Burton A., and James L. Butkiewicz. "The Political Economy of Wage and Price Controls: Evidence from the Nixon Tapes." *Public Choice* 170, no. 1 (January 2017) : 63–78.

[3] "The Administration Takes on the Fed." *BusinessWeek*, July 31, 1971.

[4] Aldasoro, Iñaki, and Torsten Ehlers. "Global Liquidity: Changing Instrument and Currency Patterns." *BIS Quarterly Review* (September 2018). https://www.bis.org/publ/qtrpdf/r_qt1809b.htm.

[5] "America Must Use Sanctions Cautiously." *The Economist*, May 17, 2018.

[6] "... And How to Negotiate It." *New York Times*, August 18, 1971, sec. Editorial.

[7] Appelbaum, Binyamin, and Robert D. Hershey Jr. "Paul A. Volcker, Fed Chairman Who Waged War on Inflation, Is Dead at 92." *New York Times*, December 9, 2019, sec. Business.

[8] Apple, R. W., Jr. "The 37th President; Richard Nixon, 81, Dies; A Master of Politics Undone by Watergate." *New York Times*, April 23, 1994.

[9] "The Architect of Nixon's New Economics." *BusinessWeek*, March 20, 1971.

[10] "Art Surrounds Monetary Talks: Many Masterpieces Add Glamour for the Group of 10." *New York Times*, December 2, 1971, sec. Business/Finance.

[11] "Back and Forth on the Economy". *New York Times*, July 2, 1971, sec. Editorial.

［12］ "Bargaining Tool or Bludgeon?" *New York Times*, September 17, 1971, sec. Editorial.

［13］ Bergsten, C. Fred. "Crisis in U.S. Trade Policy." *Foreign Affairs* (Pre–1986); New York 49, no. 4 (July 1971) : 619.

［14］ Bergsten, C. Fred. "Taking the Monetary Initiative." *Foreign Affairs* 46, no. 4 (July 1968) : 713–32.

［15］ Bergsten, C. Fred. "Time for a Plaza II?" *International Monetary Cooperation: Lessons from the Plaza Accord After Thirty Years*. Edited by C. Fred Bergsten and Russell Aaron Green. Washington, DC: Peterson Institute for International Economics, 2016, 261–94.

［16］ Bergsten, C. Fred, and Joseph E. Gagnon. "The New US Currency Policy." Peterson Institute for International Economics, April 29, 2016. https://www.piie.com/blogs/realtime-economic-issues-watch/new-us-currency-policy.

［17］ Blitz, Roger. "Countries Vie for Cryptocurrency Supremacy as Libra Tips Scales." *Financial Times*, December 12, 2019.

［18］ "A Bold Economic Switch." *Life*, August 27, 1971.

［19］ Bonafede, Dom. "Peterson Unit Helps Shape Tough International Economic Policy." *National Journal* 3, no. 46 (November 13, 1971) : 2238–48.

［20］ Broder, David S. "Nixon Wins With 290 Electoral Votes." *Washington Post*, November 7, 1968.

［21］ Brzozowski, Alexandra. "Six European Countries Join EU-Iran Financial Trading Mechanism INSTEX." *Euractiv* (blog) , November 29, 2019. https://www.euractiv.com/section/global-europe/news/six-europeancountries-join-eu-iran-financial-trading-mechanism-instex/.

［22］ Burck, Gilbert. "Hard Going for the Game Plan." *Fortune*, May 1970.

［23］ Burka, Paul. "The Truth about John Connally." *Texas Monthly*, November 1979. https://www.texasmonthly.com/politics/the-truth-about-john-connally/.

［24］ "Business: Japan, Inc.: Winning the Most Important Battle." *Time*, May 10, 1971. http://content.time.com/time/subscriber/article/0,33009,902974,00.html.

［25］ "Call to Economic Revival." *New York Times*, August 16, 1971, sec. Editorial.

［26］ Camdessus, Michael, and Alexandre Lamfalussy. "Palais Royal Initiative Reform of the International Monetary System: A Cooperative Approach for the 21st Century, February 8, 2011." In Michael Camdessus and Alexandre Lamfalussy, *Reform of the International Monetary System: The Palais Royal Initiative*. Thousand Oaks, CA: Sage, 2011.

［27］ Cameron, Juan. "How the U.S. Got on the Road to a Controlled Economy." *Fortune*, January 1972.

［28］ Cameron, Juan. "The Last Reel of 'Mr. Peterson Goes to Washington.'" *Fortune*, March 1973.

［29］ Cameron, Juan. "Richard Nixon's Very Personal White House." *Fortune*, July 1970.

［30］ Chan, Sewell. "Paul W. McCracken, Adviser to Presidents, Dies at 96." *New York Times*, August 4, 2012, sec. Business.

［31］ Collier, Barnard Law. "The Road to Peking, or, How Does This Kissinger Do It?" *New York Times Magazine*, November 14, 1971.

［32］ "Connally Sees Hope for Early Settlement of Monetary Problems, Perhaps by Jan. 1." *Wall Street Journal*, December 3, 1971.

［33］ "Connally's Hard Sell Against Inflation." *BusinessWeek*, no. 2184 (July 10, 1971): 62–66.

［34］ Cooper, Helene. "Plan to Cut U.S. Troops in West Africa Draws Criticism from Europe." *New York Times*, January 14, 2020, sec. World.

［35］ Cooper, Richard N. "Trade Policy Is Foreign Policy." *Foreign Policy*, no. 9 (1972): 18–36. https://doi.org/10.2307/1148083.

［36］ Cray, Douglas W. "Pact Encourages Business Experts." *New York Times*,

December 19, 1971.

[37] Dale, Edwin L., Jr. "David Kennedy Hedges on $35 Gold." *New York Times*, December 18, 1968.

[38] Dale, Edwin L., Jr. "Economists Urge List of Reforms: 12 Insist World Needs More Than Monetary Changes." *New York Times*, December 22, 1971.

[39] Dale, Edwin L., Jr. "Everyone Is Angry at the U.S. as I.M.F. Talks Begin." *New York Times*, September 26, 1971.

[40] Dale, Edwin L., Jr. "Monetary Fund Approves World Currency Moves." *New York Times*, December 20, 1971.

[41] Dale, Edwin L., Jr. "Monetary Talks Make Slow Start: Group of 10 Finance Chiefs Meet—Connally Is Hopeful." *New York Times*, December 18, 1971.

[42] Dale, Edwin L., Jr. "Nixon Is Hopeful on Money Talks." *New York Times*, November 25, 1971.

[43] Dale, Edwin L., Jr. "U.S. Lists Another Huge Payments Gap." *New York Times*, December 17, 1971.

[44] Dale, Reginald. "Brussels Welcomes News." *Financial Times*, December 15, 1971.

[45] Davie, Michael. "Man Who Went to Peking." *The Observer (1901–2003)*; *London (UK)*, July 18, 1971.

[46] Denevi, Timothy. "The Striking Contradictions of Richard Nixon's Inauguration 50 Years Ago, as Observed by Hunter S. Thompson." *Time*, January 19, 2019. https://time.com/5506809/richard-nixon-inauguration/.

[47] Derby, Michael S. "Powell Says Fed Has No Plans to Create Digital Currency." *Wall Street Journal*, November 21, 2020, sec. U.S. https://www.wsj.com/articles/feds-powell-says-in-letter-to-congress-fed-not-creating-digital-currency-11574356188.

[48] de Vries, Tom. "Jamaica, or the Non-Reform of the International Monetary

System." *Foreign Affairs* 54, no. 3 (April 1976).

[49] Dicks, Adrian. "U. S. Must Abide by Its 'Moral Undertakings,' Says Pompidou." *Financial Times*, December 23, 1971.

[50] "The Dollar: A Power Play Unfolds." *Time*, August 30, 1971.

[51] "The Dollar Accord." *Washington Post*, December 21, 1971, sec. Editorial.

[52] Dorfman, Dan. "Heard on the Street." *Wall Street Journal*, August 11, 1971.

[53] "The Drastic Plan to Save the Dollar." *BusinessWeek*, August 21, 1971

[54] Drummond, Roscoe. "Nixon Appointments Aim to Win Support of Center." *Washington Post*, December 18, 1968.

[55] Drummond, Roscoe. "Where Is John Connally's Future?" *Christian Science Monitor*, July 24, 1971.

[56] "Economic Adviser to U.S. Presidents." *Washington Post*, August 6, 2012.

[57] "The Economy: The Pragmatic Professor." *Time*, March 3, 1961. http://content.time.com/time/subscriber/article/0,33009,897654,00.html.

[58] "The Economy: We Are All Keynesians Now." *Time*, December 31, 1965. http://content.time.com/time/subscriber/article/0,33009,842353,00.html.

[59] Egan, Jack. "Stock, Dollar, Bond Markets Soar; Dow Up 35." *Washington Post*, November 2, 1978.

[60] Eichengreen, Barry. "The Dollar and Its Discontents." Project Syndicate, October 18, 2018.

[61] "Europe and the Dollar Problem." *Financial Times*, June 1, 1971.

[62] "Exploring the New Economic World." *Time* 98, no. 9 (August 30, 1971) : 10–13.

[63] Farnsworth, Clyde H. "Dollar Challenged." *New York Times*, May 28, 1971.

[64] Farnsworth, Clyde H. "Dollar Sags Sharply as Nations Move Closer to Monetary Pact." *New York Times*, December 16, 1971.

[65] Farnsworth, Clyde H. "Economic Ministers Are Facing a Rough Monetary

Confrontation in the Group of 10 Meeting in London." *New York Times*, September 15, 1971.

[66] Farnsworth, Clyde H. "European Hopes Buoyed." *New York Times*, December 19, 1971.

[67] Farnsworth, Clyde H. "Europeans Apply Dollar Pressure." *New York Times*, May 12, 1971.

[68] Farnsworth, Clyde H. "Gold Price Rises to a 2 - Year High." *New York Times*, July 28, 1971. https://www.nytimes.com/1971/07/28/archives/gold–price–rises–to–a–2year–high–demand–in–europe–markets–grows.html.

[69] Farnsworth, Clyde H. "Group of 10, in Rome, Begins Negotiating Realignment of Currencies." *New York Times*, December 1, 1971.

[70] Farnsworth, Clyde H. "Health of Dollar Stirs New Worry." *New York Times*, July 30, 1971. https://www.nytimes.com/1971/07/30/archives/health–of–dollar–stirs–new–worry–gold–sliver–and–the–strong.html.

[71] Farnsworth, Clyde H. "Hope Stirs as Group of 10 Gathers for Meeting." *New York Times*, November 29, 1971, sec. Business/Finance.

[72] Farnsworth, Clyde H. "Monetary Breach Held Narrowing." *New York Times*, December 2, 1971.

[73] Farnsworth, Clyde H. "O.E.C.D. Experts Express Caution." *New York Times*, December 23, 1971.

[74] Farnsworth, Clyde H. "Tell International Forum How Overseas Dollar Market Operates." *New York Times*, May 27, 1971.

[75] Farnsworth, Clyde H. "U.S. Ready to End Surtax If Currencies Go Up 11%." *New York Times*, November 30, 1971.

[76] "Foreign Reaction to Dollar Defense." *Wall Street Journal*, November 3, 1978.

[77] Foroohar, Rana. "The Allure of Financial Tricks Is Fading." *Financial Times*, March 3, 2019.

[78] Foroohar, Rana. "American Capitalism's Great Crisis." *Time*, May 12, 2016. https://time.com/4327419/american-capitalisms-great-crisis/.

[79] Frankel, Jeffrey. "The Plaza Accord 30 Years Later." *International Monetary Cooperation: Lessons from the Plaza Accord After Thirty Years*. Washington, DC: Peterson Institute for International Economics, 2016, 53–72.

[80] Frankel, Max. "Behind the Speech: Some Principal Actors in Turnover Are Unseen at Inaugural Spectacle." *New York Times*, January 21, 1969.

[81] Frankel, Max, and Robert B. Semple Jr. "If It's Thursday, This Must Be Rashtrapati Bhavan." *New York Times Magazine*, August 17, 1969.

[82] "The Free World Has Won." *New York Times*, December 20, 1971, sec. Editorial.

[83] Freeland, Chrystia. "Lunch with the FT: Pete Peterson." *Financial Times*, January 26, 2007.

[84] "The Freeze Starts with a Fever." *BusinessWeek*, August 21, 1971.

[85] Friedman, Milton. "Economic Perspective." *Newsweek*, December 22, 1969.

[86] Gagnon, Joseph E. "The Unsustainable Trajectory of US International Debt." Peterson Institute for International Economics, March 29, 2017. https://www.piie.com/blogs/realtime-economic-issues-watch/unsustainable-trajectory-us-international-debt.

[87] Garten, Jeffrey E. "Gunboat Economics." *Foreign Affairs* 63, no. 3 (1984) : 538–59. https://www.jstor.org/stable/20042271.

[88] Garten, Jeffrey E. "Lessons for the Next Financial Crisis." *Foreign Affairs* 78, no. 2 (April 1999) : 76–92. https://www.jstor.org/stable/20049210.

[89] Garten, Jeffrey E. "The 100-Day Economic Agenda." *Foreign Affairs* 71, no. 5 (Winter 1992) : 16–31. https://www.jstor.org/stable/20045400.

[90] Georgieva, Kristina. "A New Bretton Woods Moment." IMF Annual Meeting 2020. October 15, 2020. https://www.imf.org/en/News/Articles/2020/10/15/

sp101520-a-new-bretton-woods-moment.

[91] Giorgione, Michael. "Inside Camp David," article excerpt, The National, n.d., http://www.amtrakthenational.com/inside-camp-david.

[92] "Gold Outglitters the West German Mark on World Markets; Speculators Sit Tight." *Wall Street Journal*, May 13, 1971.

[93] Goodman, Peter S. "The Dollar Is Still King. How (in the World) Did That Happen?" *New York Times*, February 22, 2019, sec. Business.

[94] Gopinath, Gita. "Digital Currencies Will Not Displace the Dominant Dollar." *Financial Times*, January 7, 2020.

[95] Grose, Peter. "Kissinger Gains a Key Authority in Foreign Policy." *New York Times*, February 5, 1969.

[96] "Group of 10 Fails to Win Monetary Accord as U.S. Holds Out for Full Nixon Package." *Wall Street Journal*, September 17, 1971.

[97] Gup, Ted. "Underground Government." *Washington Post*, May 31, 1992.

[98] Hajric, Vildana. "Davos Digital-Payments Rift Pits Facebook Against Central Banks." Bloomberg.com, January 23, 2020.

[99] Harding, Robin. "G20 Convenes in Japan with Currency Wars the Next Big Worry." *Financial Times*, June 27, 2019.

[100] Heinemann, H. Erich. "Chaotic Trading Weakens the Dollar." New York Times, August 14, 1971.

[101] Heinemann, H. Erich. "The Dollar as Kingpin Is Dead: Any New Monetary System Will Give It Smaller Role." *New York Times*, December 20, 1971.

[102] Herbers, John. "The 37th President; In Three Decades, Nixon Tasted Crisis and Defeat, Victory, Ruin and Revival." *New York Times*, April 24, 1994, sec. A.

[103] Hershey, Robert D., Jr. "Peter G. Peterson, a Power from Wall St. to Washington, Dies at 91." *New York Times*, March 20, 2018, sec. Obituaries.

[104] Hinane El Kadi, Tin. "The Promise and Peril of the Digital Silk Road."

Chatham House, June 6, 2019. https://www.chathamhouse.org/expert/comment/promise-and-peril-digital-silk-road.

[105] "History of FX at CME Group." CME Group, January 24, 2020. http://www.cmegroup.com/trading/fx/fxhistory.html.

[106] "How Burns Will Change the Fed." *BusinessWeek*, October 25, 1969.

[107] Huebner, Lee. "The Checkers Speech After 60 Years." *The Atlantic*, September 22, 2012. https://www.theatlantic.com/politics/archive/2012/09/the-checkers-speech-after-60-years/262172/.

[108] Humpage, Owen. "The Smithsonian Agreement." federalreservehistory.org, November 22, 2013. https://www.federalreservehistory.org/essays/smithsonian_agreement.

[109] Hunt, Albert R. "Leaders' Lament: Business Council's Inflation Gripes May Renew Nixon Leadership Issue." *Wall Street Journal*. October 19, 1970.

[110] "In Search of a New Balance." *Financial Times*, August 17, 1971, sec. Editorial.

[111] Irwin, Douglas A. "The Nixon Shock After Forty Years: The Import Surcharge Revisited." *World Trade Review* 12, no. 1 (January 2013): 29–56.

[112] Irwin, Neil. "Paul A. Volcker, Fed Chairman Who Curbed Inflation by Raising Interest Rates, Dies at 92." *Washington Post*, December 9, 2019.

[113] Isaac, Anna, and Caitlin Ostroff. "Central Banks Warm to Issuing Digital Currencies." *Wall Street Journal*, January 23, 2020, sec. Markets.

[114] Janssen, Richard F. "Dollar Devaluation: It Could Be Tricky." *Wall Street Journal*, December 15, 1971.

[115] Janssen, Richard F. "Monetary Parley Opening in Washington Amid Hints Parities Dispute Is Near End." *Wall Street Journal*, December 17, 1971.

[116] Janssen, Richard F. "The New Dollar: Devaluation of 8.57% Likely to Create Jobs, Help Nixon Summitry." *Wall Street Journal*. December 20, 1971.

［117］Janssen, Richard F. "New Treasury Chief: Choice of Connally Is Seen Aimed at Congress Ties, '72 Texas Vote." *Wall Street Journal*, December 15, 1970.

［118］Janssen, Richard F "Nixon Agrees to Formally Devalue Dollar in Azores Announcement with Pompidou." *Wall Street Journal*, December 15, 1971.

［119］Janssen, Richard F., and Albert R. Hunt. "War of Nerves Quickens: White House Hints It Plans Attack on Reserve Board's Independence." *Wall Street Journal*, July 29, 1971.

［120］Johnson, James A. "The New Generation of Isolationists." *Foreign Affairs* 49, no. 1 (October 1970) : 136–46. https://www.jstor.org/stable/20037824.

［121］Kagan, Robert. "The Cost of American Retreat." *Wall Street Journal*, September 7, 2018, sec. Life.

［122］Keegan, William. "Group of Ten Talks End in Gridlock." *Financial Times*, September 17, 1971.

［123］Kharpal, Arjun. "Calls for a US 'Digital Dollar' Rise as China Powers Ahead with a Digital Yuan." CNBC, January 23, 2020. https://www.cnbc.com/2020/01/23/davos-calls-for-a-us-digital-dollar-as-china-works-on-digital-yuan.html.

［124］Kida, Kazuhiro, Masayuki Kubota, and Yusho Cho. "Rise of the Yuan: China-Based Payment Settlements Jump 80%." *Nikkei Asian Review*, May 20, 2019. https://asia.nikkei.com/Business/Markets/Rise-of-the-yuan-China-based-payment-settlements-jump-80.

［125］"Kissinger: The Uses and Limits of Power." *Time*, February 14, 1969. http://content.time.com/time/subscriber/article/0,33009,900610,00.html.

［126］Kristof, Nicholas D. "Dollar Plunges to 16-Month Low in Reaction to 5 Nations' Accord." *New York Times*, September 24, 1985.

［127］Lee, John M. "$13-Billion Gain Sought to Spur Payments to U.S." *New York Times*, September 16, 1971.

［128］Lee, John M. "Group of 10 Fails to Find Accord on Dollar Crisis." *New York Times*, September 17, 1971.

［129］Lehrman, Lewis E. "The Nixon Shock Heard' Round the World." *Wall Street Journal*, August 15, 2011, sec. Opinion. https://www.wsj.com/articles/SB10001424053111904007304576494073418802358.

［130］Levine, Richard J. "Campus to Cabinet: Shultz, an Ex–Professor, Wins General Acclaim as Secretary of Labor." *Wall Street Journal*, June 9, 1969.

［131］Lewis, Paul. "Economists Propose Blue–Print." *Financial Times*, December 23, 1971.

［132］Lewis, Paul. "Kissinger Optimistic for Monetary Settlement." *Financial Times*, December 1, 1971.

［133］Lewis, Paul. "Nixon Agrees to a Dollar Devaluation." *Financial Times*, December 15, 1971.

［134］Lewis, Paul. "U.S. Monetary Views More Flexible." *Financial Times*, November 29, 1971.

［135］Lowenstein, Roger. "The Nixon Shock." Bloomberg.com, August 4, 2011.

［136］Malabre, Alfred L., Jr. "Idea of Floating Rates Of Exchange Is Gaining, But Misgivings Persist." *Wall Street Journal*, July 12, 1968.

［137］Malabre, Alfred L., Jr. "Monetary Crisis Cools but Could Well Reheat; Ill Will Grows Abroad." *Wall Street Journal*, May 21, 1971.

［138］Malkin, Lawrence. "A Practical Politician at the Fed." *Fortune* 83 (May 1971): 148–51, 254, 259–60, 262, 264.

［139］Marshall, Jon. "Nixon Is Gone, but His Media Strategy Lives On." *The Atlantic*, August 4, 2014. https://www.theatlantic.com/politics/archive/2014/08/nixons-revenge-his-media-strategy-triumphs-40-years-after-resignation/375274/.

［140］McCracken, Paul W. "Economic Policy in the Nixon Years." *Presidential Studies Quarterly* 26, no. 1 (1996): 165–77. https://www.jstor.org/

stable/27551556.

[141] McCulloch, Rachel. "Unexpected Real Consequences of Floating Exchange Rates." Vol. 153, "Essays in International Finance." Princeton, NJ: Princeton University Press, 1983. https://doi.org/10.1007/978-1-349-18513-9_3.

[142] McWhirter, William A. "'An Expert Views the Freeze and the Future': An Interview of Otto Eckstein." *Life*, August 27, 1971.

[143] Mossberg, Walter. "UAW's GM Unit Clears Contract by a 4-1 Margin." *Wall Street Journal*. November 13, 1970, sec. 1.

[144] "Mr. Peterson's Assignment." *Fortune*, March 1971.

[145] "NATO Members' Promise of Spending 2% of Their GDP on Defence Is Proving Hard to Keep." *The Economist*, March 14, 2019.

[146] Naughton, James M. "Shultz Quietly Builds Up Power in Domestic Field." *New York Times*, May 31, 1971.

[147] "The New Activist in Central Banking." *BusinessWeek*, no. 2193 (September 11, 1971) : 120.

[148] "The New Economic Policy." *Fortune*, September 1971.

[149] "The New Lineup: Devaluation of Dollar, Revaluation of Others Seen Aiding Economy." *Wall Street Journal*, December 15, 1971.

[150] "New Man at the Treasury." *New York Times*, December 15, 1970, sec. Editorial Board.

[151] "New Perspectives on Trade." *Wall Street Journal*, August 20, 1971.

[152] "Nixon Is Shifting to a Harder-Hitting Game." *BusinessWeek*, no. 2154 (December 12, 1970) : 14-15.

[153] "Nixon 'Steady-as-You-Go' Economic Policy Is Proper, Declares Budget Chief Shultz." *Wall Street Journal*, April 23, 1971.

[154] "Nixon's Go-Go Economic Policies for '72." *BusinessWeek*, January 29, 1972.

[155] "Nixon's Grand Design for Recovery." *Time*, August 30, 1971.

[156] "Nixon's New Summitry." *Financial Times*, November 30, 1971, sec. Editorial.

[157] "Now for the Grind." *Wall Street Journal*, November 3, 1978, sec. Editorial.

[158] Oberdorfer, Don. "Connally Selection Seen as Bid for Texas in 1972." *Washington Post*, December 15, 1970.

[159] Oberdorfer, Don. "Nixon's Economic Advisers Called to Weekend Sessions," *Washington Post*, August 14, 1971.

[160] Oberdorfer, Don, and Frank C. Porter. "Connally Urges Tough Trade Stance." *Washington Post*, April 26, 1971.

[161] Obstfeld, Maurice, and Alan M. Taylor. "International Monetary Relations: Taking Finance Seriously." *Journal of Economic Perspectives* 31, no. 3 (2017) : 3–28. https://www.jstor.org/stable/44321277.

[162] Odell, John S. "Going Off Gold and Forcing Dollar Depreciation." *U.S International Monetary Policy: Markets, Power, and Ideas as Sources of Change*. Princeton, NJ: Princeton University Press, 2014.

[163] "On Devaluation." *Washington Post*, December 15, 1971, sec. Editorial.

[164] Osipovich, Alexander. "Former Regulator Known as 'Crypto Dad' to Launch Digital-Dollar Think Tank." *Wall Street Journal*, January 16, 2020, sec. Markets. https://www.wsj.com/articles/former-regulator-known-as-crypto-dad-to-launch-digital-dollar-think-tank-11579179604.

[165] Pierce, James L. "The Political Economy of Arthur Burns." *Journal of Finance* 34, no. 2 (1979) : 485–96. https://doi.org/10.2307/2326989.

[166] Pierson, John. "Jobs Bill Vetoed: Nixon Is Satisfied Policies to Cut Joblessness, Inflation Will Progress." *Wall Street Journal*, June 30, 1971, sec. 1.

[167] Pierson, John. "Trade Tightrope: Nixon Aide Peterson Has Controversial Ideas on Overseas Dealings." *Wall Street Journal*, July 6, 1971.

[168] Pierson, John. "White House Power: Arthur Burns Provides Conservative Influence on Domestic Programs." *Wall Street Journal*, May 20, 1969, sec. 1.

[169] Pierson, John. "Who's in Charge? Coming Cabinet Moves Point Up the Big Decline of Secretaries' Role." *Wall Street Journal*, November 20, 1970.

[170] Pine, Art. "Behind the Decision: Far-Reaching Dollar Rescue Program Formulated by Top Officials in Secrecy." *Washington Post*, November 2, 1978.

[171] "President at Camp David Preparing Summit Talks." *Washington Post*, December 12, 1971.

[172] "President Nixon Takes Off the Kid Gloves." *BusinessWeek*, August 21, 1971.

[173] "Price of Gold Soars on Global Markets Following U.S. Report." *Wall Street Journal*, July 28, 1971, sec. 1.

[174] "Problems of Attitude." *Wall Street Journal*, August 17, 1971.

[175] Rediker, Douglas A. "Why US Multilateral Leadership Was Key to the Global Financial Crisis Response." *Brookings* (blog), September 12, 2018. https://www.brookings.edu/blog/future-development/2018/09/12/why-us-multilateral-leadership-was-key-to-the-global-financial-crisis-response/.

[176] Reston, James. "From Promise to Policy: Many Pitfalls Await Efforts by Nixon to Redeem Pledges and Unify Nation." *New York Times*, November 7, 1968.

[177] Reston, James. "Kissinger: New Man in the White House Basement." *New York Times*, December 4, 1968.

[178] Reston, James. "A Remarkable Comeback for Nixon." *New York Times*, August 9, 1968.

[179] Reston, James.. "60's Close with Some Hope for Peace at Home and Abroad." *New York Times*, December 30, 1969, sec. Special Supplement.

[180] Ripley, S. Dillon. "The View from the Castle." *Smithsonian Magazine*, February 1972.

[181] Robards, Terry. "Currency Accord Sends Stocks Up in Heavy Trading." *New York Times*, December 21, 1971.

[182] Robards, Terry. "Elections Viewed Lacking as an Economic Mandate." *New

York Times, November 5, 1970, sec. Business & Finance.

[183] Rogaly, Joe. "Gold Price Change Not Anticipated Says Nixon's Aide." *Financial Times*, December 19, 1968.

[184] Rowen, Hobart. "David Kennedy Offers Views: Nixon Held Flexible on Gold Price Rise." *Washington Post*, December 18, 1968.

[185] Rowen, Hobart. "Devaluation: Presidential Midas Touch: News Analysis." *Washington Post*, December 20, 1971.

[186] Rowen, Hobart. "General Enthusiasm Greets Choice of McCracken." *Washington Post*, December 5, 1968.

[187] Rowen, Hobart. "Group of 10 Envisions Money Agreement by Weekend." *Washington Post*, December 16, 1971, sec. General.

[188] Rowen, Hobart. "Monetary Agreement Reached: U.S. Devalues; Nixon Unveils Historic Pact." *Washington Post*, December 19, 1971, sec. General.

[189] Rowen, Hobart. "New Patterns for Money: President Abandons Historic Stand." *Washington Post*, December 15, 1971.

[190] Rowen, Hobart. "Profiles of the Nixon Cabinet: David M. Kennedy." *Washington Post*, December 12, 1968.

[191] Rowen, Hobart. "U.S. Going Protectionist Following Monetary Crisis." *Washington Post*, June 7, 1971.

[192] Rowen, Hobart. "West, Japan Pressured on Trade, Arms." *Washington Post*, May 29, 1971.

[193] Rugaber, Walter. "37th U.S. President: Leader Casting Many Images." *New York Times*, January 21, 1969.

[194] Samuelson, Paul A. *Newsweek*, March 2, 1970.

[195] Samuelson, Paul A. "Gold." *Newsweek*, October 14, 1968.

[196] Samuelson, Paul A. "The New Economics." *Newsweek*, November 25, 1968.

[197] Samuelson, Robert. "The Decade of Retreat." *Washington Post*, December 26,

2019. https://www.washingtonpost.com/opinions/2019/12/26/s-were-decade-what-exactly-six-columnists-tell-us/.

［198］Sandbu, Martin. "Europe First: Taking on the Dominance of the US Dollar." *Financial Times*, December 5, 2019.

［199］Segal, Troy. "Forex Market: Who Trades Currency and Why." Investopedia, October 24, 2019. https://www.investopedia.com/articles/forex/11/who-trades-forex-and-why.asp.

［200］Semple, Robert B., Jr. "Nixon, Sworn, Dedicates Office to Peace." *New York Times*, January 21, 1969.

［201］Sensit, Michael R., Stephen Grover, and Bernard Wysocki Jr. "Some Executives Are Skeptical of Steps to Lower Dollar." *Wall Street Journal*, September 23, 1985, sec. 1.

［202］Shribman, David. "Congress Is Relieved by Efforts on Dollar, But Some Stress Need to See Fast Results." *Wall Street Journal*, September 23, 1985, sec. 1.

［203］Sidey, Hugh. "The Economic Bombshell." *Life*, August 27, 1971.

［204］Silk, Leonard. "The Accord of 1970." *New York Times*, December 9, 1970, sec. Archives. https://www.nytimes.com/1970/12/09/archives/the-accord-of-1970-speeches-by-nixon-and-burns-show-approach-on.html.

［205］Silk, Leonard. "Dollar Devaluation." *New York Times*, September 29, 1971.

［206］Silk, Leonard. "Economic Poker Game: Americans Playing for Major Stakes as Group of 10 Convenes in London." *New York Times*, September 15, 1971, sec. Business/Financial.

［207］Silk, Leonard. "New Realities Abroad." *New York Times*, March 8, 1972.

［208］Silk, Leonard. "Shaping World Economy: A Managed System of Floating Rates Appears to Be I.M.F.'s Accepted Plan." *New York Times*, January 7, 1976.

［209］Silk, Leonard. "What Now for Dollar?" *New York Times*, December 22, 1971.

［210］Smith, William D. "U.S. Economists Hail Monetary Accord." *New York Times*,

December 20, 1971, sec. Business/Financial.

［211］Sommer, Jeff. "Why Tariff and Trade Disputes Are More than a Money Problem." *New York Times*, September 21, 2018. https://www.nytimes.com/2018/09/21/business/trade-disputes-more-than-a-money-problem.html.

［212］"Squeeze on Japan." *New York Times*, August 20, 1971, sec. Editorial.

［213］Stetson, Damon. "Unions Reject No-Strike Appeal." *New York Times*, August 19, 1971. https://www.nytimes.com/1971/08/19/archives/unions-reject-nostrike-appeal-uaw-chief-irate-labor-leader-warns.html.

［214］Stout, David. "Peter G. Peterson, Financier Who Warned of Rising National Debt, Dies at 91." *Washington Post*, March 20, 2018, sec. Obituaries.

［215］Strange, Susan. "The Dollar Crisis 1971." *International Affairs* 48, no. 2 (1972): 191–216. https://doi.org/10.2307/2613437.

［216］Strange, Susan. "The Unsettled System: Stockholm to the Smithsonian." *International Economic Relations of the Western World, 1959–1971*. Vol. 2, International Monetary Relations, 320–53. London: University of Oxford Press, 1976.

［217］"Support Abroad: Foreign Officials Supporting Carter's Action on Dollar." *Washington Post*, November 2, 1978.

［218］Szalay, Eva, and Hudson Lockett. "Why the Renminbi's Challenge to the Dollar Has Faded." *Financial Times*, October 15, 2019.

［219］Szulc, Tad. "Letter from the Azores." *The New Yorker*, January 1, 1972.

［220］Szulc, Tad. "Nixon Agrees to Devaluation of Dollar as Part of Revision of Major Currencies." *New York Times*, December 15, 1971.

［221］Tankersley, Jim. "Budget Deficit Topped $1 Trillion in 2019." *New York Times*, January 13, 2020, sec. Business.

［222］Tether, C. Gordon. "$—When Something Has Got to Give." *Financial Times*, August 10, 1971.

[223] "Text of Blumenthal-Miller, Carter Statements: Administration Says That 'The Time Has Come to Call a Halt to This Development.'" *Washington Post*, November 2, 1978.

[224] "Text of Connally Talk to Rich Nations in London." *Washington Post*, September 26, 1971, sec. Business & Finance.

[225] Tooze, Adam. "The Forgotten History of the Financial Crisis." *Foreign Affairs* 97, no. 5 (October 2018) : 199–210.

[226] Truman, Edwin M. "The End of the Bretton Woods International Monetary System." Working Paper. Peterson Institute for International Economics, October 2017. https://www.piie.com/publications/working-papers/endbretton-woods-international-monetary-system.

[227] "U.S. Gold Stock Dropped in May By $357 Million." *Wall Street Journal*, June 24, 1971, sec. 1.

[228] "The U.S. Searches for a Realistic Trade Policy." *BusinessWeek*, no. 2183 (July 3, 1971): 64–70.

[229] "Very Like a Whale." *Wall Street Journal*, December 20, 1971, sec. Editorial.

[230] Viorst, Milton. "The Burns Kind of Liberal Conservatism." *New York Times Magazine*, November 9, 1969.

[231] Wadhams, Nick, and Jennifer Jacobs. "Trump Seeks Huge Premium from Allies Hosting U.S. Troops." Bloomberg.com, March 8, 2019.

[232] "Washington Agreement." *Financial Times*, December 20, 1971, sec. Editorial.

[233] "Weakening the Dollar Is Not Enough." *New York Times*, September 24, 1985.

[234] "The Weather." *Frederick News Post*, August 14, 1971.

[235] Whalen, Richard. "The Nixon-Connally Arrangement." Harper's, August 1971.

[236] Winters, Bruce. "Shultz Noted as A Skilled, Cool Labor Secretary." *The Baltimore Sun*, June 11, 1970.

［237］Wolf, Martin. "Martin Wolf on Bretton Woods at 75: Global Co-Operation Under Threat." *Financial Times*, July 10, 2019.

官方文件和主要资料（包括报告、听证会、备忘录、日记、论文以及演讲、声明、口述历史）

［1］ Action Memorandum from the President's Assistant for National Security Affairs (Kissinger) and the President's Assistant for International Economic Affairs (Peterson) to President Nixon, September 20, 1971. Subject: Negotiating the New Economic Policy Abroad." Document 176 in *Foreign Relations of the United States, 1969–1976*. Vol. 3, *Foreign Economic Policy; International Monetary Policy, 1969–1972*. Washington, DC: U.S. Government Printing Office, 2001. https://history.state.gov/historicaldocuments/frus1969-76v03/d176.

［2］ "Action Now to Strengthen the U.S. Dollar: Report of the Subcommittee on International Exchanges and Payments of the Joint Economic Committee, Congress of the United States," August 1971, Washington, DC: U.S. Government Printing Office, 1971. ProQuest Congressional.

［3］ Auten, John. "Memorandum from John Auten, Office of Financial Analysis, to Paul Volcker, Regarding U.S. Exchange Rate, May 28, 1971." Box 108477. Volcker Papers, New York Federal Reserve Archive.

［4］ Author's In-Person Tour of the Presidential Helicopter. August 14, 2019. Richard M. Nixon Presidential Library and Museum, Yorba Linda, CA.

［5］ Bank for International Settlements. "OTC Derivatives Statistics at End-June 2018," October 31, 2018. https://www.bis.org/publ/otc_hy1810.htm.

［6］ Bergsten, Fred C. "Information Memorandum from C. Fred Bergsten of the National Security Council Staff to the President's Assistant for National

Security Affairs (Kissinger), April 14, 1969." Document 19 in *Foreign Relations of the United States, 1969–1976*. Vol. 3, *Foreign Economic Policy; International Monetary Policy, 1969–1972*. Washington, DC: U.S. Government Printing Office, 2001. https://history.state.gov/historicaldocuments/frus1969-76v03/d19.

[7] Burns, Arthur F. "The Basis for Lasting Prosperity, Address by Arthur F. Burns in the Pepperdine College Great Issues Series, December 7, 1970." In his *Reflections of an Economic Policy Maker*: *Speeches, Congressional Statements*: *1969–1978*, 103–15. Washington, DC: American Enterprise Institute, 1978.

[8] Burns, Arthur F. "Inflation: The Fundamental Challenge to Stabilization Policies: Remarks Before the Seventeenth Annual Monetary Conference of the American Bankers Association, Hot Springs, Virginia, May 18, 1970." In *Reflections of an Economic Policy Maker*: *Speeches, Congressional Statements*: *1969–1978*, 91–102. Washington, DC: American Enterprise Institute, 1978.

[9] Burns, Arthur F. "Notes on Camp David Weekend," n.d. Provided to author by Josh Zoffer, Yale Law School.

[10] Burns, Arthur F. "Remarks of the President and Dr. Arthur F. Burns at the Swearing In of Dr. Burns as Chairman, January 31, 1970." In *Weekly Compilation of Presidential Documents* 6, no. 5 (January 31, 1970): 97–98. https://hdl.handle.net/2027/mdp.39015087529395?urlappend=%3Bseq=96.

[11] Burns, Arthur F. "Statement Before the Joint Committee of the U.S. Congress, July 23, 1971 ('The Economy in Mid-1971')." In his *Reflections of an Economic Policy Maker: Speeches, Congressional Statements: 1969–1978*, 117–27. Washington, DC: American Enterprise Institute, 1978.

[12] Cecchetti, Stephen G., and Enisse Kharroubi. "Reassessing the Impact of Finance on Growth." BIS Working Paper No. 381, July 2012, Bank for International Settlements, Basel, Switzerland. https://www.bis.org/publ/

work381.pdf.

[13] "Central Bank Group to Assess Potential Cases for Central Bank Digital Currencies," January 21, 2020. https://www.bis.org/press/p200121.htm.

[14] Commission on the Role of Gold in the Domestic and International Monetary Systems. "Report to the Congress of the Commission on the Role of Gold in the Domestic and International Monetary Systems, Volume I," March 31, 1982, Washington, DC. https://fraser.stlouisfed.org/title/339#6346.

[15] Connally, John B. "Inaugural Address, January 15, 1963." In *Journal of the House of Representatives of the Regular Session of the Fifty-Eighth Legislature of the State of Texas*, n.d. https://lrl.texas.gov/legeLeaders/governors/displayDocs.cfm?govdoctypeID=6&governorID=37.

[16] Connally, John B. "Memorandum for Alexander P. Butterfield" with draft for Richard Nixon for IMF Remarks, September 22, 1971. Papers of John B. Connally, 77–353B: JBC Official Chronology, September–November 1971, Lyndon Baines Johnson Presidential Library, Austin, TX.

[17] Connally, John B. "Memorandum for the President Prepared by John Connally, 'Monetary and Trade Issues Aiming at the Azores Meeting,' December 10, 1971." Papers of John B. Connally, 77–353C: JBC–Official Chronology–December 1971. Lyndon Baines Johnson Presidential Library. Austin, TX.

[18] Connally, John B. "Memorandum from Secretary of the Treasury Connally to President Nixon, June 8, 1971." Document 158 in *Foreign Relations of the United States, 1969–1976*. Vol. 3, *Foreign Economic Policy; International Monetary Policy, 1969–1972*. Washington, DC: U.S. Government Printing Office, 2001. https://history.state.gov/historicaldocuments/frus1969-76v03/d158.

[19] Connally, John B. "Mutual Responsibility for Maintaining a Stable Monetary System, Address by John B. Connally Before the American Bankers

Association at Munich, Germany on May 28." In *Department of State Bulletin July 12, 1971*, 42–46, 1971. https://hdl.handle.net/2027/msu.31293008122040?urlappend=%3Bseq=48.

[20] Connally, John B. "News Conference of Secretary John B. Connally Following Meetings in the Azores with Finance Minister Giscard D'Estaing, December 13, 1971." *Weekly Compilation of Presidential Documents* 7, no. 51 (December 20, 1971) : 1658–61. https://hdl.handle.net/2027/osu.32437011290398?urlappend=%3Bseq=716.

[21] Connally, John B. "Remarks of Secretary of the Treasury John B. Connally, Jr., at a Press Conference Following a Series of Discussions by Administration Officials on Economic and Budget Matters, June 29, 1971." In *Weekly Compilation of Presidential Documents* 7, No. 27:1002–4. Washington, DC: U.S. Government Printing Office, 1971. https://hdl.handle.net/2027/osu.32437011290398?urlappend=%3Bseq=10.

[22] Connally, John B. "Secretary Connally's Statement at G–10 Meeting." September 15, 1971. Papers of John B. Connally, 49–191C: G–10 Meetings—London 9/15, 16, 17/71, Lyndon Baines Johnson Presidential Library, Austin, TX.

[23] Connally, John B. "Statement by Secretary of the Treasury John B. Connally at the Opening of a News Conference, August 16, 1971," Papers of John B. Connally, 49–191C, Press Conference—Major Economic Programs, Monday, 8/16/71. Lyndon Baines Johnson Presidential Library, Austin, TX.

[24] Connally, John B. "Statement by the Governor of the Fund and Bank for the United States." In *International Monetary Fund Summary Proceedings of the Twenty-Sixth Annual Meeting of the Board of Governors, September 27–October 1, 1971*, 1971.

[25] Connally, John M., George P. Shultz, and Paul W. McCracken. "Press

Conference of Hon. John M. [sic] Connally, Secretary of the Treasury; Hon. George P. Shultz, Director, Office of Management and Budget; and Hon. Paul W. McCracken, Chairman, Council of Economic Advisers," August 15, 1971. FRC Box 7, Records of Secretary of the Treasury George P. Shultz, 1971–1974, Record Group 56, National Archives, College Park, MD.

[26] *Currency Manipulation and Its Toll on the US Economy*. Peterson Institute for International Economics, 2017. https://www.youtube.com/watch?v=wE7UkXk_VCo.

[27] De Gregorio, José, Barry Eichengreen, Takatoshi It ō , and Charles Wyplosz. *IMF Reform: The Unfinished Agenda*. Geneva Reports on the World Economy 20. Geneva: International Center for Monetary and Banking Studies, 2018. https://cepr.org/sites/default/files/events/Geneva20.pdf.

[28] Dornbusch, Rudiger, and Jeffrey A. Frankel. "The Flexible Exchange Rate System: Experience and Alternatives." Working Paper. National Bureau of Economic Research, December 1987. https://doi.org/10.3386/w2464.

[29] "Editorial Note." Document 5 in Foreign Relations of the United States, 1969–1976. Vol. 1, *Foundations of Foreign Policy, 1969–1972*. Washington, DC: U.S. Government Printing Office, 2003. https://history.state.gov/historicaldocuments/frus1969–76v01/d5.

[30] "Editorial Note." Document 164 in *Foreign Relations of the United States, 1969–1976*. Vol. 3, *Foreign Economic Policy; International Monetary Policy, 1969–1972*. Washington, DC: U.S. Government Printing Office, 2001. https://history.state.gov/historicaldocuments/frus1969–76v03/d164.

[31] "Editorial Note." Document 203 in *Foreign Relations of the United States, 1969–1976*. Vol. 3, *Foreign Economic Policy; International Monetary Policy, 1969–1972*. Washington, DC: U.S. Government Printing Office, 2001. https://history.state.gov/historicaldocuments/frus1969–76v03/d203.

参考文献

[32] "Editorial Note." Document 210 in *Foreign Relations of the United States, 1969–1976*. Vol. 3, *Foreign Economic Policy; International Monetary Policy, 1969–1972*. Washington, DC: U.S. Government Printing Office, 2001. https://history.state.gov/historicaldocuments/frus1969–76v03/d210.

[33] "Editorial Note." Document 219 in *Foreign Relations of the United States, 1969–1976*. Vol. 3, *Foreign Economic Policy; International Monetary Policy, 1969–1972*. Washington, DC: U.S. Government Printing Office, 2001. https://history.state.gov/historicaldocuments/frus1969–76v03/d219.

[34] "Editorial Note, March 2, 1970 (Nixon Memo to Haldeman on International Economic Policy)." Document 38 in *Foreign Relations of the United States, 1969–1976*. Vol. 3, *Foreign Economic Policy; International Monetary Policy, 1969–1972*. Washington, DC: U.S. Government Printing Office, 2001. https://history.state.gov/historicaldocuments/frus1969–76v03/d38.

[35] Ehrlichman, John D. (Various documents) , n.d. Box 6, Notes of Meeting with President, Staff Member Office Files, White House Special Files, Richard M. Nixon Presidential Library and Museum, Yorba Linda, CA.

[36] Forbord, Thomas Austin. "The Abandonment of Bretton Woods: The Political Economy of U.S. International Monetary Policy." PhD diss., Harvard University, 1980.

[37] "'Framework for Monetary and Trade Settlement,' Paper Agreed by President Nixon and President Pompidou." Document 220 in *Foreign Relations of the United States, 1969–1976*. Vol. 3, *Foreign Economic Policy; International Monetary Policy, 1969–1972*. Washington, DC: U.S. Government Printing Office, 2001. https://history.state.gov/historicaldocuments/frus1969–76v03/d220.

[38] Garten, Jeffrey E., and Robert D. Hormats. "America's Future Role in the Global Economy: The U.S. Dollar." Unpublished Lecture. Presented at the Yale

School of Management, New Haven, CT, December 11, 2019.

[39] Gergen, David. An Oral History Interview with David Gergen. Interview by Timothy J. Naftali. Audio, August 5, 2009. Richard Nixon Presidential Library and Museum, Yorba Linda, CA.

[40] German Embassy. "German Press Review," August 18, 1971. Richard M. Nixon Presidential Library and Museum, Yorba Linda, CA.

[41] Gowa, Joanne. *Closing the Gold Window: Domestic Politics and the End of Bretton Woods*. Ithaca, NY: Cornell University Press, 1983.

[42] Gowa, Joanne. "Explaining Large Scale Policy Change: Closing the Gold Window, 1971." PhD diss., Princeton University, 1980.

[43] Graebner, Linda S. "The New Economic Policy, 1971." In *Appendices: Commission on the Organization of the Government for the Conduct of Foreign Policy*. Washington, DC, 1975, 160–84. http://hdl.handle.net/2027/uc1.31158 010972742.

[44] "G7 Information Centre." http://www.g7.utoronto.ca/.

[45] "G20 Information Centre." http://www.g20.utoronto.ca/.

[46] Haberler, Gottfried. "Report of Task Force on U.S. Balance of Payments to the President-Elect." Unpublished, January 1969. Richard M. Nixon Presidential Library and Museum, Yorba Linda, CA.

[47] Haldeman, H. R. "Diaries of H.R. Haldeman," 1969–1973. Haldeman Diary Transcripts, Richard Nixon Presidential Library and Museum, Yorba Linda, CA. https://www.nixonlibrary.gov/h-r-haldeman-diaries.

[48] Hormats, Robert D. "Information Memorandum from Robert Hormats of the National Security Council Staff to the President's Assistant for National Security Affairs (Kissinger), August 13, 1971." Document 167 in *Foreign Relations of the United States, 1969–1976*. Vol. 3, *Foreign Economic Policy; International Monetary Policy, 1969–1972*. Washington, DC: U.S. Government

Printing Office, 2001. https://history.state.gov/historicaldocuments/frus1969-76v03/d167.

[49] Hormats, Robert D. "Information Memorandum from Robert Hormats of the National Security Council Staff to the President's Assistant for National Security Affairs (Kissinger), September 28, 1971. Subject: Progress in Developing USG Positions on International Aspects of NEP." Document 182 in *Foreign Relations of the United States, 1969–1976*. Vol. 3, *Foreign Economic Policy; International Monetary Policy, 1969–1972*. Washington, DC: U.S. Government Printing Office, 2001. https://history.state.gov/historicaldocuments/frus1969-76v03/d182.

[50] Hormats, Robert D. "Information Memorandum from Robert Hormats of the National Security Council Staff to the President's Assistant for National Security Affairs (Kissinger), Subject: Talking Points for Your Meeting with George Shultz, Tuesday, November 2, at 8:45 a.m." Document 188 in *Foreign Relations of the United States, 1969–1976*. Vol. 3, *Foreign Economic Policy; International Monetary Policy, 1969–1972*. Washington, DC: U.S. Government Printing Office, 2001. https://history.state.gov/historicaldocuments/frus1969-76v03/d188.

[51] *International Aspects of the President's New Economic Policies: Hearings Before the Subcommittee on International Trade of the Committee on Finance*. 92nd Cong., 1st Sess. (1971). ProQuest Congressional.

[52] *The International Implications of the New Economic Policy: Hearings Before the Subcommittee on Foreign Economic Policy of the Committee on Foreign Affairs*, 92nd Cong., 1st Sess. (1971). ProQuest Congressional.

[53] International Monetary Fund. *International Monetary Fund Summary Proceedings of the Twenty-Sixth Annual Meeting of the Board of Governors, September 27–October 1, 1971*. Washington, DC, 1971.

[54] Johnston, Ernest. "Memorandum from Ernest Johnston of the National Security Council Staff to the President's Assistant for National Security Affairs (Kissinger), June 23, 1971." Document 160 in *Foreign Relations of the United States, 1969–1976*. Vol. 3, *Foreign Economic Policy; International Monetary Policy, 1969–1972*. Washington, DC: U.S. Government Printing Office, 2001. https://history.state.gov/historicaldocuments/frus1969–76v03/d160.

[55] Kaufman, Henry. "'What Financial Change Has Wrought: The Last Half Century and Beyond,' An Address Before the National Economists Club." Washington, DC, October 17, 2018.

[56] Klein, Herbert C. "Memorandum for the President from Herbert C. Klein, August 16, 1971." Box 68, Presidential Speech File, President's Personal Files, Richard M. Nixon Presidential Library and Museum, Yorba Linda, CA.

[57] Kummer, Steve, and Christian Pauletto. "The History of Derivatives: A Few Milestones." Presented at the EFTA Seminar on Regulation of Derivatives Markets, Zurich, May 3, 2012.

[58] "Letter from President Nixon to President Pompidou, February 16, 1972." Document 224 in *Foreign Relations of the United States, 1969–1976*. Vol. 3, *Foreign Economic Policy; International Monetary Policy, 1969–1972*. Washington, DC: U.S. Government Printing Office, 2001. https://history.state.gov/historicaldocuments/frus1969–76v03/d224.

[59] "Letter from President Pompidou to President Nixon, February 4, 1972." Document 223 in *Foreign Relations of the United States, 1969–1976*. Vol. 3, *Foreign Economic Policy; International Monetary Policy, 1969–1972*. Washington, DC: U.S. Government Printing Office, 2001. https://history.state.gov/historicaldocuments/frus1969–76v03/d223.

[60] McCracken, Paul. "Memorandum for the President," August 9, 1971. FRASER, https://fraser.stlouisfed.org/archival/1173#3382.

参考文献

[61] McCracken, Paul. "Memorandum for the President, August 16, 1971." Richard M. Nixon Presidential Library and Museum, Yorba Linda, CA.

[62] McCracken, Paul. "Memorandum for the President, Subject: Quadriad Meeting—Monday, June 14, 1971," June 14, 1971. FRASER, https://fraser.stlouisfed.org/archival/1173/item/3391.

[63] McCracken, Paul. "Memorandum from the Chairman of the Council of Economic Advisers (McCracken) to President Nixon, June 2, 1971." Document 157 in *Foreign Relations of the United States, 1969–1976*. Vol. 3, *Foreign Economic Policy; International Monetary Policy, 1969–1972*. Washington, DC: U.S. Government Printing Office, 2001. https://history.state.gov/historicaldocuments/frus1969–76v03/d157.

[64] "Memorandum from Secretary of the Treasury Kennedy to President Nixon, June 23, 1969 (Includes Paper, 'Basic Options in International Monetary Affairs,' by Paul Volcker)." Document 130 in *Foreign Relations of the United States, 1969–1976*. Vol. 3, *Foreign Economic Policy; International Monetary Policy, 1969–1972*. Washington, DC: U.S. Government Printing Office, 2001. https://history.state.gov/historicaldocuments/frus1969–76v03/d130.

[65] "Memorandum from the President's Assistant for International Economic Affairs (Peterson) to President Nixon, September 20, 1971. Subject: Coordinating Group–Planning the Negotiations for the New Economic Policy Abroad." Document 177 in *Foreign Relations of the United States, 1969–1976*. Vol. 3, *Foreign Economic Policy; International Monetary Policy, 1969–1972*. Washington, DC: U.S. Government Printing Office, 2001. https://history.state.gov/historicaldocuments/frus1969–76v03/d177.

[66] "Memorandum of Conversation, Subject: President Nixon's New Economic Program, August 16, 1971." Document 170 in *Foreign Relations of the United States, 1969–1976*. Vol. 3, *Foreign Economic Policy; International Monetary*

Policy, *1969–1972*. Washington, DC: U.S. Government Printing Office, 2001. https://history.state.gov/historicaldocuments/frus1969-76v03/d170.

[67] "Memorandum of Conversation, Subject: President Nixon's New Economic Program, August 17, 1971." Document 171 in *Foreign Relations of the United States, 1969–1976*. Vol. 3, *Foreign Economic Policy; International Monetary Policy, 1969–1972*. Washington, DC: U.S. Government Printing Office, 2001. https://history.state.gov/historicaldocuments/frus1969-76v03/d171.

[68] Mishkin, Frederic S., and Eugene N. White. "Unprecedented Actions: The Federal Reserve's Response to the Global Financial Crisis in Historical Perspective." Working Paper, October 2014. https://www.dallasfed.org/-/media/documents/institute/wpapers/2014/0209.pdf.

[69] "Negotiating the New Economic Policy Abroad–Working Group," October 26, 1971. Richard M. Nixon Presidential Library and Museum. Yorba Linda, CA.

[70] "New Realities and New Directions in U.S. Foreign Economic Policy." Report by the Subcommittee on Foreign Economic Policy of the House Committee on Foreign Affairs, February 28, 1972. 92nd Cong., 1st Sess. ProQuest Congressional.

[71] Nixon, Richard M. "Address to the Congress on Stabilization of the Economy. September 9, 1971." Document 287 in *Public Papers of the Presidents of the United States: Richard Nixon, 1971*, 938–44. Washington, DC: U.S. Government Printing Office, 1972.

[72] Nixon, Richard M. "Address to the Nation Announcing Decision to Resign the Office of the President of the United States, August 8, 1974." American Presidency Project. https://www.presidency.ucsb.edu/documents/address-the-nation-announcing-decision-resign-the-office-president-the-united-states.

[73] Nixon, Richard M. "Address to the Nation on the Rising Cost of Living, October 17, 1969." Document 395 in *Public Papers of the Presidents of*

the United States: Richard Nixon, 1969, 808–12. Washington, DC: U.S. Government Printing Office, 1971.

[74] Nixon, Richard M. "Address to the Nation Outlining a New Economic Policy: The Challenge of Peace." Document 264 in *Public Papers of the Presidents of the United States: Richard Nixon, 1971*, 886–91. Washington, DC: U.S. Government Printing Office, 1972.

[75] Nixon, Richard M. "Annual Message to Congress on the State of the Union, January 22, 1970." Document 9 in *Public Papers of the Presidents of the United States: Richard Nixon, 1970*, 8–16. Washington, DC: U.S. Government Printing Office, 1971.

[76] Nixon, Richard M. "The Challenge of Peace." President Nixon's Address to the Nation on a New Economic Policy. https://youtu.be/ye4uRvkAPhA.

[77] Nixon, Richard M. "First Annual Report to the Congress on United States Foreign Policy for the 1970s, February 18, 1970." Document 45 in *Public Papers of the Presidents of the United States: Richard Nixon, 1970*, 116–190. Washington, DC: U.S. Government Printing Office, 1971.

[78] Nixon, Richard M. "Inaugural Address." Document 1 in *Public Papers of the Presidents of the United States: Richard Nixon, 1969*, 1–4. Washington, DC: U.S. Government Printing Office, 1971.

[79] Nixon, Richard M. "Informal Remarks in Guam with Newsmen, July 25, 1969." Document 279 in *Public Papers of the Presidents of the United States: Richard Nixon, 1969*, 549. Washington, DC: U.S. Government Printing Office, 1971.

[80] Nixon, Richard M. *International Economic Report of the President, 1973*. Washington, DC: U.S. Government Printing Office, March 1973. http://hdl.handle.net/2027/msu.31293022471266.

[81] Nixon, Richard M. *International Economic Report of the President, 1974*.

Washington, DC: U.S. Government Printing Office, 1974. FRASER, https://fraser.stlouisfed.org/title/45/item/8145.

[82] Nixon, Richard M. "President Nixon's Speech on the Economy." Aka "Nixon Shock Speech," with NBC commentary; ABC commentary featuring Paul McCracken; CBS commentary (8/15/1971). WHCA-4582, White House Communications Agency Videotape Collection, Richard Nixon Presidential Library and Museum, Yorba Linda, CA.

[83] Nixon, Richard M. *Presidential Daily Diary, 1969*. White House Central Files, Staff Member and Office Files, Office of Presidential Papers and Archives, Richard M. Nixon Presidential Library and Museum. Yorba Linda, CA. https://www.nixonlibrary.gov/president/presidential-daily-diary.

[84] Nixon, Richard M. *Presidential Daily Diary, 1971*. White House Central Files, Staff Member and Office Files, Office of Presidential Papers and Archives, Richard M. Nixon Presidential Library and Museum, Yorba Linda, CA. https://www.nixonlibrary.gov/president/presidential-daily-diary.

[85] Nixon, Richard M. "The President's News Conference of August 4, 1971." Document 250 in *Public Papers of the Presidents of the United States: Richard Nixon, 1971*, 849–61. Washington, DC: U.S. Government Printing Office, 1971.

[86] Nixon, Richard M. "The President's News Conference of February 6, 1969." Document 34 in *Public Papers of the Presidents of the United States: Richard Nixon, 1969*, 66–76. Washington, DC: U.S. Government Printing Office, 1971.

[87] Nixon, Richard M. "The President's News Conference of January 27, 1969." Document 10 in *Public Papers of the Presidents of the United States: Richard Nixon, 1969*. Washington, DC: U.S. Government Printing Office, 1971.

[88] Nixon, Richard M. "The President's News Conference of September 16, 1971." Document 292 in *Public Papers of the Presidents of the United States:*

Richard Nixon, 1971, 949–59, Washington, DC: U.S. Government Printing Office, 1972.

[89] Nixon, Richard M. "Remarks Announcing a Monetary Agreement Following a Meeting of the Group of Ten, December 18, 1971." Document 401 in *Public Papers of the Presidents of the United States: Richard Nixon, 1971*, 1195. Washington, DC: U.S. Government Printing Office, 1972.

[90] Nixon, Richard M. "Remarks Announcing Appointment of Peter G. Peterson as Assistant to the President for International Economic Affairs and Executive Director, Council on International Economic Policy, January 19, 1971." Document 19 in *Public Papers of the Presidents of the United States: Richard Nixon, 1971*, 42. Washington, DC: U.S. Government Printing Office, 1972.

[91] Nixon, Richard M. "Remarks at a Questions–and–Answer Session with a 10–Member Panel of the Economic Club of Detroit. September 23, 1971." Document 297 in *Public Papers of the Presidents of the United States: Richard Nixon, 1971*, 965–80. Washington, DC: U.S. Government Printing Office, 1972.

[92] Nixon, Richard M. "Remarks at the Annual Meeting of the National Association of Manufacturers, December 4, 1970." Document 447 in *Public Papers of the Presidents of the United States: Richard Nixon, 1970*, 1088–95. Washington, DC: U.S. Government Printing Office, 1971.

[93] Nixon, Richard M. "Remarks at the Swearing in of Dr. Arthur F. Burns as Chairman of the Board of Governors of the Federal Reserve System, January 31, 1970." Document 21 in *Public Papers of the Presidents of the United States: Richard Nixon, 1970*, 44–46. Washington, DC: U.S. Government Printing Office, 1971.

[94] Nixon, Richard M. "Remarks on Plans to Nominate Secretary Kennedy as Ambassadorat–Large and Governor Connally as Secretary of the Treasury,

December 14, 1970." Document 460 in *Public Papers of the Presidents of the United States: Richard Nixon, 1970*, 1129–31. Washington, DC: U.S. Government Printing Office, 1971.

[95] Nixon, Richard M. "Remarks to Midwestern News Media Executives Attending a Briefing on Domestic Policy in Kansas City, Missouri, July 6, 1971." Document 222 in *Public Papers of the Presidents of the United States: Richard Nixon, 1971*, 802. Washington, DC: U.S. Government Printing Office, 1972.

[96] Nixon, Richard M. "Remarks to Officials of the International Monetary Fund and the International Bank for Reconstruction and Development, September 29, 1971." Document 316 in *Public Papers of the Presidents of the United States: Richard Nixon, 1971*, 1014–16. Washington, DC: U.S. Government Printing Office, 1972.

[97] Nixon, Richard M. "Remarks to Top Personnel at the Department of the Treasury, February 14, 1969." Document 49 in *Public Papers of the Presidents of the United States: Richard Nixon, 1969*, 101–5. Washington, DC: U.S. Government Printing Office, 1971.

[98] Nixon, Richard M. "Second Annual Report to the Congress on United States Foreign Policy, February 25, 1971." Document 75 in *Public Papers of the Presidents of the United States: Richard Nixon, 1971*, 293. Washington, DC: U.S. Government Printing Office, 1972.

[99] Nixon, Richard M. "Statement About Signing Par Value Modification Act, April 3, 1972." In *Public Papers of the Presidents of the United States: Richard Nixon, 1972*, 513–14. Washington, DC: U.S. Government Printing Office, 1974.

[100] Nixon, Richard M. "Statement of the Balance of Payments, April 4, 1969." Document 141 in *Public Papers of the Presidents of the United States: Richard*

Nixon, 1969, 265–66. Washington, DC: U.S. Government Printing Office, 1971.

[101] Nixon, Richard M. "Telegram from the Department of State to the Embassy in Germany, August 16, 1971." Document 169 in *Foreign Relations of the United States, 1969–1976*. Vol. 3, *Foreign Economic Policy; International Monetary Policy, 1969–1972*. Washington, DC: U.S. Government Printing Office, 2001. https://history.state.gov/historicaldocuments/frus1969–76v03/d169.

[102] Nixon, Richard M. "Transcripts of Acceptance Speeches by Nixon and Agnew to the G.O.P. Convention." New York Times, August 9, 1968.

[103] Ohlmacher, Scott W. "The Dissolution of the Bretton Woods System Evidence from the Nixon Tapes, August–December 1971." Honors thesis, University of Delaware, 2009. http://udspace.udel.edu/handle/19716/4275.

[104] Organisation for Economic Co-operation and Development. *The Future of Money*. Paris, France: OECD, 2002.

[105] "Paper Prepared in the Department of the Treasury: 'Contingency,' May 8, 1971." Document 152 in *Foreign Relations of the United States, 1969–1976*. Vol. 3, *Foreign Economic Policy; International Monetary Policy, 1969–1972*. Washington, DC: U.S. Government Printing Office, 2001. https://history.state.gov/historicaldocuments/frus1969–76v03/d152.

[106] "Paper Prepared in the Department of the Treasury: 'U.S. Negotiating Position on Gold,' May 9, 1971." Document 153 in *Foreign Relations of the United States, 1969–1976*. Vol. 3, *Foreign Economic Policy; International Monetary Policy, 1969–1972*, Washington, DC: U.S. Government Printing Office, 2001. https://history.state.gov/historicaldocuments/frus1969–76v03/d153.

[107] Papers of Paul A. Volcker. Box 108477. Federal Reserve Bank of New York Archives.

[108] Peterson, Peter G. "Memorandum for the President: Projecting the Future

Development of the U.S.," July 12, 1971, "CIEP Folder." National Archives, College Park, MD.

[109] Peterson, Peter G. "Memorandum from Peter Peterson to John Connally, 'Negotiating the New Economic Policy—Work Group,'" October 26, 1971. Folder: "Council on International Economic Policy." National Archives, College Park, MD.

[110] Peterson, Peter G. "Negotiating the New Economic Policy Abroad," September 23, 1971. Richard M. Nixon Presidential Library and Museum, Yorba Linda, CA.

[111] Peterson, Peter G. "Peter G. Peterson, Memorandum to Secretaries of State, Treasury, Director OMB, Chairman CEA, Chairman, Federal Reserve System, Assistant to the President for National Security Affairs, 'Negotiating the New Economic Policy Abroad,'" September 23, 1971. Folder: "Council on International Economic Policy." National Archives, College Park, MD.

[112] Peterson, Peter G. "The United States in the Changing World Economy." Washington, DC: U.S. Government Printing Office, 1971.

[113] Peterson, Peter G. "The United States in the Changing World Economy (Confidential Version)." April 1971. Box 108477. Papers of Paul A. Volcker, New York Federal Reserve Archive.

[114] "Remarks of the President, Secretary of the Treasury John B. Connally, and Secretary of State William P. Rogers on Arrival at Andrews Air Force Base, December 14, 1971." In *Weekly Compilation of Presidential Documents* 7, no. 51 (December 20, 1971) : 1665–66. https://hdl.handle.net/2027/osu.32437011290398?urlappend=%3Bseq=722.

[115] "Reshaping the International Economic Order." Washington, DC: Brookings Institution, January 1972. ProQuest.

[116] Ribicoff, Abraham. *Trade Policies in the 1970s: Report by Senator Abraham Ribicoff*

to the Committee on Finance, United States Senate. S. Pt. 92–1. Washington, DC : U.S. Government Printing Office, 1971. https://www.finance.senate.gov/imo/media/doc/Sprt2.pdf.

[117] Ritter, Christen Thomas. "Closing the Gold Window: Gold, Dollars, and the Making of Nixonian Foreign Economic Policy." PhD diss., University of Pennsylvania, 2007.

[118] Shafer, Jeffrey R., and Bonnie E. Loopesko. "Floating Exchange Rates after Ten Years." *Brookings Papers on Economic Activity* 1983, no. 1 (1983): 1–86. https://doi.org/10.2307/2534352.

[119] Shultz, George P. "Prescription for Economic Policy: 'Steady As You Go,' Address Before the Economic Club of Chicago, April 22, 1971." https://web.stanford.edu/~johntayl/Shultz%20on%20Steady%20As%20You%20Go.pdf.

[120] Stabler, Elizabeth. "The Dollar Devaluations of 1971 and 1973." In *Commission on the Organization of the Government for the Conduct of Foreign Policy: Appendices*, 3: 139–59. Washington, DC, 1975. http://hdl.handle.net/2027/uc1.31158010972742.

[121] Symington, Stuart. (Statement of Senator Symington.) "Further Concentration of Power, Executive Privilege, and the 'Kissinger Syndrome.'" In *Congressional Record*. Vol. 117, Part 4: 4498–503. 92nd Cong., 1st Sess. (1971). ProQuest Congressional.

[122] "Text of Group of Ten Communiqué." *Department of State Bulletin* 66, no. 1698 (January 10, 1972) : 32–34. https://hdl.handle.net/2027/mdp.39015077199571?urlappend=%3Bseq=38.

[123] "Text of Joint Statement (in Azores) , December 14, 1971." *Department of State Bulletin* 66, no. 1698 (January 10, 1972) : 30–31. https://hdl.handle.net/2027/mdp.39015077199571?urlappend=%3Bseq=36.

[124] "Trade (% of GDP) — Germany | Data." Chart. https://data.worldbank.org/

indicator/NE.TRD.GNFS.ZS?end=2018&locations=DE&start=1960&view=chart.

[125] "Trade (% of GDP)—Japan | Data." Chart. https://data.worldbank.org/indicator/NE.TRD.GNFS.ZS?end=2018&locations=JP&start=1960&view=chart.

[126] Transcript of Richard Nixon tapes. Tape 741–002, June 23, 1972, Oval Office, 10: 04–11: 39. Richard M. Nixon Presidential Library and Museum, Yorba Linda, CA. https://www.nixonlibrary.gov/sites/default/files/forresearchers/find/tapes/watergate/wspf/741-002.pdf.

[127] "Treasury Meeting with Academic Consultants, 'Summary of Afternoon Discussion on International Matters,'" August 25, 1971. National Archives, College Park, MD.

[128] United States Commission on International Trade and Investment Policy (Williams Commission). *United States International Economic Policy in an Interdependent World; Report to the President* (*The Williams Commission Report*). Washington, DC: U.S. Government Printing Office, 1971. https://catalog.hathitrust.org/Record/001122081.

[129] United States Congress. *Hearing Before the Committee on Labor and Public Welfare on George P. Shultz to be Secretary of Labor* (1969). 91st Cong., 1st Sess. (January 16, 1969). ProQuest Congressional.

[130] United States Congress. *Nomination of Arthur F. Burns: Hearing Before the Committee on Banking and Currency, United States Senate.* 91st Cong. 1st Sess. (December 18, 1969). https://fraser.stlouisfed.org/scribd/?title_id=783&filepath=/files/docs/historical/senate/burns_confirmation.pdf.

[131] United States Congress. *The President's New Economic Program: Hearings Before the Joint Economic Committee.* 92nd Cong., Part 1 (1971). ProQuest Congressional.

[132] United States Congress. *The President's New Economic Program: Hearings*

Before the Joint Economic Committee, 92nd Cong., Part 2 (1971). ProQuest Congressional.

[133] United States Congress. *The President's New Economic Program: Hearings Before the Joint Economic Committee*, 92nd Cong., Part 3 (1971). ProQuest Congressional.

[134] United States Congress. *The President's New Economic Program: Hearings before the Joint Economic Committee*, 92nd Cong., Part 4 (1971). ProQuest Congressional.

[135] United States Congress. "Report of the Joint Economic Committee, Congress of the United States on the February 1971 Economic Report of the President," March 30, 1971. Washington, DC: U.S. Government Printing Office, 1971. https://www.jec.senate.gov/reports/92nd%20Congress/Joint%20Economic%20Report%20on%20the%201971%20Economic%20Report%20of%20the%20President%20(507).pdf.

[136] United States Department of Commerce, Bureau of the Census. *Fourteenth Census of the United States Taken in the Year 1920. Vol. 1, Population, 1920. Number and Distribution of Inhabitants*. Washington, DC: U.S. Government Printing Office, 1921. https://www.census.gov/prod/www/decennial.html.

[137] United States Department of Commerce, Bureau of the Census. *Thirteenth Census of the United States Taken in the Year 1910. Vol. 2, Population 1910: Reports by States Alabama–Montana*. Washington, DC: U.S. Government Printing Office, 1913. https://www.census.gov/prod/www/decennial.html#y1910fin.

[138] United States Department of State. *Foreign Relations of the United States, 1969–1976*. Vol. 3, *Foreign Economic Policy; International Monetary Policy, 1969–1972*. Edited by Bruce F. Duncombe and David S. Patterson. Washington, DC: U.S. Government Printing Office, 2001. https://history.state.gov/historicaldocuments/frus1969–76v03.

[139] United States Department of the Treasury. "Report to the Congress of the Commission on the Role of Gold in the Domestic and International Monetary Systems." Washington, DC, March 1982. FRASER https://fraser.stlouisfed.org/title/339.

[140] United States Department of the Treasury. "Treasury Designates China as a Currency Manipulator," August 5, 2019. https://home.treasury.gov/index.php/news/pressreleases/sm751.

[141] United States Department of the Treasury. "Treasury Releases Report on Macroeconomic and Foreign Exchange Policies of Major Trading Partners of the United States," May 28, 2019. https://home.treasury.gov/index.php/news/press-releases/sm696.

[142] United States President and Council of Economic Advisers. *Economic Report of the President: Transmitted to Congress Together with the Annual Report of the Council of Economic Advisers* (*1969*). Washington, DC: U.S. Government Printing Office, 1969. FRASER, https://fraser.stlouisfed.org/title/45#8140.

[143] United States President and Council of Economic Advisers. *Economic Report of the President: Transmitted to Congress Together with the Annual Report of the Council of Economic Advisers* (*1970*). Washington, DC: U.S. Government Printing Office, 1970. FRASER, https://fraser.stlouisfed.org/title/economic-report-president-45?browse=1950s#8141.

[144] United States President and Council of Economic Advisers. *Economic Report of the President: Transmitted to Congress Together with the Annual Report of the Council of Economic Advisers* (*1971*). Washington, DC: U.S. Government Printing Office, 1971. FRASER, https://fraser.stlouisfed.org/title/45#8142.

[145] United States President and Council of Economic Advisers. *Economic Report of the President: Transmitted to Congress Together with the Annual Report of the Council of Economic Advisers* (*1972*). Washington, DC: U.S. Government

Printing Office, 1972. FRASER, https://fraser.stlouisfed.org/title/45#8143.

[146] United States President and Council of Economic Advisers. *Economic Report of the President: Transmitted to Congress Together with the Annual Report of the Council of Economic Advisers (1973)*. Washington, DC: U.S. Government Printing Office, 1973. FRASER, https://fraser.stlouisfed.org/title/45#8144.

[147] United States President and Council of Economic Advisers. *Economic Report of the President: Transmitted to Congress Together with the Annual Report of the Council of Economic Advisers (1974)*. Washington, DC: U.S. Government Printing Office, 1974. FRASER, https://fraser.stlouisfed.org/title/45#8145.

[148] "Urgent Information Memorandum from Robert Hormats and Helmut Sonnenfeldt of the National Security Council Staff to the President's Assistant for National Security Affairs (Kissinger) , January 24, 1972." Document 222 in *Foreign Relations of the United States, 1969–1976*. Vol. 3, *Foreign Economic Policy; International Monetary Policy, 1969–197*. Washington, DC: U.S. Government Printing Office, 2001. https://history.state.gov/historicaldocuments/frus1969–76v03/d222.

[149] "U.S. Gold Stock and World Monetary Gold Holdings," August 15, 1971. FRC Box 7. Record Group 56. Records of Secretary of the Treasury George P. Shultz, 1971–1974. National Archives, College Park, MD.

[150] Various documents. Box 175. Staff Member Office Files, Alphabetical Subject Files, Camp David, Richard M. Nixon Presidential Library and Museum, Yorba Linda, CA.

[151] Various documents. FRC Box 7. Record Group 56. Records of Secretary of the Treasury George P. Shultz, 1971–1974. National Archives, College Park, MD.

[152] Volcker, Paul A. Interview with Paul A. Volcker. January 28, 2008–March 24, 2010. Federal Reserve Board Oral History Project. https://www.federalreserve.gov/aboutthefed/files/paul–a–volcker–interview–20080225.pdf.

[153] Volcker, Paul A. Interview with Paul A. Interview with Paul Volcker. *Commanding Heights*. PBS, September 26, 2000. http://www.pbs.org/wgbh/commandingheights/shared/minitextlo/int_paulvolcker.html.

[154] Volcker, Paul A. Interview with Paul A. "Remarks by Paul A. Volcker at the Bretton Woods Committee Annual Meeting 2014." The Bretton Woods Committee, May 21, 2014. https://www.brettonwoods.org/publication/remarks-by-paul-a-volcker-at-the-bretton-woods-committee-annual-meeting-2014.

[155] Volcker, Paul A. Interview with Paul A. "Telegram from the Embassy in the United Kingdom to the Department of State, September 17, 1971." Document 175 in *Foreign Relations of the United States, 1969–1976*. Vol. 3, *Foreign Economic Policy; International Monetary Policy, 1969–1972*. Washington, DC: U.S. Government Printing Office, 2001. https://history.state.gov/historicaldocuments/frus1969–76v03/d175.

[156] "The White House: Explanatory Material on President's Economic Program," August 15, 1971. FRC Box 7. Record Group 56. Records of Secretary of the Treasury George P. Shultz, 1971–1974. National Archives, College Park, MD.

[157] "White House Photo Collection." Book 31. n.d. Richard M. Nixon Presidential Library and Museum, Yorba Linda, CA.

[158] World Economic Forum. "Central Bank Digital Currency Policy-Maker Toolkit." January 22, 2020. White Papers. World Economic Forum. https://www.weforum.org/whitepapers/central-bank-digital-currency-policy-maker-toolkit.

作者访谈

[1] 阿诺德·韦伯（Arnold Weber），美国行政管理和预算局前副局长，曾出

席戴维营会议，受访于 2017 年 8 月 14 日。

［2］艾伦·格林斯潘（Alan Greenspan），美国国会经济顾问委员会前主席、美联储前主席，受访于 2017 年 11 月 15 日。

［3］艾伦·沃尔夫（Alan Wolff），美国财政部前法律顾问，受访于 2018 年 12 月 14 日。

［4］爱德华·巴拉迪尔（Édouard Balladur），曾任法国前总统乔治·让·蓬皮杜的首席顾问、法国总理，受访于 2018 年 2 月 8 日。

［5］爱德温·杜鲁门（Edwin Truman），曾先后任美国财政部长助理、美联储国际金融部主任，受访于 2017 年 6 月 28 日。

［6］奥特马尔·伊辛（Otmar Issing），德国长期金融专家，受访于 2018 年 2 月 6 日。

［7］班·巴恩斯（Ben Barnes），美国得克萨斯州众议院前议长（在约翰·康纳利担任州长时期），受访于 2018 年 1 月 12 日。

［8］保罗·阿道夫·沃尔克（Paul Adolph Volcker），曾先后任美国财政部负责货币事务的副部长、纽约联邦储备银行行长、美联储主席，曾出席戴维营会议，受访于 2017 年 7 月 26 日。

［9］贝蒂·科艾德（Betty Koed），美国参议院历史学家，受访于 2017 年 9 月 20 日。

［10］本·斯泰尔（Benn Steil），经济学家，著有《布雷顿森林货币战：美元如何统治世界》（*The Battle of Bretton Woods: John Maynard Eynes, Harry Dexter White, and the Making of a New World Order*）和《马歇尔计划：冷战的黎明》（*The Marshall Plan: Dawn of the Cold War*）等著作，受访于 2017 年 7 月 26 日。

［11］C. 弗雷德·伯格斯坦（C. Fred Bergsten），曾任美国国家安全委员会前工作人员和亨利·基辛格的非正式顾问，受访于 2017 年 10 月 5 日。

［12］查尔斯·诺兰（Charles Nolan），1970 年任戴维营的美国海军陆战队警卫，受访于 2018 年 1 月 19 日。

[13] 查里斯·莱威（Charles Levy），美国参议院外交关系委员会前工作人员，受访于 2017 年 10 月 11 日。

[14] 大卫·马尔福德（David Mulford），美国财政部前副部长，受访于 2017 年 12 月 5 日。

[15] 丹尼斯·莫里斯（Dennis Morris），1970 年任戴维营的美国海军陆战队警卫，受访于 2018 年 1 月 19 日。

[16] 弗兰克·卡明斯（Frank Cummings），曾任参议员雅各布·贾维茨的工作人员，受访于 2017 年 12 月 6 日。

[17] 赫尔穆特·施莱辛格（Helmut Schlesinger），德国央行（德意志联邦银行）前行长，2018 年 4 月 30 日通过电子邮件采访。

[18] 亨利·基辛格（Henry Kissinger），曾先后任理查德·尼克松的国家安全顾问和美国国务卿，受访于 2018 年 7 月 10 日。

[19] 亨利·考夫曼（Henry Kaufman），所罗门兄弟公司（Solomon Brothers）前高级合伙人、亨利·考夫曼公司（Henry Kaufman & Co）现任总裁，受访于 2017 年 7 月 6 日。

[20] 简·阿里斯塔（Jane D'Arista），美国国会联合经济委员会前工作人员，受访于 2017 年 10 月 12 日。

[21] 杰里·贾西诺斯基（Jerry Jasinowski），美国国会联合经济委员会前工作人员，受访于 2017 年 10 月 5 日。

[22] 卡琳·利萨克斯（Karin Lissakers），美国参议院对外经济政策小组委员会前主任，受访于 2017 年 10 月 19 日。

[23] 肯·京特（Ken Guenther），曾任参议员雅各布·贾维茨的工作人员，受访于 2017 年 12 月 6 日。

[24] 肯·麦克莱恩（Ken McLean），曾任参议员威廉·普罗克斯迈尔的工作人员，受访于 2017 年 10 月 6 日。

[25] 肯尼思·达姆（Kenneth Dam），曾任美国行政管理和预算局副局长，曾出席戴维营会议，受访于 2017 年 7 月 18 日。

［26］拉里·坦普尔（Larry Temple），康纳利任州长期间的参谋长，受访于 2018 年 1 月 24 日。

［27］李·休布纳（Lee Huebner），曾任理查德·尼克松的演讲稿撰稿人，受访于 2017 年 11 月 15 日和 2018 年 2 月 1 日。

［28］理查德·库珀（Richard Cooper），曾任耶鲁大学教授和亨利·基辛格的顾问，受访于 2018 年 6 月 7 日。

［29］罗伯特·霍马茨（Robert Hormats），曾任美国国家安全委员会高级职员，受访于 2017 年 7 月 12 日和 12 月 11 日。

［30］罗伯特·卡西迪（Robert Cassidy），美国参议院财政委员会前工作人员，受访于 2017 年 10 月 18 日。

［31］罗伯特·鲁宾（Robert Rubin），曾先后任美国财政部长和高盛（Goldman Sachs）联席董事长，受访于 2017 年 10 月 31 日。

［32］马丁·梅耶（Martin Mayer），《美元的命运》（*The Fate of the Dollar*）的作者，受访于 2017 年 10 月 19 日。

［33］马克·莱文森（Marc Levinson），经济学家，《大转折》（*An Extraordinary Time*）的作者，受访于 2017 年 11 月 9 日。

［34］玛丽娜·冯·诺伊曼·惠特曼（Marina von Neumann Whitman），美国经济顾问委员会前工作人员及成员，受访于 2017 年 12 月 2 日。

［35］迈克·丹尼尔斯（Mike Daniels），20 世纪 60 年代末 70 年代初日本纺织权益律师，受访于 2017 年 10 月 5 日和 17 日。

［36］迈克尔·布拉德菲尔德（Michael Bradfield），美国财政部前副法律顾问，曾参加戴维营会议，受访于 2017 年 7 月 12 日。

［37］乔治·普拉特·舒尔茨（George Pratt Shultz），曾先后任美国劳工部长、行政管理和预算局局长、财政部长、国务卿，曾出席戴维营会议，受访于 2017 年 8 月 16 日。

［38］汤姆·科罗洛戈斯（Tom Korologos），尼克松政府时期的国会工作人员，受访于 2017 年 10 月 6 日。

［39］唐·科恩（Don Kohn），美联储前副主席，受访于 2017 年 10 月 18。

［40］瓦莱里·吉斯卡尔·德斯坦（Valéry Giscard d'Estaing），曾先后任法国财政部长和法国总统，受访于 2017 年 11 月 21 日。

［41］约翰·佩蒂（John Petty），尼克松政府时期财政部负责国际事务的助理部长，受访于 2017 年 10 月 11 日和 11 月 9 日。

［42］詹姆斯·贝克（James Baker），曾先后任美国财政部长和国务卿，受访于 2017 年 11 月 18 日。

［43］詹姆斯·加尔布雷斯（James Galbraith），美国国会联合经济委员会前工作人员、众议员亨利·罗斯（Henry Reuss）的前工作人员，受访于 2017 年 11 月 27 日。

［44］朱利安·里德（Julian Read），康纳利任州长期间的新闻秘书，受访于 2018 年 1 月 24 日。

索 引[*]

"Accord of 1970," 110
"Action Now to Strengthen the U.S. Dollar," 158
AFL-CIO, 30, 114, 247
Ash Commission, 64, 119–20
Azores meeting, 282–88, 291–93, 299

balance-of-payments: "Action Now to Strengthen the U.S. Dollar," 158; ad hoc measures, 86; American disregard of, 306; American economic problems, 37–39; Burns before Joint Economic Committee, 148; Camp David, Connally outline at, 177; Connally to IMF, 270; dollar, devaluation, 272; dollar, foreign holders of, 26, 32; "exorbitant privilege," 254; GATT, 180, 209; Giscard d'Estaing, 254; gold window, 180; G-10, 282, 288–89; interest rates, 100, 142; Joint Economic Committee, 263–64; Volcker Group, 86
Barber, Anthony, 281–82, 333
Bator, Francis, 133, 256, 258
Bell and Howell, 121, 128, 172
Bergsten, C. Fred, 132–33, 257–58, 333

"Berlin Wall," 62
Bonanza, 220
Bradfield, Michael, 2, 165, 192, 206, 333
Brandon, Henry: Connally, 73, 250–51, 290–91; G-10, 282, 290–91; Kissinger, 62; Nixon Doctrine, 56; trade partners, 41
Brandt, Willy, 43, 216
Bretton Woods, 4–8, 85–87
Burns, Arthur F., 95, 97, 333; American unilateral action, 312; background, 95; Bretton Woods, 272–73; cabinet meeting, surcharge, 263; Camp David, first meeting, 170–71; Camp David, working group, 206; combating inflation, speeches on, 108; Connally tactics, 105, 273–74; dollar–gold system, 8, 83; economic policy, 101; Ehrlichman, 105; Eisenhower, 95–96; Fed, independence of, 103–4; Fed, morning ceremony, 106; Giscard d'Estaing, 102; gold window, 103, 180–82, 185, 189–90; Haldeman, 105; independent position, 48; inflation, 95, 318; international monetary views, 102;

[*] 索引中页码为英文原书页码。

Burns, Arthur F. (*continued*), Joint Economic Committee, 148; Kissinger, 105; Martin, 105; McCracken, 98, 105; Moynihan, 60; National Bureau of Economic Research, 96; Nixon advisor, 97; Nixon, conversation on Fed, 98–99; Nixon, first meeting, 96; Nixon, as leader, 211–12; Nixon, pressure on, 106–7, 302; Nixon, relationship with, 101–6, 149–50; Nixon's speech, 240; personality, 97; Safire speech, 210; Shultz, 98, 105; stagflation, 99–100; tariffs, 179; Volcker, 105; wage and price controls, 148, 186–87

Business Council, 108

Cameron, Juan, 62, 129

Camp David: budget matters, 186; GATT, 180; gold window, 176, 180, 185, 188, 190–91; Great Britain, 174–75; import tax, 178, 188; Laurel Lodge dinner, 191; presentation, 184; picture-taking session, 213–14; planning for, 164; Saturday press, 201–2; secrecy, 175; security, 204–5; setting, 202–4; Trading with the Enemy Act, 179; wage and price controls, 177, 186–87, 206; working groups, 205–9. *See also participants by name*

capital account, 38

CEA. *See* Council of Economic Advisers

"Chicago School," 99, 115

CIEP (Council on International Economic Policy), 120, 128, 334

Clark, Bob, 239–40

Connally, John B. Jr., 333; American allies, 74–75; American unilateral action, 312; Ash Commission, 65; August 2 meeting, 152–54; August 4 meeting, 157; background, 65–67; Bretton Woods, 272–73; Camp David, 165, 170, 205–9; Democratic Governors' Convention in 1966, 67; document pulled out of Volcker's hands, 77, 143; dollar–gold system, 8; endgame plan, 278; gold window, 176, 180, 182; G-10, 259–62, 279–82, 287–94; Haldeman, 72–73; IMF speech, 267–70; immediate problems, 48; infighter, 70; international reaction to, 250–51; Kennedy, 70; King Jr., 70; Kissinger, 73; the media, 72, 218–19; meeting with Volcker and experts, 257; Munich conference, 139–41; nationalist, 47, 75; New Economic Policy, criticism of, 298; Nixon and Peterson, Camp David meeting, 151; Nixon and Shultz, Old Executive Office Building meeting, 162–64; Nixon cabinet meeting, international monetary negotiations, 262–63; Nixon-Pompidou Summit, 283–87; Nixon's speech, 238–39; Nixon's trust, 64; oil and gas, 68; parable, 73–74; Peterson, 128; "Peterson Report," 126; politics, seamier side of, 69; press conference, 147; resignation, 303–4; revenue sharing, 72; sole economic spokesman, 146; State of the Union address, 171–72; tactics, 78, 271, 276; tariffs, 179; technology, 68–69; Treasury Secretary, 66, 74, 76; Vietnam War, case for, 67; Volcker's contingency plan152–54; *Washington Post*, trade position, 139

Cooper, Richard, 77, 133, 256–57

索 引

Cost of Living Council, 229, 335
"cost-push inflation," 101
Council of Economic Advisers (CEA), 30–31, 85, 110, 164, 219–20. *See also* McCracken, Paul
Council on International Economic Policy (CIEP), 120, 122, 128, 334
Culver, John, 265
current account, 37–38, 38n. *See also* merchandise trade balance

Dale, Edwin, Jr., 269
Dam, Kenneth W., 164, 205, 333
devaluation: Azores meeting, 286–87; Bretton Woods, 36; British, 304; Burns, 83, 93, 102, 272; Connally, 173, 176, 298; Democrats, 246; finance ministers and central bankers, 270; fluctuating rates, 85; foreign policy community, 266; Giscard d'Estaing, 255; G-10, 279–84, 288, 291–92, 302; Nixon, 159, 162, 167, 184, 209, 214, 231, 295; onetime, 272; political implications, 35, 232; second American, 306; Volcker, 89–90, 92, 141–43, 239
"dirty floating," 268
dollar–gold link, 3–4; "Action Now to Strengthen the U.S. Dollar," 157–58; American allies, 90; Azores meeting, 284–85; Belgium, 160; Bretton Woods, 6–7, 34; Burns, 102, 171, 180, 189, 206, 272; Camp David, 10; congress, 287; Connally, drastic action, 151, 155; Connally, dollar devaluation, 273; Connally, Munich meeting, 140; currency matters, 75; dollar, devaluation of 272, 306; dollar, overvalue of, 54–56; floating exchange rates, 320; foreign governments, 33, 39, 249; France, 22, 160, 255, 284–85; Giscard d'Estaing, 255, 280–81; gold as anchor, 83–84, 318; gold drain, 9–10, 230; gold reserves, minimum level of, 91, 155, 174, 230; Great Britain, 161–62, 174–75; G-10, 253, 278, 280–82, 288–93; IMF, 217, 270, 293, 308; inflation, 27, 33, 39, 317; Jamaica Accords, 308; Japan, 249, 291; Javits, 43; JFK, 8; Kennedy, 59; Lehrman, 317; McCracken, 160, 180, 272; Netherlands, 160; Nixon, 59, 169, 177, 180, 194–96, 209, 230–31; Pompidou, 284–85; prosperity, non-Communist world, 9; Reuss, 157–58; Roosa, 81; SDR, 39, 88, 144; severing of, 14, 152; Shultz, 116, 159, 168, 171, 180, 272; Silk, 300; Smithsonian Agreement, 288–93; viability of, 40; Volcker, 83–84, 142, 144, 162; Volcker Report, 86–89; West German revaluation, 42–43. *See also* gold window
Dorfman, Dan, 161
Drummond, Roscoe, 49–50

Economic Report to Congress (Nixon), 31–32
Economic Stabilization Act, 108
Ehrlichman, John D., 334; "Berlin Wall, the," 62; Burns's opinion of, 105, 106–7; Christopher, 20; Connally, 191; "Germans, the," 62; gossip, 170, 192, 210; martial law, 20; Nixon, 60–61, 66, 109, 210–11; "Peterson Report," 126; Rockefeller, 196, 211; work group, 205

361

employment: Azores meeting, 286; CIEP, 120; congress on, 147; globalization, 24; gradualism, 29; G-10 London, 254; inflation, 100; interest rates and, 100; "Job Development," 224; Joint Economic Committee, 31; Nixon, 51, 57, 107, 186, 223–27, 301; "Phillips curve," 100; recession, 57; stagnation, 29, 99–100, 148, 227; trade, 120

"Eurodollars," 34–35

"Explanatory Material of the President's Economic Program," 218

Farnsworth, Clyde, 141, 152, 260, 296

Federal Reserve: Coombs, 44; dollar, preeminence of, 322; gradualism, 29–30; Great Britain, 161, 174–75; Greenspan, 220; independence of, 48, 94, 103, 106, 302; inflation, 27, 101; Nixon, 98–99, 104–7, 109, 149, 190; Nixon's speech, 216; *Secrets of the Temple* (Greider), 16; Shultz, 116; Smithsonian Agreement, 293; Volcker, 81, 85, 298, 318. *See also* Burns, Arthur; Martin, William McChesney

fiscal policy, 27–28, 56; Burns, 107, 108, 110; Shultz, 116–17

fixed rates, 34, 320; administration divide, 266; Bretton Woods, 6, 34; Burns, 272, 316; government freedom, 84–85; Shultz, 116, 267, 305; Simon, 308; Volcker, 84, 153, 272, 316

floating rates, 307–9, 320, 321; administration divide, 266; Burns, 182–83; government freedom, 84–85; G-10, 254; Jamaica Accords, 317; Japan, 248, 306; McCracken, 145, 160, 272; Pompidou, 303;

Reagan, 318; Shultz, 47, 159, 171, 268, 272, 305; Volcker, 153, 318; Western Europe, 248, 306; West German mark, 161

"forgotten man," 50

Friedman, Milton, 99, 115–16, 246–47, 268

General Agreement on Tariffs and Trade (GATT), 180, 209, 323

"Germans, the," 62

Gill, Bill, Nixon's speech, 239

Giscard d'Estaing, Valéry, 334; Burns, 102; "exorbitant privilege," 254; G-10, 280–81, 290; Nixon-Pompidou Summit, 283; Volcker, 254–55

gold standard, 5–7

gold window, the, 6, 10, 180–90; Connally, 176, 180, 206; Volcker Report, 90; West Germany 43. *See also* dollar–gold link

gradualism, 29–31, 117, 131, 171

Great Britain: Bretton Woods, 4; dollar reserve insurance request, 161, 174–75; EC, 22; exchange rate realignment, 292; Volcker Report, 87. *See also* Barber, Anthony

Greider, William, 16, 78–79

Group of Ten. *See* G-10

G-10, 259–62, 279–82, 287–94, 309

Gyohten, Toyoo, 220, 249–50, 334

Haig, Al, 208, 240

Haldeman, H. R., 334; August 2 meeting, 152–56; "Berlin Wall, the," 62; Camp David, 165, 166, 175–76, 188, 196, 251; Camp David, speculator joke, 191; Connally, 72–73; "Germans, the," 62; G-10 meeting, 294; gossip, 170; jobs, 31; McCracken on, 105;

362

索 引

music box, 61; Nixon, and British floating the pound, 304; Nixon, and Connally, 64, 66; Nixon in office, first-year anniversary of, 61; Nixon on federal unemployment, 186; Nixon on free-world alliance, 262–63; Nixon on reaction to speech, 251; Nixon-Pompidou Summit, 286; Nixon's cabinet, 146; Nixon's international monetary position, 58; Nixon's talk about American spirit, 211; pre-speech press conference, 217–18; Sunday speech, 201, 210

Hormats, Robert D., 334; Camp David, 208; foreign ministers, 216; international monetary situation, 273; Kissinger, 132–33, 258, 273, 277; Nixon's speech, 256; Volcker, 132

Hunt, Albert, 149

IMF. *See* International Monetary Fund

import tax: Camp David, 175, 177–80, 206, 234; as leverage, 234; Nixon's speech, 196, 234; Trading with the Enemy Act, 208; Volcker Plan, 154, 163

inflation, 27–31, 36–37; Burns, 95, 101, 108, 110, 148; *BusinessWeek*, 110; Connally, 140; "cost-push inflation," 101; dollar-gold link, 33, 39; Economic Stabilization Act, 108; Fed, 101, 302; Friedman, 99; interest rates, 309, 313; McCracken, 110, 171; New Economic Policy, 317–18; Nixon, 31–32, 57, 109–10, 222; Nixon's speech, 222–28, 230; oil crisis, 306–7; stagflation, 99–100; tariffs, 145; U.S., foreign view, 254; Volcker, 80, 84, 313, 318; Volcker Report, 88; wage and price controls, 144–45, 300–301, 313–14 West Germany, 41

interest rates: Azores summit, 285, 299; balance-of-payments, 37, 56; British pound example, 35; Burns, 107–8, 148; domestic priorities, 305–6; employment, 23; Federal Reserve, 48; fixed rates, 84–85; floating rates, 84–85, 320; gradualism, 29; inflation, 27–28; international factors, 23, 32, 37, 100, 322; international monetary situation, 40; Martin, 51, 98, 103; Nixon, 51, 96, 98, 103, 107–8, 148; Nixon-Pompidou, 285, 299; Nixon reelection, 318; oil crisis, 307; "Phillips curve," 100; Reagan, 309, 318; stable currencies, 84; trade, 28; Volcker, 84, 142, 172, 313

International Monetary Fund (IMF): Articles of Agreement, 4, 217, 308; coronavirus, 311; currency values, 36; establishment of, 7, 49; global economy, 323; gold window, 217; "Jamaica Accords," 308; monetary reform, 282; meeting, 267–70; Mexico, 310; Nixon administration, 267; Nixon's speech, 233, 238–39; Petty, 217; Reuss, 157–58; Simon, 308; Smithsonian Agreement, 297; SDRs, 39, 86, 88, 144, 184; U.S. gold reserves, 91; Volcker, 88, 144–45, 184, 253

international monetary system: Camp David, 47, 312; evolution, 316; gold, 318; Kissinger, 283; Nixon, 59, 303; Nixon's speech, 233; Peterson, 123; Pompidou, 299, 303; pressures, 143; Volcker, 85, 87, 143, 210

363

Jamaica Accords, 308, 309, 317
Janssen, Richard, 149
Japan: America, 22, 75; dollar-centered system, 7; dollars, 10, 36–37; exports, 75; fixed rates, 85; floating, 306; gold, 9, 174; Gyohten, 249; industrial policy, 126; G-10, 291; Kissinger, 135, 274; manufacturing goods, 75; national defense, 53; Nixon, 163, 179; Nixon's speech, 220, 235, 247–49; oil crisis, 307; regulations, 24; revaluation, 42, 298; Satō, 220; Smithsonian Agreement, 291–92; textiles, 129, 180, 206, 209; trade, 28; yen, 4, 176, 306
Javits, Jacob K., 43, 334
Jay, Peter, 270
Job Development Act of 1971, 224, 228
Johnson, Lyndon: Ball, 70; Connally, 65, 69–70, 189–90; dollar–gold system, 8; election, 19; gold exchange, 86; "Great Society," 20, 64; Gyohten, 249; Nixon, 52; Shriver, 69; taxes, 29; Volcker, 82; voluntary wage and price caps, 101
Joint Economic Committee: "Action Now to Strengthen the U.S. Dollar," 157–58; Burns, 148; exchange rates, 173; Javits, 43; New Economic Policy, 263–65; 1970 economic warning, 31; Reuss, 157, 173
Jones, Sidney, 219

Kashiwagi, Yasuke, 220
Keegan, William, 262
Kennedy, David: career, 63–64; dollar–gold system, 8; Nixon, 64; press conference, 58–59; treasury secretary, 81–82; Volcker Report, 86–87, 91–92

Kennedy, John F.: Connally, 70; dollar–gold system, 8; economic policy of, 53; election, 51; gold, 86; wage and price controls, 101
Khrushchev, Nikita, "Kitchen Debate," 197–98
Kissinger, Henry A., 334: allies, 47, 133; American unilateral action, 315; Bator, 133; Brandon on, 62; Burns, 105, 134; Camp David, 134–35, 204, 208; China, 147; Connally, 67, 70, 73, 128, 134, 257, 274–75; Cooper, 133; defense budget, 23; "007," 204; endgame plan, 277–78; international monetary negotiations, 133, 273–75; Mansfield, 22; National Security Council, 132; New Economic Policy, 250, 273–75, 297, 315–16; Nixon Doctrine, 53; Nixon-Pompidou Summit, 283–87; Nixon's motto, 61; Nixon's speech 250, 255–56; Peterson, 128, 134; responsibility, 131–32; Vietnam War, 134; Volcker Report, 82, 87
Klein, Herbert, 59

Learson, T. Vincent, 296
Lehrman, Lewis, 317
Lewis, Paul, 279
Loory, Stuart, 201
Lowenstein, Roger, 317

Martin, William McChesney: Burns on, 105; Connally, 76; dollar–gold system, 8; interest rates, 103; New York banker, 97; Nixon on, 98; Nixon–Kennedy election, 51
Matusow, Allen, 117, 147, 125, 190
Mayer, Martin, 290
McCracken, Paul W., 98, 334;

background, 130–31; Bretton Woods, 272–73; Burns, 105, 149; Camp David, decisions, 171; Camp David, gold window, 180, 185; Camp David, photo, 251; Camp David, working group, 189, 206; Clark, 240; floating rates, 93, 145–46, 187, 316, 320; gradualism, 131; inflation, 145; international financial system, 43–44; New Economic Policy, 300; Nixon, memorandum to, 159–60; Nixon's speech, 218–19, 240, 251; price and wage controls, 108, 110, 131, 189; tariffs, 178

Meltzer, Allan, 158

merchandise trade balance, 38–39, 152; Connally, 74, 260; G-10, 260; Haberler, 39; import surcharge, 253; national defense, 53–54; Volcker, 142, 174, 253; West Germany, 41

monetarist, 116

monetary policy, 27–28; Ash Report, 120; Burns, 148; inflation, 302, 318; Nixon-Pompidou Summit, 285; Nixon's speech, 235; Volcker, 82

National Security Council (NSC): Bergsten, 333; Burns, 98; Connally, 73; Hormats, 334; Kissinger's economic staff for, 132; Volcker, 82

Naughton, James, 114

New Economic Policy, 215; achievements of, 319–24; American competitiveness, 314; cabinet, 251; congress, 263–66; criticism, 298, 300, 312–19; endgame plan, 277–78; failure of, 309; foreign relations, 273–74; inflation, 317; internal administration battles, 266–69; Lenin, 215; Nixon's speech, 221–41

Nixon, Richard M., 334; administration, challenges to, 1–25; advisors, 275–76; American competitiveness, 150; anniversary of first year, 61; August 2 meeting, 152–54; August 4 meeting, 157; August 17 meeting with lawmakers, 256–57; "before the fall," 50; bold initiatives, 61; Burns, conversation with on Fed, 98–99; Burns, going rogue, 148; Burns, pressure to lower rates, 302; Burns, rift with, 101–2, 105–6, 149–50; cabinet meeting, international monetary negotiations, 262–63; cabinet, 66; Camp David, 203; career, 50–52; "Checkers Speech," 200; China, 52, 147, 228–29; Congress, joint session of, 258; Connally, economic spokesman, 146; Connally, Volcker's contingency plan, 154; Connally's tactics, 276–77; de Gaulle, 61; endgame plan, 278; enemies, 50–51; executive branch, 64; Federal Reserve, 109, 302; Georgetown elite, 128; G-10, 294–96; Haldeman, Sunday speech strategy, 210; inflation, 57–58; international commerce, 59–60; jobs, 31; Kennedy, 96; Kissinger, 132; Khrushchev, 197–98; "Kitchen Debate," 197–98; loner, 61; Loory, 201; major policy change, shock value of, 169; media, suspicion of, 198, 200–201; memoirs, economic situation of early 1971, 32; motto, 61; "New Federalism," 186; news conference, 159; Peterson, 122–29, 151; "Peterson Report," 125–26;

Nixon, Richard M. (continued),
Pompidou criticisms, 303;
Pompidou Summit, 282–86;
recession, 96; reelection, 302–3;
Rogers, 169; Safire, 197–98,
214–15; Shultz and Connally, Old
Executive Office Building meeting,
162–64; Shultz, Old Executive
Office Building meeting with,
158–59; Smithsonian Agreement,
294–96, 304–5; soybeans, 60;
staff meeting, 258–59; Trading
with the Enemy Act, 179, 208; TV,
189, 199–200; unemployment, 57;
Volcker, 93, 172; wage and price
controls, 57–58, 109–10, 172,
177, 314. See also New Economic
Policy; Nixon, Camp David; Nixon
Doctrine; and Nixon's speech

Nixon, Richard M., Camp David:
American spirit, 211; budget
matters, 186; Burns, appeasing,
189–90; communications strategy,
211; Connally, 173; first, 170;
GATT, 209; gold window, 183,
191, 194, 196, 209; Kissinger,
208; morning swim, 195; package
presentation, 184, 188–89, 191;
press conference preparation, 192;
speech writing, 194–97, 199, 209;
tariffs and balance-of-payments
emergency, 209; wage and price
controls, 177

Nixon Doctrine, 25, 52–57, 150, 178,
236, 286

Nixon Shock, 220

Nixon's speech, 221–41; devaluation,
231–32; international reaction,
247–51; media commentary, 239;
New York Times reaction, 245–47;
"speculators," 230–31; United
States reaction, 245–46; viewers,
238

NSC. See National Security Council

Office of Management and Budget
(OMB), 113. See also Shultz,
George

oil crisis, 306–7

Old Executive Office Building, 158,
162–64

OPEC, 306–7

Organization of the Petroleum
Exporting Countries (OPEC),
306–7

Pentagon Papers, 157

Peterson Peter G., 334; American
aims, 323; America's future
competitiveness, 48; Ash
Commission, 119–20; background,
121; Camp David, 171–72,
180, 184; CIEP, 122; Connally,
description of, 67; Connally,
to Kissinger, 273; Connally, as
nemesis, 128; Connally, tactics
and strategy of, 271–74, 276;
economic views, 123; industry,
government support for, 226;
Japan, textile negotiations with,
129; memos on thorough review,
271–72; Nixon and Connally,
Camp David meeting, 151; Nixon,
interview with, 122; Nixon, memo
to, 126–27

Peterson Report, 119, 123–25, 178,
236, 314–15

Petty, John R., 76, 124, 217 238–39,
334

"Phillips curve," 100

Pierpont, Robert, 240

Pierson, John, 97

Plaza Accord, 310
Pompidou, Georges J. R., 334; New Economic Policy, 299, 303; Nixon, letter to, 303; Nixon-Pompidou Summit, 278, 282–86, 293; Nixon's speech, 248
Powell, Jerome, 302
"Prescription for Economic Policy—'Steady as You Go,'" 117
private capital markets, 34–38
Proxmire, William, 103, 265

railroad workers wage increase, 157
Reagan, Ronald, 211, 309–10, 318
Reeves, Richard, 20, 57, 60–61, 200, 203
Reston, James, 19, 52, 128
Reuss, Henry S., 157–58, 173, 335
Ribicoff, Abraham A., 24, 265–66, 335
Richardson, Sid, 68
Rockefeller, David, 81
Rockefeller, Nelson, 196, 211
Rogers, William: Camp David, 169–70, 189, 196; foreign aid cut, 227; Peterson, 122; Satō, 220; Volcker Report, 87
Romney, George, 108, 240
Roosa, Robert V., 80–81, 296, 335
Roosevelt, Franklin, 4, 21
Rothkopf, David, 132
Rowen, Hobart, 286, 297
Russia, 181, 197, 211, 310

Safire, William, 335; *Before the Fall*, 172; Burns, 211–12; Camp David working groups, 205; Camp David, first, 170; Camp David, mood of, 210, 223; Camp David, press conference preparation, 191–92; Connally, 67; Job Development, 224; Nixon, 60, 197–98; Nixon's aloofness, 61–62; Shultz, 115; speech, 188–89, 195, 197, 202, 209, 210, 214–15; Stein, 3
Salisbury, Harrison, 198
Samuelson, Paul, 58
Satō, Eisaku, 220
Sawyer, Grant, 67
Schiller, Karl A. F., 281, 290–91, 335
Schorr, Daniel, 240
Schweitzer, Pierre-Paul, 217, 238–39
SDR, 39; G-10 Washington meeting, 253, 288–89; Volcker, Camp David, 86, 88–89, 144, 184, 272
Secrets of the Temple (Greider), 16
Shriver, Sargent, 69
Shultz, George P., 111–18, 335; August 2 meeting, 152–55; August 4 meeting, 157; background, 111–13; Bretton Woods, 116, 272–73; Burns, 105, 107, 116; Camp David, 165; Camp David decisions, 171; Camp David, specific policies, lack of, 168; Camp David, textiles, 179; Camp David, wage and price controls, 187; Camp David, working group, 205; "Chicago School," 115; Connally, 117; conservative, 111–12; fixed exchange, 92; floating-exchange-rate advocate, 47; free trade, 116; Friedman, 115; gradualism, 117; IMF, Connally speech, 267–69; International Longshoremen's Association, 113; Kissinger, 117; Meany, 114; media briefing, 218–19; monetarist, 116; New Economic Policy, criticism of, 298; Nixon and Connally, Old Executive Office Building meeting, 162–64;

Shultz, George P. (*continued*), Nixon, Old Executive Office Building meeting with, 158–59; Nixon's speech, 240; oil imports, 113; operating style, 115; Peterson, 121; political affiliation, 131; postal strike, 113; "Prescription for Economic Policy—'Steady as You Go,'" 117; resignation of, 308; Safire speech, 210; school desegregation, 113; treasury secretary, 304; upcoming meeting, view on, 2–3; U.S. economic leadership, resurrection attempt, 305–6; Vietnam, 113; Volcker, 117; wage and price controls, 116, 313
Sidey, Hugh, 178, 183
Silk, Leonard: "Accord of 1970," 109–10; Burns, 149; IMF meeting, 269; New Economic Policy, criticism of, 300; new monetary order, failure of, 309; wage and price control, 228
Simon, William, 308, 309
Smithsonian Agreement, 287, 291–96, 304–7, 309
"special drawing right." *See* SDR
stagflation, 29–30, 99–100, 227–28
steel industry wage increase, 157
Stein, Herbert, 335; Camp David, 168, 202, 205–6; Camp David working groups spoof, 207; Greenspan, 219; labor movement, 183; Nixon, 57, 110, 189, 210

tariffs: and allies, 123, 234, 249, 262–63, 273–74; Camp David, 178–79, 208–9; Congress, 74, 173, 258; Connally, foreign policy, 298; Connally, IMF, 267–70; Connally, tactics, 273; European, 24; GATT, 180, 209; G-10, 253, 280, 285, 293; Hormats, 216, 217, 277; Japanese, 24; Kissinger, 208, 273–74, 277; as leverage, 234; McCracken, 178; Nixon administration consensus, lack of, 168, 173; Nixon before Congress, 258; Nixon, changing views on, 275; Nixon's speech, 234–35; Peterson, 123; pre–Bretton Woods, 5; Shultz, 179, 277; Smithsonian Agreement, 293; "Tokyo Round," 322; "Trump shocks," 15; Vietnam, 24; Volcker Plan, 145, 163; wage and price controls, 178, 228; White House news conference, 259
Temple, Larry, 67
Tether, C. Gordon, 161
textiles, 59–60, 179, 206, 208–9
Thailand, 53, 310
"Tokyo Round," 322
Trading with the Enemy Act, 179, 208
Triffin, Robert, 246
Trudeau, Pierre, 247–48
Trump administration shock, 326
2008 global financial crisis, 310

United Auto Workers, 30, 247
"United States in the Changing World Economy, The" (Peterson), 78, 123–24, 178, 236, 314–15

Vietnam: Democratic Governors' Convention, 67; inflation, 29; Kissinger, 134, 208; Mansfield, 22; "New Isolationism," 22; Nixon, 26, 53; Nixon's speech, 221–23; Pentagon Papers, 157; protectionism, 24; troops to, 25; Vietnam War, 20–21
Volcker, Paul A. Jr., 335; American unilateral action, 312; background,

80; Bretton Woods, 272–73; Camp David, difficulty with, 210; Camp David, first, 170; Camp David, gold window, 182, 188; Camp David, meeting, introductory overview, 173–74; Camp David, SDRs, 184; Camp David, working group, 206; Connally and experts, 257; Connally and monetary system, 77; Connally's Munich conference, 141; "Contingency Planning: Options for the International Monetary Problem," 143–46, 152–54; dollar devaluation, 306; economic views, 83–84; Europe and New Economic Policy, 252–55; fixed rates, 47, 84; gold window, 142; Great Britain, 162; G-10, 279–82; IMF, 267–69; inflation, 318; integrity, 79–80; international monetary system, 40, 143, 298–99; international negotiations, 241; Kennedy, 81; Kissinger memo, 82; management style, 82–83; New Economic Policy, 298–99; Nixon's speech, 238–39; Ribicoff, 266; Rockefeller, 81; Roosa, 80–81; SDRs, 272; Shultz, 115; Smithsonian Agreement, 307–8; style of, 78–79; tariffs, 145, 178

Volcker Group, 82–83; Hormats, 132; report presentation, 85–91; wage and price controls, 143–46, 313

Volpe, John, 108

wage and price controls: Burns to Joint Economic Committee, 148; Camp David, 177, 206; "Contingency Planning: Options for the International Monetary Problem," 143–46; as disaster, 313–14; full-fledged program, 300–1; Gallup Poll, 148; Joint Economic Committee, 263–64; McCracken, 131; Nixon, 172, 228–30; Republican senators, 157; Shultz, 116

Wallich, Henry, 77, 257

Weber, Arnold R., 205–6, 335

Weinberger, Caspar "Cap" W., 186, 205, 210–11, 335

Wells, Wyatt, 96–97

West German, 41–42, 290

Whalen, Richard, 71

White, Theodore, 57

Whitman, Marina von Neumann, 219

Williamson, John, 308–9

Ziegler, Ron, 59, 218

译后记

布雷顿森林体系是二战之后世界各国针对构建一个战后国际经济新秩序所作出的一次积极尝试。虽然在建立之初，各方势力对如何制定相应规则进行了激烈的争论，但不可否认的是，无论是在全球经济合作方面还是政治合作方面，布雷顿森林体系都可以说是一个"奇迹"。该体系不仅促进了战后20多年内全球经济的快速复苏，也为现代国际货币治理奠定了基础。然而，布雷顿森林体系及其框架下的"双挂钩"制度也存在着严重且难以自主修复的缺陷，这不仅在于特里芬难题中所包含的储备流动性、美元信心以及调整机制等经济性问题，还在于英国、法国等国家与美国围绕"国际货币权力"进行博弈等政治性问题。最终，在国内外多重压力下，美国不得不放弃维持布雷顿森林体系的核心环节，即美元与黄金的挂钩。

在面临诸多问题和压力的情况下，应当如何处理美元过剩问题、如何缓解贸易逆差、如何权衡经济利益与政治利益、如何维护自身的执政基础、是否应当继续维持现有经济体系……这些问题对当时的尼克松政府来说，都需要谨慎地进行抉择。杰弗里·加藤教授的《戴维营三天》讲述了在面对这些问题时，尼克松及其核心团队的决策过程，同时也描述了这一决策所带来的后续影响。毫无疑问，尼克松政府做出了一个历史性的决定，不仅是因为这一决定令黄金彻

戴维营三天

底退出了国际货币体系的舞台,让世界从金本位制走向信用本位制,也让黄金为美元腾出了货币金字塔的塔顶位置,促进未来美元成为新的全球经济体系的核心。正如书中所说的那样:"在那个周末,一小群人决定切断美元与黄金的联系,这是现代全球经济的一个关键转折点。"

杰弗里·加藤教授的《戴维营三天》一书详细描述了戴维营会议的召开背景,并生动地还原了1971年那个周末的每一处细节。此外,本书在还原事件的同时还对各个人物的心理活动把握得恰到好处,让读者不知不觉就沉浸其中。在我看来,这是一本非常难得的书,不仅让我们了解到那段历史的发展脉络,还为我们完整地梳理了历史背后的逻辑,并简明扼要地向我们展示了这段历史对当今世界发展的启示。

当前,在全球新冠肺炎疫情大流行、产业链供应链中断、贸易保护主义抬头的大背景下,世界进入了百年未有之大变局,全球公共债务激增、经济呈现出集团化、区域化的发展趋势。今天与当时的那段历史时期具有一定的相似性,世界都处于转型压力之下。对于中国来说,这既带来了风险,也带来了机遇。读懂1971年的那段历史或许有助于我们理解拜登政府在制定相关政策时的想法,从而更好地把握当今世界的发展方向。

对于我而言,翻译本书是一个非常难得的学习过程,不仅丰富了我对于20世纪60年代至70年代全球政治经济环境的认知,也拓展了我未来的研究视野。感谢上海发展研究基金会副会长兼秘书长乔依德先生以及中国社会科学院学部委员、山东大学讲席教授、山东大学国际问题研究院院长张蕴岭教授推荐我负责《戴维营三天》的翻译,让我与其他译者有幸对那段历史进行深入地学习。同时,也要感谢乔依德先生和张蕴岭教授对本书翻译工作的指导和建议。此外,感谢中译出版社社长乔卫兵先生,乔社长以非凡的气魄拿到

译后记

这本书的版权,他的远见卓识和对问题的精准把握让人钦佩。感谢中译出版社编辑于宇、薛宇、李梦琳和马萱,他们就本书的译稿多次与我沟通,他们严谨的工作态度让人敬佩。感谢山东大学东北亚学院张嘉畅、孙晓航、宋欣蔚、李晨希、谢婷、孙小茹、杨奕萌、徐霏垚、孟霞、杨宴乙等同学以及山东师范大学经济学院硕士研究生高再滕、张珂欣对本书翻译所做出的支持与贡献。

当然,囿于学识,本书的翻译可能还存有错误和纰漏之处,恳请读者不吝赐教。

潘雨晨

2021 年 12 月

于山东大学国际问题研究院